中原與閩台淵源關係

研究三十年（1981～2011）（修訂版）

尹全海、余紀珍、喬清忠 編

崧燁文化

目錄

序 13

紀念中原與閩台淵源關係研究三十年學術研討會綜述（代前言） 16

書 21

在首屆豫閩台姓氏源流國際研討會上的講話 31

在首屆豫閩台姓氏源流國際研討會閉幕式上的講話 36

關於固始與閩台淵源關係的幾個問題——在 2010 年固始與閩台淵源關係研討會上的講話 39

尋根母語到中原 44

緬懷中原（固始）與閩台淵源關係研究的開拓者黃典誠教授——兼論尋根之旅的緣起 46

一千年前是一家——台閩豫祖根淵源初探 53
    一、四次人口大交流 54
    二、開漳聖王陳元光 55
    三、閩王王審知 56
    四、關於鄭成功墓的調查 57
    五、祖根在河南固始 59

台閩豫祖根淵源再探——兼論何處是鄭成功之墓 61
    一、臺灣自古屬於中國 61
    二、臺灣山胞也是一家人 62
    三、臺灣同胞祖根在中原 63
    四、何處是鄭成功之墓 67
        1. 臺灣和福建沒有鄭成功自己的陵墓 67

  2. 河南固始發現身穿鄭成功官服的陵墓 68
  3. 鄭氏祖根在河南固始 69

三探台閩豫祖根淵源——方言民俗探微 72
 一、方言土語尋根 72
 二、源遠流長的河洛話 74
 三、固始皮影與閩台皮猴戲 78
 四、民間風俗探微 79
  1. 舊式婚姻程式 79
  2. 喪事俗例 81
  3. 其他俗例 82

台閩豫祖根淵源研究的緣起 84
 固始發現鄭成功墓的調查 84
 福建調查的收穫 84
 臺灣同胞祖根問題研究會 85
 信陽地委召開臺灣同胞祖根問題座談會 85
 臺灣同胞祖根問題研究會 86

歐潭生「三探」與豫閩台淵源關係研究 89
 海內外尋根浪潮與豫閩台淵源關係研究發軔 89
 歐潭生「三探」與豫閩台淵源關係研究興起 91

論固始尋根 96
 一、譜志中反映的根在固始的移民 96
 二、中原南遷移民潮中的「光州固始」 103
  1. 對東南地區最有影響的三次中原士民南遷 103
  2. 王氏閩國與東南文化中的「固始」情結 105
  3. 唐代的固始：豫閩兩地永遠的印痕 106
  4. 打固始品牌，建尋根基地 108

中原姓氏尋根概述 ... 110
一、中華民族的姓氏之根在中原 ... 110
二、人文始祖尋根與姓氏尋根 ... 112
三、都城尋根與姓氏尋根 ... 115
四、門類文化尋根與姓氏尋根 ... 117
五、獨具特色的固始尋根 ... 120

開漳史事與雲霄節俗 ... 124

陳元光後裔遷台族譜資料及其初步考察 ... 127
一、閩台族譜關於陳元光後裔遷台的記載 ... 127
二、陳元光後裔遷台有關問題的初步考察 ... 135

關於陳元光入閩的幾點看法 ... 142
一、陳氏家族住地的變遷 ... 142
二、陳政父子入閩兵源 ... 145
三、陳元光建漳的歷史影響 ... 147

陳元光與閩台民俗 ... 149

客家與中原關係芻論 ... 155
一、從中原人口南遷看客家血統源流 ... 155
二、從中原塢壘堡看客家居住風俗 ... 159
三、從中原姓氏起源看客家大姓祖根 ... 161
四、從譜牒堂號認識客家根源 ... 164

從中原人口南遷看閩台姓氏源流 ... 168
一、中原人口入閩的歷史問題 ... 168
二、閩台姓氏根在中原 ... 170

從固始到福建再到臺灣和海外——黃敦、黃膺兄弟移民南下個案研究 ... 174

一、黃氏兄弟的南遷入閩 174
　　　　1. 王審知的入閩和黃氏兄弟的南遷 175
　　　　2. 虎丘黃氏的肇基繁衍 175
　　　　3. 青山黃氏發展播遷 176
　　二、黃氏兄弟的向外發展 176
　　　　1. 在大陸間的播遷 177
　　　　2. 往臺灣和海外的移民 178
　　三、黃氏兄弟後裔英才輩出 179
　　　　1. 黃敦衍派英才輩出 179
　　　　2. 黃膺後裔人才濟濟 181

從族譜資料看開漳 184
　　一 184
　　二 185
　　三 197
　　四 198

關於開漳聖王陳元光的幾個問題 200
　　一、陳元光的籍貫 200
　　二、陳元光平「蠻獠嘯亂」的性質 203
　　三、陳元光的世系 204

陳元光籍貫考辨 207
　　一、廣東揭陽說 207
　　二、河東說 208
　　三、固始縣說 210
　　四、河南潢川說 213

陳、林、黃、鄭四姓的入閩及其在閩台的興盛 217
　　一 217

二 219
　　三 219
　　四 221
　　五 222
　　六 222
　　七 225
　　八 226
　　九 227
　　十 229
　　十一 229

李姓的起源及其向閩臺地區的播遷與壯大　**232**
　　一、前言 232
　　二、李姓的起源及唐以前李姓在中國北方的播遷 232
　　　　1. 李姓源於嬴姓說 233
　　　　2. 李姓源於老姓（氏）說 233
　　三、唐以降李姓由北方向閩地的遷徙 234
　　四、明末以降李姓由閩粵向臺灣的遷徙 238

古代河南的四次政治性外遷移民及其影響　**242**
　　一 242
　　二 245
　　三 248

關於唐代固始移民史的研究取向　**252**
　　一、延伸性研究 252
　　二、精細化研究 254

豫閩方志中所見之陳元光籍貫及相關問題再探討　**263**
　　一、關於陳元光的籍貫問題 263

二、方志中記載的豫閩地區陳元光的祠廟及信仰 264

關於陳元光與閩南開發研究的幾個問題 **271**
　　一、回顧 271
　　二、存在的問題 273
　　三、對下一步工作的幾點建議 274

范祖禹《王延嗣傳》及閩國史料的新發現 **278**
　　一、范祖禹撰寫《王延嗣傳》的經過 278
　　二、范祖禹《王延嗣傳》的史料價值 279
　　三、王延嗣其人 281
　　四、從《王延嗣傳》看固始王氏 283
　　五、《王延嗣傳》與王審知的重大決策 285

應該重視宋人對閩人皆稱固始人的評析——兼論陳政、陳元光自粵入閩說 **289**
　　一、宋人對「今閩人皆稱固始人」現象的評析 289
　　二、史籍與地方誌關於陳元光籍貫的幾種說法 298
　　　　結語 305

從開漳聖王探索固始原鄉 **308**
　　一、前言 308
　　二、臺灣人信仰的開漳聖王 309
　　三、陳元光對漳州地區的功績 309
　　四、有關陳元光幾個值得探討的問題 310
　　　　1. 陳元光真有其人嗎 310
　　　　2. 唐初平定蠻獠，開發漳州的真實性 311
　　　　3. 舊例無改，新例無設 312
　　　　4. 閩粵人自稱唐人 312
　　五、閩南人有關陳元光的野史傳說 313

結語 ... 314

論固始移民對閩南文化形成及傳播的影響 **315**
　　一、歷史上的中原移民入閩 ... 315
　　　　（一）中原地區是中華文明的發源地 ... 315
　　　　（二）固始三次較大規模的移民入閩 ... 316
　　二、陳元光開漳活動是閩南文化形成的主要影響源 ... 318
　　　　（一）三次移民入閩對閩南文化形成的不同影響 ... 318
　　　　（二）陳元光卓著的開漳功績 ... 320
　　三、閩南文化是聯結海峽兩岸的重要精神紐帶 ... 322
　　　　（一）閩南文化的基本內涵 ... 322
　　　　（二）閩南文化隨著臺灣的開發傳播入島 ... 323
　　　　（三）閩南文化成為今天臺灣的主流文化 ... 323

「光州固始」的歷史文化解讀 **327**
　　一、從歷史地理的角度看「光州固始」 ... 327
　　　　1.「光州固始」與地理沿革 ... 327
　　　　2.「光州固始」與地理環境 ... 328
　　二、從史料文獻的角度看「光州固始」 ... 328
　　三、從家乘譜牒的角度看「光州固始」 ... 332

分　與聚合——閩南對中原文化的歷史記憶與族群認同 **335**
　　一、分　——在移徙中完成 ... 335
　　二、聚合——在認同中強化 ... 341

從歷史向文化的演進——閩台家族溯源與中原意識 **349**
　　一、核心與邊陲的心態交織 ... 349
　　二、演進中的歷史與文化 ... 351
　　三、歷史與文化演進的永久意義 ... 354

從信仰文化論中原與閩台淵源——以詹敦仁信仰為例 **356**

- 一、前言 356
- 二、移民神的定義與發展 356
- 三、詹敦仁信仰 358
- 四、田野調查 363
- 五、結語 366

開漳聖王與臺灣文化地理 **372**
- 一、祭法規範的崇祀神祇標準 372
- 二、神祇與神廟是地區的神聖中心 374
- 三、宗教是文化散傳播的重要現象 375
- 四、開漳聖王在閩南漳州 376
- 五、臺灣的開漳聖王及其文化地理 379
- 六、結論 383

論中原閩營人及其媽祖信仰 **386**
- 一、中原閩營人 386
- 二、閩營人與媽祖文化傳播 389
- 三、閩營人媽祖信仰的思考 391

固始移民與兩岸三地尋根資源之整合 **397**
- 一、問題之提出 397
- 二、移民資源 398
- 三、姓氏資源 400
- 四、信仰資源 403
- 五、結論 405

豫閩台兩岸三地尋根文化品牌建設研究 **407**
- 一、尋根旅遊的興起 407
- 二、尋根旅遊開發的意義 408
  - （一）激發民族自尊感和愛國心 408

（二）巨大的帶動作用 ... 409
　三、尋根旅遊開發存在的問題 ... 410
　　（一）產業運作模式單一 ... 410
　　（二）文化淡化經濟過重 ... 411
　　（三）目光短淺，缺乏策略 ... 411
　四、尋根旅遊發展策略研究——豫閩台三地尋根品牌建設 ... 412
　　（一）以整體眼光建設尋根旅遊品牌 ... 413
　　（二）構建區域尋根旅遊支援系統 ... 414
　　（三）注重實效，放大文化品牌效應 ... 414

河南涉台文化遺產保護與開發利用 ... 416

一、河南涉台文化遺產概況及其特點 ... 416
　1.陳星聚陵園 ... 416
　2.曹謹故居與曹謹墓 ... 417
　3.張璽墓及墓碑 ... 417
　4.鄭成功墓 ... 418
二、河南涉台文化遺產保護利用及其存在問題與困難 ... 419
　1.河南涉台文化遺產的開發利用現狀 ... 419
　2.河南涉台文化遺產保護的大致情況 ... 420
　3.河南涉台文化遺產保護利用面臨的困難和問題 ... 420
三、河南涉台文化遺產保護利用的對策與建議 ... 421
　1.進一步加大涉台文化遺產保護與開發利用的政策支援與資金扶持 ... 421
　2.進一步做好涉台文化遺產的調查研究和保護利用規劃的編制實施工作 ... 422
　3.進一步完善對涉台文化遺產保護工作的領導與責任機制 ... 422
　4.正確處理好有效保護與合理開發利用的關係 ... 423

附：中原與閩台淵源關係研究大事記 ... 425

後記 463

序

　　唐初，為鞏固和拓展唐王朝在九龍江流域的統治與管轄，高宗於總章二年（669年）詔命玉鈐衛翊府歸德將軍固始人陳政為朝議大夫統領嶺南行軍總管事，率府兵3600人，將士123人，共58姓，入閩平亂，至永隆二年（680年），「蠻獠」主力底定，餘部相繼歸降。永淳二年（683年），陳元光呈奏《請建州縣表》，請於泉、潮之間綏安故地建置州縣。垂拱二年（686年），朝廷頒詔，准於綏安地域漳水之北建置漳州，轄漳浦、懷恩二縣，封陳元光為漳州刺史兼漳浦令，進階為中郎將右鷹揚衛率府懷化大將軍、輕車大都尉兼朝散大夫，陳元光由是被追封為「開漳聖王」。其子陳珦繼承父業，任漳州刺史27年，其孫陳酆掌漳州刺史29年，陳氏五代為閩南開發建設百餘年，其部屬亦隨之落地生根，成為開漳建漳的主力。

　　至唐末，江淮大亂，社會動盪，僖宗光啟元年（885年），光州刺史王緒為躲避軍閥秦宗權的追剿，「悉舉光、壽兵5000，驅吏民渡江」，固始人王潮、王審知兄弟隨部南遷，經江西入閩。是年八月，王潮兄弟發動兵變，取王緒而代之，次年攻佔泉州，並於景福二年（893年），佔領福州，控制福建全境。後梁太祖朱晃封王審知為閩王。王審知死，其子王延鈞稱帝，建立閩國。經王氏子孫艱辛經營，福建經濟社會快速發展，至宋逐步趕上中原發展水準。

　　上述固始移民兩次大規模入閩及其對福建經濟社會發展的影響，學界已有共識，但固始移民入閩產生的影響遠不僅限於福建。因為固始移民入閩後，其後裔因各種原因先後渡海遷台，成為臺灣移民社會的主體。陳孔立研究表明，「大陸漢人遷台，漳、泉人佔十之六七；其中，諸羅、彰化，以及府城一帶，漳、泉籍移民佔九成以上」（陳孔立《清代臺灣移民社會研究》九州出版社2003年，第177頁）。譜牒資料也表明，自固始移民入閩，至漳、泉人遷台，固始「基因」世代相傳，不曾中斷。如此，漳、泉人遷台，實際上是固始移民入閩的延伸，固始移民入閩遷台為一整體。但是，很長時間，無論是學界

序

還是民間並不甚明白八成臺灣姓氏族譜上為何註明「祖上來自光州固始」，直到1981年廈門大學黃典誠教授發表《尋根母語到中原》，謎底才得以揭開。

1981年4月22日，黃典誠在《河南日報》發表《尋根母語到中原》，提發表灣同胞「尋根的起點是閩南，終點無疑是河南」，揭開中原與閩台淵源關係研究之序幕，並在海峽兩岸形成「臺灣訪祖到福建，漳江思源溯固始」獨特的根親文化現象，至今30年。30年是一個值得紀念的時間節點，為此全海教授組織中原與閩台關係研究中心同仁，搜集整理近30年來兩岸學者具有代表性研究論文凡40篇，作為「中原與閩台關係研究」叢書之一種，結集出版《中原與閩台淵源關係研究三十年（1981-2011）》，我認為這是一件非常有意義的學術活動，至少有三個方面的價值值得提出來，與大家共勉：

第一，本書收錄的40篇論文，可謂海峽兩岸近30年研究成果的代表，通過閱讀可從中發現有關中原與閩台淵源關係研究之緣起、學術歷程和不同時期的研究內容，為日後學者開展研究提供一個基本路徑和話語體系，是珍貴的學術資料，具有重要的學術研究和學術史價值。

第二，本書按照不同時期的學術取向，將30年研究成果大致歸納為尋根、記憶和認同三個主題，從而揭示學術研究背後的中國社會特別是兩岸關係的變遷；可以認為本書從一個側面反映或折射出30年兩岸關係的基本走向：從血緣認同、文化認同，到國家認同，成為基本趨勢和發展方向，因此本書之出版亦是30年兩岸關係和平發展的見證。

第三，本書特別關照到近30年參與中原與閩台淵源關係研究的研究主體，既有民間、學界，也有官方。大致說來，早期以民間為主體，自覺發起的尋根活動，引起學界關注，成為一個學術問題；學術研究成果，為民間尋根活動提供事實依據；官方的參與則是間接地為民間尋根和學界之研究營造有利環境，如「文化搭台，經貿唱戲」等，說明中原與閩台淵源關係之研究，已非純粹學術問題，而是關乎兩岸和諧關係之構建和國家認同，具有重大現實意義。

我與全海教授於 2009 年夏赴台參加在臺北舉辦的「海峽兩岸根親文化研討會」相識，以文會友，常有往來；其間就信陽歷史文化、中原與閩台淵源關係和兩岸學術文化交流等共同關心的話題，彼此切磋，互有啟發。今尹全海送來與餘紀珍、喬清忠合編之《中原與閩台淵源關係研究三十年（1981-2011）》書稿，我有機會先睹為快，就認識所及談談自己的思考，是為序。

信陽市人大常委會主任 宋效忠

紀念中原與閩台淵源關係研究三十年學術研討會綜述（代前言）

　　1981年4月22日廈門大學著名語言學家黃典誠教授在《河南日報》發表《尋根母語到中原》，揭開中原與閩台淵源關係研究之序幕，至今30年。30年是一個值得紀念的時間節點。為此，由國台辦《兩岸關係》雜誌社、河南省台辦、信陽師範學院、固始縣人民政府等單位聯合舉辦的中原與閩台淵源學術研討會，2011年11月9日在「唐人故里·閩台祖地」——河南固始隆重召開。研討會以「尋根、記憶、認同」為主題，紀念中原與閩台淵源關係研究30年。來自海峽兩岸的專家學者50多人，就中原與閩台淵源關係研究之緣起、現狀及趨勢，中原與閩台淵源關係研究之學術人物、學術會議、關鍵事件、特色成果，以及30年來豫閩台在「兩岸三地」[1]官方、民間、學界尋根活動等中原與閩台關係之相關議題，交流思想、切磋學術，頗有精進。特別是臺盟中央常務副主席汪毅夫教授、福建省社科院徐曉望教授蒞臨，大大提高了本次會議的學術層級和學術影響。

　　從總體上看，本次研討會在承繼和堅持中原與閩台淵源關係這一主題之同時，將30年來中原與閩台淵源關係之研究作為研究物件（即研究之研究），由此呈現出新的取向和新的境界，具體表現在：

　　一、中原與閩台淵源關係，不僅是歷史事實，更是文化現象。與會學者認為，作為文化現象，不同時期有不同的表現形態。大約上世紀八十年代起，這一文化現象表現為強烈的尋根意識和洶湧的尋根活動，在臺灣同胞積極推動之下，1977年臺灣省各姓淵源研究學會、1989年福建姓氏源流研究會相繼成立[2]，特別是1981年4月22日《河南日報》發表黃典誠教授《尋根母語到中原》，提出「臺灣同胞尋根的起點是閩南，終點無疑是中原」，拉開中原與閩台淵源關係研究之序幕。進入九十年代中原與閩台淵源關係之研究表現為旨在為尋根活動提供史實依據的學術研究，比如1991年12月4-7日在福建漳州召開的陳元光國際學術討論會和1996年9月18-20日在河南鄭州召開的首屆閩台姓氏源流研究會，研究議題都集中在移民史，會議組織者

希望通過唐初陳元光父子入閩開漳和唐末王審知兄弟王閩治閩，以及中原姓氏、家族之遷移史之研究，完成中原移民入閩遷台之史實重建。進入世紀之末，這一文化現象表現為海峽兩岸的血緣、文化和國家認同，2008年10月20-22日首屆固始與閩台淵源關係學術研討會的召開和2009年10月25-27日「唐人故里·閩台祖地——中原（固始）根親文化節」舉辦為其標誌。30年來中原與閩台淵源關係研究走過了尋根、記憶、認同三個階段，三個階段不僅前後相繼，而且互有重疊，比如尋根不因記憶出現而退出；記憶也不因認同成為主體而淡化，相反，三者之間通過疊加、強化，固化為一種文化符號。

二、歷史上中原移民入閩遷台，無論作為歷史事件還是歷史記憶，所傳達的資訊具有同等價值。大家認為，唐代以來福建民間盛行的陳元光祭祀與傳說、閩台族譜上記載的「祖上來自光州固始」，以及當下開展的尋根謁祖、根親文化和學術研究等，分別通過口頭傳說、史料記載和文化儀式的形式呈現和強化了中原與閩台淵源關係之客觀性。口頭傳說、史料記載和文化儀式，就歷史記憶而言所傳達的資訊及其價值同樣重要，正所謂「唐史無人修列傳，漳江有廟祀將軍」，「但不見諸史，唯詳於譜牒」。因此，本次會議收到林寒生《黃典誠與中原尋根之緣起》、歐潭生《一千年前是一家——台閩豫祖根淵源初探》兩教授回憶文章[3]，以及河南省社會科學院張新斌提交的《中原尋根中的「信陽現象」解讀》、唐金培提交的《歐潭生「三探」與豫閩台淵源關係研究》等，或以當事人回憶或以後學者再現1981年黃典誠教授發表《尋根母語到中原》（《河南日報》1981年4月22日）、1983年歐潭生教授發表《一千年前是一家——台閩豫祖根淵源初探》（《中州今古》1983年第5期），其敘述的是歷史事件，重現的是歷史記憶，傳達的是中原與閩台淵源關係。

三、新史料的發現是學術進步的動力。傅斯年在《史學方法導論》講義中說過：「史料的發現，足以促進史學之進步，而史學之進步，最賴史料之增加」，只有「得到前人得不到的史料，然後可以超越前人」。福建省社會科學院徐曉望研究員的論文《范祖禹＜王延嗣傳＞及閩國史料的新發現》，從宋代史學家范祖禹《范太史集》中發現長達4600多字的《王延嗣傳》，

中原與閩台淵源關係研究三十年（1981～2011）（修訂版）
紀念中原與閩台淵源關係研究三十年學術研討會綜述（代前言）

成為研究固始王氏、王延嗣本人，以及王審知重大決策等閩國史的第一手資料，具有重要史料價值。廈門大學楊際平教授的論文《應該重視宋人對閩人皆稱固始人的評價》，通過引證宋代學人鄭樵、方大琮、陳振孫等對「閩祖光州固始」的質疑，以及史籍與方志中關於陳元光籍貫的幾種記載，認為許多從中原入閩者的後裔因羨慕中原先進文化而自稱來自光州固始，這一特殊的文化心理現象，很值得研究。漳州師範學院閩台文化研究所湯漳平教授的論文《從族譜資料看開漳》，通過對漳州現有703種姓氏入閩、肇漳的調查，從中發現唐初中原民眾入閩的起因、過程、結局，以及陳政、陳元光率領中原府兵及58姓民眾入閩，不僅成為開發建設閩南粵東的主力，還對福建社會穩定、經濟發展、族群融合，閩南區域文化的形成、臺灣的開發和海外的拓展等方面都產生了積極影響。以上三篇論文，都是從史料出發，通過發現新史料，或運用別人忽視的史料，促進學術進步與創新，其用心、用力、用功之勤，值得我們尊重，也是本次研討會的新收穫。

　　四、文化認同成為中原與閩台淵源關係研究的基本取向。大家認為，發現新史料需要機遇，學術進步完全依靠新史料的發現恐有落空的危險，況且求真與致用是學術追求之兩翼，以求真為基礎、致用為依歸，當中原與閩台淵源關係之研究完成史實重建之後，解釋就變得意義重大了。廈門大學陳支平教授的論文《從歷史向文化的演進——閩台家族溯源與中原意識》就提出中國南方家族溯源史中存在的「從歷史事實向文化意識方向演進的趨勢」是一種文化認同，從而宣導歷史意蘊的文化解釋和歷史的人類學研究，既研究過去的建構如何用來解釋現在，也研究過去是如何在現在被創造出來的。陳支平教授強調，儘管在閩臺地區民間家族的溯源過程中「歷史的真實性與文本顯示表像之間存在著較大的差距」，但若「過於執著於歷史文獻的記述和所謂歷史記憶的真實性，恐怕都將不知不覺地被引入到比較偏頗的學術困境」。他說：「正是由於這種超越歷史真實感的文化意識的自我追尋與文化的自我認同，才促成了中華多民族國家的形成與延續」，「我們只有在文化認同的基礎上一道認識中華文化的多樣性及其包容性，才能從無限廣闊的空間來繼承和弘揚我們祖國傳統的優秀文化」。

臺盟中央常務副主席汪毅夫教授也在《關於「中原與閩台關係研究」的若干思考——與戴吉強書》中建議本次研討會以「閩人稱祖多曰中原」為研究物件，以「中原與閩台關係」為選題，應該說，汪教授說的中原和閩台都是指其文化含義，即文化中原，閩台一體，關注的是一種文化認同和民族認同。臺灣「中研院」民族所高致華研究員的論文《從信仰文化論中原與閩台淵源》，則是以閩南地區的「詹敦仁信仰」為例，「從文化信仰串連中原與閩台的淵源，讓全世界的中國人共同體會同是炎黃子孫的感動」。

　　五、如何引領學術方向的問題。開展學術研究除辨章學術、考鏡源流、賡續文脈外，還有一個重要任務就是引領學術方向，那麼中原與閩台淵源關係之研究，應如何發展呢？與會學者們認為：第一，要在整合現有研究成果的基礎上，形成兩岸交流平臺，以學術交流推動學術研究，使更多的人蔘與到我們的研究隊伍中來。在此方面信陽師範學院已開展積極嘗試，2010 年與河南省台辦聯合組建中原與閩台關係研究中心，一方面與固始縣人民政府聯合舉辦「中原與閩台淵源關係學術研討會」，開展學術研究；同時積極推動兩岸學術文化交流，並把交流重點放在兩岸大學生的交流，在 2011 年暑期與臺灣師範學院聯合舉辦東亞儒學研習營基礎上，準備適時邀請臺灣大學生來中原參加中原文化研習營，加深臺灣青年對大陸的認識，這樣，我們所說的文化符號將得以強化。第二，中原學者和福建學者，都要展現大氣魄、大視野和大區域觀，比如就「閩祖光州固始」問題上，中原學者應拋開索繞學術發展的所謂「根在河洛」、「根在河南」、還是「根在固始」等地域概念；福建學者亦無需執著於是「皆曰固始」、「多曰固始」，還是「或曰固始」的問題，都應以中國、中華民族、中華文化之認同為主軸開展研究。

尹全海
2011 年 11 月

注　釋

[1].「兩岸三地」一般是指海峽兩岸和香港，即大陸、臺灣與香港，但在本書中，「兩岸三地」特指豫閩台，即河南、福建、臺灣。

[2].1995年11月，福建省姓氏源流研究會在福州舉辦「首屆閩台姓氏源流研討會」，臺灣省各姓淵源研究學會在林瑤棋理事長帶領下應邀與會。

[3]. 林寒生1981年隨黃典誠教授來固始調研時為黃典誠的碩士研究生。

書

臺盟中央常務副主席 汪毅夫

吉強學兄：

您好！

從固始乘車返京後，看了幾天書。有些資訊和看法，提供你研究時參考。

1. 2005年4月，我在《閩台社會史劄記》（收拙著《閩台緣與閩南風》，福州，福建教育出版社2006年7月版）一文裡輯錄了古之學者鄭樵、方大琮、陳振孫、洪受等人批評「閩祖光州固始」之說的言論。及讀你贈送的《固始與閩台淵源關係研究》（北京，人民出版社2009年9月版），始知有人做了一番續附的工作：於古之學者鄭樵、方大琮、陳振孫、洪受的言論之後，加上今之學者陳支平、楊際平、謝重光、徐曉望「對『閩祖光州』的質疑」之說，並由此設論，做其文章《閩祖光州並非相傳之謬》。

實際上，鄭樵和方大琮不認同的是「皆云固始」、陳振孫不認可的是「皆稱光州固始」、洪受拒不認定的也是「莫不日光州固始人也」；陳支平、楊際平、謝重光、徐曉望批評的則是歷史上部分閩人「偽託」和「冒籍」為光州固始人的行徑。古今學者鄭樵、方大琮、陳振孫、洪受、陳支平、楊際平、謝重光、徐曉望一干人等對「閩祖光州固始」之說的批評和質疑是正當而合理的。我在《閩台社會史劄記》一文裡嘗謂：

福建在歷史上經歷過移民開發的階段，來自中原的移民當有出於光州固始者而「未必其盡然也」；今之福建居民的主體乃由古代中原移民的後裔與古代當地土著住民的後裔構成。若「皆日光州固始」，「不亦誣乎？」

現在，我依然持論不移。

以閩人稱祖「皆日光州」為前提的「閩祖光州」之說屬於「相傳之謬」；以閩人稱祖「皆日光州固始」為前提的「閩祖光州固始」之說當然亦屬於「相傳之謬」。

書

　　閩人稱祖「或曰」光州（包括光州固始），完全符合歷史事實；閩人稱祖「多曰」光州（包括光州固始）基本符合歷史事實；閩人稱祖「皆曰」光州（包括光州固始）則非「基本符合歷史事實」。

　　讓我們在「或曰」、「多曰」和「皆曰」，固始、光州和中原之間各取一語，以「閩人稱祖多曰中原」為研究物件，以「中原與閩台關係研究」為選題，你以為如何？

　　陳支平、楊際平、謝重光、徐曉望是1977年以後一起成長的福建學者，他們在1994年前後晉升為教授，都是享受政府津貼的專家。

　　我忝列其末，以識荊為幸。

　　豫閩兩地學者應更好地開展「中原與閩台關係研究」領域的合作。

　　舉例言之，徐曉望教授在閩國史研究方面是學術權威，談論光州固始人王審知在閩史實，不可不從徐教授的著作請益。希望豫閩兩地學者在良好的學術氛圍裡進一步開展合作。

　　2.關於陳元光的籍貫，宋代文獻記為「河東」，如宋人王象之《輿地紀勝》卷九十一《廣南東路》於「威惠廟」條下記：

　　朱翌《威惠廟記》云：陳元光，河東人，家於漳之溪口。

　　我藏有《輿地紀勝》（北京，中華書局影印本，1992年10月版），上記引文見該書第3冊第2929頁。

　　有人認為，河東「是陳元光家族的郡望而已，不是陳元光的籍貫」。據我所知，以「河東」為郡望的姓氏為衛、呂、柳、裴、蒲、聶、薛七姓，並無陳姓；陳姓出潁川、汝南、下邳、廣陵、東海、河南六望，並無河東。

　　我藏有明代萬曆《漳州府志》（廈門大學出版社2010年5月版），該書上冊第143頁記：

　　陳元光，字廷炬，號龍湖，其先河東人，後家於光州之固始，遂為固始人。

我另藏有明代萬曆年間基本成書、崇禎年間刊印的何喬遠《閩書》（福州，福建人民出版社 1995 年 12 月版）。該書卷四十一《前帝志·君長志》於「陳元光」條下記：

陳元光，字廷炬，固始人。

上記引文見《閩書》第 2 冊第 1012 頁。

從所見文獻看，明代萬曆年間始有陳元光為固始人的記載，此前的明代正德《漳州府志》無此記載。

此後的相關記載則多多如也。

康熙《龍溪縣誌》（我藏有該書之漳州圖書館 2005 年 1 月影印本）記：

陳元光光州固始人，王審知亦光州固始人。而漳人多祖元光與泉人多祖審知，皆稱固始。按鄭樵《家譜後序》云，吾祖出滎陽，過江入閩，皆有源流，孰為光州固始人哉。閩人稱祖，皆曰自光州固始來，實由王潮兄弟從王緒入閩，審知因其眾克定閩中，以桑梓故，獨優固始。故閩人至今言氏族者，本之當審知之時重固始也，其實謬濫。

康熙《漳浦縣誌》記：

陳元光，光州固始人；王審知，亦光州固始人。而漳人多祖元光，興、泉人多祖審知，皆稱固始。按，鄭樵《家譜後序》云：「吾祖出滎陽，過江入閩，皆有源流，孰為光州固始人哉？」夫閩人稱祖，皆曰光州固始來，實由王潮兄弟從王緒入閩，審知因其眾克定閩中，以桑梓故，獨優固始。故閩人至今言氏族者本之，以當審知之時，重固始也，其實謬濫。

自唐陳將軍入閩，隨行有五十八姓，至今閩人率稱光州固始，考《閩中記》，唐林諝撰，有林世程者重修，皆郡人。其言永嘉之亂，中原士族林、黃、陳、鄭四姓先入閩，可以證閩人皆稱光州固始之妄。

我藏有《漳浦縣誌》之《康熙志·光緒再續志》的點核本（福建漳浦縣政協文史資料委員會 2004 年 12 月編印本）。上記引文見該書第 710 頁。

道光《平和縣誌》（廈門大學出版社 2008 年 4 月版）第 500 頁記：

书

　　漳人稱祖，皆言來自光州固始。由王潮兄弟從王緒入閩，王審知因其眾克定閩中，以桑梓故獨優固始；而陳將軍元光亦出固始，故言氏族者至今本之，而不儘然也。按鄭樵《家譜後序》云：「吾祖本出滎陽，過江入閩，皆有源流，孰為光州固始人哉？」即此可知向來相沿之誤。

　　上記三則引文均批評了「閩祖光州固始」之說，另一方面又均認定陳元光為「光州固始人」。這是很可注意的。

　　康熙《漳浦縣誌》記：

　　陳政，字一民，號素軒，光州固始人。父克耕，從唐太宗攻克臨汾等郡，政以從征，功拜玉鈐衛翊府左郎將歸德將軍。高宗總章二年，泉、湖間蠻獠嘯亂，居民苦之，僉乞鎮帥以靖邊方。政剛果有為，謀猷克壯，進朝議大夫，統嶺南行軍總管事，出鎮綏安。將士自許天正以下一百二十三員，從其號令。詔云：「莫辭病，病則朕醫；莫辭死，死則朕埋。」其子元光，從政至漳。草創經營，備極勞瘁。自以眾寡不敵，退保九龍山，奏請援兵。朕命以政兄敏、敷領軍校五十八姓來援。敏、敷卒，母魏氏代領。至閩，乃進屯梁山外之雲霄鎮，作宅於火田村居焉。

　　嘗經漳江，謂父老曰：「此水如上黨之清漳」。故漳州名郡，漳浦名縣，悉本諸此。儀鳳二年四月卒，葬雲霄山。

　　又記：

　　論曰：將軍陳政，唐高宗朝統嶺南行軍總管事，出鎮綏安，卒，元光代領父眾。後人因元光請置州郡，為刺史，遂祖元光，不及政。《閩書》、《郡志》皆遺其名，亦思開屯建堡，始自何人。「朕醫」、「朕埋」，誓同帶礪。記載缺如，能無遺憾？因考其軼事，首入《名宦志》，亦先河後海之意云爾。

　　《閩書》未收陳政傳。《郡志》則指《漳州府志》，我所見正德《漳州府志》（福建省文史館館員陳正流老先生藏有影印本）、所藏萬曆《漳州府志》，亦未列陳政傳。陳政傳入於福建志書，確是康熙《漳浦縣誌》的首創，所謂「首入《名宦志》，亦先河後海之意云爾」。

　　3. 道光《平和縣誌》第 501-502 頁記：

陳元光家譜載，從元光入閩者：婿盧伯道、戴君冑，醫士李茹，前鋒將許天正，分營將馬仁、李伯瑤、歐哲、張伯紀等五人，軍謀祭酒等官黃世紀、林孔著、鄭時中、魏有人、朱秉英等五人，府兵校尉盧如金、劉舉、塗本順、歐真、沈天學、張光達、廖光遠、湯智、鄭平仲、塗光彥、吳貴、林章、李牛、周廣德、戴仁、柳彥深等十六人，唯盧氏、許氏有家乘存焉。噫！建邦啟土，咸有功力。從唐候來者五十八姓，又有許天正以下一百二十三員。今得臚舉者此，此志乘失修之過也。世代相沿，子孫陵替，先世雖有竹帛之勳而浸以澌來無傳矣。可勝惜哉！

萬曆志：玄宗先天元年，賜故將軍陳元光詔曰：「環甲繕兵，積有二十四年之苦；建邦啟土，治垂二十五載之平。」又云：「以身殉國之謂忠，戰勝攻取之謂毅，引薦善類之謂文，普播仁恩之謂惠，可贈豹韜衛鎮軍大將軍兼光祿大夫中書左丞臨漳候，諡忠毅文惠。」

按：唐制太常諡法駁議頗嚴，宰臣諡皆一字。吏部尚書呂謹議諡忠肅，獨孤及力駁其非。載在《通典》，四字為諡未之前聞，豈宋以後追諡之耶？鎮國大將軍武階二品，光祿大夫文階二品，兼秩為贈，或出特典。而唐官制中書無丞，今日左丞亦屬可疑。按府志載，會稽童華《重修開漳聖王廟記》云：「詔贈豹韜衛鎮軍大將軍，封臨漳候，諡忠毅」。此更為可據。

私家修譜與官家修志之間的互動，於此可見。

4. 陳元光廟在宋人王象之《輿地紀勝》裡有兩處記載。

一是該書卷九十一「威惠廟」條下所記：

朱翌《威惠廟記》云：陳元光，河東人，家於漳之溪口，唐儀鳳中，廣之崖山盜起，潮泉□應，王以布衣乞兵，遂平潮州以泉之雲霄為漳州，命王為左郎將守之。後以戰歿，漳人哭之慟，立祠於徑山，有《紀功碑》、《靈應錄》於廟雲。

另一是該書卷一百三十一於「陳元光」條下記：

廟碑云：公姓陳，諱元光。永隆三年盜攻潮州，公擊賊，降之。公請泉、潮之間創置一州，垂拱二年遂勅置漳州，委公鎮撫。久之，蠻賊複嘯聚，公

討之，戰歿，遂廟食於漳。李顓詩云：當年嶺北正危時，數郡生靈未可知。不是有人橫義慨，也應無計保藩維。

宋修《仙溪志》（福州，福建人民出版社1989年11月版）第65頁記：

威惠靈著王廟，在楓亭市之南、北。按漳浦《威惠廟集》云，陳政仕唐副諸衛上將，遂家於溫陵之北，曰楓亭，靈著王乃其子也。今楓亭二廟舊傳乃其故居。

關於陳元光廟，福建民間有「威靈」之說。

《閩書》第一冊第697頁記：

其地又有陳將軍廟，時著威靈，犯者立死。邑民祈禳，多殺生命。宋時泉州有釋法超者，過而戒以因果升墜之說。而後將軍霧威，無所害擾。

嘉慶《雲霄廳志》（福建雲霄縣人大常委會2005年11月點校本）第189頁記：

將軍廟，在將軍山下，時著靈異，犯者立死。邑民祈禳，多殺生命。宋時泉州有釋法超者，過而戒以因果升墜之說，後將軍霧威，無所擾害。

漳州地方文史專家李竹深《二焉文稿》（漳州市圖書館2010年印本）第282頁記：

筆者幼時，鄉里父老是不准我們進入威惠廟玩耍的，說是凶廟，不得亂竄。鄉里若有糾紛，往往會進廟跪於陳元光像前發誓，以求神斷。

民間關於陳元光廟的此等傳說，乃是對神敬與對鬼畏的一種綜合表現。陳元光有功於民，但他又屬於被兇殺而死的鬼，民間因而有敬畏之情也。

5. 康熙《漳浦縣誌》第48頁記：

謝東山廟，浦鄉里在處皆有之。相傳陳將軍自光州攜香火來浦，五十八姓同崇奉焉，故今皆祀於民間。

道光《平和縣誌》第500頁記：

邑人多祀廣惠謝王，其源始於陳將軍。王即晉謝安石也。考《晉史》，安石太元九年病，子姪請禱。安石曰：「無益也，昔桓溫盛時，我懼不免。偶夢與溫適野，溫下車謂我曰：『卿且坐此！』我乘其車，行十二步見白雞而止，今我代溫為相十二年矣。茲歲在酉，我其不起乎！」已而果卒。至今祀王者不敢薦雞，本此意也。乃或謂王誤吞雞骨而死，陋矣。

6. 清代閩人鄭傑《閩中錄》（福州，海風出版社 2004 年 2 月版）收有《王潮別傳》。

鄭傑（約 1750-1800），名人傑，宇昌英，又宇奕齋，號注韓居士，福建侯官人。清代著名藏書家、著作家。

《王潮別傳》據《王氏家譜》，核之《新唐書》、《五代史》等正史，比對取捨，別於《王氏家譜》之家傳和《新唐書》之本傳。文後有萬世美跋語，記《王潮別傳》著述情形、著作特點等。跋語謂：「王潮四子之名，史均不載，此（指《王氏家譜》之家傳）獨詳之，信非鑿空所能杜撰也。昔太史公作《史記》，往往就家人問故，良以國史不如家乘之詳」。實際上，明嘉靖《固始縣誌》（上海古籍書店影印本，1963 年版）第 246 頁已詳記王潮四子之名：延興、延虹、延豐和延休。國史、家乘、方志的關係，以及《固始縣誌》同《王氏家譜》的聯繫，宜為研究者注意。

7. 順治《光州志》（河南省信陽地區史志總編室、河南省潢川縣地方誌辦公室 1993 年點校重印本）收有中原與福建關係史料多種。

書前《序例卷》之《修志姓氏》記順治《光州志》之「督理」人員內列：

管糧通判鄭鼎新，鞠思，福建閩縣人，貢士。

《序例卷》之《光州舊志姓氏》記萬曆《光州志》之「校梓」為：

光州知州陳燁，肖奎，福建人。

《序例卷》之《光州舊志序》收有「萬曆丙子知光州事閩龍溪肖匡陳燁謹敘」的序文，其文有「燁之先世元光，光人也，唐時隨父政領兵戍閩，因家焉。今來守是邦，則視邦之士夫子弟，皆其鄉人也」之語。

書

卷之七《官秩考》之明代判官名錄裡有：

馮嘉會，福建人，貢士。

卷之七《官秩考》之《宦業》有明代查榖傳，其文曰：

查榖，興化人，景泰初以鄉舉為光州學正。人朴無華，科條整飭，士類興起。侍御劉廷瓚以文章行誼授知，後舉進士，令績溪，往謁其廬，執弟子禮甚恭，榖亦閣門自重，時人聞其風而兩賢之。

又有明代陳燁傳，其文曰：

陳燁，字唯實，福建龍溪人。萬曆初，以舉人授光州守。其先人元光，產於光州，有功唐代，世守閩，因為閩人。以故公視州之紳士黎庶，猶其親姻比黨也。時執政者以天下賦法不一，行一條鞭法，奉行者猶未全善。公延訪汰蠹，成畫一法，民受其庇，於文廟前建龍門奎樓，為文筆峰，風氣大振，文運日昌。州志殘缺，禮聘刑部郎中陳璋修補，士大夫感公德，以元光舊封廣濟王，為建廟儒學東，以公配食，複祀名宦祠中。

又有清代吳勉傳，其文曰：

吳勉，字素求，其先為莆田人，佔籍慶都，好古博學，為海內知名士，公催科中獨饒撫字，民忘其貧，而國賦無逋，則自持甚廉也。其於諸士，每正色訓之，而卒加優禮。複有折獄才，以片言襯其魄，而徐從寬政。是以政簡刑清，民仰而畏之，旋感而戴之，升紹興府同知。

卷之十一《藝文考·上》收有張襲賢之《陳公條鞭勤德政記》，記陳燁在光州知州任上的事蹟，其文曰：

公號肖岩，福建漳州龍溪縣人。領嘉靖甲子鄉薦，歲甲戌以親老借祿遏選，得河南汝寧府光州知州。蓋選賢良重牧守也。秋八月，甫下車視篆，揖遜雍容，毫髮不動聲色。猾胥悍卒，初冥冥未能識公，比按法行事，審聽徐察，則煥然神明，震若雷霆，而憸夫心寒，壬人股栗矣。節操冰霜，一法不染，人服其清；凡事縝密，一字不苟，人服其慎。當官之法，莫是過也已。化民成俗，務以德教；論文禮士，重以學行；尊賢養老，誠以敬愛；賑貧恤寡，

厚以惠慈。至於聽訟折獄，周詳明允，曾無遁情，雖親狎豪貴，未嘗枉其曲直，而省刑薄罰，美意惓惓焉。其他善政，不能枚紀，乃賦稅一編，尤為最善矣。

光州士厚民醇，往昔政繁賦重，額征雜辦，名色不一，累派重科，積弊悉苦多矣。近年議通行一條鞭法，為規甚良也。顧奉行德意者，或未悉心。弊生淵藪尤甚。公涖政三月，即注念於茲，而首稽隱漏，次鏟宿蠹，躬親籌算，曲為計畫，會集僚寀，同心輔治，較若一體，遂定為真一條鞭法云。計本州本年通融起存分數，若夏麥，若秋米，若鹽鈔，若驛糧，凡額征者四，該銀各若干；若銀差，若力差，若會議，若河夫，若府快，若解兵，若義勇，若雜辦者七，該銀各若干；若學田，若塋地，若優免，若不免，凡地畝者四，該銀各若干。通計實地八千七十九頃一十畝七分一厘六毫，總征銀二萬二千七十一兩八錢五分六厘一毫五絲五忽八微六纖八沙八塵。優免者第頃該征銀一兩三錢七分五厘一毫九絲二忽，不免者每頃該征銀二兩九錢四分二厘七毫五絲六忽。其裡長工食已蒙本府盡革外，大概優免一畝歲辦，不過十五錢，不免歲辦，不過三十錢。會計當節用愛人，可謂至矣。且當堂逐戶親給印由，令裡老催什役，什役催花戶赴州自完，而一切比並、押保、監責、揭賠、指稱、科收等弊悉行裁革。其為德政又何至哉！

慶倖無已，而作歌謠；歌謠無已，而繪圖像。又慮公一旦超擢，嗣公者，或未必如公法也。複鳩工採石而樹之碑，將欲刻之，永永勿替焉。於是鄉民有年八十若張寶焉，有年七十任登雲、陳便、施倫等，皆龐眉皓首，叩門請賢為文記其事。以為自有賦稅以來，未有若此者，其父母萬世之法也。賢不能文，抑不敢為佞，特敷陳其事而直言之。嗚呼！公有心德，民有口碑，愛公之政，感公之心。是《周官》法度，蓋本諸關雎、麟趾之意也。公行將內輔神京，外撫名省，此法通行天下矣。繼來子民者，能允若如茲，心公之心，而法公之法，則子孫黎民尚亦有利，而予文亦藉以不朽矣。是為記。

查光緒《漳州府志》（北京，中華書局2011年4月版）卷之十七《選舉‧二》，「（嘉靖）四十三年甲子王大道榜」條下記：

陳燁，（俱）府學。知光州及衡州府同知，廉潔有惠。以靖江長史歸。居鄉愷弟，稱長者。

書

　　附帶言之。書前《點校重印說明》謂「志書原圖（按，指《光州志圖》）作縮印處理」。

　　然而，書前附圖有簡體字如壇、傘、靈、龍、廟、台、圖、關、學、節、馬、倉、閘、陽、羅、雙等，頗為可疑。看來，對於「志書原圖」除「縮印處理」外，還將圖中部分繁體字也「予以簡化」。

汪毅夫
2011 年 5 月 3 日

文獻來源：2011 年固始與閩台淵源關係學術研討會論文，2011 年 11 月。
作者簡介：汪毅夫，全國人大常委、臺盟中央常務副主席。

在首屆豫閩台姓氏源流國際研討會上的講話

政協河南省第七屆委員會主席 林英海

各位來賓、各位代表，女士們、先生們：

首屆豫閩台姓氏源流國際研討會，今天正式開幕了。我代表河南政協委員會，河南省中原姓氏歷史文化研究會，向前來參加會議的海內外來賓，各位代表、各位專家、學者及朋友們，表示熱烈的歡迎和衷心的感謝！

來自臺灣、福建、廣東、廣西、湖北、江西、河南等省和韓國、菲律賓的來賓、專家學者歡聚鄭州，舉行姓氏歷史文化學術研討會，弘揚中華民族的歷史文化，是一件有意義的事，我們向會議的召開表示熱烈祝賀。

河南省地處中原，歷史悠久，是中華民族主要發祥地之一。優越的地理位置和豐富的自然資源，使河南自古以來就成為中華民族古老文化的一顆明珠。距今五六十萬年前，被考古學家稱為南召猿人的原始人群，就已開始在河南繁衍生息。距今 8000 年前的裴李崗文化遺址在河南發現 40 餘處，距今 6000 年前的仰紹文化遺址遍佈河南省 20 餘個縣。距今 4000 多年前，在河南龍山文化基礎上出現了中國歷史上第一個奴隸制政權——夏朝，初都陽城（今河南登封告成），後數易其都，大部分在河南省境內。中國七大古都，今河南省境內有三個：世界聞名的商都安陽，是甲骨文的故鄉，中華民族文字發祥地。九朝古都洛陽，漢唐時期久盛不衰。七朝古都開封，北宋時人口逾百萬，是當時中國乃至世界上最大最繁華的都市。河南省是華夏腹地，歷史上戰爭頻繁，王朝更迭，民族遷徙，使這裡成為中華民族交融匯合的熔爐。從春秋戰國，經秦、漢、魏、晉、南北朝、隋、唐、五代直至北宋，生活在這塊土地上的華夏民族和來到中原地區的戎、狄、蠻夷、鮮卑、羯、氐、羌等少數民族逐漸通婚融合。居住在這裡的漢族也大量遷徙他鄉，移居我國東南、西北、東北地區。所以河南是中華民族姓氏的主要發祥地。有關專家研究結果表明，我國古今姓氏有 1.2 萬個，其中半數起源於河南。河南省姓氏

中原與閩台淵源關係研究三十年（1981～2011）（修訂版）
在首屆豫閩台姓氏源流國際研討會上的講話

　　文化源遠流長，在全國姓氏歷史文化上佔重要地位。特別是與東南各省有著密切的聯繫，閩粵大部分人的祖先是從中原遷移過去的。以後又進一步遷移到臺灣和海外各地生根。他們在向南方遷移過程中，也把中原文明傳播到各地，對南方經濟、文化的發展作出了巨大貢獻。據研究，歷史上對閩台姓氏產生重大影響的遷徙活動，無論是晉末的八姓入閩，還是唐代的五十八姓開漳，以及唐末五代時期的「十八姓隨王」等等，無不與河南先民南遷福建有關。如今，我們從這些南遷先民的姓氏堂號上，或從家乘譜牒上，都能找到他們根在河南的鮮明印記。所以自古及今，一向有閩台人「根在中原」或「根在河洛」之說。今天我們在中原召開閩台姓氏源流國際研討會，就是要追本溯源，牢記歷史，加強我們自古就有的血緣親情，增進中華民族凝聚力和文化認同，加強經濟、文化交流，更好地促進經濟文化發展。

　　河南省姓氏文化研究從80年代初起步，隨著修志工作和地方史研究的發展，收集整理了不少姓氏文化資料。廣大歷史工作者，修志工作者及僑務工作者，都對姓氏源流進行了大量的調查研究，並建立了姓氏文化研究機構。四年以前，我們首先成立了中原民族史學術委員會，去年正式成立了河南省中原姓氏歷史文化研究會，負責組織和指導全省的姓氏研究工作。至今，河南已有20多個市縣相繼建立了姓氏研究會或宗親聯誼會，一批研究人員脫穎而出，撰寫了一批論文，出版了一些書刊，取得了不少研究成果。《中國百家姓》電視系列片、《尋根》雜誌、《中州今古·中原尋根專輯》、《源於河南百家姓》、《中原尋根》以及王姓、陳姓、鄭姓、謝姓、楊姓、林姓等方面的書均多方位、多角度反映了我們的研究成果。另外，河南衛輝、滎陽、開封、淮陽等地都舉辦過大規模的姓氏研討和聯誼活動，接待了數批前來尋根拜祖的海內外客人。省內有關部門還組織了電視採訪團赴東南亞各國訪問，在聯絡鄉情族誼方面起到了較好的作用，收到一定的社會效益。今後，我們將一如既往地開展姓氏研究工作，並乘這會議的東風，更好地為海內外同胞尋根謁祖服務。

　　各位來賓，朋友們！

河南大地物華天寶，人傑地靈。改革開放後，河南更是日新月異，充滿生機和活力。在這裡，我把河南的概況向大家作一簡要介紹。河南省地處黃河中下游地區，因古時為豫州，故簡稱豫，又位於古九州之中心，大部分地勢平坦，又有「中州」、「中原」之稱。全省現有13個省轄市，4個地區，116個縣（市）。全省人口9100多萬人，共有漢、回、蒙、滿、壯等51個民族。全省氣候溫和，四季分明，雨量充沛。總面積16.7萬平方公里，地形包括豫東平原、南陽盆地、豫北山地、豫西山地和豫南山地五大區，有分屬於黃河、淮河、海河、長江四大水系的大小河流1500多條，有豐富的礦產資源。世界上已被利用的150多種礦產中，河南已發現107種，探明儲量的80多種，已開發利用的61種。林業資源比較豐富。糧、棉、油、煙產量在全國佔有重要地位。畜牧業比較發達。河南地理位置優越，交通便利。有縱貫南北的京廣、京九、焦枝三條鐵路幹線和連接東西的隴海鐵路在這裡交匯。鄭州火車站是全國最大的客運中轉站，鄭州北站是全國最大的貨車編組站。洛陽──鄭州──開封高速公路已開通。鄭州、洛陽、南陽三個機場已開闢航線20多條，與香港開闢了定期航班。京廣、滬新等國家通訊光纜在這裡經過，各市地縣全部開通了國內直撥電話。河南的旅遊資源非常豐富。全省現有全國重點文物保護單位30個，省級重點文物保護單位527個。可供海內外旅遊觀光的景點近百處，其中被列為國家級的旅遊景點17處。國家旅遊局推出的14條專項旅遊線路中，有河南的「黃河之旅」和「尋根朝觀之旅」兩條。

中華人民共和國建國47年來，特別是改革開放以來，河南人民在鄧小平建設有中國特色的社會主義理論指導下，在中共河南省委、省政府的領導下，堅持以經濟建設為中心，同心協力，艱苦奮鬥，現代化建設和各項事業發展較快。1995年，國內生產總值2940億元，經濟總量居全國第七位。1978-1995年國內生產總值年均增長速度是12.5%。全省現有工業企業2000多家，其中大型企業1013個，形成了門類比較齊全的工業體系。河南是農業大省，農業人口佔總人口的87%。近年來，全省人民以實現小康為目標，大力發展鄉鎮企業、畜牧業，推動農業經濟全面發展。「八五」期間，全省糧、棉、油等主要農產品產量都創造了新的歷史最高水準。由於不斷深化科技體制改

革，促進科技經濟一體化，初步形成了科技與經濟結合的格局。文化、衛生、體育、環保、民族、宗教等工作也都取得了新的成績。隨著經濟建設和社會各項事業的發展，城鄉人民生活不斷改善，居民收入有較大增長，消費水準不斷提高。近年來，由於全面實施開放帶動策略，河南的對外貿易工作得到了加強，外商投資環境也進一步優化。目前已同 100 多個國家和地區建立了貿易關係，與 11 個國家締結了 22 對友好省際關係和友好城市關係。在日本、美國、澳大利亞、泰國及香港等國家和地區設立了近 60 個經濟貿易視窗。為了進一步擴大對外開放，河南省制定了一系列鼓勵外商到河南投資和發展對外經貿經貿技術合作的優惠政策，並不斷改善電力、交通、通訊等基礎設施建設，努力為外商投資提供一個良好的生產經營環境。為改善河南投資環境，省委省政府確定了 10 項基礎工程。其中鄭州貿易中心和中原國際博覽中心兩個大型交易設施已經建成交付使用。鄭州航空港、公路聯運、河南博物館、十大文物旅遊景點等大型基礎設施正在加速建設。河南正在邁著堅定的步伐走向世界。今後，世界將更加瞭解河南，河南與世界各地的聯繫將更加緊密。

目前，河南面臨許多有利條件和發展機遇。全國整體對外開放的格局將由沿海加快向中西部擴展，河南處於東中西三大地帶的結合部，將對擴大河南對外開放提供更多的機遇。國家在宏觀布局上，將加大中西部地區政策性投資力度和增加利用國外優惠貸款的份額，支援中西部地區農業、能源、交通等基礎產業發展，這將對進一步改善河南投資環境和基礎產業發展條件帶來新的機遇。在今後五年中，河南要加快發展，縮小差距，力爭國內生產總值在 1980 年的基礎上翻三番，人均國內生產總值增長 5 倍，基本消除貧困現象，人民生活基本達到小康，初步建立社會主義市場經濟體制，全面實現社會主義現代化建設第二步策略目標，為勝利跨入 21 世紀，向第三步策略目標邁進奠定堅實的基礎。實現這些任務和目標，是既充滿希望又非常艱巨的開創性事業，需要河南 9100 多萬人民進行堅持不懈地努力，也需要港澳臺同胞、海外僑胞的大力支持和幫助。希望這次到會的海內外來賓，能夠借此機會多瞭解河南、認識河南，回去後多宣傳河南。

各位來賓，各位朋友！

我們這次會議的召開旨在以姓氏研究為紐帶，加強我們之間的交流與合作，促進海內外炎黃子孫的團結。希望大家暢所欲言，各抒己見，為推進姓氏研究和學術交流盡心竭力。同時，我們再次代表政協河南省委員會，中原姓氏歷史文化研究會，並以我個人的名義，祝各位事業興旺、身體健康，生活幸福！

預祝大會圓滿成功！謝謝大家！
1996 年 9 月 18 日

文獻來源：《首屆豫閩台姓氏源流國際研討會論文集》，1996 年 9 月。
作者簡介：林英海，政協河南省第七屆委員會主席，河南省中原姓氏歷史文化研究會會長。

在首屆豫閩台姓氏源流國際研討會閉幕式上的講話

中共河南省委宣傳部常務副部長 葛紀謙

各位來賓、各位代表：

首屆豫閩台姓氏源流國際研討會，已經歷時兩天。昨天上午，河南省政協主席、河南省中原姓氏歷史文化研究會會長林英海作了重要講話，來自韓國的佛教大師林允華先生、臺灣各姓淵源研究學會理事長林瑤棋先生、福建省姓氏源流研究會副會長盧美松先生等十幾人在大會上作了講話和發言。今天上午分小組進行了討論。會議開得緊張、熱烈，非常成功。

這次會議雖然只開了兩天，但有這麼幾個特點：領導重視、規格高；人數較多，情緒高；論文較多，品質高。臺灣省張明正先生、河南省社科院王大良先生的論文，福建省地方誌編纂委員會副主任盧美松先生的論文都很有說服力，更加密切了豫閩台三省的親緣關係。昨天上午河南省委、省政府、省政協的幾位領導提前到會看望大家，並和大家一起合影留念。林英海還向大家介紹了河南經濟社會發展情況和姓氏文化研究的情況，對會議的召開提出了明確的要求，保證了這次盛會的順利進行。韓國大師，菲律賓的代表，福建、廣東、廣西、江西、湖北和河南許多市、地、縣以及研究部門的代表都參加了研討會，提供了論文，作了大會發言，小會交流。參加了這次研討會的達110多人，提交論文60多篇。所提交的論文內容涉及到華夏各姓氏起源、演變與中原的關係，豫閩台姓氏分佈與中原歷史移民的關係，客家研究，以及從東南沿海向臺灣、韓國等地的移民遷徙等問題。許多文章從各個不同角度論證了閩台大多數姓氏的根在中原，從而進一步確認了豫閩台自古就有的密切關係。這不僅對豫閩台三省的姓氏研究工作有重要意義，也為全國姓氏研究提供了積極的成果。可以這樣說，我們這次研討會出了成果，交了朋友，開得成功，富有意義。

研討會的成功，歸功於大家。為此，我在這裡再次代表河南省委宣傳部、河南省中原姓氏歷史文化研究會，向前來參加研討會的海內外來賓、各位代表、各位專家、各位學者及所有的朋友們、同志們表示衷心的感謝和誠摯的敬意！

各位代表，首屆豫閩台姓氏源流國際研討會即將閉幕了。會後如何更深入地開展姓氏源流研討，大家發言中講了許多很好的意見，在這裡，我想談點意見和大家商量。

姓氏歷史文化是中華民族精神財富的重要內容，由於種種原因，姓氏歷史文化研究工作在我國曾中斷過很長一段時間。20世紀80年代以來，隨著我國改革開放和海外尋根熱潮的興起，姓氏歷史文化研究工作在國內外迅速開展起來，也出了不少研究成果和專著。但是，由於起步較晚，資料缺乏，還不能完全適應形勢發展的需要。進一步加強姓氏歷史文化的研究，是歷史賦予我們的任務。改革開放以來，中國經濟發展迅速，取得令人注目的成績，引起世界各國的重視。民族經濟的發展，必將推動歷史文化的發展，也給我們姓氏歷史文化的研究提出了更高的要求。面對21世紀，我認為，姓氏歷史文化研究還有許多重大課題尚待進一步開發和研究，還有很多工作等待著我們去做。比如，關於華夏各姓氏的起源、發展、遷徙、演變問題。歷史上的中原移民與閩、台、粵姓氏淵源關係問題，明清時期由中國東南沿海向外移民問題，客家人的形成及其與中原的關係，姓氏歷史文化的研究對經濟發展、社會進步的促進作用等等，都需要進一步探討。總之，我認為，我們的姓氏歷史文化的研究要向縱深、健康的方向發展，我們的研究工作要進一步增強科學性、前瞻性和現實性，我們的研究工作一定要服務於弘揚中華民族精神，振興民族經濟，為人類作出更大貢獻這個偉大目標。

在加強學術理論研究的同時，我們還應加強省內外、國內外、海內外華人的聯絡和交流工作，密切協作，促進文化交流，共同為弘揚中華民族優秀的歷史文化，取得更多更好的研究成果，使中華民族在亞洲，在全世界發揮出更大的影響和作用。

各位來賓、朋友們！

在首屆豫閩台姓氏源流國際研討會閉幕式上的講話

　　這次大會只是一個良好的開端，今後還有更多的工作需要我們去做。這次會後，我們要加強相互間的聯繫，發揮各地的特長和優勢，互通有無，繼續努力開展姓氏歷史文化研究，多出成果。研究中的爭鳴，是件好事不是壞事。我主張在研究中，提倡求同存異，取長補短，攜手進共。我們計畫會後儘快編輯出版本次會議的論文集，把大家研究的成果彙集成冊，也作為這次研討會的一個具體成果奉獻給大家，希望得到大家的支持。

　　根據大會的安排，我們這次研討會於今天閉幕，明天進行參觀考察。在此，我預祝明天參觀順利，並祝各位貴賓、各位代表，女士們、先生們、同志們，朋友們身體健康、家庭幸福、事業有成、萬事如意。

　　最後，我們河南人民熱烈歡迎海內外，特別是韓國、菲律賓、臺灣、福建、廣東、廣西、貴州、湖北、江西、山西的單位、僑胞、朋友們到河南來尋根問祖、文化交流、投資建設。

謝謝大家！

1996 年 9 月 19 日

文獻來源：《首屆豫閩台姓氏源流國際研討會論文集》，1996 年 9 月。
作者簡介：葛紀謙，曾任中共河南省委宣傳部常務副部長，河南省中原姓氏歷史文化研究會常務副會長。

關於固始與閩台淵源關係的幾個問題——在 2010 年固始與閩台淵源關係研討會上的講話

政協河南省第九屆委員會副主席 陳義初

女士們、先生們：

大家下午好！

這次研討會非常成功。2010 年是唐人故里‧閩台祖地第二屆中原固始根親文化節，為了豐富文化節的內容，舉辦了「2010 年固始與閩台淵源關係研究研討會」，組委會為了大家能夠靜下心來開好這個研討會，特別把研討會提前到開幕式前召開，這也體現了主辦方的用心良苦，希望來自全國的專家、學者能夠「百花齊放、百家爭鳴」，各抒己見。

現在看來，這次研討會非常成功，具體表現在下面幾個方面：

1. 主題明

2010 年年會主題為「閩台姓氏中原（固始）尋根研究」。與會的專家、學者圍繞這個主題就以下 9 個方面進行了論述：

唐代中原（固始）移民入閩遷台史

閩台姓氏祖地

閩台姓氏播遷

閩台名人祖籍

閩台名人宗祠

閩台姓氏中原尋根活動

豫閩台兩岸三地尋根文化品牌建設

河南涉台文化遺產保護與開發

河南對台文化交流平台建設

2009 年，我們的主題是「根文化」，2010 年集中於姓氏，應該說是更進了一步。

2. 規格高

這次研討會的主辦單位有：

國台辦《兩岸關係》雜誌社

中國社會科學院臺灣史研究中心

河南省人民政府臺灣事務辦公室

河南省社會科學院

這樣的規格包含了大陸研究海峽兩岸關係的各方面學術機構，也體現了這次研討會的水準。

3. 範圍廣

這次研討會有海峽兩岸豫、閩、台三地的專家學者 50 人參加，收到論文 38 篇，在研討會上交流的 30 多人。

希望這個研討會越辦越好！

接下來，我就固始與閩台淵源關係談幾個問題。

在 2009 年研討會（10 月 27 日）的最後總結中，我曾經做了一次講話。講話的內容包括：由來和評價：根——中心；活動的目的；堅持、認真、合作、求實——活動成功的保證。我想，2009 年的講話主要是針對這次活動來說的。2010 年我想就固始與閩台淵源關係本身談一下我的看法，也可以說是對這方面的研究提出自己的一些想法，與諸位共商。

1. 源和流

無論從哪個層面去理解，固始與閩台的關係就是「源和流」的關係，這裡的「源」指的是固始，當然也可以說中原。固始作為一個載體，其歷史事實是不容置疑的。因為唐時，其大部分代表中原文化的移民是從固始出發的，而實際上，他們代表的是中原文化而不是狹隘的「固始文化」。而閩台一定是「流」的載體。當然由閩和台原住民延續下來的文化和中原的淵源關係要薄弱一些。但是，千年來，閩台的主要住民應該是中原移民的後代，這也是不容置疑的。因此固始與閩台淵源關係一定要確立這個「源和流」的關係，這是整個研究的基礎和主要原則。

　　2. 傳承和發展

　　在我們承認「源和流」的前提下，我們也應該看到，閩台文化雖然和中原文化有其傳承關係，但是由於千年來的社會變化，閩台的地理位置更容易受到外來文化特別是海洋文化的影響，閩台的生存環境較中原地區更加不易，使一部分先民不得不脫離農耕而從事商業貿易等。這些使得閩台文化在傳承的基礎上，有較快的發展。這裡特別應該指出的是我們應該承認「朱明理學」就是對於漢唐儒學的發展，而宋明理學的誕生地已經不是中原，而是贛、閩等地區。我們一定要承認這種發展，這才是科學的態度。

　　3. 反哺和學習

　　既然閩台文化經過千百年來的發展已經有其先進的成分，因此在當前淵源關係的研究中，除了要強調「尋根」外，還要強調「反哺」。也就是說，作為中原或固始，還要學習閩台文化中的先進成分，這包括：經濟理念、經營理念、社會規則、生活方式等。因此我主張，在研究「根」的同時，我們能不能花一些力氣，研究一下閩台在中原的基礎上發展了什麼，在傳承的基礎上提高了多少，有哪些應該「反哺」，有哪些應該學習。

　　4. 氣和器

　　這裡的所謂「氣」，指的是文化的核心，我想簡而言之，中原文化的核心就是儒家文化的核心，那就是「仁」。而任何一種文化一定有一個載體，這個載體就是「器」。這個「器」，可以是姓氏，也可以是家譜、典籍，也

可以是古跡。這次我們以姓氏作為主題，就是以姓氏這個「器」，來進行「氣」的研究。從人類的活動情況來看，「氣」很重要；而作為載體的「器」也非常重要。可以想像一下，如果沒有金字塔、獅身人面像，那麼古埃及文明就很難被我們所認識。所以對於淵源關係的研究，更重視「氣」，也要重視「器」。這幾年，固始縣對於這方面傾注了大量的人力和物力，例如我們已經看到的陳氏將軍祠，奶奶廟等其規模、環境都已經有極大的改善，這是令人欣喜的。

在這裡，我希望說明的就是，我們對於「器」，應該是站在一個更高的高度去考慮、去規劃、去建設。這才能符合普世的價值觀，才符合建設和諧社會的目標。

同時，對於固始這樣一個大「器」，應該在城市規劃中有所考慮，如何體現「源」之所在。也就是說，固始縣在城市建設中要體現自己是閩台之源，而不要一看就是中國的一個縣城，高樓大廈，玻璃幕牆，千篇一律。如果不捨得全縣城作為一個「器」，起碼有這麼一個地區，而不是僅僅兩個點。

5. 專家和民眾

在這裡談的是專家的研究需要提高，而民眾的知識需要普及。

從專家研究的角度，提高是必需的。目前我們的社會太浮躁，狹隘學術上表現為急功近利，而實際上沒有認認真真的態度，是什麼也做不成的。

關於民眾的普及，目前淵源關係研究的認同和研究還是只停留在專家學者層面，如何使得淵源的理念走向社會大眾是我們的任務和責任。在這一點上還是有很多工作要做的，建議做以下五件事：

（1）出版通俗讀物或拍攝電視紀錄片。

（2）組織到大專院校的講座。

（3）做好中國河洛文化網。

（4）開展大陸和臺灣的河洛文化專題遊。

（5）注入現代化元素的專題活動，如移民路線的汽車拉力賽等。

衷心地希望「唐人故里・閩台祖地——中原（固始）根親文化節」越辦越好，衷心地希望有越來越多的海內外華人來固始尋根問祖，衷心的希望大家能夠在這裡找到自己的根！

謝謝大家！

2010 年 10 月 25 日

文獻來源：2010 年固始與閩台淵源關係學術研討會論文，《固始移民與兩岸文化認同研究》，河南人民出版社 2011 年 10 月。

作者簡介：陳義初，政協河南省第九屆委員會副主席，中國河洛文化研究會常務副會長。

尋根母語到中原

黃典誠

我來自福建廈門。我說的是閩南方言，閩南方言和閩北方言（還有閩東方言）同是我國九大方言之一。它和普通話有較大的區別。在閩南、閩東和閩北，祖祖輩輩都傳說祖宗是河南來的。這件事記在方志上，寫在族譜裡。據《三山志》說：「（晉）永嘉之亂，衣冠如閩者八族」。又據《河南光州府志》載：唐高宗總章年間，福建南部蠻獠嘯亂，朝廷以光州固始人陳政、陳元光父子率五十八姓前往征伐。陳政陣亡，陳元光年方十八，代父領兵。結果削平禍亂，疏請建立漳郡。又據《五代史》，唐末光州固始人王潮、王審知兄弟，率眾起義，南下福建，建立閩國，採取了若干有效措施，開發了福建，發展了經濟，推廣了文化，安撫了流亡。在中原板蕩的時代，福建成了偏安一隅的地方。這是中原人民成批流入福建的簡況。福建和河南有著密切的鄉土關係。福建方言就是從河南帶去的。至今「客話」區人民還稱閩語（方言）為「（黃）河洛（河）話」，稱說閩語的人為「河洛人」。我這次帶研究生到河南來為福建方言尋根，去固始縣作了實地調查。

自從上年元旦，我人大常委會發出《告臺灣同胞書》，臺灣人民為響應統一祖國的號召，紛紛發起往大陸尋根的運動，他們寫了許多「唐山過臺灣的故事」。他們尋根的起點是閩南，終點無疑是河南。河南光州固始人陳元光開闢了漳州，被尊為「開漳聖王」，當菩薩膜拜。這位陳聖王也隨鄭成功到了臺灣。至今臺灣全省有大小陳聖王廟近百所。香火之盛，是很可觀的。象陳元光這樣有作為、有貢獻的歷史人物，正統歷史新舊《唐書》沒有他的專傳，難怪有人為漳州南台廟（即陳聖王廟）撰下一對檻聯：

唐史無人修列傳，

漳江有廟祀將軍。

通過這次調查發現，《固始縣誌》也缺了這一重要材料。應該參照福建《漳州府志》、《龍溪縣誌》迅予補上。

事隔千年，這回找到什麼「根」沒有？回答是不多，但就所得的幾條，已經很重要，夠說明問題了。例如這裡有「洛陽橋」，閩南也有「洛陽橋」。能是偶然的嗎？又如管「沒有」叫「毛」。甚至連「鹵麵」也被攜帶過去了。

　　我們的尋根，將引起臺灣同胞的極大興趣。今後，希望貴我兩省語言學界的同志們，在共同為實現四個現代化的語言工作中，互相支援，互相配合，並肩前進！最後願以小詩七律奉贈：

　　河洛中原是故山，永嘉之亂入閩南。

　　謀生更遍南群島，擊楫全收淡水灣。

　　莫謂蠻人多我的，天知母語在鄉關。

　　尋根不是尋常事，喚取臺胞祖國還。

1981 年 3 月 18 日 於鄭州

文獻來源：《河南日報》1981 年 4 月 22 日。
作者簡介：黃典誠，廈門大學教授。

緬懷中原（固始）與閩台淵源關係研究的開拓者黃典誠教授——兼論尋根之旅的緣起

林寒生

今年四月，是著名語言學家、廈門大學中文系黃典誠教授帶領他的首屆研究生到固始尋根30年，也是《河南日報》發表黃先生《尋根母語到中原》一文30年，同時又是河南省、信陽地區和固始縣相關單位開展中原與閩台淵源關係研究30年。作為黃典誠教授嫡傳弟子，特別是30年前直接參與固始實地尋根的實踐者，今天再次踏上祖先的故土，千百年前固始先民移民的始發地，又一次看到我們先祖世代生活、辛勤耕耘的美麗山川，特別是榮幸地應邀參加第三屆中原（固始）根親文化節活動，受到「唐人故里‧閩台祖地」父老鄉親的盛情款待和熱情歡迎，心中更是感到無比的激動和興奮。

30年前，黃典誠教授在《河南日報》發文指出：臺灣、福建和河南三省，有著密切的鄉土關係。福建方言就是從河南帶來的。臺灣人民前往大陸尋根，「他們的起點是閩南，終點無疑是河南」。因此「尋根不是尋常事，喚取臺胞祖國還」。這就向世人深刻揭示了尋根文化研究對喚取臺灣同胞認祖歸宗，增強民族認同，實現中華民族團結和諧，推動兩岸早日實現統一的重要而深遠意義。同時也讓我們看到這位前輩學者通過學術研究推動祖國統一大業的高度智慧。

黃先生的這篇短文原先是在河南省語言學會成立大會上的一篇演講稿。在文稿之末，他還深情地賦上一首七律：「河洛中原是故山，永嘉之亂入閩南。謀生更遍南群島，擊楫全收淡水灣。莫謂南人多舌，需知母語在鄉關。尋根不是尋常事，喚取臺胞祖國還。」並分別用普通話和閩南方言朗誦一遍，當即引發了全場語言學家的熱烈掌聲。而有高度政治敏感的河南省委宣傳部長心有靈犀，當場決定並向大會宣佈河南省中原（固始）尋根文化研究會成立。全場又一次歡聲雷動，反響熱烈。此後，從信陽固始到中州大地，從學術界

到文化界,從黨的宣傳統戰部門到其他機關,掀起一陣陣尋根熱浪。我們高興地看到,中原(固始)與閩台淵源關係的研究工作,在國務院台辦、全國僑聯、全國政協的共同推動下,在河南省委、信陽地委和固始縣委等各級領導直接領導下,通過三十年來的努力和辛勤工作,取得了令人矚目的成就。特別是近幾年根親文化節的舉辦,當地黨政領導以尋根文化研究為契機,把根親文化研討與省地縣改革開放,內引外聯、城市建設、農村試驗區、商貿旅遊、和諧社會建設等結合起來,並取得了可喜的成績。同時,經過學術界、文化界、教育界等的共同努力、辛勤挖掘,尋根文化的內涵也日益豐富多彩,已從原先單純的歷史移民考察擴及到譜牒世系、姓氏淵流、宗教信仰、方言俗語、風俗習慣、文學創作、門類文化、歷史人物等方方面面;而在地域上則從原先的一個縣擴展到以固始縣為中心輻射及河南全省乃至中原大地甚至整個中國。境外則由臺灣擴展到港澳臺甚至東南亞與海外其他地區。在此,我們不能不由衷地敬佩黃典誠教授的高瞻遠矚,更加深切地緬懷這位中原(固始)與閩台淵源關係研究的開拓者和先驅人物,正是他的遠見卓識為我們當今的根親文化研究闖出一條新路,並且在諸多領域的研究中都頗有收穫;同時,在學術研究為社會服務方面也作出了實質性貢獻,堪稱為這方面的典範。

　　作為一名著名語言學家、黃典誠教授在學術上有多方面的貢獻。他年輕時代跟隨著名古文家餘謇教授研讀經典,打下深厚國學基礎;又親炙老一輩語言學家周辨明教授的現代西方語言學理論方法,在漢語音韻學領域研究中注意做到考古與審音相結合,音韻與方言相結合,因而能遊刃有餘,創獲良多。例如,他的論文《關於上古漢語高母音的探討》一文提出上古漢語不能沒有高母音 i/u 的地位,得到呂叔湘先生嘉許,對此有「理我大惑」之評;其專著《切韻綜合研究》因對中古《切韻》的獨到研究而榮獲國家教委頒發的學術著作優秀獎。他從「賈」「茶」兩字《廣韻》中列有 2 個反切的實例中窺探出漢語語音發展過程中有不同層次,進而發現了「輕聲重韻」和「重聲輕韻」的重要祕密,從而為漢語語音史的重建開闢了一個嶄新視角,對漢語語音史作了全新解釋,至今仍站在本學科領域的前沿。這一觀點被國內同行稱為「強弱輕重律」,或「典誠律」。另一部專著《訓詁學概論》,應用現代語言學理論方法研究傳統學問,而被國內 6 所高校中文系作為研究生或

本科教材。所撰《詩經通譯新詮》一書，與陳子展先生的《詩經直解》，被當代學者譽為建國以來創獲最大的解詩巨著。

對漢語方言的精湛研究，則是黃典誠教授科研生涯中又一濃墨重彩的篇章。早在上世紀 60 年代，他便主編過 200 多萬字的《漢語方言概況》，撰寫了該書的總論與分論中的閩南話與莆仙話部分；80 年代又牽頭主編了《普通話閩南方言詞典》，同樣為國內外同行所矚目。正是由於他在方言研究領域中的突出成就，廈門大學中文系一度成為全國漢語方言研究中心，在國內外享有盛譽，而他本人則被國內外學者譽為「閩語研究眾所公認的權威」、「閩南方言研究的先驅」。黃典誠先生對方言研究的重要貢獻主要體現在對福建方言分區、文白異讀和本字考訂幾個方面。例如關於福建方言分區問題，歷來學者都只靠主觀想像，將其分為閩南話與閩北話 2 種。黃典誠先生年輕時便調查過建甌話，提出它與福州話不可混一，應重新定位；後來參加全省方言普查，更堅定了原來想法。他認為語言是由語音、詞彙和語法三個層面組合的系統，方言也莫能外，因此為方言分區不能以方音為唯一根據，而必需兼顧詞彙和語法兩個層面。採用這一標準，他把紛繁複雜的福建方言分為閩海、閩中和閩客 3 個大方言群，下轄 7 個方言區、17 種土話、29 種土音，而把福建省內主流方言即閩語分為閩東、閩南、莆仙、永安和建甌 5 片。此一依照「群──區──話──音」幾個層級劃分方言的「多層區分法」，使福建方言內部的親疏遠近關係第一次得到縝密的梳理，分區的依據和結論則比前人有重大突破，並得到學界同仁的普遍認同；對建設方言學的理論寶庫則作出了重要貢獻。

黃典誠教授是中國語言學界元老、國語羅馬字的始創者、為國人所推重的周辨明教授嫡傳弟子。與自己的恩師相同的是，他們師徒二人終其一生都傾心於國家語言規劃的探討，致力於語言文字的應用研究。作為與趙元任、林語堂同輩的語言學家周辨明，一生研究語言學 70 多年，其「所貫注的中心命題是中文拼音化和文字索引法」，呂叔湘先生稱他具有「死不改悔」的獻身精神。黃先生從小接觸教會羅馬字，上大學後又深受周辨明影響，因而十分熱心於漢字改革、中文拼音、新文字及方言拼音方面的不倦探索，並為此開設課程、講座並發文宣導。據說上世紀中國文改會（即語言文字應用委

員會前身）制訂《中文拼音方案》時，與會專家學者為採用什麼符號代表「j、q、x」3個聲母意見紛壇，最後採用了黃先生意見才確定了今天此一書面寫法。如今50多年過去了，此一國頒方案無論在為漢字注音、推普、為少數民族創制文字方面，還是在幫助國際友人學習漢語、處理資訊等方面都發揮了重要作用。而我們已沒多少人知道，此一「功在千秋，行之萬里」的拼音方案之中，還滲透著黃典誠先生的一份心血，折射著他老人家睿智的光芒。

黃典誠教授畢生重點研究漢語音韻方言，而這些工作與他的尋根思想有何聯繫呢？他的尋根思想又是怎樣形成並付諸實踐呢？這是一個令人感興趣的話題。下面想就此談點個人看法。

首先，福建方言中保留、傳承漢語古音與古詞彙的一些蛛絲馬跡是推動他尋根的一個原動力。黃教授在研究福建方言的過程中發現，被音韻學家反覆驗證的一些古音特點，在福建方言中多能見到，這便誘發了他追根尋源的興趣。例如，上古漢語語音「古無輕唇」與「古無舌上」，是清人錢大昕所證實的兩句名言，在閩台方言中依然存在，前者如「分、蜂、微」等字，閩台方言聲母讀「P、Ph、m」，後者如「張、抽、除」等字，閩台方言聲母都讀 t 或 th。再比如中古切韻音系有 m、n、ng 3 個鼻韻尾，聲調有入聲，這在閩台方言中也頗常見。如閩南話中，「音/因/英」讀 [im/in/iŋ]，「集/質/職」讀 [ip/it/ik]，便是有力證據。這些事實，正說明閩方言不但包含古音，而且還含有上古和中古等不同歷史層次。因此，閩台口語中的古音殘跡，正是反映出北方移民入閩不是一次性完成，而是歷經多次。把其歷次移民情況弄清便需要我們開展尋根。再從詞彙角度觀察，閩台方言多傳承有古代漢語語詞，它們在古代漢語早期文獻中也確實有案可稽。例如，當地百姓飯鍋說「鼎」，《說文》：「鼎，三足兩耳和五味之寶器也」；閩台方言葉子說「箬」，《說文》：「箬，楚謂竹皮曰箬」。前幾年，我在一次閩語研討會上發表一文，題為《閩語中的古方言詞探源》，查證了《說文》、《方言》等漢代文獻，發現了閩方言中 130 多條語詞屬於漢晉時代古漢語的早期方言詞。其中又以古楚語（含南楚）數量為最，其他依次是吳楚通語、吳越語、秦晉語和東齊海岱語。這充分顯示閩台方言複雜，源出多頭，但值得重視的是古楚語（含南楚、吳楚等），以及吳楚通語則是最核心、最重要的。而歷

史上光州固始所處的河南省東南端，與其周邊相鄰的安徽、湖北等省，歷史上早期屬楚管轄，又與吳國往來密切，其方言多楚語和吳楚通語便不足為奇；其次，又因地近中原，還兼收並蓄了秦晉和東齊海岱一帶的中原文化，因此也必然滲入一些古秦晉語和古東齊海岱語。如今，這類語詞便自然在閩台方言中留下印記。又如，閩台方言兒子說「囝」，父親說「郎爸」（如福州）。唐代顧況有《囝》詩，詩中有「郎罷別囝，吾悔生汝……囝別郎罷，心摧血下」（「罷」實即「爸」）語，這又證明今閩台方言與唐代或稍晚時期的中原（固始）移民有所關聯。正是由於閩台方言中包含上述一些較為典型的古音古詞，深深吸引和激發了黃老當初研究的深厚興趣，促使他萌發了北上尋根的想法。

其次，史籍、地方文獻的不絕記載與父老口碑的世代傳揚為尋根之旅提供了切實可靠的史實證據。據史籍及地方文獻記載，歷史上的征蠻與中原士族的南征入閩大多與中原（固始）有關。其中聯繫較為密切的有以下四次：

（1）據《史記·東越列傳》載：漢武帝元鼎五年（112年），南越相呂嘉反，旋覆滅，翌年，鑒於閩越「強悍，數反覆」，朝廷派兵遣將，兵分四路，直搗閩越，閩越王敗績。武帝便「詔諸軍吏將其民徙江淮間，東越立遂虛。」據朱維幹考證，大規模的漢軍入閩，在福建歷史上這是第一次。

（2）又宋·梁克家《三山志》稱：「永嘉之亂，中州板蕩，衣冠入閩者八族：陳、林、黃、鄭、詹、邱、何、胡是也。」而《閩中紀》稱：「永嘉之亂，中原士族陳、鄭、林、黃四姓先入閩，今閩人皆稱固始人。」另楊恭恆《客話本宇》也說，「自永嘉五胡蹂躪，冠帶數千里之地，戎膻汙染，靡有甯居，於是衣冠之族，豪傑之輩，如侃遜嶠琨之輩，相與挈家度口，共圖威脅……其餘入閩諸姓，有林何邵胡八家。」

（3）清《漳州府志》《雲霄縣誌》載：唐高宗總章二年（669年），泉潮一帶「蠻獠嘯亂」，朝廷命陳政兄弟率府兵3600人（固始58姓）、123員將領由固始來閩南安邊。陳政子陳元光年方十三，也隨往。後經30餘年征戰，終於平靖邊氛。後又由地方呈報並經詔准，增設漳州郡，「以控嶺表」，由元光首任漳州刺史；玄宗時封潁川侯。如今閩南一帶有200多座威惠王廟

（臺灣也有70多座）供奉這位「開漳聖王」，民間百姓均稱元光為「菩薩公」。至今陳聖王尚一如既往地享受著當地百姓供奉的血食。

　　（4）另據舊福建省志及縣誌載：唐末江淮動亂，吏民南逃。壽州人王緒起事，攻佔光州，自領光州刺史。後固始人王潮、王審知兄弟率5000人回應。旋因王緒剛愎自用，濫殺老弱，王潮兄弟將其殺死，並舉潮領兵；潮歿後由審知統領兵士。後審知受封福建威武軍節度使和福建觀察使；五代後梁開平年間又由朱溫封為閩王。王氏兄弟征戰閩省南北8年，其家族治閩近50年。審知治閩期間興修水利，開鑿海港，設學四門，頗有口碑；而隨其入閩者數十姓將領也落籍福建。

　　上述數次有規模、成批量的歷史移民，給福建方言帶來上古漢語及其方言，同樣也帶來隋唐五代時期的中古漢語。今天福建方言中，仍有此類殘跡斷片，可以折射出不同批次中原（固始）先民當年千里行軍南下閩省的蛛絲馬跡。

　　第三，為兩岸學術文化交流推波助瀾與為祖國早日實現統一貢獻力量的真誠願望，是促成尋根之旅的重要推力。

　　建國後的數十年間，兩岸隔絕，互不往來。動亂結束後，經撥亂反正，祖國大陸百廢俱興，走上四化建設康莊大道，黨和國家也開始重新部署並積極開展對台工作。1979年元旦，全國人大常委會發出《告臺灣同胞書》，在兩岸民間發生強烈反響。臺灣人民為響應統一祖國號召，開始向大陸發起尋根活動。他們寫文章、編電影電視，出版書刊，開展學術研究，有不少有識之士，提出「五百年前是一家」的口號，開始關注兩岸間的鄉土、血統關係。大陸方面，特別是三中全會以後，中央更把臺灣回歸祖國、實現兩岸統一作為八十年代三大任務之一。面對如此火熱場面，誰不想為祖國統一大業做點貢獻？作為高校教師的一員，黃典誠教授敏銳地察覺到，如果能把自己專業研究與國家統一大業結合來，該有多好！而尋根研究，恰恰便是將上述二者結合起來的最好切入點。這大概便是促成他尋根之旅的推動力量。因此，1981年春，他決定帶我們幾位研究生乘北上鄭州召開學術會議和到北圖查閱資料的機會，叫我們中兩位研究閩語的研究生到固始尋根，另一位研究客家

話的，則到河南靈寶尋根。他本人則因鄭州會議不便脫身便就近找來固始籍學生訪談。時值河南省語言學會成立，他便代表福建語言學會上臺祝賀，並作了上述演講，後全文由 4 月 21 日的《河南日報》刊發。這便是事情的始末。

往事如煙，黃典誠先生帶領我們北上尋根之旅不覺已歷 30 年，而他老人家也已於 1993 年離開了我們，魂歸道山。但他所開創的中原（固始）與閩台淵源關係研究工作今天在信陽固始、在河南全省乃至整個中原大地產生的效應和影響卻仍在持續。如果他老人家地下有知，一定會感到十分欣慰。我們相信，在上級領導的親切關懷和指導下，在有關部門共同努力下，尋根工作一定會越做越好，並產生更深遠的影響！

文獻來源：2011 年固始與閩台淵源關係研討會論文，2011 年 11 月。

作者簡介：林寒生，廈門大學中文系教授，福建省語言學會理事。

一千年前是一家——台閩豫祖根淵源初探

歐潭生

　　1976年，美國黑人作家阿曆克斯·哈利寫的《根》一書，轟動世界文壇，獲得了美國普立茲文學獎。小說描寫美國黑人祖先被阿拉伯奴隸販子從非洲西部掠運到美洲，其子孫歷盡千辛萬苦尋找自己的祖根。這本書在臺灣流行後，激起了臺灣同胞的愛國熱情，掀起了一股尋「根」追「源」的熱潮。

　　臺灣《青年戰士報》從1978年10月16日開始，連續刊載《唐山過臺灣的故事》，從臺灣同胞的姓氏、宗族、文化、風俗等方面詳細考察臺灣與祖國大陸的骨肉關係。文章明確指發表灣的祖根在唐山，唐山就是祖國大陸，特別是福建、廣東一帶。緊接著，臺灣「中央圖書館」於1978年下旬，舉辦了一個題為《根——臺灣的過去和現在》的文物圖片資料展覽，展出文物圖籍二百多件，證明臺灣的祖根在大陸。

　　臺灣《中國時報》於1979年6月11日以《鄉土·血統·根》為題發表文章，指出：「臺灣是我們直接的根，而這根又嵌含在更大的根裡，那便是中國。」

　　臺灣黎明文化事業公司還出版了彭桂芳編著的《五百年前是一家》通俗歷史叢書，對臺灣祖根在大陸的問題，進行了詳盡的考證。臺灣著名學者、《中華民國史綱》的作者張其昀先生也在《臺灣叢書序》中列舉了大量歷史事實，說明臺灣同胞大部分來自閩南與嶺東，即今閩粵二省。他還深情地說：「血濃於水，臺灣同胞終於投入祖國懷抱，這是中華民族碧血之所堅凝。」

　　臺灣電影《源》是近年來臺灣同胞「尋根熱」發展到高潮的產物。這部電影耗資七千萬台幣，運用電影演員三萬多人次，花了二百二十天才拍攝完成。作者以「源」為片名，以開發臺灣石油作為題材，描寫大陸移民不畏艱險、開拓寶島的事蹟。影片使人們生動而又形象地看到了臺灣與祖國大陸血肉相連的關係。

一千年前是一家——台閩豫祖根淵源初探

通過這幾年的尋根活動，臺胞已確認他們的祖根在福建一帶，因而發出「五百年前是一家」的慨歎！但是，在中華民族的悠久歷史中，五百年僅是短暫的一瞬。臺灣和福建更早的祖根在哪裡？在紛壇繁雜的歷史現象中，在古樸獨特的方言土語裡，在似曾相識的地名風俗方面，我們找到了一些蛛絲馬跡，奉獻出來，求教於各方人士。

一、四次人口大交流

越王勾踐的後代無諸，協助諸侯滅秦，後來又幫助劉邦消滅楚霸王項羽。因此，劉邦建立西漢王朝後，就冊封無諸為閩越王。到了漢武帝建元年間（西元前 140 年 - 西元前 135 年），閩越不服管轄，曾經多次叛亂。至今，在閩北一帶還殘留著閩越對抗漢朝所修築的古城遺址。後來漢武帝派兵鎮壓並採用遷徙政策，「盡徙其民於江淮間，以虛其地」（以上材料見《史記》和《福建通志》）。這是歷史上福建與中原人口第一次大交流。說明早在漢武帝時，江淮間已有大批福建人居住。

晉代永嘉之亂，中原一代「衣冠如（入）閩者八族」（見《三山志》）。這八大族人家就是從河南避亂南遷至福建的官僚地主。大批中原人定居福建，在今天的地名上還保留著歷史痕跡。福州有晉安省，泉州有晉江，這都是晉代中原人到福建後命名的。這是歷史上中原與福建人口第二次大交流。

唐高宗總章二年（669 年），福建南部蠻獠叛亂，朝廷派河南固始人陳政、陳元光父子率五十八姓軍校前去鎮壓，並開闢漳州郡（見福建《漳州志》和河南《光州志》）。這是歷史上中原與福建人口的第三次大交流，也是對閩南和臺灣影響最大的一次。至今，陳元光被尊為「開漳聖王」，臺灣各地的漳州移民，一直奉開漳聖王為守護神，當做菩薩頂禮膜拜。據調查，臺灣現有五十三所陳聖王廟，備受臺灣同胞的崇敬。

又據《五代史》記載，唐末五代河南光州固始人王潮、王審知兄弟，率領數萬人起義，轉戰安徽、浙江、福建。最後在福建建立了「閩國」。閩王王審知經營福建五十多年，使福建的經濟、文化得到了很大的恢復和發展。

這是歷史上中原與福建人口的第四次大交流。閩王王審知及其數萬起義部隊對福建的影響是極其深遠的。

綜上所述，中原與福建人口的四次大交流都與河南有關，特別是唐朝的兩次南遷人口最多、影響最大。因此，臺灣、福建和海外僑胞稱自己為「唐人」，把故鄉說成「唐山」，把聚居的地方命名為「唐人街」，這是有歷史根據的。民間傳說唐朝軍隊打進福建後，把閩越土著男子殺光。剩下的閩越土著姑娘與唐朝士兵結合，就地屯居，繁衍後代。所以，今天福建方言仍然通稱男子為「唐部人」、「唐部仔」，通稱女子為「諸人人」、「諸人仔」（諸，就是閩越王無諸）。這種特殊稱謂，是尋找福建祖先的有力證據。

值得注意的是，唐朝中葉開闢漳州的聖王陳元光是河南光州固始人。唐末五代開發福建的閩王王審知也是河南光州固始人。甚至連收復臺灣的民族英雄鄭成功，其先祖也是「自光州固始縣入閩」（見廈門鼓浪嶼鄭成功紀念館拓片《鄭氏附葬祖父墓誌》）。這難道是歷史的巧合嗎？不，樹有根，水有源，尋根念祖淵源長。

二、開漳聖王陳元光

陳元光，字廷炬，河南光州固始人，生於唐朝顯慶二年（657年），卒於景雲二年（711年）。陳元光十三歲就「領光州鄉薦第一」。當時，他父親陳政任嶺南行軍總管率兵鎮壓福建蠻獠嘯亂。由於寡不敵眾，陳政退守九龍山。朝廷命陳政的哥哥陳敏、陳敷率領軍校五十八姓組成援兵。途中，陳敏、陳敷卒，其母「魏氏多智，代領其眾入閩」。儀鳳二年（677年）四月，陳政卒，二十歲的陳元光代父領兵。經過九年平叛戰爭，於垂拱二年（686年）報請朝廷批准，設置了漳州郡。陳元光「率眾辟地置屯，招徠流亡，營農積粟，通商惠工」，從而使漳州一帶「方數千里無桴鼓之警」（見《漳州府志》）。

漳州是福建最大的平原地區，陳元光統帥的河南固始五十八姓軍校及其士兵，開闢漳州，繁衍後代，對閩南的影響是十分深遠的。閩南和臺灣同胞都尊奉陳元光為「開漳聖王」。據《漳州府志》記載，漳州和漳江的命名，

還與陳元光的祖母魏氏有關。魏氏「指江水謂父老曰：此水如上黨之清漳」。這就說明，今天福建的漳州和漳江，是根據太行山的漳水而命名。

　　陳元光開闢漳州之後，「世領州事」。但他們並沒有忘記祖籍固始。據河南《光州志》載：陳元光的孫子陳酆「在京見李林甫、楊國忠柄國，無意仁進。訪弋陽（即光州）舊第，川原壯麗。再新而居之。數年，安祿山亂，漳州民詣福州觀察使訴乞。遵先朝舊制，命陳酆領州事，以拯民生。朝是其請，酆至漳。薦學延師，鋤強救災，一如其祖守漳時。」由此可見，「開漳聖王」一家不僅「遵先朝舊制」，世代領漳州事，而且在河南老家還保留著陳氏家族的根基，互相間來往頻繁。陳元光的三十六世孫陳華來，還擔任過南宋光州太守。光州（今河南潢川縣）學宮旁邊紀念開漳聖王陳元光的「廣濟王祠」，就是陳華來當太守政績昭昭，士紳百姓為頌其功德而捐款興建的。

　　跟隨陳元光開闢漳州的五十八姓軍校，在閩南一帶繁衍子孫，發展到今天，臺灣和閩南一帶陳、林、黃、鄭四大姓佔總人口的一半以上。群眾中流傳的「陳林半天下，黃鄭排滿街」，就是這個意思。這些大姓的族譜上，都明確記載著他們先祖是河南光州固始人。福建平和縣朱姓族譜上，更明確地記載著他們的先祖是河南固始朱皋鎮人。五代時，福建泉州著名隱士詹敦仁，宇君澤，號清隱先生，祖籍也是河南固始人。

　　開漳聖王陳元光只活了五十四歲，但他和五十八姓軍校對福建的歷史產生了巨大的影響。

三、閩王王審知

　　無獨有偶。事隔二百多年後，對福建歷史又一次產生巨大影響的人物——閩王王審知，也是河南光州固始人。《新五代史·閩世家》記載：「王審知，宇信通，光州固始人也。父恁（音嫩），世為農。兄潮，為縣史。……壽州人王緒攻陷固始，緒聞潮兄弟材勇，召置軍中，以潮為軍校。……緒率眾南奔，……自南康入臨汀，陷漳浦，有眾數萬。……唐即以潮為福建觀察使，潮以審知為副使。審知為人狀貌雄偉，隆准方口，常乘白馬，軍中號『白馬三郎』。乾寧四年（897年），潮卒，審知代立。唐以福州為威武軍，拜審

知節度使，累遷同中書門下平章事，封琅琊王。唐亡，梁太祖加拜審知中書令，封閩王，升福州為大都督府。」

閩王王審知及其子孫統治福建長達五十五年，對福建政治、經濟和文化的穩定和發展起了重要作用。「審知起自隴畝，以至富貴，每以節儉自處，選任良吏，省刑惜費，輕徭薄斂，與民休息。三十年間，一境晏然。」（《舊五代史》）王審知獎掖農商、大興水利。長樂縣集數千民夫修築海防大堤，設「斗門」十個，「旱瀦水，雨泄水，堤旁皆成良田」。這是我國歷史上較早的圍海造田的範例。連江縣開闢了一個東湖，周圍二十餘裡，能灌溉良田四萬餘頃。福州南湖經過疏浚，面積達四十平方裡。特別是福州、泉州兩個海港的開鑿，為海外交通打開了出路。王審知「又建學四門，以教閩士之秀者。」他本人「儉約自持，常著麻履，府舍卑陋，未嘗營葺。」現在福州市鼓樓區有一座寺廟叫慶城寺，又叫「閩王廟」。寺前聳立著全國著名的大石碑，名為「王審知德政碑」。上面記載著王審知的生平事蹟。

王審知帶領河南固始一帶的起義隊伍數萬人定居福建，必然把中原的文化、風俗和「鄉音」傳到福建。

四、關於鄭成功墓的調查

眾所周知，收復臺灣的民族英雄鄭成功是福建南安縣石井鄉人。今年是鄭成功收復臺灣三百二十周年紀念。福建人民將在南安縣重修鄭成功墓。但是，河南固始縣卻流傳著當地發現鄭成功墓的傳說。為此，我們專程到固始縣汪棚公社鄧大廟大隊小營生產隊進行了調查。據參加這座古墓挖掘的生產隊長鄭大成同志回憶，簡記如下：

新中國成立前這個墳堆有三四米高，前有石人、石馬、石香爐、石牌坊，還有一人多高的墓碑。新中國成立後只剩下土墳堆，當地群眾叫它「莽牛地」。一九七〇年農業學大寨，我們大年初一開始在莽牛地平墳整地。清除封土後，發現「洋糖滑滑」（固始土語，即糯米拌石灰）。再下面是三指厚的石條。揭開石條後，見到棺槨（槨板至今還保留著一小塊）。棺槨間一邊插一對龍牌和虎牌。揭開棺蓋，黃色的官服完好，頭滾到一邊，頭上戴軟帽。

頭特別大,牙也特別大。龍袍胸部繡著團龍,團龍上部繡著七個字——「土部豐府鄭成功」(豐字疑為王字)。字是黃色的,團龍是五彩刺繡。手上有黃色絲棉手套,腳下著厚底靴。棺底木板上刻著勺子星(即北斗星)。出土的七兩多金葉子、銀葉子讓社員劉志義拿到合肥,被安徽省博物館收走。還有一對銅球(直徑約五公分)和一塊護心鏡(鏡面有四個大字),連同其他墓出土的銅鏡一起,拿到北邊賣了。

　　根據以上材料分析,鄭大成等人挖掘的古墓肯定是一座明清墓葬,而且墓主人生前地位較高。調查中,我們再三詢問鄭大成等人,對死者胸前的繡字是否辨認清楚?鄭大成同志說:「這七個字連同團龍部分的繡袍,我專門撕下來保存了兩年之久。我本人姓鄭,周圍一帶也多是姓鄭人家。蟒袍上的鄭字是繁體字。鄭成功三個字肯定不會錯!」

　　這就給我們提出了兩個問題:河南固始這座墓葬為什麼出現繡有一「鄭成功」字樣的官服?墓主人是鄭成功本人,還是鄭成功的部下?帶著這兩個問題,我們到福建進行了一個多月的調查。我們在廈門鼓浪嶼鄭成功紀念館內,見到一塊《鄭氏附葬祖父墓誌》拓片。這塊墓誌是鄭成功的孫子鄭克塽、鄭克舉撰刻的。墓誌銘敘述了他們祖父鄭成功和父親鄭經的生平事蹟,並說明從臺灣遷葬祖父和父親是康熙皇帝「特旨恩准」。但是,他們並沒有在福建給鄭成功、鄭經單獨樹碑築塋,而是「附葬於南安縣康店鄉樂齋公塋內」,時間是「康熙三十八年五月廿二日卯時」。樂齋公是鄭成功的七世祖。由於鄭成功複明抗清,清兵破壞了鄭氏祖墳,只剩下樂齋公等四位先祖的屍骨。現在我們見到的樂齋公墓塋是鄭經修建的。鄭克塽為什麼沒有給鄭成功父子修墓樹碑呢?雖然鄭成功父子被清廷視為「叛逆之臣」,但康熙時,鄭克塽已被授為公爵,「隸漢軍正紅旗」(見《清史稿》)。而且,遷葬鄭成功父子是康熙皇帝「特旨恩准」,儀式隆重。這裡,也給我們提出了兩個問題:鄭克塽、鄭克舉到臺灣後是否真正找到了鄭成功父子的屍骨?鄭成功墓究竟在哪裡?目前,我們掌握的證據不多,固始古墓又不是科學發掘的資料。因此,對於鄭成功墓的問題,尚不能作出肯定的回答。

但是，河南固始明清墓葬出現的「鄭成功」字樣的官服，說明鄭成功與河南固始有著某種特殊關係。在《鄭氏附葬祖父墓誌》上十分明確地寫著：「成功字明儼，號大木，姓鄭氏，先世自光州固始縣入閩。」說明鄭成功先祖的祖籍也在河南固始縣。

五、祖根在河南固始

河南固始縣歷史悠久，春秋時期是蓼、蔣、黃三國地，後被楚國所滅，改稱寢邱。楚莊王以其地封楚相孫叔敖子僑。吳王夫差曾經攻佔此地，秦楚寢邱大戰也發生在這裡。東漢劉秀建武二年（26年），封李通為固始侯。固始這個縣名已沿用了一千九百多年。今天的固始縣已經是一百多萬人口的大縣，而歷史上的固始縣地域比現在還大（還包括今淮濱、商城的一部分）。

由於固始縣僻處豫東南，當地方言中保留著許多中原古音。而這些古音也在千里之外的福建方言中找到了歷史的痕跡。這裡只舉出幾個特殊讀音的字為例，略見一斑：

「硬」（yìng）固始讀成 èng，

「牛」（niú）固始讀成 óu，

「丸」（wán）固始讀成 yuán，

「六」（liù）固始讀成 lù，

「白」（bái）固始讀成 bé，

「龍」（lóng）固始讀成 lióng，

「足」（Zú）固始讀成 jú，

「杏」（xìng）固始讀成 hèng，

「居」（jū）固始讀成 Zū，

「削」（xuē）固始讀成 suō。

以上保留中古音的固始方言，與福建福州和閩南方言的讀音基本相同。日常用語中把「起床」說成「爬起來」，把「老頭」說成「老貨」，把「老婆」說成「老馬子」，把「沒有」說成「毛」等，固始和福建竟然完全相同。

再從地名和姓氏上對照，固始有「洛陽橋」，閩南也有「洛陽橋」。淮濱「烏龍集」原屬固始，福州有「烏龍江」，兩地都有「烏龍廟」。福建同安縣有一個地方叫「楊宅」，據當地陳姓老人說，他們都是河南固始楊集遷來的。福建和臺灣的姓氏「陳林半天下，黃鄭排滿街」，河南固始的陳、林、黃、鄭等也是大姓人家。如果進一步考察兩地的婚喪嫁娶、逢年過節風俗習慣，還可以找到許多共同之處。例如，固始一帶的糍粑、掛麵、魚丸等是著名的土特產。這些土特產也隨著歷史的變遷傳到了福建。糍粑變成了白粿，掛麵變成線面，魚丸里加進肉餡，演變成福建和臺灣民間不可缺少的食品。

中國是一個多民族的國家。在數千年民族融合的歷史中，要想尋找一個家族純正的根，那是不可能的。但是，考察我國近五百年來的歷史變遷，得發表灣同胞來自閩南嶺東的結論，已經不是十分困難的事情。如果進一步考察唐朝以來一千三百年的歷史，從中找出一些線索，來論證臺灣和福建的祖根在河南固始，也不是不可能的事情。我們的調查研究工作剛剛開始。我們希望河南、福建和臺灣三省的社會科學工作者，能夠聯合起來，從歷史學、考古學、地名學、方言學和民俗學等方面進行深入的綜合調查研究。這也算我們對臺灣同胞尋根念祖的一種回應。

文獻來源：《中州今古》1983 年第 5 期。

作者簡介：歐潭生，福建省文史研究館館員。

台閩豫祖根淵源再探——兼論何處是鄭成功之墓

歐潭生

一九八三年第五期《中州今古》刊載了拙作《一千年前是一家——台閩豫祖根淵源初探》，北京《中國史研究動態》和香港《文匯報》（1983年10月30日）先後予以轉載，引起了海內外讀者的關注。為了進一步弄清這個問題，本文從臺灣歷史和姓氏譜牒研究，以及何處是鄭成功墓等問題，再一次探討台閩豫祖根淵源。這裡所說的「祖根」，乃「主根」也。研究的物件是佔臺灣省總戶數百分之八十以上的族譜。至於來自其它地方的「旁根」，由於錯綜複雜的歷史原因，不在本文探討的範圍。本文所參考的資料，除正文已註明外，將列於篇末，不再一一註明出處。

■一、臺灣自古屬於中國

根據地質學的研究，在一百萬年前，臺灣和大陸是連成一片的，後來因地殼運動形成臺灣海峽。七萬多年前到一萬多年前，臺灣又和大陸連接。只是一萬年前開始的大海浸，大陸和臺灣才被海峽隔離至今。但是，臺灣海峽最深處不過八十多米，而臺灣和菲律賓之間的巴士海峽卻深達幾千米。

在臺灣發現的三萬年前舊石器時代後期的「左鎮人」，據考古學者研究，是從福建等地經過長途跋涉來到臺灣的。福建閩侯曇石山新石器時代貝丘遺址發掘的蚌殼，經碳十四測定，其年代距今3000多年，與臺灣高雄林園鄉鳳鼻頭遺址的年代相近，而且出土的有段石錛、印紋陶等器物特徵十分類似，證明三千多年前的原始文化同出一源。

在戰國時代成書的《尚書·禹貢》記載：「島夷卉服，厥篚織貝，厥包桔柚，錫貢」。這裡的「島夷」就是指今天的臺灣。《山海經·海內南經》稱臺灣為「雕題」，《史記·秦始皇本紀》稱其為「瀛洲」，《漢書·地理志》稱其為「東鯷」，《三國志·孫權傳》稱其為「夷洲」。隋、唐、宋、元各代統稱臺灣

為「流求」或「琉球」。明代陳第的《東番記》又稱臺灣為「東番」，直到明代後期才出現「臺灣」口語稱謂，正式見於官方文獻者，是明代崇禎八年何楷、王家彥等人的奏疏。清代康熙二十三年（1684年）正式設臺灣府。據考證，臺灣的名稱由閩南話「大員」、「大灣」、「台員」演變而來，起源於台南一帶的台窩灣族。因此，臺灣的稱謂一早於葡萄牙人的命名「福摩薩」（美麗之島），更早於荷蘭人侵台的時間。

根據上述《尚書·禹貢》的記載，說明兩千多年前的臺灣居民就已經用樹皮織成的「細布」和貝殼、桔抽等作為貢品，與祖國大陸建立了聯繫。西元230年，東吳孫權派衛溫、諸葛直率領萬人船隊去「夷洲」，這是中國歷史上的一件大事。過不久，即孫亮太平二年（257年），設置臨海郡時，已經把臺灣歸入版圖。沈瑩所著《臨海水土志》也寫了臺灣的方位、海程、氣候、地形、物產和居民等。書中寫道：「在臨海東南，去郡兩千里，土地無雪霜，草木不死，四面是山，眾山夷所居，山頂有越王射的，正白乃是石也」。

由此可知，「眾山夷」（即臺灣山胞）信奉越王為始祖。

隋唐時期，大陸與臺灣聯繫更加密切。唐元和年間進士施肩吾，隱居不仁，帶著全家去澎湖列島定居。《全唐詩》還收錄了他寫的一首詩：

題澎湖嶼

腥臊海邊多鬼市，島夷居處無鄉里。

黑皮年少學採珠，手把生犀照咸水。

元朝汪大淵《島夷志略》和明朝陳第《東番記》都對臺灣的風土人情作了詳細的記錄，是研究臺灣歷史的珍貴文獻。至於鄭成功父子收復臺灣、開發臺灣的歷史功績更是眾口皆碑，史冊昭昭。

二、臺灣山胞也是一家人

臺灣省內的土著山地同胞（主要是高山族），也是來自中國大陸。臺灣學者張其昀先生在《臺灣叢書序》中指出：「今日臺灣山胞，即為遠古浙東一帶越族之遺裔，奇風異俗，尚可與古籍印證而相合。」臺灣山胞土著民族

的文化生活特徵,如幹闌、崖葬、獵頭、鑿齒、木鼓、犬祭等,都與古代百越族相似。根據《漢書》、《宋史》、《太平寰宇記》等古籍記載,遠古時期,東南沿海的百越人已經從事航海,臺灣島上已經有百越人活動的足跡。後來,由於秦始皇、漢武帝的遷徙政策,把百越人遷移到內地,臺灣島上的百越人才與大陸隔離,孤懸於海外,形成了今天的土著山胞。究其祖根,也是炎黃子孫,屬於古代夷族的後裔。

因此,清朝設置臺灣府的兩百多年間,臺灣山胞無不以炎黃子孫為榮,紛紛改為漢姓。當時臺灣山胞的改姓,大致遵循「官府賜姓」和「自以為姓」兩個途徑。譬如,清初新竹的土著,協助官兵平亂有功,乾隆二十三年(1758年)清廷便一口氣賜了「衛、金、錢、廖、王、潘、黎」等七姓給當地助戰有功的土著。目前,臺灣土著山胞的姓氏大約有八十六個,其中潘姓最多。據臺灣省文獻委員會編纂洪敏麟先生考證,潘姓山胞特別多,是跟大陸移民有密切關係。原來,大陸移民來台墾殖時,清廷實施保護土著的「番大祖」制度,即土著山胞都是地主,而大陸移民則為佃戶,必需交租。因此,土著山胞認為只要有水、有田、有米,生活便可無虞。當土著山胞選擇改姓時,便紛紛採用這個「有水有田有米」的潘姓了。

無論「官府賜姓」,還是「自以為姓」,在開發臺灣的過程中,大陸移民和土著山胞已經融合成中華民族不可分割的一部分。

三、臺灣同胞祖根在中原

臺灣居民中的絕大多數漢族同胞是明清時期福建、廣東一帶的大陸移民。新刊《臺灣省通志》卷二《人民志·民族篇》第三章《本省之居民》第二節《河洛與客家》中著重指出:「本省人,系行政上之一種名詞。其實均為明清以來之大陸閩粵移民之苗裔。」又據 1928 年日台總督府官房調查課《臺灣在籍漢民族鄉貫別調查表》材料所得結論:「所列本省人中,祖籍福建省者最多,廣東省者次之,其它省份又次之。」其中「出身福建省者,約為出身廣東省者之五倍半,為出身其它省份者之六十三倍之眾。出身福建省者,以泉州、漳州二府佔最多數。」

台閩豫祖根淵源再探——兼論何處是鄭成功之墓

1953年，臺灣進行了一次戶口統計，戶數在五百戶以上的一百種姓中，有六十三姓族譜材料說明其先祖來自河南，大多數直接來自河南光州固始。這六十三姓計有670,512戶，佔全省總戶數的百分之八十點九。

今日臺灣第一大姓——陳氏，約佔全省總人口的百分之十一。陳氏族譜明確記載著「入台始祖」是跟隨鄭成功收復臺灣的陳永華、陳澤。而陳氏「入閩始祖」就是河南光州固始的陳政、陳元光父子。另外，陳氏更早的得姓始祖是周初陳國的媯滿，死後諡號胡，他的一部分子孫「以諡為姓」，改為姓胡。因此，天下陳胡是一家。據說，辛亥革命前胡漢民先生在南洋各地奔走，曾經一度改名為「陳同」，就是表示「胡姓與陳姓相同」的意思。戰國時期「田氏代齊」的齊威王是陳厲公之子陳完的後代，陳、田古音接近。陳完逃到齊國改姓田，是田姓的始祖。因此，陳、田二姓也是同出一宗。根據這些族譜研究，目前，臺灣和東南亞華僑中盛行「媯汭五姓聯宗」。臺灣基隆市有「陳胡姚宗親會」，菲律賓華僑設立「媯汭五姓聯宗總會」和「有媯堂」。為什麼稱「媯汭」呢？顧名思義，媯就是河南淮陽陳國的媯滿；汭就是淮河彎曲的地方，即淮河流域。從虞舜到戰國初期，黃帝的這一支子孫，已經從虞舜的姚氏，發展出虞、陳、胡、田等五個大姓。所謂「媯汭五姓聯宗」便是這樣來的。

黃姓是臺灣的第三大姓。根據臺灣《黃氏大宗譜》記載，黃姓的始祖是戰國四公子之一——春申君黃歇。其實，黃姓的真正得姓始祖是黃歇的十三世祖黃石。黃石由於仁周有功，被封於黃國。黃國故城就在今天的河南潢川縣（即光州）隆古鄉。最近在河南光山寶相寺發現了春秋早期黃君孟夫婦合葬墓，就是黃國歷史的重要考古證據。據考證，周初受封黃國的黃石，是黃帝的二十世孫。因此，天下黃姓人都以「軒轅世系」為榮，其發祥地在河南潢川一帶（古代屬於江夏郡）。所以，僑居泰國的華僑在黃氏宗親總會大門兩旁鐫刻著醒目的對聯：「軒轅世系，江夏世家」。我國南方和臺灣各地的黃姓家族，絕大多數屬於「紫雲黃氏」，其先祖黃守恭就是唐高宗總章年間隨陳元光入閩的黃姓開基始祖。他「卜居泉州，開闢荒地，遂成巨富」（臺灣《紫雲黃氏歷代世系表》）。後來，他捐地興建泉州開元寺，傳說常見紫雲蓋頂，故黃姓後人稱其為「紫雲黃氏」先祖。他的五個兒子分居南安、惠

安、安溪、同安、詔安,號稱「五安公」,子孫繁衍,人多勢眾,發展到今天,成為臺灣和閩南的第二大姓。

　　丘、邱同屬一姓,這個家族的源流,已經長達兩千七百多年,他們的源頭,便在中原的河南地區。閩、粵兩地的丘姓所供奉的南遷始祖,就是宋朝時由老家河南固始入閩,到達福建興化府莆田縣岩頭鄉開基的邱傑秀。臺灣「內政部部長」邱創煥先生就自認是邱傑秀的第二十四世裔孫。河南邱氏出現於臺灣島上,也是距今三百多年前的事。當時,延平郡王鄭成功、鄭經父子在臺灣高舉反清複明義旗,他的部屬之中,便有一位官拜宣毅左鎮的大將邱輝,於永曆三十四年渡台。自從康熙領有臺灣之後,丘姓的大陸移民大量出現。由於到得早、來得多,為後世子孫奠定了良好的基礎。目前,丘姓已經是臺灣的第十八個大姓。

　　閩、粵和臺灣各地的宋姓人家,都供奉唐朝名相宋璟為始祖,其祖籍也是河南光州固始人。唐懿宗鹹通年間,宋璟的孫子宋易擔任福建的觀察推官,就帶著孫子宋駢入閩,寓居於福建莆田。宋駢,便是其後福建莆田宋氏所奉的一世祖。宋駢的父親宋達,沒有隨父入閩,而是隱居於河南固始,一直到他的長子宋駢於鹹通六年(865年)明經及第,也當了福建觀察推官,才被迎到莆田養老,終老於莆田。福州鏡江的宋氏開基祖宋臻,則是宋駢的親弟弟,他沒有做官,一直在河南光州固始隱居,直到唐末天下大亂,才避亂南徙,到福建侯官的鏡江落籍定居,成為宋氏鏡江派的開基之祖。

　　除此以外,再請看其它姓氏的臺灣民間譜牒記載:

　　臺北縣《虎丘林氏族譜》:「先世固始人,祖有林一郎者仁唐,唐光啟年間遷福建永春……至明分居安溪之虎丘。」

　　臺北縣《張氏族譜》:「世居光州固始,唐末有張延齊等兄弟三人,隨王潮人閩,居泉州之惠安、安溪等地,支派甚盛。」

　　台南縣《李氏族譜》:「先世光州固始人,唐末隨王潮人閩。」

台閩豫祖根淵源再探——兼論何處是鄭成功之墓

臺灣《吳氏族譜·祭公家傳》：「其祖有吳祭公者，固始縣青雲鄉升兜人也。唐僖宗中和四年，兄弟一行二十餘人，住福州侯官縣，王審知據入閩之地，乃避地福、泉之間，遂為閩人。」

臺北新莊鎮《鴻儒蔡氏族譜》：「先世居光州固始，唐武後垂拱二年，從陳元光入閩。」

臺灣《楊姓大族譜》：「始祖君冑公，隨陳元光入閩開漳，蓋唐垂拱二年也。」

臺北縣《新莊鎮莊氏族譜》：「唐末有莊森者，居河南光州固始，於僖宗光啟元年隨王潮入閩。」

臺北縣土城鄉《何氏族譜》：「世居光州固始，唐高宗儀鳳中，何嗣韓從陳元公經略全閩，因家焉。」

臺北縣《泉州佛耳山詹氏族譜》：「先世居光州固始，始祖詹賢，仁唐，官至金紫光祿大夫點檢使，從王潮入閩。」

《清溪永安謝氏族譜》「祖為光州固始人，從審知入閩。」

《清源曾氏族譜考》：「唐僖宗光啟間，王潮由光州固始入閩，……曾姓亦隨遷於漳、泉、福、興之間。晉江之曾，始祖延世，光州刺史也。」

《武功周氏族譜》：「系蘇姓之後，先世居光州固始。唐末有蘇益者，避黃巢之亂，於僖宗廣明中，隨王潮入閩。」

《古瀨葉氏族譜》：「始祖葉湛，世居雍州，五季之亂，舉族流徙莫定。至宋，卜居光州固始。若祖有葉炎會者，隨宋南渡，卜居仙游之古瀨。」

臺灣《馬巷鄭氏族譜序》：「唐垂拱間，陳將軍趨閩，大臣鄭時中隨之，鄭氏遂星布閩粵。」臺灣商務印書館新出版的黃典權著《鄭成功史事研究》云：「鄭氏在唐僖宗光啟間由河南光州固始縣入閩。」今日廈門鼓浪嶼鄭成功紀念館記憶體《鄭氏附葬祖父墓誌》拓片上也寫著：「成功字明儼，號大木，姓鄭氏，先世自光州固始縣入閩。」

據《臺灣省通志·人民志·氏族篇》統計：

1. 晉代從中原入閩者：林、黃、張、劉、楊、鄭、邱、何、詹、梁、鐘、溫、巫，共十三姓。

2. 唐初隨陳元光入閩者：陳、張、李、王、吳、蔡、楊、許、鄭、郭、周、廖、徐、莊、蘇、江、何、蕭、羅、高、沈、施、柯、盧、餘、潘、魏、顏、趙、方、孫、鐘、戴、宋、曹、蔣、姚、唐、石、湯、歐、鄒、丁、錢、柳，共四十五姓。

3. 唐末隨王審知入閩者：陳、張、李、王、吳、蔡、楊、鄭、謝、郭、曾、周、廖、莊、蘇、何、高、詹、沈、施、盧、孫、傅、馬、董、薛、韓，共二十七姓。

以上資料說明，從主體上分析臺灣同胞的祖根，三百多年前在福建，一千多年前在河南光州固始一帶。

四、何處是鄭成功之墓

叱吒風雲的民族英雄鄭成功，高舉反清複明的義旗，「開闢荊棒逐荷夷，十年始克復先基」，於西元一六六二年二月收復臺灣，趕走荷蘭殖民者，使臺灣回歸祖國並在建設臺灣過程中作出了歷史貢獻。鄭成功不愧是一位偉大的愛國主義者。每年，都有大批港澳華僑和臺灣同胞回國祭奠這位民族英雄。但是，鄭成功之墓在哪裡？卻是一樁歷史疑案。

1. 臺灣和福建沒有鄭成功自己的陵墓

關於鄭成功之死，《清史稿‧鄭成功傳》有明確記載：「鄭成功，初名森，字大木，福建南安人。……成功既得臺灣，其將陳豹駐南澳，而令子錦（即鄭經）居守思明（今廈門）。康熙元年，成功聽周全斌讒，遣擊豹。豹舉軍入廣州降。惡錦與乳媼通，生子，遣泰就殺錦及其母董。會有訛言成功將盡殺諸將留廈門者，值全斌自南澳還，執而囚之，擁錦，用芝龍初封，稱平國公，舉兵拒命。成功方病，聞之，狂怒齧指。五月朔，尚據胡床受諸將謁，數日遽卒，年三十九。」這段記載說明：鄭成功於康熙元年（1662年）五月朔死於臺灣。

台閩豫祖根淵源再探——兼論何處是鄭成功之墓

據康熙年間刊印的《臺灣府志·墳墓篇》記載：「鄭成功墓在臺灣縣武定裡州仔尾，男（鄭）經附葬焉。」

又據廈門鼓浪嶼鄭成功紀念館內《鄭氏附葬祖父墓誌》（鄭成功長孫鄭克塽撰文、次孫鄭克舉勒石）云：「王父諱成功，字明儼，號大木，姓鄭氏。先世自光州固始縣入閩，由莆居、漳居、奧之潮至始祖隱石公乃移居於泉之南安縣揚子山下石井鄉。遂世為南安人。……

王父生於甲子年七月十四日辰時，卒於壬寅年五月初八日未時，享年三十有九。故明末賜國姓，封延平王，率眾取海外臺灣。……（鄭經）同王父俱葬臺灣。……（康熙）特旨恩准，爰令弟克舉假回襄事，以康熙三十八年五月二十二日卯時，附葬於南安縣康店鄉樂齋公塋內。」

這塊墓誌銘驗證了《清史稿·鄭成功傳》的記載，並且更加詳細：鄭成功死於「壬寅年（即1662年）五月初八日未時，享年三十有九。」同時，還記載了一件重要的事情，即鄭成功死後三十七年，康熙皇帝「特旨恩准」，鄭成功的長孫鄭克塽派弟弟鄭克舉「假回襄事，以康熙三十八年五月二十二卯時，附葬於南安縣康店鄉樂齋公塋內。」僅僅根據這句話，福建史學界一部分研究鄭成功者，便認為鄭成功的靈柩附葬在南安鄭氏祖墳樂齋公塋內，並要在此重建鄭成功之墓。《福建僑鄉報》1982年4月15日第三版《鄭氏史事管窺》的作者提出了反對意見。他指出：鄭成功死後二十一年（即康熙二十二年），福建水師提督施琅攻取臺灣後，曾奉命挖掘鄭成功的靈柩，作為戰利品獻俘北京。因此，他認為「貿貿然把鄭氏祖墳稱為鄭成功陵墓，是值得商榷的。」我們非常贊同這種慎重態度。

2. 河南固始發現身穿鄭成功官服的陵墓

一九七〇年，河南固始縣傳聞發現鄭成功墓。一九八二年，我們專程到固始縣汪棚公社鄧大廟大隊小營生產隊進行了實地調查。根據主持這座古墓挖掘的生產隊長鄭大成回憶，簡記如下：

新中國成立前，這個墳堆有三四米高，前有石人、石馬、石香爐、石牌坊，還有一人多高的墓碑。解放後，這些石碑石刻都不知去向，只剩下土墳堆，

當地人叫它「莽牛地」。一九七〇年農業學大寨，縣裡動員我們大年初一在莽牛地平墳整地。我們清除上面的封土後，發現白色的「洋糖滑滑」（固始土語，即糯米拌石灰的墓土），再下面是三指厚的石條。揭開石條後，見到棺材。棺材兩邊各插一對龍牌和虎牌。揭開棺蓋後，發現黃色的官服保存完好。人頭滾到一邊，頭上戴軟帽。人頭特別大，牙齒也特別大。龍袍胸部繡著團龍，團龍上部繡著七個字：「土部王府鄭成功」。字是黃色的刺繡，「鄭」字是繁體字。團龍是五彩刺繡。手上有黃色絲棉手套，腳下穿厚底靴。棺底木板（即棺床）上刻著勺子星（即北斗七星）。出土的七兩多金葉子、銀葉子讓社員劉志義拿到合肥，交安徽省博物館了，另有一對銅球（直徑約五公分）和一塊護心鏡（鏡面有四個大字），以及其它墓出土的銅鏡都已丟失。

　　以上調查材料說明，鄭大成等人挖掘的古墓肯定是明清墓葬，而且墓主人身分較高。調查中，我們再三詢問鄭大成等人，對死者胸前的繡字是否辨認清楚？鄭大成說：「這七個字連同團龍部分的繡袍，我專門撕下來拿回家保存了兩年之久，後來黴爛了。我念過兩年私塾，我本人姓鄭，周圍也多是姓鄭人家，附近有個鄭堂大隊，蟒袍上的『鄭』字是繁體字，我記得很清楚，『鄭成功』這三個字肯定不會錯！」

　　又據縣文教部門人士反映，一九七〇年聽說汪棚發現鄭成功墓之後，傳聞很多，有的說墓內有木牌寫著「鄭成功之墓」；有的說屍體被砍成三截，用白布包裹等等。當時，有人向北京中國歷史博物館寫信反映，未得答覆。地、縣尚未成立文物管理機構，致使該墓被破壞後也無人問津。由於沒有取得實物資料，我們只能根據主要當事人的敘述，得出如下結論：河南固始確實發現過身穿鄭成功官服的陵墓。

3. 鄭氏祖根在河南固始

　　早在晉代「永嘉二年，中原板蕩，衣冠始入閩者八族，所謂林黃陳鄭詹丘何胡是也。」（見《閩書》卷一百五十二）又據前面已經引用的《臺灣省通志・人民志・氏族篇》記載：不僅晉代入閩者有鄭氏，唐初隨陳元光入閩者有鄭氏，唐末隨王審知入閩者也有鄭氏。臺灣《馬巷鄭氏族譜序》說：「唐垂拱間，陳將軍（元光）趨閩，大臣鄭時中隨之，鄭氏遂星布閩粵。」具體

台閩豫祖根淵源再探——兼論何處是鄭成功之墓

到鄭成功家鄉福建南安縣的《鄭氏石井宗譜序》中說：「夫我鄭自唐光啟間入閩，或居於莆、於漳、於潮、於泉，是不一其處。」泉州這一支鄭氏，就是鄭成功的宗氏。最近，臺灣商務印書館出版的黃典權先生著《鄭成功史事研究》一書，其中上篇之二《鄭成功先世與家世》中說得更具體：「鄭氏在唐僖宗光啟間由河南光州固始縣入閩，……大約在明初，成功的直系始祖隱石公始開基南安縣的石井巡司，逐漸而成大族。」

綜上所述，福建和臺灣沒有鄭成功自己的陵墓，而在鄭成功先祖祖根所在地——河南固始發現了身穿鄭成功官服的陵墓。因此，我們不能不對傳統的「附葬說」提出質疑：

首先，福建南安縣石井鄉的鄭成功祖墳，從明初石井巡司隱石公算起，到鄭成功的時候，只有三百年的歷史。而且，根據《清史稿》記載，鄭成功在臺灣高舉反清復明義旗的時候，清兵已把福建南安縣石井鄉的鄭氏祖墳破壞殆盡。所謂「鄭氏樂齋公塋」是鄭成功的兒子鄭經在戰亂中收撿樂齋公等四位先祖的殘骨倉促營建的合葬墳。若干年後，鄭成功的孫子鄭克塽等把康熙皇帝「特旨恩准」的鄭成功靈柩附葬在這座很不像樣的土墳裡，而且連正式的墓碑也沒有。這是令人不可理解的。

第二，據《清史稿》記載，鄭成功的長孫鄭克塽投降清朝，「上授克塽公爵，隸漢軍正紅旗，……諸明宗人依鄭氏者，甯靖王術桂自殺，魯王子及他宗室皆徙河南。」身為公爵的長孫鄭克塽沒有奉旨回福建，卻派其弟鄭克舉回福建附葬鄭成功靈柩，於禮不合。

第三，也是《清史稿》記載：光緒初年，德宗皇帝「允船政大臣沈葆楨請，為成功立祠臺灣」，而福建南安縣石井鄉依然是矮小簡陋的「鄭氏樂齋公塋」，至今沒有變化。

第四，這是最重要的一點。鄭成功的長孫鄭克塽十分清楚鄭氏祖根在河南固始。他投降清朝後，福建水師提督施琅把死了二十一年的鄭成功靈柩從臺灣挖出並獻俘北京，鄭克塽也到了北京領公爵虛銜，隸漢軍正紅旗，而「魯王子及他宗室皆徙河南」，說明河南有著龐大的鄭氏根基。至今，河南固始縣汪棚鄉有一個鄭堂村（即鄭家饗堂）。1970年發現的身穿鄭成功官服的陵

墓與鄭堂村毗鄰，附近都是鄭姓人家。另外，新中國成立前還存在的石人、石馬、石香爐、石牌坊和大墓碑的規格和氣勢，也與鄭成功的身分相稱。據此，我們不妨作一種推測：鄭成功靈柩被施琅獻俘北京以後，又過了十六年（即康熙三十八年，鄭成功死後三十七年），鄭成功靈柩被「特旨恩准」歸葬鄉里。但是，鄭克塽為了使鄭成功安眠地下、不再受干擾，他一方面祕密地親自護送鄭成功靈柩從北京到河南固始鄭家饗堂安葬；另一方面，為了遮人耳目，又派其弟鄭克舉到福建南安石井鄉刻了一塊《鄭氏附葬祖父墓誌》，聲稱鄭成功附葬在「鄭氏樂齋公塋」祖墳裡。

但是，河南固始這座身穿鄭成功官服的陵墓已被破壞，尚無墓誌和墓碑等實物為證，也未見鄭成功靈柩歸葬河南固始鄭家饗堂的公私記載，因此，我們現在也不敢貿貿然宣稱河南固始發現了鄭成功之墓。究竟何處是真正的鄭成功之墓？還需作進一步的調查研究，請海內外專家學者多多賜教。

參考資料
1.《歷史研究》1982 年 2 期：《臺灣名稱由來考略》（邵秦）。
2.《八閩縱橫》第一、二集（福建日報社資料室編）。
3.《唐山過臺灣的故事》原連載臺灣《青年戰士報》（福建省對台辦翻印）。
4.《臺灣雜談》廈門大學臺灣史研究室林其泉編寫。
5.《清史稿·鄭成功傳》、《清史稿·施琅傳》。
6.《福建論壇》1983 年 4 期：《論陳元光的歷史地位和影響》（湯漳平、林瑞峰）。
7.《考古》1984 年 4 期：《春秋早期黃君孟夫婦墓發掘報告》（信陽地區文管會等）。
文獻來源：《信陽師範學院學報》（哲學社會科學版）1984 年第 2 期。

三探台閩豫祖根淵源——方言民俗探微

歐潭生

一、方言土語尋根

　　閩台方言，又稱福佬話、河洛話。雖然閩東與閩南的方言有些差異，但均屬河洛話系統。據黃典誠教授研究，閩台河洛話的語音系統與隋朝陸法言《切韻》一書基本一致，保留著中古時期河洛故國之音。相反，今日鄭、汴、洛一帶由於宋元明清歷代戰亂和人口遷徙等原因，語言與《切韻》讀音相差甚遠，而僻處豫東南的固始一帶卻保留著許多中原古音，它與山川阻隔的閩台方言有著驚人的相似之處。我們認為，《切韻》所反映的中原河洛古音從某種程度上說，就像語言「活化石」被保留在河南固始和閩台方言之中。下面舉幾個特殊讀音字為例，可以看出固始方言與普通話的差異，而操閩台方言的人通過讀音對比，卻可以悟出古音的真諦與閩台方言的淵源。

普通話　　　　　　　河南固始方言

1. 筆 bǐ　　　　　　杯的第二聲（béi）

2. 牛（niú）　　　　歐的第二聲（óu）

3. 硬（yìng）　　　　摁（èn）

4. 丸（wán）　　　　圓（yuàn）

5. 二（èr）　　　　　礙（ài）

6. 六（liù）　　　　　漏（lòu）

7. 白（bái）　　　　　（bè）

8. 足（Zú）　　　　　菊（jú）

9. 杏（xìng）　　　　恨（hèn）

10. 間（jiān）　　　甘（gān）

11. 藥（yào）　　　喲（yǒ）

　　以上保留中古音的固始方言，與閩台方言頗為接近，而其它地區的方言卻沒有這種特殊的讀音。再從一些特殊的日常用語中，也可看出固始與閩台之間語言的淵源。

普通話	固始方言	閩台方言
1. 起床	爬起	爬起
2. 天亮	天光	天光
3. 老頭子	老貨	老貨
4. 老婆	老馬子	老馬
5. 沒有	毛得	毛
6. 太陽	日頭	日頭
7. 下雪	落雪	落雪
8. 元宵	湯圓子	湯圓
9. 一年多	年把	年把
10. 伐樹	放樹	放樹
11. 閹豬	屯豬	屯豬
12. 跳蚤	虼蚤	虼蚤
13. 蜻蜓	螞螂	螞螂
14. 瘧疾	打脾寒	打腹寒
15. 水開了	水滾了	水滾
16. 膝蓋	客頭子	客鳥頭
17. 妻子	屋裡	厝裡

18. 清晨	早起	早起
19. 珍貴	主貴	主貴
20. 一刻不停	不使閒	毛頭不歇
21. 趕快	趁早	趁早

上述對比可見，那些方言土語都與普通話有很大差異，而又不見於其他地區的方言，唯獨固始與閩台方言相似，甚至完全相同。這種保留在民間的語言化石，印證了台閩豫之間的祖根淵源關係。

二、源遠流長的河洛話

閩台方言和固始方言均屬於《切韻》所反映的中古河洛話，我們均暫稱為河洛話。河洛話源遠流長，在我國浩瀚的經史子集和稗官裡史之中俯拾即是，歷歷可稽，鑿鑿有據：

1. 毛（音 mo）。固始稱「無」為「毛得」，閩台稱「無」為「毛」。《爾雅》：「毛，無也。」《佩觿集》：「河朔謂無曰毛。」《後漢書‧馮衍傳》：「饑者毛食。」（注：太子賢曰，案衍集作無，今語猶然者，豈古語亦通乎？當讀如摸）《集韻》又作笔毣，《漢書‧高惠高後功臣表》曰：「靡有子遺，耗矣！」師古曰：今俗語猶言無為耗，音毛。

2. 崽——固始人稱男孩子為崽子，閩台方言稱崽（囝）。《方言》：「崽者，子也。」按：崽音為宰，俚俗以為罵人，其實非也。《水經注》：「弱年崽子。」顧況《哀崽詩》：「郎罷別崽（囝）……崽別郎罷」。按：福州方言，稱父親為「郎罷」。

3. 打扮——固始人常言婦女收拾得乾淨漂亮為打扮，閩南亦如此。《廣韻》注：扮，中原雅音，今俗以人之裝飾為打扮。黃公紹詩：「十分打扮是杭州」。何應龍詩：「尋常打扮最相宜」。打扮，又稱裝扮，沈明臣《竹枝詞》：「女兒裝扮採蓮來」。

4. 頭面——固始人稱頭上戴的首飾為「頭面」，閩台方言還演繹為人的外表。《東京夢華錄》：「相國寺兩廊賣鋪作、領掛、花朵、珠翠、頭面之類。」乾淳《起居注》：「太上太後幸聚景園，皇後先到宮中起居，入幕次換頭面。」燕翼《貽謀錄》云：「婦人冠，舊以漆紗為之，而加金銀、珠翠、彩色裝花諸錦……今杭俗女子初嫁，有所謂大頭面當本此，蓋以宋俗之遺也。」

5. 頭——固始和閩台方言常用「頭」字，如「裡頭、外頭、前頭、後頭」。李白詩有：「素面倚闌鉤，嬌聲出外頭。」項斯詩：「願隨仙女董雙成，王母前頭作伴行。」劉禹錫詩：「病樹前頭萬木春。」駱賓王詩：「眉頭畫月新。」器用之屬，用「頭」字者更多，如缽頭、鋤頭，以至江頭、渡頭、田頭、橋頭等。閩台方言還多了椅頭、店頭等。

6. 忒——固始與閩台方言稱極美之物曰忒。忒為忒煞之省文。忒煞，太甚也。《朱子文集》：「孟子好辯一章，只為見得天理忒煞分明。」忒訓作太，詞典中常用。史達祖詞：「天念王昌忒多情。」

7. 攬——閩南摟抱曰攬，固始和福州方言稱「收攏」和主動負責為「攬」。《說文》：「攬，撮持也。」《三國志·蜀書·諸葛亮傳》：「夙興夜寐，罰二十以上皆親攬焉。」

8. 卵——固始和閩台方言均稱蛋為卵。《說文》：「凡物無乳者卵生。」《禮記·曲禮》：「士不取麑卵。」《漢書·貨殖列傳》：「鱃魚麑卵（注：師古曰：卵，鳥卵也）。」《左傳·哀公十六年》：「子西曰：白公勝如卵，餘翼而長之。」今福州方言稱蛋為「蜑」（見《新方言》）。

9. 鬧熱——福州和閩南方言均稱繁盛為鬧熱，固始也有「鬧騰」之詞。白居易詩：「紅塵鬧熱白雲冷。」鬧熱系熱鬧之倒文，白居易詩：「熱鬧漸如隨念盡。」

10. 短——固始人謂人矮或物體微不足道為短。《方言》：「，短也。」莊子《秋水篇》：「掇而不跂。」《五音集韻》：「吳人呼短物也。」閩東方言也有此土語。

三探台閩豫祖根淵源——方言民俗探微

11. 標緻——固始和閩台方言稱人貌美曰標緻。《因話錄》：「君初至金陵，於府主庶人錡坐，屢贊招隱寺標緻。」《魏書》：「蘊氣標緻，善雅談，尤工長短句。」

12. 體面——識體統，顧情面曰體面。固始和閩台方言還演繹為人的名聲好。《司馬光疏》：「在京舉人，追趨時好，易知體面。」《談薈》：「既知體面，自有風度。」

13. 爽快——率真、爽氣曰爽快。固始和閩台方言還演繹為舒服。《世說新語》：「桓宣武素有雄情爽氣。」快，亦爽也，夾帶愉樂。宋玉賦：「快哉此風！」

14. 作孽——為非作歹曰作孽。固始和閩南方言在泛指做壞事。《書經》：「天作孽猶可違，自作孽不可逭。」

15. 招呼——接引曰招呼，普通話可用於「見面打招呼」之類，而固始和閩台方言均稱「接待、關照、管理」為「招呼」。《倉頡篇》：「挑謂招呼也。」《書疏》：「招呼賢俊之士與共立於廟。」

16. 戳——刺曰戳，閩南有此方言。固始方言把「插」和「人呆立在那兒」曰「戳」。

17. 泡茶——沖茶、沏茶為泡茶，固始和閩台方言都只說泡茶。《廣言》：「以水注入曰沖，以水浸漬曰泡。」《煮泉小品》：「煎茶可消煩憂，泡茶唯解渴而已。」故閩台方言和固始土語有關這類特定的動賓結構如：「衝開水、泡茶、熬藥」，兩地完全相同。

18. 計較——爭執、較量曰計較，固始和閩台均同。《三國志》：「伯言常長於計較，恐此一小事短也。」

19. 睏——睡覺曰睏，固始和閩台言都把睡覺說成「去睏」。《後漢書》：「世祖芳純曰：昨夜困乎？（注：困，睡也）」《甲申雜錄》：「忽昏困如夢。」

20. 揀——選擇曰揀，固始和閩台方言均廣泛使用。《寒山詩》：「擇佛燒好香，揀僧歸供養。」

二、源遠流長的河洛話

21. 正經——正統不趨邪曰正經,固始和閩台方言把正經泛指人品端正和對人實心實意。《詩經》:「路寢之常樂,風之正經。」《詩譜序》:「本之由此風雅而來,實皆錄之,謂之詩之正經」。

22. 事體——事象曰事體,固始和閩台方言泛指事情。《抱樸子·外篇》:「明見事體」。《通鑒續編》:「宋神宗時,太後曰:事體至大,孝宗曰:恐如東漢激成黨錮之風,深害事體耳。」

23. 揰——以拳毆人為曰揰,亦作舂。閩台方言曰揰,固始方言曰搥。《左傳·文公十一年》:「獲長狄僑如,富文終甥,揰其喉,以戈殺之。」

24. 厝——置身之所曰厝,固始尚有部分地名保留有「厝」宇,閩台以「厝」為地名者甚多。《宋書·範曄傳》:「撫心摧哽,不知何地可以厝身?」秦系詩:「厝築獲蘆邊,時瞻鷗鷺眠。」

25. 適意——遂心合意曰適意,固始和閩台方言均同。《淮南子》:「居君臣女子之間,競載驕主而適其意。」《抱樸子》:「接之適意」。《世說新語》:「張翰在洛,見秋風起,……人生貴適意耳,乃東歸。」《戰國策》:「趙武靈王曰:忠可以寫意(注:寫猶宜也)。」

26. 斟——以唇觸物曰斟。閩南方言有斟嘴之類,而固始方言把「親嘴」說成「酌嘴」,歷來斟、酌並用。《廣言》:「斟其芳香,味其秀色。」《說文》:「斟,勺也。」《楚辭·天問》:「彭鏗斟雉帝何饗?」《周語》:「而後,王斟酌也。」

27. 趁錢——得利、賺錢曰趁錢,乃趁墟賺錢之縮稱。固始和閩台方言均含此意,而固始方言還演繹成:家有積蓄曰趁錢。《南部新書》:「端州以南,三日一市,謂之趁墟。」柳宗元詩:「紛荷包飯趁墟人。」

28. 窮忙——為生計勞累曰窮忙,閩南有此方言,而固始方言還演繹為「瞎忙」。《老學庵筆記》:「京師語曰:戶度金倉,日夜窮忙。」楊萬里詩:「曉起窮忙作麼生。」

上面羅列的閩台和河南固始方言土語,即河洛話,無論讀音或者語意、詞解,都是十分古老的「俚語」(常用俗語),即使在當地,現在也很少使

用了，只有土生土長的老年人才能準確地讀音並說出確切的含意。研究者們通過熟悉福州方言、閩南方言以及河南固始方言，通過深入生活各個領域進行收集整理、歸納對比，通過與方言土語聯繫密切的地名學、民俗學、民間文藝等課題的調查研究，一定可以進一步瞭解台閩豫之間廣泛、悠久、牢固的淵源關係。

三、固始皮影與閩台皮猴戲

有人認為閩台的皮猴戲直接來源於固始的皮影戲。固始皮影，系用刮薄的牛羊皮，或上過油的厚紙雕刻成各種行當角色，高約一尺多，塗抹得五顏六色，風格類似民間剪紙，人物的四肢和頭部，分別雕成後用線連綴而成。表演時活動自如。一個皮影人物，用五根竹棍操縱，螢幕是上過油的白紗布，兩邊吊著夜壺燈。皮影藝人就坐在這塊小小的天地裡，施展渾身解數。兩隻手十根巧指，操縱皮影做各種動作，嘴上說、念、唱結合，腳下踏動鑼鼓配合默契。大型皮影戲，由兩個人操縱皮影，數人敲鑼打鼓，共同唱和。皮影緊貼螢幕，鏤空的眼睛、裝扮在燈光照耀下，顯現出各種生動的景象，有如剪影，卻比剪影豐富，真切並有動感。舊時皮影戲的演出本，大都抄在舊式帳本上、俗稱「口條」。閩南和臺灣皮影戲，亦稱皮戲、影戲，民間俗稱「皮猴戲」。閩台皮影的製作，多用黃牛皮。人物皮影分6個部分，都黏有竹枝，用一根鐵絲操縱，更加靈活自如。螢幕改為白紙製作，照明變改成蓄電瓶。演出時配備桌椅、車馬、兵器等道具，戲詞用閩南話演唱，唱腔吸收了臺灣民歌、囝仔戲、高甲戲、亂彈、歌仔戲等劇種，乃至臺灣道士祭奠放赦時的曲調。戲文除愛情故事外，大多是歷史故事，如《東周列國志》、《三國演義》、《西遊記》、《白蛇傳》、《說岳全傳》、《洪秀全演義》等。1979年第2期《歐洲漢學問題研究學會會刊》（巴黎出版）刊載了在臺灣發掘出來的閩南皮影戲《朱文》。這齣戲在明代《永樂大典》裡只存在劇碼而佚戲文。閩南莉園戲的演出本僅存3折：《贈繡篋》、《認真客》、《走鬼》。這次新發現的《朱文》是閩南方言本，共13折，稱為全本，轟動一時。這個皮影戲劇本是根據清末5個不同場次的手抄本整理而成。4本收藏在巴黎，1本收藏在美國加利福尼亞大學文史館。專家們鑒定後認為，《朱文》所用

方言,是漳州府西部幾個縣的方音,採用了「傍妝台」、「駐雲飛」、「下山虎」、「小桃紅」、「風入松」、「桂枝香」、「駐馬聽」、「走引」、「四朝元」等9個宋元歌曲體的曲牌。今日臺灣高雄的皮影戲班都自認「祖先來自福建漳州」,都「尊崇田都元帥為保護神」。專家們還認為《朱文》劇本裡有許多北方中原戲文所常用的詞彙,因此推斷:「閩台的皮影戲來自中原地區」。類似這樣的民間文藝、民間風俗也像方言土語一樣,只要深入研究、發掘整理和歸納對比,一定會找出更多的證據,說明台閩豫一千年前是一家。

筆者在《台閩豫祖根淵源初探》一文中曾經指出:固始有「洛陽橋」,泉州也有「洛陽橋」。淮濱「烏龍集」原屬固始,福州有「烏龍江」,兩地都有「烏龍廟」。福建同安有一個地方叫「楊宅」,據當地老人說,他們先祖都是從河南固始楊集遷來的。閩台姓氏「陳林半天下,黃鄭排滿街」,河南固始的陳、林、黃、鄭也是大姓人家。如果進一步考察兩地的婚喪嫁娶、逢年過節的風俗習慣,還可以找到許多共同之處。例如,固始一帶的糍粑、掛麵、魚丸等是著名的土特產,這些土特產也在歷史變遷中傳到了福建。糍粑變成福州的白粿,掛麵變成線面,魚丸里加進豬肉餡,成為福州民間不可缺少的風味食品。

四、民間風俗探微

民間風俗,就是社會上長期形成的風尚、禮節、習慣等,其中尤以婚喪嫁娶、節日禮儀等最富代表性。河南光州固始一帶「男女婚嫁,養生送死,質而有節」,[1]「喪祭婚姻,率漸於禮」,[2] 而「臺灣人文禮俗,源於中土,相襲入閩,舉凡信神拜佛、敬天祭祀、婚喪喜慶、衣冠禮樂、四時年節,以及習俗人情,皆是祖宗流傳而來的」。[3]

1. 舊式婚姻程式

(1) 問名:河南固始俗稱「過庚帖、合八字」,是議婚最重要一環,若男女雙方「八字相克」,其他條件再好,也不能聯婚。閩台議婚還把雙方「八

宇」置天神前香爐內三天，求神的庇護。三天之內，若有意外事故，甚至家中打破碗碟之類等，都認為是不神之兆，一概作罷論。

（2）納采：河南固始俗稱「下書子、定親事」。閩台俗稱「送定」、「食定」。《儀禮·士昏禮》曰：「納采，求共許採擇也。」這一天，男女兩家張燈結綵，宴請親友，媒人先在男家飲酒三巡後，便起身乘轎，護送糖、果、餅、聘金等禮品到女家。女家把男家聘禮供奉在神案前，女家捧菜上廳，男家需送紅包、金戒指，閩台人稱「壓茶」、「帶手指」，固始人稱「定親禮」。然後女家也回贈糖、果、餅等禮品。納采以後，女家就把男家送來的糖、餅分送親友四鄰，告訴他們女歸有期，固始人俗稱「定親禮」。同時，男家也把回贈的糖、餅分贈親友，告訴他們吉期將屆。男女兩家的親友，接到糖、餅之類的禮物後，對女家是送物添奩，對男家是送禮慶賀。不過，禮有親疏之分，儀有厚薄之別，視各人的關係如何而定。

（3）完聘：固始人稱「定吉期、擇完婚日子」，閩台人稱「提日頭」。所謂「日頭」即把婚期寫在紅紙上，讓媒人通知女家。婚禮前三天，女家把嫁妝送到男家，閩台和固始均有此風俗。固始人稱嫁妝為「妝奩」，即書案、條几、箱櫃以及新婦室內的一切陳設，用具。

（4）冠禮：固始和閩台俗語均叫「上頭」，是婚期的前晚，男女雙方同時舉行。新郎由生肖屬龍的未婚男子持結有紅紗的木梳，在新郎頭上一梳，再把紅紗結在頭上，另外請一位長輩和那男子把「烏巾」蓋在新郎頭上，叫「蓋頭」（固始和閩台均有此風俗）。女家也是依照類似的程式進行。冠禮以後，新郎和新娘均不得走出房門。閩南一帶，新娘身穿蟒袍，腰圍玉帶，鳳冠霞帔（純粹是明朝的服裝），新郎則身穿清朝服裝，紅頂花翎儼然是個官員，所以民間有「娶妻小登科」之稱。據說這種服裝是清兵入關後，洪承疇與清帝約法三章之一，所謂「降男不降女」。因此，男穿清服，女著明裝，流傳下來成為禮俗。

（5）迎娶：固始人稱「迎親」，男家先以鼓樂「暖房」，並請「全福」的中年婦女驅除邪魔，天明起轎迎娶。迎親人亦同時乘轎至女家為新婦上裝。新婦上轎，腳不沾地。轎至男家，廳堂閉門，稱之曰：「勒性子」。閩台也

有此之說,是新郎牽新娘出轎時,新郎先用力踢轎門,使轎內新娘突覺一驚,這樣新娘就會懾服。然後是拜堂入洞房。

(6)鬧房:固始和閩台均有「三日內無大小」的鬧房習俗,客人以及家中叔伯兄弟姐妹均可參加。

(7)回門:結婚三天之後,新郎新娘雙雙到女家,固始人稱「回門」,閩台人稱「請女婿」。新郎拜見岳父母及女方的伯叔兄弟等,並贈以紅包。女家擺設宴席招待女婿。左鄰右舍,尤其是新娘女友都爭著來看女婿長相。直到黃昏,才雙雙回家。繁縟的結婚儀式,到此算告一段落。

除此以外,河南固始與閩台結婚風俗相類似的還有,成婚後,新郎新娘要「上喜墳」,参拜死去的長輩,第一個上元節,新婦不能「回門」(即回娘家),名之曰「躲燈」。古諺有「姑娘看了娘家燈,娘家冷清清」的說法。在迎娶新婦的喜慶宴會中,有兩次比較隆重的大宴,一是宴請新婦,新婦必坐首席,兩廂只請四位姑娘敬陪,門席不坐人。二是宴請婆舅,舅父坐首席,席口(門席)亦不坐人。迎娶新婦的禮俗中,有三忌:一忌屬相相克的人;二忌孕婦(福建稱四眼人);三忌半路夫妻。

2. 喪事俗例

(1)入殮:人死的時候,把遺體遷入堂屋正室,臥於四塊木板之上(不能加減,也不能用床代替),男置右側,謂之正寢;女置左側,謂之內寢。死人腳朝外,並在腳下燃燭一根,俗稱「腳尾燈」。用白紙或白布蒙臉,而後淋浴、更衣。這些習俗,河南固始與閩台均相同。《儀禮·士昏禮》:「幎目,用緇布方尺二寸(注:幎目,複面者也)。」《七修類稿》說:「人死以帛複面,起於吳王夫差,臨終曰:『吾無面見子胥,為我以帛冒之。』」

(2)出殯:人死三天謂之「平凶」,有的五天、七天,多則三十一天。出殯前要擇吉開吊,內庭搭靈棚、設靈堂、樹靈牌。出殯時孝子披麻戴孝,家人一律白衣執紼。還有守鋪、分孝服、乞水、接棺、套衫、入土、揀骨歸土等習俗。河南固始與閩台兩地均大同小異。人死更衣,忌穿皮毛之服。據說源自《淮南子·氾論訓》:「葬死人者,喪不可以藏,世以為袲者,難得

貴價之物也，無益於死者，而足以養生，故用其資以警之。或云，俗惑釋氏轉輪之說，裘屬獸皮，慮轉生之為獸也，故不衣。」

3. 其他俗例

（1）生子：舊習俗生子稱「弄璋」，生女曰「弄瓦」，無論生男生女，河南固始和閩台均有「洗三」之說，即生孩子三天，要謝送子娘娘，不僅焚香、跪拜，而且要敬奉喜面、紅蛋，以油飯遍送親友近鄰，還要把紅蛋送往舅家，舅家接物後即送雞酒過來。滿月又稱彌月（《說文》：「彌，滿也。」），要大宴賓客，吃「滿月酒」，閩南叫「湯餅會」。滿月慶宴始於唐朝，《新唐書·高宗本紀》：「龍朔三年，子旭輪生滿月，大赦。」固始禮俗還有小兒滿月，姥娘送「鴨子」，意在「押子」，名之曰「長命鴨」。

（2）節儀：河南固始和閩台兩地基本相同，從元旦、上元節、清明、五月節、八月節，直至祭灶、除夕的義禮都相同。每年臘月二十四日當晚，家家供飴糖，取「膠牙」之意；供粉團，期灶神上天言好事，下界保平安。因而，在灶神像上均有「一家之主」橫聯。除夕子夜時，家家焚表、上香、放鞭炮，迎接灶神回府。

通過上述方言、民俗的對比，我們更感到閩台與河南固始有著特殊的關係。雖然臺灣、福建、河南相距數千里，山川阻隔，星移斗轉，文化更新，但是蘊藏在民間的古樸方言、傳統風俗卻代代相傳、相沿成習。本文所引證的實例大多數是閩台和河南固始特有的方言和民俗，足以證明兩地的特殊歷史淵源。臺灣黎明文化事業公司出版了彭桂芳編著的《五百年前是一家》通俗歷史叢書，在此基礎上，我們追溯台閩豫祖根淵源，可以得出 1300 年前是一家的結論。我們殷切希望海峽兩岸專家學者共同切磋、互通資訊，從歷史學、考古學、地名學、方言學、民俗學和譜牒學諸方面進行探討，使臺胞和海外僑胞的尋根念祖活動具有更堅實的學術基礎和更詳實的文字依據。

文獻來源：《首屆豫閩台姓氏源流國際研討會論文集》，1996 年 9 月。

注　釋

[1]. 元朝河南光州馬祖常《儒學記》。

[2]. 明朝嘉靖《固始縣誌》。

[3]. 臺灣高緒觀《臺灣人的根——八閩全鑒》。

台閩豫祖根淵源研究的緣起

歐潭生

固始發現鄭成功墓的調查

三十年前，我是河南信陽地區文化局文物幹部。1982年初，我到固始縣搞文物普查，聽原縣人大副主任陳壽同先生談起，1970年在固始縣汪棚公社發現鄭成功墓，當時報告給中國歷史博物館沒有答覆。我半信半疑，在縣文化館館長詹漢清的陪同下，到汪棚公社鄧大廟大隊小營生產隊進行了實地調查。

為什麼固始會發現鄭成功墓？福建南安的鄭成功墓是真是假？聯繫到1981年4月22日我偶然看到的《河南日報》發表的廈門大學著名方言學家黃典誠教授的短文《尋根母語到中原》，我打報告給地區文化局，請求到福建調查，得到批准。

福建調查的收穫

我是福建福州人，1963年考入北京大學歷史系考古專業學習，1968年畢業分配到河南，在部隊和農村鍛煉前後4年，在商城高中教書4年，1976年才調到信陽地區文化局從事文物考古工作。來到闊別已久的家鄉，感到特別親切，我在福建省圖書館古籍部查閱了有關地方誌和古籍，最大的收穫是在《骨董瑣記》一書中查閱到福建南安鄭成功墓在民國十一年（1922年）曾被盜掘，族人事後發現墓內有九部棺材。因此，我認為南安覆船山下的鄭成功墓只是衣冠塚。為此，我深入泉州、廈門實地考察南安鄭成功墓並查閱相關資料。有幸的是，我還在廈門鼓浪嶼廈大公寓拜訪了黃典誠先生，進行了深入的探討和研究。不幸的是黃先生不久仙逝，未能與我們繼續合作研究。

我從福建調查回來，寫出了調查報告《一千年前是一家——台閩豫祖根淵源初探》。

臺灣同胞祖根問題研究會

　　根據《一千年前是一家——台閩豫祖根淵源初探》，經地委劉玉齋書記批准，1982 年 4 月 2 日在地委會議室召開了信陽地區「臺灣同胞祖根問題研究會」成立大會併發了簡報。簡報在當年河南省第二屆社科聯代表大會上散發，受到中國社科院副院長、著名歷史學家尹達的高度重視，在中州賓館約見筆者，並把簡報帶回北京，發表在《中國史研究動態》上。1983 年第 5 期《中州今古》正式發表了這篇論文，國台辦《台聲》雜誌和香港文匯報（1983 年 10 月 30 日）先後予以轉載，引起海內外讀者極大的關注。該文第一次明確提出台閩豫一千三百年前是一家，根在「光州固始」。

　　2008 年 10 月 20 日，在光州固始與閩台歷史淵源關係國際研討會上，有幸與原中共信陽地委辦公室主任（今海南建設廳巡視員）林克昌相逢，他出示了保存完好的地委辦公室鉛印的 1982 年「臺灣同胞祖根問題研究會」第一期簡報。我如獲至寶，這是最早最原始的研究根在光州固始的檔和資料。全文（附文兩篇）刊登如下，以饗讀者。

信陽地委召開臺灣同胞祖根問題座談會

　　四月二日下午，信陽地委召開了臺灣同胞祖根問題座談會。會議由地委副祕書長林克昌同志主持。地委副書記楊峰同志作了講話（講話稿附後）。參加會議的有地委宣傳、統戰部門，河南省考古學會，信陽師範學院，地區文化局，文管會、文聯、教育局和信陽師範學校等單位的負責同志和有關專家。會議代表共二十四人。全國方言學研究會負責人、福建廈門大學教授黃典誠先生因事未能到會。他專門向會議拍來了電報。

　　到會代表一致認為，地委召開這次座談會很有意義，非常必要。三中全會以後，黨中央把臺灣回歸祖國，實現統一大業作為全黨三大任務之一。近年來，臺灣同胞掀起了一股向大陸尋找祖根的熱潮。根據廈門大學黃典誠教授的考證和地區文化局有關同志的初步調查，臺灣同胞的祖根五百年前在福建，一千三百年前就在河南固始縣。著名的民族英雄鄭成功的先祖就是河南固始縣人。一九七〇年在固始縣汪棚公社鄧大廟大隊小營生產隊還發現了一

座明清墓葬。墓主人屍體保存完好，身穿蟒袍玉帶，蟒袍上繡有「鄭成功」字樣。（詳細材料附後）

因此，進一步搞清上述問題，將在對台宣傳和統戰工作中發揮重大作用。經過到會代表的醞釀討論，成立了「臺灣同胞祖根問題研究會」。不少到會專家還自報了「臺灣同胞祖根在固始」的論文題目。

研究會理事名單如下：（按姓氏筆劃順序）

申明晶 許順湛 李友謀 肖崇俊

吳力生 吳高春 周承茂 歐潭生

黃志明 董雲霞 彭學敏

四月三日上午，「臺灣同胞祖根問題研究會」第一次理事會議確定了理事分工和學術研究規劃：

理事長：肖崇俊（地委宣傳部副部長）

副理事長：周承茂（地委統戰部副部長）

副理事長：許順湛（省考古學會副會長、省博物館副館長）

副理事長兼祕書長：彭學敏（信陽師院副院長）

副祕書長：歐潭生（省考古學會理事、地區文管會幹部）

研究會祕書處設在《信陽師範學院學報》編輯部。第一次理事會議還決定：今年六月二十八日是民族英雄鄭成功逝世三百二十週年紀念日，將在鄭成功先祖的祖籍固始縣召開臺灣同胞祖根問題學術討論會。請各有關單位和個人，積極開展調查研究活動，把調查的資料和撰寫的論文於六月一日前報送到研究會祕書處。

臺灣同胞祖根問題研究會

信陽地委副書記楊峰同志在臺灣同胞祖根問題座談會上的講話

同志們：

四、民間風俗探微

今天由地委出面召集大家開一個臺灣同胞祖根問題座談會。我代表地委，向省考古學會、鄭州大學和信陽師範學院的領導和同志們表示歡迎和感謝！向在座的專家和同志們表示歡迎和感謝！下面，我先發言，講幾個問題：

第一個問題：地委為什麼要召開這個座談會？

去年四月份，廈門大學黃典誠教授帶著研究生來河南固始考察，並在《河南日報》發表了《尋根母語到中原》的文章。文章指出：臺灣同胞的祖先來自福建，但更早的祖根應該在河南固始縣。

信陽地區文化局的同志調查了固始縣曾經出土鄭成功官服的明清墓葬，並且到福建等地調查訪問，證實黃典誠教授的論點是正確的。為此，河南省考古學會、廈門大學、信陽師範學院、信陽地區文化局、信陽師範學校等單位準備聯合開展臺灣同胞祖根問題學術研究活動。

大家知道，三中全會以後，隨著國際和國內條件的變化，黨中央把臺灣回歸祖國、實現統一大業，作為全黨八十年代三大任務之一。因此，凡是有關臺灣同胞的宣傳工作、統戰工作、文化工作和學術工作，就不單純是宣傳部門、統戰部門、文化部門和學術部門的工作，而是我們全黨都必需關心的工作。各級黨委，應該把這次會議討論的臺灣同胞祖根問題當作重要事情來抓。

另外，臺灣同胞祖根問題的研究範圍，包括臺灣、福建、河南三省，涉及宣傳、統戰、文化、教育、學術、對台辦等單位。而且，這個學術問題還是社會科學領域中的邊緣科學，它需要歷史學、考古學、民族學、方言學、地名學和民俗學等方面的配合，進行一番綜合研究才能得出令人信服的結論。

因此，地委感到有必要出面牽個頭，召集大家座談一下這個問題。在座的有許多是各方面的專家，請大家共同研究一下如何開展這個調查研究工作。如果你們感到有必要，是否可以考慮成立一個「臺灣同胞祖根問題研究會」，來具體負責把這個問題搞清楚。

第二個問題：研究這個問題有什麼重要意義？

台閩豫祖根淵源研究的緣起

　　臺灣自古以來就是中國的神聖領土，臺灣同胞是我們的骨肉同胞。目前，臺灣同胞都承認他們的祖先五百年前來自福建。如果我們拿出確鑿的學術根據，證明臺灣和福建更早的祖根在河南固始。那麼，一千三百多年前，河南、福建、臺灣就已經是一家人了。這不僅加深了同胞感情，增進了民族團結，而且對那些「台獨」分子也是有力的打擊。臺灣現有五十三所陳聖王廟，香火很盛。臺灣同胞把陳聖王奉為守護神，當做菩薩頂禮膜拜。而這位陳聖王（陳元光）就是唐朝時期的河南光州固始人。

　　在對台宣傳工作中，這類學術問題最受歡迎，也最易打進臺灣學術界和輿論界。如果我們的學術根據充分，文章寫得好，將對臺灣同胞產生很大的影響。臺灣內部已經出版了很多尋根追源的書，如《五百年前是一家》、《唐山過臺灣的故事》和電影《源》等。然而，我們大陸上研究這方面的書卻很少，電影《歸宿》、電視劇《彩雲歸》等回顧的歷史都很短。如果臺灣同胞祖根在河南固始這個問題能研究好，不僅可以出書、寫論文，而且還可以在此基礎上創作許多詩歌、故事、劇本等作品。

　　今年二月一日是鄭成功收復臺灣三百二十周年紀念日。今年六月二十八日又是鄭成功逝世三百二十周年紀念日。中央和福建都要隆重地開展各種紀念活動，包括給鄭成功塑銅像、建陵墓。我們在這種時候召開這次「臺灣同胞祖根問題座談會」並開展固始鄭成功墓的調查活動，是十分有意義的。鄭成功的孫子為他撰刻的墓誌銘上寫著：「成功宇明儼，號大木，姓鄭氏，先世自光州固始入閩。」這是準確可靠的材料，說明鄭成功的先祖也是從河南固始去的。至於研究這個問題的具體辦法和措施，在座的專家和同志們可以發表意見。但在時間上要有緊迫感，這個問題既是學術問題，又是政治問題。要配合今年紀念鄭成功開展學術活動，要為臺灣回歸祖國這個統一大業貢獻力量。宣傳、統戰、文化、教育、對台辦等單位要互相支援、互相配合，爭取在較短時間內搞出成果來。

祝會議成功，早出成果！

一九八二年四月二日

文獻來源：海峽兩岸姓氏文化研討會論文，2010年10月。

歐潭生「三探」與豫閩台淵源關係研究

唐金培

歐潭生祖籍福州，1945年生在建陽。建陽古稱潭城，故取名潭生。1968年從北京大學歷史系考古專業畢業後，被分配到中國人民解放軍8181部隊太康農場鍛煉，兩年後再次分到商城縣長竹園公社新建大隊接受貧下中農再教育。又兩年後當上了中學教師。1976年調到信陽地區文化局工作。1988年調回福建，先後在福建省博物館、曇石山博物館工作。隨著全球尋根熱的興起，歐先生敏銳地注意到豫閩台淵源關係研究問題的重要性和緊迫性，並專程到福建漳州、泉州、廈門等地收集相關資料。在此基礎上先後撰寫了《一千年前是一家——台閩豫祖根淵源初探》、《台閩豫祖根淵源再探——兼論何處是鄭成功墓》、《三探台閩豫祖根淵源——方言民俗探微》（簡稱「三探」），他運用歷史學、考古學、民族學、地名學、方言學、民俗學等多學科研究方法，對臺灣、福建與河南固始的淵源關係進行了比較全面的分析和考究，並明確提出「臺灣人的祖根五百年在福建，一千三百年前在固始」這樣一個結論，成為新時期豫閩台淵源關係研究的重要開拓者。

海內外尋根浪潮與豫閩台淵源關係研究發軔

20世紀70年代末至80年代初，從美國興起的尋根浪潮迅速波及海峽兩岸。美國黑人作家阿曆克斯·哈利在探尋黑人傳統的欲望驅使下，對岡比亞有關的口頭傳說進行了一番調查研究後，不經意間發現自己的祖先居然不是本土人，而是從非洲擄到安納波利斯的黑人奴隸。哈利在佔有大量史實的基礎上，通過繪聲繪色的描述，完成了家族史小說《根》，該書經改編成電視連續劇後曾轟動一時。《根》傳播到臺灣後，在眾多臺灣民眾特別是那些日夜思念故鄉的臺灣老兵中引起強烈共鳴。臺灣全島迅速掀起了一股尋「根」追「源」的熱潮。臺灣《青年戰士報》從1978年10月開始連續刊載《唐山過臺灣的故事》。與此同時，臺灣「中央圖書館」還舉辦了一個題為《根——

中原與閩台淵源關係研究三十年（1981～2011）（修訂版）
歐潭生「三探」與豫閩台淵源關係研究

臺灣的過去和現在》的文物圖片資料展覽，臺灣黎明文化事業公司還出版了彭桂芳女士編著的題為《五百年前是一家》的通俗歷史叢書。1979年拍攝的臺灣電影《源》，則通過影片帶來的視覺衝擊，更加形象生動地說明了臺灣與祖國大陸一衣帶水、血脈相連的密切關係。

歷史就是這樣巧合。當海峽東岸尋根熱暗潮湧動的時候，祖國大陸開啟了緊鎖了幾十年的國門，吹響了改革開放的號角。為貫徹落實黨的改革開放政策，積極推進兩岸統一進程，1979年元旦，全國人大常委會發表《告臺灣同胞書》，明確放棄「解放臺灣」的口號，並鄭重宣示了爭取祖國和平統一的大政方針，兩岸關係發展從此揭開了新的歷史篇章。《告臺灣同胞書》明確提出，實現國家統一大業，大勢所趨，是人心所向。在解決統一問題的時候，一定要從實際情況出發，尊重臺灣現狀和臺灣各界人士的意見，採取合情合理的政策和辦法，通過協商談判結束臺灣海峽軍事對峙狀態，撤除阻隔兩岸同胞交往的藩籬，推動民間自由往來，實現通航、通郵、通商，開展經濟文化交流與合作。《告臺灣同胞書》的發表，使臺灣同胞看到了到大陸探親訪友和尋根問祖的希望。在國民黨老兵的經年努力下，1987年10月，臺灣當局宣佈「榮民弟兄」可以返回大陸探親，從此結束了兩岸同胞近40年不相往來的歷史，並迅速掀起了臺灣民眾到大陸尋根的高潮。隨著兩岸民間聯繫的日益頻繁，內地尋根拜祖熱也悄然升溫。

固始地處豫皖兩省交界處，北臨淮河，南依大別山。在交通條件相對落後的古代社會，固始是連接中原和江南地區的跳板和主要通道。陳政、陳元光父子和王審知兄弟的祖籍都是在固始，跟隨他們前往福建的多數將士的籍貫也是光州固始。千百年來，這些入閩先人的後裔紛紛播遷至粵、港、澳、台及海外各地。他們所到之處，一方面承傳了先人的奮鬥精神和文化傳統；另一方面，將「固始」等祖根地的符號刻在廟堂之上，記入家譜之中，溶進他們生生不息的血脈裡。1987年，福建雲霄縣首次組團到河南固始尋根，揭開了閩臺地區「固始尋根」的序幕。為適應閩臺地區宗親到河南尋根問祖的需要，除了有族譜可查，有宗祠可拜，有聯誼組織可找，更為重要更為迫切的一件事就是要通過搭建學術研究和交流的平台，進一步厘清豫閩台兩岸三地之間的歷史淵源關係，找到閩台宗親到河南固始尋根問祖的歷史依據，讓

閩台宗親真正能夠找到回家的路。從而不斷增強兩岸三地人們相互之間的文化認同感和彼此之間的血脈親情。

歐潭生「三探」與豫閩台淵源關係研究興起

福建與固始之間的特殊淵源關係早就引起不少專家學者的關注。可是因為政治上的原因，新中國成立後的相當長時期內，幾乎很少有人敢去碰這根高壓線。直到改革開放後，隨著兩岸民間往來的不斷增加，豫閩台淵源關係研究才得以逐步開展並迅速形成熱潮。

1981 年 3 月，廈門大學中文系教授，漳州龍溪人黃典誠先生（1993 年去世）應邀到鄭州大學中文系參加河南省語言學會成立大會。作為語言學家，黃先生在會前不僅翻閱了《五代史》等文獻典籍和《漳州府志》、《龍溪縣誌》、《光州志》、《固始縣誌》等地方誌書，以及福建、河南等地相關族譜，而且帶著他的幾個研究生專門到固始進行了實地考察。在調查中他們驚奇地發現，福建方言與固始方言竟然有那麼多的相同或相近之處。黃先生在大會上所做的《尋根母語到中原》的大會發言一石激起千層浪，經《河南日報》報導後，在海內外，特別是在河南、福建等地產生了廣泛而強烈的反響。他在發言中提到，河南光州固始人陳元光開闢了漳州，被尊為「開漳聖王」，後來，這位被神化了的「開漳聖王」又隨鄭成功到了臺灣。福建今天的發展與當年固始人王潮、王審知兄弟的開發治理有著割捨不斷的關係。多數福建人都是固始移民的後裔，而絕大多數臺灣本省人又是福建移民的後裔。所以，他認為臺灣同胞「尋根的起點是閩南，終點無疑是河南」[1]。而固始無疑是臺灣同胞到中原尋根的第一站。可以說，這是新時期研究臺灣、福建與光州固始淵源關係的先聲。

作為當時在河南工作的福建人，這樣一種雙重身分使歐先生對尋根文化有著非同尋常的敏感和執著。從 1968 年到河南工作，直到 1988 年才調回福建，他把自己一生中最有活力的青春年華都奉獻給了河南這方熱土。他在河南工作的 20 年時間裡，不僅在考古發掘方面取得了卓著的成就，而且在閩台與固始淵源關係研究方面也做了大量的開創性工作。受黃典誠先生《尋根母語到中原》一文的啟發，歐先生敏銳地察覺到，臺灣同胞到大陸尋根問祖

中原與閩台淵源關係研究三十年（1931～2011）（修訂版）
歐潭生「三探」與豫閩台淵源關係研究

的浪潮將勢不可擋。為適應這種工作的需要，他於 1982 年專程到福建福州、漳州、泉州、廈門等地進行實地考察和調查，並向信陽地委遞交了一份題為《一千年前是一家——台閩豫祖根淵源初探》的調研報告。獲得地委書記劉玉齋批准和支持後，歐先生於 1982 年 4 月 2 日，參與組織了由信陽地委有關部門、河南省考古學會、信陽師範學院及信陽地區有關文化教育單位的領導和專家參加的「臺灣同胞祖根問題座談會」，並發起成立「臺灣同胞祖根問題研究會」。該研究會以信陽地委副書記楊峰為會長，河南省博物館館長許順湛、信陽地委辦公室主任林克昌等人為副會長，歐先生任副祕書長。會議簡報在當年召開的河南省第二屆社科聯代表大會上散發，並發表在《中國史研究動態》上。為進一步擴大影響，歐先生建議由省裡相關部門出面組織召開更高級別、更大規模的學術研討會，並成立省級學術研究組織。雖經多方奔波，但最終因各種各樣的原因而擱淺。

繼《一千年前是一家——台閩豫祖根淵源初探》（後面簡稱「初探」）於 1983 年公開發表後，歐先生於 1984 年又撰寫了《台閩豫祖根淵源再探——兼論何處是鄭成功之墓》一文。回到福建工作後，他覺得意猶未盡，於是又寫了《三探台閩豫祖根淵源——方言民俗探微》（《福建文博》1990 年閩台古文化論文集）一文。他在《初探》中提出，「考察我國近五百年來的歷史變遷，得發表灣同胞來自閩南嶺東的結論，已經不是十分困難的事情。如果進一步考察唐朝以來一千三百年的歷史，從中找出一些線索，來論證臺灣和福建的祖根在河南固始，也不是不可能的事情。」[2] 並且認為，對於南遷至閩台的中原姓氏後裔來說，固始不是這些姓氏最早的本根所在，但它卻是在姓氏尋根過程中必然會探尋到的較近的根源。因此他認為，固始的尋根文化資源獨具特色。在《再探》中，他對陳、黃、宋、鄭等臺灣大姓的祖根地一一進行分析後得出，「臺灣同胞祖根在中原」這樣一個結論，並進一步指出「從主體上分析臺灣同胞的祖根，三百多年前在福建，一千多年前在河南光州固始一帶」[3]。此外，他還根據廈門鄭成功紀念館拓片《鄭氏附葬祖父墓誌》中有鄭成功先祖「自光州固始入閩」這樣的記載，以及河南固始發現鄭成功墓的調查材料，考證得出「臺灣和福建沒有鄭成功自己真正的陵墓」，認為鄭成功的屍體被施琅「獻俘」北京後並沒有運回福建而是悄悄葬於河南

固始鄭氏祖地[4]。《三探》則在《初探》和《再探》的基礎上，通過對閩台與河南固始之間的方言土語、風俗習尚、民間藝術等進行仔細比對，找到不少相同和相通之處，從而進一步揭示了兩岸三地之間歷史淵源關係。正是這位對福建和河南兩省歷史地理比較熟悉，又有著高度的文化自覺與文化自信的歐先生，分別從中原與福建四次人口大交流，陳元光、王審知、鄭成功等歷史名人，陳、林、黃、張、鄭等單姓的源流，以及語言、民俗等方面初步揭示了臺灣、福建和光州固始這兩岸三地之間的淵源關係。上述具有開創性的成果，不僅為後來兩岸三地淵源關係的進一步深入奠定了一定研究基礎，而且為後來的研究提供了一些可資借鑑的研究思路。更為重要的是為後來固始縣人民政府成功舉辦「根親文化節」提供了理論支撐和智力支援。

　　歐先生不僅是新時期研究豫閩台淵源關係的主要開拓者和推動者，而且是「固始是唐人故里，閩台祖地」這一觀點的堅守者和捍衛者。他認為閩臺地區一些宗廟祠堂裡鐫刻著「宗由固始，將軍及澤」並不是所謂的附會之詞，「閩人稱祖皆曰自光州固始來」也並不是像鄭樵所說的「其實濫謬」。他認為，鄭樵所處的南宋時期，福建等地許多姓氏族譜上確實明確記載有「先祖為光州固始人」，但並不是像鄭樵所理解的那樣：「王潮兄弟以固始之眾，從王緒入閩，王審知因其眾克定閩中，以桑梓故，獨優固始人」[5]。因為，一方面鄭、黃、林、陳、詹、邱、何、胡等姓氏早在西晉時期就播遷到福建等地；另一方面，即便是為了得到相關優待而冒充固始籍人，也不可能是所有的相關姓氏都曾這樣做。

　　20世紀90年代初，為應對學界少數專家學者質疑《龍湖集》的真偽和懷疑陳元光的固始祖籍問題，他挺身而出，與盧美松先生一道撰寫了《〈龍湖集〉真偽與陳元光祖籍——與謝重光同志商榷》一文。他們在文章中，對謝文所提出的陳元光所著《龍湖集》中所謂「地名之謬」、「名物制度之謬」、「犯諱之謬」[6]等一一進行了辯駁。對謝文判定該詩集系後人偽託，並進而否定陳元光祖籍河南光州固始的說法進行了否定，為維護歷史真相堅持了自己的原則立場，為維護固始「中原僑鄉」的地位做出了自己應有的貢獻。在各地爭搶名人文化資源的今天，能做到這一點並不是一件十分容易的事情。

歐潭生「三探」與豫閩台淵源關係研究

歐潭生「第二故鄉」情結與豫閩台淵源關係研究推進

無論在河南信陽地區文化局工作期間，還是在福建文博系統工作期間，歐先生在考古工作方面取得的成就是有目共睹的。在此不再贅述。作為新時期豫閩台淵源關係研究方面的奠基者之一，他雖然調離河南多年，但仍然關心著河南經濟社會的發展，關注著信陽「根親文化研究」的進程，給力固始與閩台淵源關係研究工作的向前推進。

我認識歐先生，是在2008年的「固始與閩台淵源關係研討會」上，當時他和河南省社會科學院歷史與考古研究所所長張新斌研究員主持學術研討。張所長主持前半節，歐先生主持下半節。其實，在此之前，我跟歐先生就有過多次電話聯繫。作為會議的主辦方之一，我們單位負責論文收集和編輯方面的事情。張所長把論文徵集、編輯等一些具體細小的工作交給我和穆朝慶副所長。我記得那一年歐先生寫了一篇題為《閩台祖根在光州固始——河南信陽地區尋根歷史回顧》的短文，並附上前面所提到的「三探」。因為字數太多，論文集不可能將三篇文章全部收錄進去。況且，我也知道這三篇文章不僅都公開發表過，而且曾經被收集到《閩豫考古集》（歐潭生2002）、《根在固始》（宋效忠2006）等書籍中。尤其是他那篇《初探》，還先後被國台辦《台聲》雜誌和香港《文匯報》轉載，並引起過時任中共中央統戰部祕書長胡德平的高度重視和關注。我捧著他的三篇文章細細品讀，一篇也捨不得割捨，可是因為篇幅限制又不得不忍痛割愛。無奈之下，只好打電話請示他到底用哪篇。在此之前，以及近幾年我偶爾讀過一些與豫閩台淵源關係相關的文章。奇怪的是，有意無意中大多能從中聞出一些「三探」的味道來。經過粗略的比較，不管是歷次「河洛文化國際研討會」論文集裡面的一些文章，還是有河南姓氏尋根方面的一些文章；也不管是當年那次研討會收到的其他一些論文，還是近幾年「固始與閩台淵源關係」研討會論文集裡面的一些相關文章，大都能從字裡行間看到歐先生的影子。引用他的觀點者有之，引用其文章中的資料者有之，模仿他的寫作模式者有之，未標明出處直接拿來者有之。我以為，這也許就是歐先生的魅力之所在，這就是「三探」的魅力之所在。

2009年10月，在平頂山召開的第八屆河洛文化國際研討會上，歐先生作了「建議第九屆河洛文化國際研討會明年在信陽開」的發言。他認為，全國政協副主席羅豪才先生之所以這麼積極支持和熱衷河洛文化研究，其中有一點就是因為他本人是閩南人（福建安溪人），他從小就知道臺灣人以及海外華人自稱「河洛郎」或「唐人」的個中原因。臺灣同胞到大陸來尋根問祖，首先想到的就是他們的祖居地福建、廣東等地。若再往前追溯，就得尋找到河南固始來了。所以，歐先生認為，研究河洛文化就是要研究閩台之根在河南光州固始的「根親文化」，而不是侷限於地處河洛的「河圖洛書」。因為「河圖洛書」應該是中原文化和黃河文化的研究範疇。歐先生的這一觀點雖然可以商榷，但他把豫閩台淵源關係研究和「根親文化」研究作為河洛文化研究一個重點的主張很獨到。他是在以一個學者的責任感和良心，以一個在信陽工作過的福建人的自豪感和愛心，抓住一切機會在宣傳河南，宣傳信陽，宣傳固始，宣傳連接豫閩台血脈關係的「根親文化」。由此我們也不難看出，歐先生對河南第二故鄉的那份熱愛，對信陽固始祖根地的那份眷念，對豫閩台淵源關係研究和「根親文化」研究的那份執著。

文獻來源：2011年固始與閩台淵源關係學術研討會論文。

作者簡介：唐金培，河南省社會科學院歷史與考古研究所副研究員。

注　釋

[1]. 黃典誠：《尋根母語到中原》，《河南日報》1981年4月22日。

[2]. 歐潭生：《一千年前是一家——台閩豫祖根淵源初探》，《中州今古》1983年第5期。

[3]. 歐潭生：《台閩豫祖根淵源再探——兼論何處是鄭成功之墓》，《信陽師院學報》1984年第2期。

[4]. 歐潭生：《台閩豫祖根淵源再探——兼論何處是鄭成功之墓》，《信陽師院學報》1984年第2期。

[5]. ［乾隆］《福建通志》卷六六，《雜記・從談二》，清乾隆二年刻本。

[6]. 歐潭生，盧美松：《〈龍湖集〉真偽與陳元光祖籍——與謝重光同志商榷》，《福建論壇》1992年第1期。

論固始尋根

張新斌

在中國古代的大規模移民活動中,北方移民的中心為「山西洪洞大槐樹」,南方移民的中心為「福建寧化石壁」。如今,這兩處移民集散地,不僅在學術上得到認可,也已開發成為萬眾矚目的尋根旅遊勝地。但是,在東南移民中有著永遠的「中原情結」,他們對中原的印象便是「光州固始」。

一、譜志中反映的根在固始的移民

王姓,《晉江鳳頭王氏族譜》(乾隆始修本)載:今晉江城東鎮鳳嶼村王氏以唐末王審知為入閩始祖,明洪武十年(1377年)第二十二世王賓和始遷居鳳裡。《晉邑金安王氏二房三派西春公派族譜》載:今晉江金井鎮西坡王氏,始祖王一齊兄弟在宋治平年間(1064-1067)自光州固始南來,暫寓福海庵。《金鷗王氏五柱敦項公派家譜》載:今晉江東石鎮金甌(山前)王氏,出於五代泉州刺史王延彬之後,推武肅王王審知為入閩始祖。《嶢陽開閩王氏族譜》載:今安溪西坪鎮西部的嶢陽,王為當地大姓,其先祖上溯唐末入閩的王潮、王審知。始祖王佛生,為防倭事於明永樂元年(1403年)與弟王興祖由長樂遷居安溪崇信裡屯種,「四傳」後王毅庵遷居嶢陽。《臺灣通志·氏族篇》收錄的臺北縣板橋鎮《王氏族譜》云:「三十四世曄為光州定城令,因家於固始,曄曾孫曰恁,三子曰審潮、審邽、審知,兄弟有檢,王緒辟為軍正,以副前鋒提兵入汀、漳,遂有閩、泉之地,而審邽之曾孫曰曄,又分居泉之西南隅船方巷。」

陳姓,《高陽、樂陶陳氏族譜》載:今德化縣潯中鎮陳氏均來自河南固始,宋元由晉江遷居同安,明正統甲子(1440年)陳賓來、陳順德由同安衍居德化並在高陽、樂陶播遷、發展。《鼇城陳氏大宗族譜》載:今石獅永寧村(鼇城)開基祖陳成庵源出河南光州固始縣潁川派下。陳成庵,為宋代禮部侍郎,受命鎮守永甯衛,遂攜眷在此定居,已達二十餘世。《溜江陳氏族譜》載:今晉江金井鎮溜江,俗稱溜澳,其陳氏始祖上溯河南光州固始,其名諱莫能

稽考，宋元由莆田遷晉江，遂有溜江陳氏。《太平康陳氏公譜》載：今晉江東石鎮平坑村陳氏始祖陳九郎，為光州固始人，其後裔於元至元年間（1271-1294）遷居安海門頭（文頭）、平坑，遂有平坑陳氏。《楊濱鄉康松陳譜》載：今南安碼頭鎮新湯、康安兩村陳氏，系永嘉元年（307年）由固始入閩，始祖為陳潤。其後裔陳振元於明初由漳州而寓居於湯濱。《浯陽陳氏族譜》序云：「太始祖諱政公，原系汝寧府光州固始縣籍也，股肱唐室，歷建弘猷，因賜姓曰唐將軍，是朝總章二年（669年）奉敕駐閩，追厥子孫元光、珦公，累襲祖職，複進駐於漳城，其豐功偉烈，卓越今古，嘖嘖載人口碑焉。」另據《臺灣通志·氏族篇》：「留居河南之陳姓，隨王潮入閩者，為數似亦不少。本省《陳氏大宗譜》有收錄。《福清陳氏宗譜》王風州序云：唐僖宗光啟二年，祖元王潮入閩，而家福清之南陽村，三傳徙長樂之江田，又徙古田縣。」

劉姓，《塘濱劉氏九耀公派族譜》載：今晉江英林鎮的塘濱劉氏，為彭城派，先祖劉存及侄劉昌，於唐末自光州率部入閩，開基福州鳳崗一帶，後又分居長樂、福清，其裔孫於宋末元初由福清徙居晉江塔頭，歷經十世後又分居塘濱。《泉南蘆川劉氏族譜》載：今南安羅溪（古稱蘆溪）劉氏先祖為唐尚書劉文靜，於唐末入閩，徙居武榮（南安），其後裔劉恆於宋代為侯林鄉開基祖，傳至侯（劉）二郎為蘆川派之祖。《劉林劉氏族譜》載：今南安碼頭鎮劉林劉氏之祖為唐代尚書劉文靜，遭讒而子孫逃入光州固始，後易姓為侯，於唐末入閩，後再徙居武榮（南安）。宋代劉恆開基劉林，為劉林侯姓之祖，至民國方易侯為劉氏。《劉氏大宗世譜》載：「始祖劉諱錡，字信叔，號重珍，先是河南汝寧光州固始人也。唐天佑開平間……避地入閩，居建安，又居莆陽，數傳而生皇祖諱極。」另在《宋太學生致政劉公妣太孺人合葬壙志》中，也記其先祖劉顯齋為河南汝寧光州固始人，後樑時為威武軍節度使，其二子劉崇安、劉建安居閩，劉建安之後為劉極，劉極子為劉錡，其後遷居泉州。

黃姓，《東石檗谷黃氏族譜》載：今晉江東石鎮黃氏，與湖頭（玉湖）、永坑合稱為「東石三鄉黃」，共奉黃龍為基祖。據載，黃龍祖父黃岸之先人系於唐末由光州固始避亂居閩。《虎丘義山黃氏世譜》云：今祖州黃氏先祖為黃霸及黃敦、黃膺父子，唐末自光州固始隨王審知入閩，初居清流梓潭村，

論固始尋根

後居閩清梅溪場蓋平裡鳳棲山。《閩杭黃氏宗譜》載：今閩西及粵東黃氏始祖為黃峭，其先祖由江夏遷河南光州固始，複遷福建邵武坪西，以後在閩西、粵東一帶繁衍。又據明代黃風翥《金墩黃氏族譜序》所言：「晉永嘉中，中州板蕩，衣冠入閩，而我黃遷自光州之固始，居於侯官。」《黃氏族譜》載：「其先四十三世南陸，居河南光州固始……七十三世志，由和平遷福建邵武……八十八世肅，子四，分居福州、江西、南劍。」《臺灣通志·氏族篇》引臺灣《黃氏族譜》：「其先四十三世南陸居河南光州固始。」臺北縣深坑鄉《黃氏族譜》云：「世居光州固始。至晉，中州板蕩，南遷入閩，始祖黃元方仁晉。」

李姓，《晉邑圳山李氏族譜》載：今晉江金井鎮石州（圳山）李氏先祖李晦翁，初居碭山，後因中原變故，而僑居光州固始。唐末偕子李樂泉避兵福建，其後裔於元末由福州徙泉州，據圳山西卜居。《芙蓉李氏族譜》云：今南安梅山鎮芙蓉李氏，先祖為光州固始人，於五代初從王潮入閩，其子孫因家於武榮（南安）芙蓉鄉。《嶺兜李氏族譜》亦云：今南安金淘鎮李氏遠祖系固始人，隨王潮入閩，其後裔肇居梅山芙蓉，傳至李仰宗時遷居嶺兜。《臺灣通志·氏族篇》引《臺北縣李氏族譜》謂：「先祖光州固始人，唐末隨王潮入閩。」

鄭姓，《永春鵬翔鄭氏族譜》載：今永春城關東門桃李村鄭氏，其始祖鄭可遠因中原戰亂於唐末隨王潮入閩，統戍桃林場（今永春縣），後肇居薑蓮龜山坪上，傳至四世鄭懋為宋真宗潮陽軍都巡檢使，告老後卜居今縣城東門一帶，因地在大鵬山之陽，又取原祖居「坪上」之諧音，故稱「鵬翔鄭氏」。《三修永春夾漈村鄭氏族譜》載：今永春仙夾鄉夾漈村鄭氏，為鄭樵之後裔，其譜所載鄭氏入閩時間較早，但鄭樵為《滎陽鄭氏家譜》作序時亦講到，鄭氏先祖自固始入閩者不在少數。另據《臺灣通志·氏族篇》引臺灣馬巷《鄭氏族譜序》謂：「唐垂拱間，陳將軍趨閩，鄭姓遂星布閩、粵。」因此，鄭姓分三次來閩，與固始也有一定的關係。

周姓，《桃源前溪周氏族譜》載：今永春桃城鎮桃溪村周氏先祖於唐末隨王潮、王審知由河南光州入閩，始居莆田。九世孫由莆田遷永秦蓋福，明初由蓋福遷前溪之象山。《銘山周氏族譜》載：今德化（銘山）赤水鎮銘愛

村周氏先祖周梅林，於唐中和三年（883年）自固始從王潮入閩，先後居於仙谿（仙遊）之東鄉、延平郡之周田（今大田）。南宋時，周少九由大田移居赤水埔之銘山。

許姓，《湖頭虞都許氏家譜》載：今安溪湖頭鎮郭埔（虞都）許氏先祖許侍禦為光州固始人，唐末奉旨入閩，鎮守漳州詔安，後又遷晉江石龜村，傳至許景玉遷至南安詩山鎮錢塘，景玉次子許振奴移居虞都。《漳州府志》有閩台許氏奉為始祖的許天正的傳記：「許天正，河南光州固始人，陳元光首將也。從元光入閩，元光有所申請，必討論而後行。」許天正的後裔不少是客家人，並散居於閩、粵、台各省。

方姓，雲霄《雲陽方氏族牒》稱方氏：「祖子生，系河南光州固始人，自唐高宗垂拱二年（686年）隨陳將軍政與其子元光下征南閩，喬居漳州。」該譜《晚唐六桂》云：「方廷范，祖籍河南固始，唐昭宗大順二年（891）辛亥科進士，官上柱國金紫光祿大夫，曆宰閩之長溪、古田、長樂三邑，所在有惠政，百姓歸心，頌稱為『長官』。因當時中原割據，故定居莆田刺桐巷，遂名為方巷。廷範有六子，俱從河南登第，時稱『六桂聯芳』。」《崇正同人系譜》卷二載：「唐時有方姓昆弟六人，均賜進士，是以有六桂堂之名。其父母平黃巢有功，受賞殊勳，後由河南遷於閩之莆田。」另據《臺灣通志·氏族篇》引《惠州淡水西湖方氏族譜重修序》謂：「莆田之祖，乃……廷範府君，唐季王審知據閩中，府君六子皆仁於王……人稱六桂。」

曾姓，《武城曾氏重修族譜》載：今德化潯中鎮曾姓，以「武城」為郡望，唐末從王潮入閩。《武城曾氏宗譜》收錄的韓琦《清源曾氏宗譜序》云：「唐僖宗光啟間，王潮由光州固始趨閩，中原士民避難者皆徙以從，曾氏亦隨遷福、漳之間，子孫因居焉。」《臺灣通志·氏族篇》引晉江《曾氏族譜》有錄《清源曾氏族譜序》亦講到，曾姓隨「王潮由光州固始入閩」，「隨遷於漳、泉、福、興之間，晉江之曾，始祖延世，為光州刺史也」。曾姓為曾參的後代，素有「天下一曾無二曾」的說法，上述記載應具有代表性。

吳姓，《古東吳氏通族譜》載：今石獅寶蓋鎮坑東村吳氏先祖由光州固始入閩後，蔔居於興化平海衛。宋元時，吳十七遷居坑東村。《詩山古宅吳

氏族譜》載：今南安詩山古宅嶺兜吳氏先祖，唐僖宗時隨王審知由光州固始入閩，宋代吳定居今泉州鯉城浮橋鎮一帶（古武榮黃龍江），稱「黃龍吳氏」。明初吳大冶遷居南安古宅，遂稱「古宅吳氏」。《崇正同人系譜》卷二：吳氏「世居渤海，散處中州，其後隨王潮入閩，由閩而入於粵之潮、嘉等處。」《臺灣通志·氏族篇》引本省《吳氏族譜》中《祭公家傳》：「其祖有吳祭者，固始縣青雲鄉鐵井兜人，唐僖宗中和四年，兄弟一行二十餘人，住福州侯官縣，王審知據八閩之地，乃避地福、泉之間，遂為閩人。」

謝姓，《魁鬥謝氏族譜》載：今永春坑仔口鎮魁鬥謝氏先祖，唐末隨王潮入閩，始居莆仙，後遷安溪、永春，由留坡居魁鬥。《清溪謝氏宗譜》卷首之《謝家分派源流考》云：「吾謝為著姓……世居河南光州固始縣，……蓋宣伯遠裔有十六郎者，後唐時任藩長史，時乾符之亂，至乾寧四年（897年）丁巳，從王審知入閩，為黃連鎮之將，生子望，望生彥彬，世襲鎮將。」《臺灣通志·氏族篇》引《清溪永安謝氏族譜》謂：「祖為光州固始人，從王審知入閩，始遷泉州之安溪縣永安東皋居焉。」

尤姓（沈姓），《蓬萊尤氏族譜》載：今永春達埔蓬萊村尤氏，源出自沈氏，沈思禮為河南光州固始人，隨王審知入閩，升為駙馬都尉，因避王審知之「審」、「沈」之諱，改姓尤，定居於武榮金田，後遷永春，明初尤瓊由永春的逢壺魁源而居達埔蓬萊。

施姓，《得海承德堂施氏家譜》載：今石獅永寧鎮前埔村施氏之祖施柄，由河南光州固始播遷清高樓，其後施菊逸遷居晉江南潯（今衙口村），清初分居各處。《錢江長房派石廈厝後分施氏家譜》載：今晉江龍湖鎮石廈村施氏，俗稱「前港施」，始祖施典於唐末避亂入閩，屢經周折，後擇吉錢江而居，故以「錢江」為堂號，數世傳至施寬惠開基石廈。《永南施氏宗譜》載：今南安施氏，其先祖在唐末自光州固始入閩，先居潯海（今晉江龍湖衙口），後遷居永南。《臺灣通志·氏族篇》引《漳州府志》云：「隨陳元光開漳，有施光纘者，官府內校尉。」本省《施氏合譜》亦云：唐之中葉，始由河南光州固始縣遷徙入閩。有祕書承公者，宅居於泉州錢江鄉。

餘姓，《詩山前山餘氏族譜》載：今南安詩山鎮前山村餘氏，其先祖餘黃敦本居光州固始，唐末五代時遷居南劍新安，後擇武榮之北而家焉，其地號稱餘山，元時其後裔居詩山。建陽《餘氏宗譜》稱：「有青公者……由河南固始而宰建陽……是為入閩鼻祖也。」《臺灣通志·氏族篇》據《漳州府志》云：「陳元光開漳，已有固始餘氏，隨之入閩。」

顏姓，《顏氏續修宗譜》載：今永春達埔鎮中村的「蓬萊顏氏」，先祖顏泊於唐時由固始入閩，居德化顧傑泗濱，又徙居今永春達埔。《桃源東山顏氏族譜》載：今永春東平鎮東山村一帶顏氏，其先祖顏芳，號教先，由河南入閩，居德化泗濱，傳至顏潾，遷居永春清白裡。《臺灣通志·氏族篇》據《漳州府志》載：陳元光入閩之後，已有顏氏從之入閩。

呂姓，《傑山呂氏族譜》載：今永春蓬壺鎮傑山呂氏，先祖於唐末隨王潮入閩，先後遷居泉州、南安、永春等地。臺灣的呂氏族譜中也記明閩台呂氏始祖為呂佔，唐肅宗宰相呂諲之後，世居光州固始，唐末徙居福建泉州府晉江縣相公巷，後改居曾埭之草庵。

龔姓，《沙堤蓬萊龔氏家譜》載：今石獅永寧鎮沙堤村龔氏因王潮自固始入閩，遂卜居於龔山。《西偏西房龔氏家乘》載：今石獅永寧鎮西偏村龔氏始祖龔十三，自光州固始首居晉江之龔山，以後分居沙堤、南塘、西偏等村。

柯姓，《圻城柯氏族譜》載：今安溪蓬萊鎮蓬溪村柯氏先祖，唐末由光州固始入閩，世居泉州元妙觀西水溝巷，元代時柯萬山移居圻城，尊其父柯守順為始祖。《鼇岱柯氏族譜》載：今晉江英林鎮埭邊村柯氏先祖柯延，於唐末由河南光州固始從王審知入閩而居南塘，以後又移居柯倉、鼇岱等地。《臺灣通志·氏族篇》引《柯蔡氏族譜》有《南塘派序》云：「唐僖宗光啟二年，祖自河南光州固始，從王審知入閩。」

蔡姓（辛姓），《蔡氏族譜》載：今晉江青陽鎮普照村蔡氏為蔡襄之後，其先世於唐末由河南入閩，初居興化莆田，宋末居晉江青陽冷井水，後又居普照。劉大治《濟陽淵源考略》在談及柯、蔡、辛聯宗時，也提到柯、蔡先祖自固始入閩，初居福州下大路風陳張鄞鄉。其兄弟三人，長兄姓辛，號青

陽堂，住息安、漳州等地。次為柯姓，號瑞鵲堂，住晉江、永春等地。三為蔡姓，號濟陽堂，分枝莆田、漳、泉等地。另據臺北縣新莊鎮《鴻儒蔡氏族譜》謂：「為叔度之後，先世居光州固始，唐武後垂拱二年，從陳元光入閩，乃居漳浦之綠溪縣。」

彭姓，《虹山彭氏族譜》載：今泉州市鯉城區虹山鄉彭氏，又稱「山頂彭」，先祖於唐僖宗廣明元年（880年），由河南光州固始縣遷閩之泉州，複遷城西之南安。宋初移居鯉城虹山，虹山開基祖為彭根。

宋姓，《儒林宋氏族譜》載：今永春五裡街宋氏，為唐右宰相宋璟的後裔。宋璟之孫宋易，宋易之孫宋駢為福建觀察判官，宋易隨其孫自河南光州固始入閩，居莆田，為入閩始祖。元時宋瑄由莆田遷永春。《臺灣通志·氏族篇》引中壢《宋氏族譜》載：《莆田縣世系考》謂：始祖唐丞相環，宇持正，河南光州人。

潘姓，《桃源潘氏族譜》載：今永春西達埔、蓬壺一帶的潘氏，其先祖於唐初隨陳元光由河南光州入閩，定居於漳州，元時潘銀湖由漳州遷居永春，為入永始祖。《臺灣通志·氏族篇》載：今臺北縣三芝、石門二鄉潘姓均謂，先世居光州固始，嗣遷福建漳州詔安五都，遷移年代，已不可考。

康姓，《桃源鳳山康氏族譜》載：今永春玉鬥鎮桃源鳳山康氏，其先祖於唐末由河南光州固始入閩，先居興化，後遷安溪感化裡。明中期康孟聰遷居永春，為入永始祖。

蘇姓，《雙翰蘇氏族譜》載：今德化縣春美鄉、大銘鄉等地分佈的蘇氏，先祖蘇益以都統職隨王潮入閩，宋初蘇奉禮肇居於德化石城，其族人出洋者達200餘人。《仙源蘇氏源流考》：「許國公三子六世孫益，為隰州刺史，隨王潮入閩，居泉州同安。」《臺灣通志·氏族篇》引《蘇氏族譜·蘇益自序》：「晚生益，唐衰世亂……隨王潮入閩。」基隆市《蘇周連氏同宗起源略錄》云：「至威為隋朝納言尚書，因數諫煬帝不從，被貶為光州刺史，後即旋回河南固始縣林德鄉，生五子……續傳數世，凡三百餘年。至唐末世亂，益公以嫡子孫繼承武職，同王潮入閩。」

賴姓，《侯卿賴氏族譜》載：今德化縣上湧鄉賴氏之始祖賴開國，光州固始人，唐僖宗中和三年（882年）隨王審知入閩，拜為福州節度使轉琅琊王，居侯官（今福州）孝悌鄉感化裡。宋末賴十一入居德化縣下湧錢塘，其地名為「賴厝國」，其長子賴五一得侯卿之地，遂為侯卿之祖。

盧姓，《沙美盧氏族譜》載：今石獅永寧鎮沙美村盧氏，源出河北范陽。唐末盧天祿隨王審知自河南光州固始縣入閩，先定居於西北山區，後逐漸向東南遷徙，後裔散居於永定、平和、清流等地。盧子仁、盧子明為沙美肇基始祖。《臺灣通志·氏族篇》引《漳州府志》有錄：「固始人盧如今隨陳元光開漳，子孫散處龍溪之墨場及長泰等地。是盧氏唐初即已入閩矣。」

戴姓，《詩山戴氏族譜》載：今南安碼頭鎮大庭村一帶，地處高蓋山麓，此山又稱詩山，故有「詩山戴氏」之稱。其始祖於唐僖宗光啟元年（885年）隨王審知由固始尋根入閩，擇詩山之錦阪（今大庭村）而居，遂有「詩山戴氏」。《臺灣通志·氏族篇》引《漳州府志》：「唐初有陳元光將佐戴君冑父子，隨之入閩開漳，似為戴姓入閩之始。」

莊姓，《桃源莊氏族譜》載：今惠安縣山腰安氏，其始祖莊森自光州固始入閩，居永春縣桃源裡蓬萊山，其後裔遍佈晉江、惠安、同安、莆田、安溪等地。臺灣《青陽莊氏族譜》載：「唐光啟間，始祖森公，王潮之甥也，偕入閩，擇居於永春桃園裡美政鄉，地名蓬萊。」

根據《臺灣通志·氏族篇》記載，楊、郭、葉、何、沈、塗、董、洪、張、侯、林、廖、蕭、羅、高、詹、魏、孫、曹、傅、蔣、姚、唐、石、湯、歐、鄒、丁、韓、錢、柳等姓氏，均有先祖來自光州固始之源。因此，以上有約60個姓氏根在固始，他們入閩的時間大多集中在唐初和唐末。

二、中原南遷移民潮中的「光州固始」

1. 對東南地區最有影響的三次中原士民南遷

歷史上中原士民向東南地區大規模遷徙的高潮共有三次。

論固始尋根

一是西晉末年的移民潮。如乾隆《福州通志》卷75《外紀》一引路振《九國志》云：「永嘉二年（308年），中州板蕩，衣冠始入閩者八族，林、黃、陳、鄭、詹、邱、何、胡是也。」「八族入閩」的傳說，在《莆田攪巷文峰陳氏族譜》《莆田九牧林氏譜》《莆田南湖鄭氏譜》《參山二房黃氏族譜》等譜書中有所反映。在《福建府志》《建甌縣誌》中，也有相關的記載，但在正史與考古資料中，還沒有得到印證。我們認為，「八姓入閩」的傳說，與中原士民在西晉末年南遷的史實相吻合，他們雖然不可能如族譜所說均為「衣冠大族」，但其移民的時間與福建設置「晉安郡」的時間相吻合，因此也預示著中原先進文化開發福建的開始。關於八姓在中原的籍貫，雖然也有客家人林氏所載「聚族於河南光州」，但總的來說，這次移民潮，固始的符號作用並不明顯。

二是唐代早期的移民。唐高宗總章二年（669年）在閩、粵之交的區域發生了「蠻獠嘯聚」，時任玉鈴衛翊左郎將的陳政，受朝廷之命以嶺南行軍總管的身分率府兵3600人，及副將123人入閩平叛。陳政所部一度曾陷入困境之中，陳政二兄陳敏、陳敷率58姓軍校前來增援。在征戰途中陳敏、陳敷病死，陳政之子陳元光率軍南下與父會合。陳政病逝後，陳元光代父職任嶺南行軍總管，平叛後並任新設的漳州刺史。他與大部分軍校落籍閩南，建設和開發漳州地區，被譽為「開漳聖王」。陳政、陳元光父子的事蹟，雖不見於正史，但在《重纂福建通志》《廣東通志》《潁川開漳族譜》《漳州府志》以及陳、楊、郭、何、蕭、羅、魏、孫、曹、蔣、姚、唐、石、湯、歐、丁、錢、柳、鄭、沈、施、餘、顏、蔡、盧、戴等譜書中，均有類似的記載，說明這次移民對於福建的開發尤其是對漳州的開發具有重要的意義。

三是唐代末年的移民潮。唐代末年，天下大亂，人口遷移的幅度極大。而五代十國中的「閩國」，應該是在中國歷史上得以公認的在今福建建立的有一定實力的地方政權之一。閩國的建立者多為中原人，可以說在這個偏安一隅的地方政權的庇護下，這裡不僅保持了數十年的安定和發展，更是因為這是一次前所未有的中原先進文化對東南地區的全面洗禮，也為後來東南文化的崛起打下了堅實的基礎。

2. 王氏閩國與東南文化中的「固始」情結

關於王審知及王氏籍貫，不僅在《重纂福建通志》卷 88《五代封爵》及許多志譜上有明確記載，《新五代史》卷 68《閩世家·王審知傳》也明確記載王氏為光州固始縣人。根據《文物》雜誌 1991 年第五期，福建省博物館等公佈的《唐末五代王審知夫婦合葬墓清理簡報》可知，在福州北郊蓮花峰南麓王審知夫婦陵墓的清理過程中，發現有王審知夫婦的墓誌，其中《大唐故扶天匡國翊佐功臣、威武軍節度觀察處置三司發運等使、開府儀同三司、守太師兼中書令、福州大都督府長史、食邑一萬五千戶、食實封一千戶閩王墓誌並序》云：「閩王諱審知，宇信通，姓王氏，其先琅琊人也……曾祖諱友則，漢丞相安國君陵三十四代孫，贈尚書左僕射……僕射貞元中守定城宰，善政及物，去任之日，遺愛遮道，因家於光州，故世為固始縣人。」因此，王氏居家固始，並在那裡居住了相當長一段時間。

隨同王潮、王審知入閩的軍校，涉及數十個姓氏，前述可知，他們均已表明為「光州固始」人。《資治通鑑》卷 254 記載，中和元年（881 年）有屠者王緒組織了一支農民軍，攻佔了光、壽二州，當地民眾廣泛參加。王緒後任光州刺史。《新五代史》記載，光州固始縣的王氏三兄弟，亦參加了王緒的隊伍，也就是說，王緒部屬構成應為壽、光二州籍人，尤應以光州為多。史載可知，王緒率軍南下時胸無大志，王潮等取而代之，並在以後收復了福建的五州之地。王潮死後，王審知被唐末政權任命為威武軍節度使、福建觀察使，並被後梁封為閩王，在任時間達 29 年之久。他採取了保境息民的政策，發展了海運事業，並對福建的建制進行了調整，添設了六縣三鎮二州，對福州城進行了整治與拓展，因而使福建的經濟和社會的發展達到了前所未有的水準。

王審知遠在他鄉統治一方，其依靠的主要力量，仍是與他一同南下的鄉里故友，因此有更多的「光州固始」籍軍校升任高官，在當時的歷史條件下應該是十分正常的，由此形成了共同的「固始」情結。宋代史學家鄭樵在《滎陽鄭氏家譜序》中指出：「今閩人稱者，皆曰光州固始。實由王緒舉光、壽二州，以附秦宗權。王潮兄弟以固始之眾以之。後緒與宗權有隙，遂拔二州

之眾入閩。王審知因其眾以定閩中，以桑梓故，猶固始。故閩人至今言氏譜者，皆云固始。」

從中原士民對東南地區的三次遷移浪潮中，我們不難看出，在唐代的二次遷移中由於主導者陳氏、王氏均為「光州固始」人，因此而形成了閩人特有的固始現象。東南地區對中原「光州固始」的根的認同，雖然有著除功利色彩以外更多的社會、政治等複雜因素，從歷史學的角度考察或許有必要廓清，但實際卻反映了中原移民對中原文化的眷戀，我們認為族譜中尤其是唐代二次移民，甚至影響到早期移民對中原的模糊認識，從而強化了他們對中原之根的認識。毫無疑問，「固始」從某種意義上講正是「中原」的化身。

3. 唐代的固始：豫閩兩地永遠的印痕

第一，陳氏的影響，豫閩兩地的文獻和遺跡

陳政、陳元光在福建有較大影響。如《泉州府志》卷 36「壇廟寺觀」部分，南安縣有「威武陳王廟，祀唐豹韜衛大將軍元光，宋建炎四年賜額『威惠』。唐左郎將、歸德將軍……貞元二年，徙州治龍溪，敕葬於州北高鼓山。」《泉州府志》卷 37「古跡」部分，惠安縣「唐歸德將軍，陳政故里，在縣北。政，光州固始人也。從太宗征戰有功，拜左郎將，歸德將軍。總章二年，泉、潮蠻獠嘯亂，居民苦之，高宗敕政統嶺南行軍總管事，鎮撫其地。」另在《臺灣通志·氏族篇》專引《漳州府志》：「陳政，光州固始人，唐高宗總章二年，泉、潮間，蠻獠嘯亂，朝廷以政統嶺南軍事，偏裨一百三十二員從焉，鎮綏安（今漳浦）。政兄敏，嗣鎮五十八姓入閩相助。旋政卒，子元光領其眾，勘定蠻亂，奉命世鎮漳州，遂屯師不旋，墾土招徠，方數千里，無烽火之警，號稱樂土。世謂：漳州開闢，自此為始，亦為陳姓入閩之始也。」由此可知，陳政、陳元光不僅在福建有影響，在臺灣也極受尊崇。

陳政、陳元光在光州固始，亦為家鄉人們所懷念。光緒《光州志》卷之五「忠義列傳」中有：「陳元光，宇廷炬，弋陽人，生於顯慶二年二月十六日……總章己巳年甫十三，領光州鄉薦第一，遂從其父政將兵五十八姓以戍閩。父薨，代領其眾，任玉鈐衛翊左郎將。宋孝宗時加封為靈著應昭烈廣濟

王，命有司春秋祀之。其系本於胡公滿後，子孫以國為姓，遂易媯為陳。漢建武間有祖名孟連者，為固始侯，薨葬於浮光山之麓，子孫因而留家焉。元光三十六世孫華來為光州守，表揚其德，士民為立廣濟王祠於學宮之左。」《光州志》卷之二「忠義祠」中有：「陳元光，唐贈忠毅高惠廣濟王。」光州陳氏，在《光州志》中還有記載，如卷之六「宦跡列傳」中有「陳泳，子章甫。」「陳泳，字正雅，舊為光州人，因祖元光戍閩有功，世守漳州刺史，遂為閩人……複補光州司馬，尋加本州團練使。又章甫，字尚冠，建中初舉明經。貞元四年，除廬州司理，尋遷西南督府。率軍十九年，轉光州司馬，代父本州團練。元和三年，轉京兆司田，兼領度支郎中，以父病乞終光州左拾遺……元和十二年泳卒，章甫扶柩歸葬於漳。敬宗初複補光州司馬加團練使，輔國左將軍，士民愛之如慈母。」在該志卷之八「仁賢列傳」中，有唐代「陳酆，字有芑，先世弋陽人，因祖元光戍閩有功，世守漳州，遂為閩人。父珦舉明經及第，授翰林承旨。珦生酆，德性溫恭，幼耽經史。天寶六年，舉秀才，授辰州寧遠令。在京見李林甫、楊國忠柄國，無意仁進，訪弋陽舊第，川原壯麗，再新而居之數年。安祿山亂，漳州民詣福建觀察使訴乞遵先胡舊制，令陳酆領州軍事，以拯民生朝，是其請陳酆至漳建學延師，鋤強救災，一如其祖守漳時。」

從以上情況可知，固始陳氏，歷史悠久，其後人陳泳、陳章甫還在光州任司馬。其後人陳酆曾專程回老家「訪弋陽舊第」，並進行翻新後，「居之數年」。宋代以後，其後人陳華來任光州太守，奉旨「立廣濟王祠於學宮之左」。據調查，在今固始縣陳集鄉陳村，有大量的陳氏後裔，他們與陳政、陳元光同宗同祖。清嘉慶年間重修有「將軍祠」，至今還保存有大殿五間，硬山灰瓦頂的廂房建築 14 間。

第二，王氏影響，豫閩兩地的文獻和遺跡

王潮、王審知、王審邽兄弟三人，在福建有更大的影響。如《泉州府志》卷之三十九「名宦」部分，有「王潮，字信臣，光州固始人。五代祖為固始令，民愛其仁，留之，因家焉。世以貨顯。潮兄弟三人，長即潮，次審知、審邽。」在該志卷之三十七「古跡」部分，惠安縣有「節度使王審邽墓，在城東鳳山，

徐寅撰神道碑。」「節度使王潮宅在盤龍山下，後改為寂光寺。」在《泉州府志》中，也可以看到唐末移民的痕跡。如卷之五十六「武跡」部分有「劉日新，光州固始人，仁唐為金紫光祿大夫，乾符中黃巢寇閩，日新領兵追至烔場。」「宋武跡」中有「蘇光誨，父益，乾符中隰州刺史，自光州固始隨王潮入閩。」卷之六十一「唐樂善」部分有「黃守恭，先光州固始人，移居泉州，樂善好施，人稱長者。」

　　王氏兄弟的事蹟，也見於河南志書的記載。如乾隆《重修固始縣誌》卷十五「大事表」中，唐中和元年「八月壽州人王緒作亂，陷固始」。另有小字注釋：「《文獻通考》：王潮，光州固始人，初為縣吏。壽州人王緒攻陷固始以潮為軍校，緒為秦宗權所攻，率眾南奔，自南康入汀，陷漳浦。緒性忌多殺，潮與其前鋒將執緒殺之，推潮為主。」另在該志卷二十二「人物第二十五，世家」中，也有「王潮，宇信臣，光州固始人，五代祖華為固始令，民愛其仁，留之，因家焉……」「王審知，宇信通，光州固始人。父恁，世為農，兄潮為縣吏，唐末群盜起，壽州人王緒攻陷固始，緒聞潮兄弟材勇，召置軍中，以潮為軍校。」該志卷十九「吏績」中專列有「王華，王潮五世祖，為固始令，民愛其仁，因留家焉。」在卷之二十「列傳」中有「王審邽，宇次都，固始人，潮弟，為泉州刺史，喜儒術，通書春秋，善吏治。」在清光緒《光州志》卷之三有「武功列傳」，其中有「王潮，宇信臣，固始人，世以貲顯，初為縣吏……」「王審知，宇信通，狀貌奇偉，常乘白馬，軍中呼『白馬三郎』，為威武軍節度使……封閩王，凡十八年。」另在該志卷之七「善行列傳」中有「王延嗣，光州人，唐亡，梁太祖拜王審知為中書令，封閩王，延嗣力諫曰：義不帝秦，此其時也。時強藩巨鎮僭號，審知有效顰意，延嗣力諫。審知雖不樂其言，然終身不失臣節，延嗣之力也。」在卷之八「仁賢列傳」中，有「王審邽，宇次都，潮弟也，為泉州刺史，善儒術，通春秋，明吏治。」因此，王氏兄弟的事蹟，也為光州固始人自豪並銘記於志書之中。

4. 打固始品牌，建尋根基地

　　以固始為主體的唐代中原士民的兩次南遷活動，在閩臺地區及海外華人中的影響是巨大的。陳氏父子、王氏兄弟及其移民，帶去了以固始為主體的

中原文化、語言、風俗，帶去了中原人吃苦耐勞、詩書傳家的風尚。「光州固始」成了東南地區移民後裔心目中永久的根脈所在，在他們的眼中固始是中原的代名詞，是他們永遠的祖地。固始，是閩台與中原無法割捨的重要紐帶。研究和開發固始的根文化資源，在固始建立閩台尋根基地，對於加速中原地區改革開放的步伐，加速老區建設都具有十分重要的意義。

第一，唐代二次以「光州固始」為主的中原士民南遷活動，在閩台及海外具有廣泛的影響，要加強對固始尋根的專題研究，定期舉辦以豫、閩、台為主幹的學術研究活動，在研究與論證的基礎上加大開發力度。

第二，要摸清家底，對固始、光山等地的與唐代移民相關的實物資料進行廣泛的調查，對有價值的祠堂、廟宇、碑刻等文物進行有效保護，為閩台及海外華人尋根提供更多的實物根據。

第三，要加大對固始這一知名品牌的開發力度。從全省尋根遊的大格局上，重新對「光州固始」進行定位，將「固始尋根」建成河南省乃至「中華尋根朝敬之旅」的精品，建成河南省的尋根遊的基地。要從高品位的角度認真規劃「固始尋根」這一名牌旅遊產品，使之成為在海內外叫得響的名牌。

第四，要加大宣傳力度，利用各種媒體進行有計劃的宣傳與促銷，要走出去，到閩台及海外進行宣傳，籌組舉辦「固始尋根文化節」，加強固始與閩台的聯繫，使之成為帶動開發全面發展的綜合性盛會。

「固始尋根」是一個在海內外有廣泛影響的大課題，是我省極為罕見的含金量極高的知名品牌。作好「固始尋根」這篇大文章，不僅對於信陽以及大別山老區建設和發展是一次難得的機遇，並將成為中原地區對外開放的視窗和紐帶，為新世紀中原文化的全面振興發揮應有的作用。

文獻來源：《中州學刊》，2002 年第 3 期。
作者簡介：張新斌，河南省社科院歷史與考古研究所所長、研究員。

中原姓氏尋根概述

王永寬

　　自20世紀80年代起，中華大地出現了「尋根熱」。這是在新的歷史時期中華民族文化凝聚力和文化向心力的表現。尋根的內容是多方面的，如關於中華人文始祖的尋根、古代都城及其他城址的尋根、各門類文化尋根、家族尋根等。其中姓氏尋根是各種文化尋根的重要組成部分，表現得尤其活躍。近十餘年來，河南省各級政府對姓氏尋根問題非常重視，成立了有關的機構團體，積極組織和安排了姓氏尋根方面的活動。許多專家學者對姓氏文化做了大量考察和研究工作，取得了不少成果。現在，中原姓氏尋根的熱潮正在持續發展，並引起社會民眾廣泛的關注。

一、中華民族的姓氏之根在中原

　　中華文明的源頭、中華民族的發祥地在中原，這是當今全世界中國人的共識。中華民族的姓氏之根（主要指漢民族的姓氏），絕大部分也在中原，這也是沒有疑義的。

　　「中原」一詞，本來有廣義、狹義兩種解釋。廣義的中原指黃河流域，包括今天的河南省大部分及陝西、山西、河北、山東的一部分。狹義的中原則指古代的豫州一帶，其範圍大體相當於今天河南省的大部分地區。《爾雅·釋地》云：「河南曰豫州。」這裡的「河南」即指黃河以南至淮河之間的廣大地區。因此，當代人們論及中原常取狹義，即指河南省而言。

　　本文敘述中原姓氏尋根，即取「中原」的狹義的概念，著重介紹當前河南省姓氏尋根的情況。中國的姓氏到底有多少，很難做出確切的統計。袁義達、杜若甫主編的《中華姓氏大辭典》中收錄的姓氏有11969個，其中單字姓5327個，雙字姓4329個，3個字以上的姓氏2313個。這麼多的姓氏若要一一查明根源是非常困難的，要查明其中究竟有多少姓氏是源於河南的也同樣非常困難。今天談論姓氏尋根問題，只能以常見的、涵蓋人口較多的姓氏為基礎。根據袁義達、杜若甫提供的資料，按佔世界漢族總人口的比例大

小排列出前 100 名大姓，第 1 名李姓佔漢族總人口的 7.94%，第 2 名王姓佔 7.41%，第 3 名張姓佔 7.07%，第 100 名文姓佔 0.17%。100 名大姓總計約佔漢族總人口的 87%。河南省姓氏學專家謝鈞祥先生依據上述排序，著《中華百家大姓源流》一書（1996 年 10 月中州古籍出版社出版），詳細考察了這 100 家大姓的源流情況。根據這本書統計，這 100 家大姓中根源全部在河南或部分在河南的共 73 姓。當然，在這 100 家大姓之外，肯定還有很多姓氏是根源在河南的。1999 年 8 月在雲南舉辦國際園藝博覽會時，河南省的劉翔南先生為博覽會的河南展地撰寫了尋根碑文，記錄了根源於河南的姓氏共 150 個，在世博會期間受到海內外華人的關注。這些數字資料儘管未必精確，但能夠在一定程度上說明中華姓氏多半根源於河南的事實。

　　針對河南省姓氏歷史文化資源具有極大優勢的狀況，1995 年成立了「河南省中原姓氏歷史文化研究會」，在河南省哲學社會科學聯合會和河南省地方史志辦公室的支持與指導下開展工作。1996 年 9 月，在鄭州召開了首屆豫閩台姓氏源流國際研討會，出席會議的有韓國、菲律賓及臺灣、福建、廣東、廣西、江西、湖北、河南等地的姓氏文化研究專家和學者 88 人，會後出版了專集。1997 年 10 月，由河南省中原姓氏文化研究會副會長兼祕書長李振華等 5 人組成河南省百家姓訪問團，前往馬來西亞，參加馬來西亞第十四屆華人文化節百家姓講座，途經泰國、新加坡和香港訪問了當地華人姓氏宗親會，進行了姓氏文化方面的交流和座談。同年 11 月，本研究會理事沙旭升先生還赴臺灣進行姓氏文化交流，受到臺灣各姓淵源研究會會長林瑤棋先生及全球董楊宗親會會長楊欽清先生的接待。

　　同時，河南省的一些專家學者積極進行姓氏文化方面的考察和研究，出版了不少有關姓氏尋根的著作和普及性書籍。如謝鈞祥、王大良先生主編的《源於河南千家姓》，1994 年河南人民出版社出版；王大良先生主編的《百家姓尋根探祕叢書》，1995 年四川人民出版社出版；鄭秀桂等先生主持編寫的《百家姓書系》，1998 年天津新蕾出版社出版；王大良先生主編的《中國大姓尋根與取名》，1999 年起由中國氣象出版社陸續出版。河南省中原姓氏歷史文化研究會還創辦了以研究姓氏文化為主的《歷史文化研究》季刊。從

這些研究姓氏文化的著作及有關文章中，更可以看出眾多姓氏起源之根確在河南。

二、人文始祖尋根與姓氏尋根

中華民族都自謂是炎黃子孫，共同的文化心理使全世界的炎黃子孫都不忘自己的始祖，並具有強烈的探尋祖根的願望。現在，學術文化界一般認為中華民族有九大始祖，即伏羲、炎帝、黃帝、顓頊、帝嚳、少昊、堯、舜、禹。這九大始祖都出自河南，後世姓氏根源於九大始祖的，當然也可以視為其姓氏之根在河南。

九大始祖的起源地本來是比較明確的。近 20 年來，河南省不少專家學者及地方政府對有關的遺址作了進一步的考察和認定。據古代傳說，伏羲居於陳地，死後葬於陳地。今河南淮陽有太昊陵，即伏羲墓，當地政府對它進行了整修，每年 3 月這裡都舉行廟會，四海華人皆前來祭拜。

炎帝、黃帝本是同父母兄弟，即少典（娶有蟜氏）之子，生於華陽（今河南新鄭）。新鄭市西有山即所謂具茨山，這裡在當代被確認為炎黃故里，經過整修，成為中華兒女的祭祖聖地，也成為當地著名的旅遊景點。新鄭市附近的新密市也有一處軒轅黃帝宮，是祭拜黃帝的另一處聖地。另外據傳說，黃帝鑄鼎並在此升天的荊山，在河南省靈寶市的陽平鎮，今陽平鎮還有鑄鼎原、黃帝陵等遺跡。1999 年 10 月，在陽平鎮召開了「黃帝鑄鼎原與中華文明起源學術討論會」。

顓頊高陽氏是黃帝的孫子，他生於若水，居於帝丘（今河南濮陽）。1987 年，濮陽出土了用蚌殼砌塑的龍形圖案，被稱為「中華第一龍」，考古專家認為這就是顓頊的墓葬。帝嚳高辛氏相傳是黃帝的曾孫，居於西亳（今河南偃師）。少昊是黃帝的兒子，己姓，他在河南的遺跡尚待查考。

堯和舜見於史籍記載的事蹟多在山西、山東、河北一帶，但他們也都是黃帝的後裔，在河南境內也有活動。堯的遺跡與河南有關係的是其子丹朱被封於丹水，即今河南內鄉、淅川境內的丹江。丹朱叛亂，堯親自率眾予以平

定,《呂氏春秋·召類》一節說「堯戰於丹水之浦,以服南蠻」,即指這場戰爭。《史記·高祖本紀》張守節正義引《括地志》云:「故丹城在鄧州縣西南百三十里,南去丹水二百步。」這一帶至今仍然流傳著堯戰丹水的傳說。

禹建立的最早的國家即在河南,即今河南的禹州。相傳大禹治水疏通黃河時曾劈開三門山導水東流,其地即今河南三門峽。河南開封市內有禹王台,鄭州的黃河遊覽區有大禹的塑像,都標誌著禹在河南的功績及河南民眾對禹的懷念。

從宗族傳繼的關係來考察,九大始祖屬於三個血緣系統。伏羲和女媧兄妹是一個血緣系統,原為風姓,後世有些姓氏源於伏羲的(如程姓等),都是風姓的系統。禹是鯀之子,鯀是舜之臣(被封為崇伯),禹之子啟建立夏朝,從鯀到禹到啟自為一個血緣系統,後世有些姓氏源於禹的(如夏姓、禹姓等)都屬於禹的後裔。其餘六大始祖為一個血緣系統。炎帝和黃帝是親兄弟,顓頊、帝嚳、少昊、堯、舜都是黃帝的後代。後世姓氏中只有謝姓、薑姓等較少的一些姓氏根源於炎帝,而後世漢民族中數量眾多的姓氏皆為黃帝的後裔。

據《史記》、《國語》等史籍記載,黃帝 25 子,得姓的有 14 人,除去其中重複的 2 姓,實有 12 姓,周朝始祖姬姓即在這 12 姓之中,後世姓氏源於這 12 姓的,或源於周朝的姬姓宗室被封的諸侯國者,也都是黃帝的後裔。黃帝妻嫘祖所生的兩個兒子,一名玄囂,一名昌意。玄囂的孫子即為帝嚳,帝嚳的兒子放勳即是帝堯。昌意之子即顓頊,顓頊傳數代為重華即是帝舜。關於少昊,有一種說法說他是黃帝的兒子,名摯,宇青陽,己姓(也有一說他是東夷部落首領,非黃帝血統),即少昊金天氏。因此,後世的許多姓氏分別根源於顓頊(如李姓、趙姓等),根源於堯和帝嚳(如劉姓等),根源於舜(如陳姓、胡姓等),根源於少昊(如金姓、尹姓等),這些也都是黃帝的後裔。

對中華人文始祖進行尋根究底的考察,有益於解決姓氏尋根方面的許多疑難問題。如張氏的祖根是黃帝的孫子張揮,但張揮的身世卻有不同的說法。《元和姓纂》、《世本》記云「黃帝第五子青陽生揮」,《新唐書·宰相世系表》記云「黃帝子少昊青陽氏第五子揮」,都說揮是青陽氏的兒子。但古籍中一

說黃帝子玄囂為青陽氏，一說少昊宇青陽，那麼，揮的父親究竟是玄囂還是少昊呢？對於這個問題，河南省的專家學者進行了深入的研究，寫出不少論文，其中程有為的《揮的身世與青陽地望考》、王大良的《張姓始祖揮及活動地域考》論述較詳。經過多方論證，大家一致認為張揮是玄囂的兒子，張姓起源於古青河（後世稱清河或清水河）上游，即今河南濮陽一帶。專家學者研究的成果得到社會的公認，濮陽市政府修復了張揮墓等遺跡，並成立了濮陽市張氏文化研究會。1998年11月，世界張氏宗親會會長親往濮陽張氏祖地拜謁了張氏始祖張揮墓，他對於濮陽市政府及河南省的專家學者所做的有意義的工作給予了良好的評價。

關於劉姓的尋根，也是一個生動的事例。史籍有兩種說法：一說劉姓起源於黃帝之子12姓中的祁姓，因帝嚳及其子堯為祁姓，故劉姓是堯的後代，如林寶《元和姓纂》所謂「帝堯陶唐之後受封於劉」，便為劉氏。二說劉姓出自周朝的姬姓，如鄭樵《通志·氏族略》所云「成王封王季之子於劉邑，因以為氏」。而《新唐書·宰相世系》在認為「劉氏出自祁姓」的同時，又說劉氏子孫中那位養龍的劉累的後代到了周朝被封為杜伯，稱唐杜氏，後來杜氏的後人中有位士會由秦歸晉，其子留居於秦，稱劉氏。不同的說法關涉到劉氏的起源地。若說被成王封於劉邑的劉氏，則其地在今河南偃師；若說留居於秦國的劉氏，則其地在今陝西鳳翔。對於這樣的問題，河南的專家學者進行了深入的研究與考察，最後認定劉姓的始祖為夏朝第13位皇帝孔甲的「御龍氏」劉累。劉累所居的邱公古城，在今河南省魯山縣的昭平湖風景名勝區內。這裡尚存有邱公古城址、劉累墓等遺跡。這一研究結果很快得到社會有關方面的認可。2001年10月11日，河南省平頂山市「劉姓始祖劉累與龍文化研究會」宣佈成立，在昭平湖景區召開了成立大會，會後在劉累墓前舉行了隆重的公祭儀式。北京師範大學何茲全教授，北京大學吳榮曾教授，中國社會科學院歷史研究所孟世凱研究員、考古所鄭光研究員，中國科學院遺傳所袁義達研究員等，都撰寫了文章，對劉姓起源地的確認給予了肯定。劉姓的尋根組織原有「世界劉氏宗親聯誼會」，1997年成立於馬來西亞並召開了首屆大會；1999年在江蘇徐州召開了第二屆大會；2001年11月在泰國曼谷舉辦了第三屆大會；2003年在河南平頂山舉辦了第四屆大會。

三、都城尋根與姓氏尋根

　　河南由於是中華民族的發祥地，歷史上在這裡建都的地點最多。尤其是自遠古時期至春秋、戰國時，河南境內的古都更是不可勝數。當代河南省歷史文化考古界對於古都尋根很下工夫，並有不少重大突破。夏代以前的建都情況，如伏羲和炎帝都於陳（今淮陽），黃帝都於有熊（今新鄭），顓頊都於帝丘（今濮陽），帝嚳都於亳（今偃師），這些都形成了共識。夏朝最早的都城在陽城（今河南登封東南告成鎮），商朝前期或中期的都城一度在鄭州，這些也都進行了大量的考察和研究。鄭州對於商城遺址的保護也做了許多實際的工作。

　　1998年10月，中華古都學會第十五屆年會暨新鄭古都與中原文明學術研討會在河南新鄭召開，對新鄭為「中華第一古都」——即黃帝都城有熊的所在地進行了認定。同時，對於河南古都資源的開發、古都遺址的修復與保護、鄭韓故城的探尋等問題，都提出一些建設性意見，受到河南省有關政府部門的重視。

　　關於西周時期的都城和春秋戰國時期列國的都城的探討，也陸續有不少重要成果問世。河南省社會科學院考古所前所長馬世之研究員對於周代古都的研究用力最多，如對西周都城、東周洛陽王城、古蔡國城、息國故城、古楚王城以及楚國在中原建都於丹陽、淮陽史跡的研究，都有新發現和新見解。

　　特別是戰國時期趙都中牟被認為在河南鶴壁，是近幾年來河南古都尋根的重大突破。《史記・趙世家》記載：「獻侯少即位，治中牟。」獻侯即趙襄子的孫子趙浣，他建都於中牟，經其子烈侯趙籍、烈侯弟武公，共歷二代三王，至烈侯子敬侯即位時的西元前386年遷都邯鄲，共38年。趙都中牟的確切位置，歷來有三種說法：一說在今河南中牟，二說在今河北的邯鄲、邢臺之間，三說在今河南的湯陰、鶴壁一帶。從1998年起，河南省社會科學院考古所和鶴壁市文物局聯合進行專題研究和實地考察，確定趙都中牟在今鶴壁市南鹿樓與故縣一帶。2000年11月，由中國古都學會、河南省社會科學院、鶴壁市人民政府、黃河文化研究會共同主辦，在鶴壁市召開了趙都

中原姓氏尋根概述

與趙文化學術研討會。到會的各地專家對趙都中牟位置的確定所具有的文化意義給予了高度的評價。

古代都城尋根是和姓氏尋根緊密聯繫在一起的。因為許多姓氏源於古代最早分封的諸侯國，如黃姓源於古黃國、許姓源於古許國、郭姓源於古虢國等。對古國古都的考察，對理清某些姓氏的源與流來說，都是關鍵性問題。如趙都中牟的被確定，對理清趙姓的根源流派就具有重要的意義。趙氏出自嬴姓，祖先是顓頊的裔孫伯益，伯益的九世孫即周穆王時的著名馭手造父，再傳七世為東周諸侯之一趙叔帶。西元前475年韓、趙、魏三家分晉時，趙襄子最先建都晉陽（今山西太原市東南），西元前423年趙獻侯即位時遷都中牟。如今確定趙都中牟在河南鶴壁，對於認識後世河南境內的趙姓的幾大分支的源起，提供了新的重要線索。

關於禹都陽城的考察，對於禹的後代產生的姓氏來說，也明確了最早的起源地。陽城本為山名，在今河南登封市北。古禹國中心地域在今河南禹州，陽城的位置後世屢有變動，武則天時此地曾置告成縣。當代有關專家學者經過研究和實地考察，一般都認為禹都陽城在今登封市告成鎮的王城崗（也有的學者持有異議）。這一結論使當代禹的後裔禹姓為尋得根源而感到高興。除國內的禹姓之外，韓國也有禹姓，而且韓國禹姓也認為他們是大禹的後裔。2001年9月，韓國禹氏宗親代表一行9人來到中國河南尋根，他們參觀考察了登封王城崗遺址，為能夠親自到「禹都陽城」舊址祭奠先祖而引以為榮。同年11月，韓國禹氏又有一行14人的代表團來到河南，還專程到禹姓比較集中的聚居地河南駐馬店的泌陽縣，同這裡的禹氏宗親進行交流，適逢泌陽縣一位官員名禹建勝，代表泌陽禹氏熱烈歡迎韓國禹氏訪問團，他們談起登封王城崗的禹都陽城遺址時倍感親切和激動。

值得提起的還有謝姓的尋根，同古代謝姓始祖封地的尋根也大有關聯。謝姓出自炎帝之後，傳到西周末年周宣王的舅舅申伯，被封於謝邑，於是申伯即成謝姓始祖。鄭樵《通志·氏族略》記云：「謝氏，薑姓，炎帝之裔。」《詩經·大雅·崧高》篇中也有「於邑於謝，南國是式」的詩句。但這個謝邑在什麼地方，卻有不同的說法。一說謝邑在今山東兗州市附近的謝城，二

說在今河南汝南的謝城，三說在今河南信陽市西北，四說在今河南南陽市宛城區，五說在今河南唐河縣。而在唐河縣的這種說法又有唐河的上屯、郭灘、蒼台三種。河南省的一些專家學者對這個問題進行了深入的研究和考察，發表了一系列文章，其中任崇岳、鄭傑祥等先生的《謝邑考》（《南陽師專學報》1990 年第 2 期）一文認為，古謝國都城謝邑在今南陽市宛城區金華鄉東謝營村附近，這種觀點在臺灣和海外謝氏華人中產生了較大影響。但也有文章將古謝邑確定在唐河縣蒼台鄉的謝家莊。如今這兩種說法並存，尚未統一。南陽宛城區成立了「謝氏祖地文化研究會」，該研究會與宛城區政協文史委員會合編了《謝氏故里研究》一書，謝肇華主編，很有文獻價值。唐河縣成立了「謝氏文化研究會」，該研究會與唐河縣僑務辦公室合編了《謝氏淵源資料集》一書，所收資料甚為豐富。關於謝氏根源的南陽、唐河兩種說法如今同時存在，各自都在開展活動。世界謝氏總會既承認南陽，也承認唐河。世界謝氏總會會長謝漢儒認為，古謝邑「究竟在唐河，抑在南陽？此事關係祖先源流，不可不慎……繼續追尋發掘，以科學方法探求實證，今年不成，期之來年，今世不成，期之子子孫孫繼續努力」。他的意見符合情理，深得海內外謝姓人氏贊同。

當代河南關於其他古都古城的尋根，也做了不少工作。如河南潢川對黃國故城的考察，確認該城在今潢川縣西北 6 公里處的淮河南岸、小潢河西岸。又如河南沁陽對邘國故城的考察，確認該城在今沁陽市西北 11 公里處邘邰村東，這裡發現了古城牆、陶制排水管道及出土了一批商代文物，由此可斷定這裡是於姓的起源地。諸如此類對古都古城的考察，所取得的成果為姓氏尋根提供了豐富的歷史依據。

四、門類文化尋根與姓氏尋根

中原文化積澱豐厚，歷史悠久，一些門類的文化尋根也往往追溯到河南。1999 年 9 月，由中國東方文化研究會、河南省東方文化研究、河南省淇縣人民政府和香港孔教學院、香港中華文化有限公司共同主辦，在淇縣召開了東

中原姓氏尋根概述

方文化中原尋根學術研討會。會議的中心議題是探討中華文化的一些主要代表性門類，如儒家文化、道家文化、墨家文化、兵家文化等在河南的淵源。

儒家文化的代表人物孔子雖然是魯國（今屬山東）人，但他曾周遊陳、蔡、鄭、衛等國，並曾在洛陽問禮於老子，孔子的學生子貢、子路等都是河南人。而且，儒學在後世的重要發展——宋代理學，創始人及代表人物邵雍、程顥、程頤都是河南人。宋代理學又稱宋學，其代表人物後世簡稱為「濂洛關閩」，其中的「洛」即指邵雍和二程的學說，又被稱為「洛學」。近些年河南對洛學的研究不斷有新成果問世，成為中原文化尋根的熱點之一。

對儒家文化及洛學的研究也是同姓氏尋根有聯繫的。儒家始祖孔子是山東人，但孔姓的祖根卻在河南。據歷史記載，孔姓源於黃帝後裔中的子姓。傳說帝嚳次妃簡狄吞乙卵生契，被賜姓子氏，後代又將「子」字加「乙」為「孔」字，傳數世即為商的始祖戌湯。再傳若干代至殷王帝乙長子微子啟受封於宋（今河南商丘一帶），此後孔姓成為這裡的名門望族，再後來到宋國大司馬孔父嘉的兒子孔防叔逃往魯國，才有山東的孔氏。因此，當代孔姓後裔既以山東曲阜為本根，也以河南商丘為本根。宋代理學代表人物邵雍祖根是西周的召公。召公原來的封地在召（今陝西岐山），東周時召公後代被改封於王屋（今河南濟源市邵源鄉），戰國時召氏流播於汝南、安陽等地，因避禍而將姓氏字加偏旁為「邵」。洛陽程氏源出風姓，顓頊時有重和黎兄弟分任司天、司地之職，即程氏始祖，其後裔在周初被封於程，建立程國，其地在今洛陽市東。宋代邵雍與二程的出現，是邵姓、程姓後人的驕傲，因此當代邵、程二姓後裔的尋根問祖也有人到洛陽瞻拜有關的遺跡。程頤晚年居住在洛陽龍門南耙樓山下，即今河南嵩縣田湖鎮程村，此地今被稱為「兩程故里」。程頤的十八代孫明朝的程世寅曾編撰《兩程故里志》，後又由程宗孟續修，當代河南太康人程鷹等重新加以整理，已於1992年由河南大學出版社出版。此書對於探尋程氏祖根及宋代理學淵源，都是一份有重要價值的文獻資料。

道家文化的源頭在河南是沒有疑義的。因道家始祖老子原籍在楚國苦縣厲鄉曲仁裡，即今河南鹿邑縣太清宮鎮。河南省對道家文化的研究非常重視，

成立了河南省老子學會，鹿邑縣政府對老子的有關古跡進行了全面的修整，1996年在鹿邑召開了首屆老子與道家文化學術研討會。1998年7月，河南省社會科學院與河南省老子學會又聯合舉辦老子思想學術研討會，在老子著《道德經》的三門峽靈寶市函谷關附近的豫靈鎮召開。1999年4月1日是老子2570周年誕辰，河南省社會科學院、河南省老子學會、三門峽市《道德經》研究會、靈寶市人民政府聯合舉辦，又在靈寶市召開了「老子思想及道教聖地旅遊開發」研討會。這些活動，對於道家文化尋根及李姓尋根都具有重要意義。

老子即李耳，字伯陽，是李氏遠祖中的重要人物。考察道家始祖的淵源，也即是考察李姓的淵源。唐代林寶的《元和姓纂》稱李耳為李利貞的十一世孫，宋代編撰的《新唐書·宗室世系表》又做了更詳細的記述。據記載，李氏祖根為顓頊之子大業，其孫皋陶在堯時任大理（司法長官）之職，之後數世皆為大理，以官命族為理氏。又傳數世至殷紂王時的理徵，獲罪被殺，其子利貞逃難於伊侯之墟，食木子（一種木本植物的果實）得活命，就改理氏為李氏。至老子李耳的八世孫李曇，聲名顯赫，其子孫流播隴西、趙郡等地，再四處遷居，皆成望族，於是後世李氏多為李曇的後裔，也即是老子李耳的後裔。因此，當代世界李姓後人尋根問祖，也常見到河南鹿邑的太清宮祭拜老子，把道家文化的尋根同李氏的尋根自然地結合起來。

關於墨家文化的尋根，近些年也有新的進展。河南的專家學者最新研究與考察的結果認定墨子的裡籍為魯陽，即今河南魯山。1997年成立了河南省墨子學會，在魯山召開了全國墨子學術研討會，會後出版了《中原墨學研究》（2001年中州古籍出版社出版）。關於兵家文化與武林文化的尋根在河南也不斷有新的活動。戰國時期著名的兵家代表人物鬼谷子在雲夢山講學，一代名人如蘇秦、張儀、孫臏、龐涓、毛遂等都是他的學生，其地在今河南淇縣境內。淇縣政府對有關遺跡予以修復，於是這裡被稱為「中國古代第一軍校」，成為一處重要的文化旅遊景點，對研究兵家文化的源頭具有重要價值。武林文化源於北方，河南是源頭之一，尤其是少林武術源於嵩山少林寺，號稱「天下武學正宗」。1999年11月，在登封少林寺成立了少林文化研究所。該所成立後，把武林文化研究同佛學研究結合起來，成為中原文化尋根的重

要組成部分。但是，墨家文化、兵家文化、武林文化的尋根同姓氏尋根的關係稍嫌疏遠，茲不多論。

而同姓氏尋根關係密切的文化尋根還有隱逸文化尋根。這就是許姓的尋根。據歷史記載，西周初，周武王把炎帝的裔孫伯夷的後代姜文叔封於許，建立男爵許國，此為許姓之始。按照這種說法，許姓出自薑姓，是炎帝之後，自建立許國起，後代即姓許。由於許國弱小，春秋時為楚、鄭等大國所逼，多次遷徙，其都先後在葉（今河南葉縣）、城父（今安徽亳州）、白羽（今河南西峽）、容城（今河南魯山東南）等地，具體位置實難查考。河南省有關專家學者對許姓根源進行了深入的研究與考察，認為許姓的始祖是許由。許由隱居及洗耳的地方即在今河南登封市的箕山，許國、許地、許姓之許皆源於許由。而許由又是最早的隱士，也可以說是中國隱逸文化的祖根。這樣，就把姓氏尋根和隱逸文化的尋根結合在一起。於是，登封市於1995年7月8日在登封箕山成立了「河南省許由及許氏文化研究會」。該研究會於1995年和1998年兩次組成訪問團，前往新加坡、泰國、馬來西亞訪問了三國的許氏宗親會，並且在登封舉辦了「1995年世界許氏宗親箕山朝祖大會」和「1998年首屆世界許氏宗親祭祖尋根聯誼大會」。該研究會還與河南省社會科學院考古所、中原姓氏歷史文化研究會聯合舉辦，於1995年、1999年召開了兩次許由與許氏文化學術研討會，還於2001年4月召開了新世紀箕山詩歌筆會，相繼出版了《許由與許氏文化研討文集——根在箕山》和《歷代名人詠箕山許由詩集》。現在，該研究會正籌辦於今年10月召開第三次許由與許氏文化學術研討會，已發出通知，並且把研究隱逸文化列入這次研討會的主要議題。

五、獨具特色的固始尋根

近數年來，福建和臺灣的許多姓氏在探尋祖根的過程中，發現他們的祖先在歷史上大都來自「光州固始」（即今河南省信陽市的固始縣），於是在他們的家族和每個人的思想中形成一種帶有普遍性的固始情結，他們對於根

在中原的印象便是「光州固始」。這一現象引起從事中原文化研究和姓氏文化研究的專家學者注意，稱之為「固始尋根」。

固始在今河南省的東南部，全縣在淮河以南，東境與安徽六安鄰近，地理位置特殊。按照古代廣義的「中原」概念，固始已不屬於中原，但今天它是河南省所屬的一個縣，我們在討論問題時不妨仍然把它看做中原的一部分。歷史上，固始是中原人渡淮之後向東南前往廬州、安慶、徽州直至浙閩的必經之處，是歷代中原民眾南遷的集散地。對於南遷至閩台的中原姓氏後裔來說，固始不是這些姓氏最早的本根所在，但它卻是在姓氏尋根過程中必然會探尋到的較近的根源。因此可以說，固始尋根是獨具特色的。

固始成為閩台一帶許多姓氏近根集中的地區，與中國歷史上中原民眾三次大規模地向東南遷徙有直接的關係。第一次是西晉末年隨著晉朝皇帝的南渡而出現的移民潮。《閩書》記云：「永嘉二年，中原板蕩，衣冠始入閩者八族，所謂林、黃、陳、鄭、詹、丘、何、胡是也。」《福建通志》、《福州通志》及福建的杜黃陳鄭等大姓的家譜族譜中也有相關的記載。這八個姓氏的原始祖根皆在中原，但他們大規模南遷的始發地卻未必都起於固始，只有福建客家人的林氏原來曾「聚族於河南光州」。

中原大姓南遷並且起於固始的是以後的兩次移民潮。第二次發生在唐朝初期。唐高宗總章二年（669 年），閩粵之交的地區發生了「蠻獠嘯聚」，當時職任玉鈐衛翊左郎將的陳政奉朝廷之命，以嶺南行軍總督的身分率本府兵 3600 人入閩平叛。這位陳將軍本是光州固始人，他所率府兵因兵力不夠一度受挫，他的兩位哥哥陳敏、陳敷率領 58 姓軍校前去增援。在征戰途中陳敏、陳敷先後病死，陳政之子陳元光率軍南下與父親會合。不久陳政也因病去世，陳元光襲職為嶺南行軍總管，平定叛亂後任親設立的漳州刺史。陳元光家族遠祖是春秋時陳國後裔，東漢光武帝劉秀建武年間有名陳孟連者被封為固始侯，子孫遂居於固始，形成固始陳姓大族。唐高宗總章二年（669 年）陳政入閩平叛時，陳元光才 13 歲，領光州鄉薦第一，其伯父陳敏、陳敷所率 58 姓軍校主要是固始人。到陳元光任漳州刺史時，這 58 姓軍校便在閩地落籍，建設與開發漳州，陳元光父子因此被譽為「開漳聖王」。後來陳元光死，

其孫陳泳又襲任漳州刺史，後世又有陳酆於「安史之亂」後再領漳州軍事。陳氏經營漳州見於史籍記載的近百年，於是固始陳氏和固始58姓便成為福建居民的重要組成部分。

　　第三次大規模移民潮發生在唐朝末年至五代十國時期。十國之一的閩國的創建者王審知即是光州固始人。王審知家族源出於琅琊王氏，漢初右丞相、安國侯王陵的後裔，唐德宗貞元年間，王審知的五代祖官固始縣令，子孫便以固始為家。唐末大亂，農民起義軍首領之一王緒率眾攻佔光州，自領光州刺史，王審知及其兄王潮、弟王審邦參加了王緒的軍隊。不久王審知兄弟殺掉王緒，王潮代領光州刺史。王潮死後，王審知在唐末時被朝廷授為威武軍節度使、福建觀察使，於是率部入閩，割據一方，五代初後樑開平三年（909年）被朱溫封為閩王，945年閩國被南唐滅掉。王審知及其子孫經營閩地數十年，原來入閩時所率本部軍校多為光州固始人，後來都在閩地落籍。隨王審知入閩的固始人，有不少是中原的大姓，如鄭姓等。《滎陽鄭氏家譜序》明確指出：「今閩人稱者，皆曰光州固始。實由王緒舉光、壽二州以附秦宗權，王潮兄弟以固始之眾從之。」這裡提到王緒佔據光州、壽州時曾依附當時另一支農民起義軍首領秦宗權，而王潮、王審知兄弟所率領的固始人組成的隊伍一度順從，後來王氏率部入閩，於是包括鄭姓在內的這支隊伍便到了福建，成為後世福建鄭氏的來源之一。

　　從以上考察可知，唐初陳元光和五代王審知兩次率眾入閩，在福建入籍定居，繁衍生息，構成了後世福建民眾的主體，究其根源，多來自固始。今天可以看到的福建一些大姓的族譜、家譜，如王、陳、劉、黃、鄭、周、許、方、曾、吳、謝、尤、施、餘、顏、呂等20餘種譜牒資料中，都有其祖先由固始入閩的記載。而臺灣的民眾又大多數都是來自福建的，因此，臺灣的姓氏自然也有相當大的比例來自光州固始。有人說，福建人來自固始的，佔福建人口總數的70%左右，而臺灣人來自福建的，佔臺灣人口總數的70%左右。由此推算，臺灣人應有約半數來自河南固始。今見《臺灣通志‧氏族篇》中記載，大約有60個姓氏來自光州固始。這樣的事實，說明河南的固始對於閩臺地區的姓氏尋根來說，確實具有非常重要的地位。

五、獨具特色的固始尋根

現在,河南省信陽市、固始縣政府及有關部門對固始尋根問題非常重視。首先是組織有關專家學者對固始尋根問題進行專題研究,對固始、光山等地與唐代移民相關的文物資料進行廣泛的調查,對有價值的祠堂、廟宇、碑刻等文物進行有效的保護。其次是是制訂計畫,召開關於固始尋根的討論會。同時積極組織同福建、臺灣進行聯繫,為閩台同胞來固始尋根提供有利的人文條件和熱情的接待,由此為契機加強同閩臺地區在經濟、文化等方面的合作。

總之,近十餘年來中原姓氏尋根活動以及相關的學術研究與文化交流活動,內容豐富,形式多樣,影響廣泛,效果顯著。本文難以面面俱到,只能略陳大綱。如今歷史已進入 21 世紀,河南的面貌已發生巨大變化,古老的中原文化萌發出旺盛生機。中華民族根在中原的堅定信念,定會促使國內及散佈於世界的炎黃子孫關注今天中原的發展,通過姓氏尋根活動進一步加強聯繫,促進交流,為中華民族的全面振興而共同努力。

文獻來源:《信陽師範學院學報》2003 年第 2 期。
作者簡介:王永寬,河南省社會科學院文學研究所研究員。

開漳史事與雲霄節俗

蔡永茂 蔡德疆 方群達

陳元光為國捐軀，朝廷與當地民眾大為震悼。百姓感念陳將軍父子殊深，於州治所為其建立將軍廟。開元四年（716 年），朝廷追封陳元光將軍為潁川侯，漳民咸尊之為「開漳聖王」。在雲霄境內多有建立「開漳聖王」廟宇，祀典歷代不替，香火鼎盛。雲霄民眾為感念陳將軍父子，每逢元宵節舉行「鑒王」和「走王」活動。

「鑒王」——每年新春正月十三日前後，即元宵節期間，凡立有聖王廟的城鎮或村莊，民眾無不進廟焚香供奉，並請戲班演戲「娛神」，以表對陳元光的敬仰和緬懷。祭畢，民眾即抬眾神像巡遊各村莊之福社。巡遊隊伍以繡旗為前導，兩個身著戲服的童男抬一對宮燈先行。眾神像的前後順序為：土地神居前開道，繼以元帥馬仁、軍師李伯瑤、王子陳珦、王女陳懷玉、夫人種氏、聖王神像殿後。隊伍有一至數套鑼鼓、笙笛隊隨行。所到之處，鑼鼓笙笛宣天，鞭炮爭鳴，於各街頭路口，擺設香案重桌恭迎。男女老幼簇擁歡呼，祈望來年五穀豐登、六畜興旺、生意興隆。凡屬此年男女新婚或新生男孩之家，必置香案桌，恭請眾神像至其門檻之首，供獻金棗茶等祭品，奉拜完畢，盛情呼請抬神者及鼓樂隊等眾人喝茶吃蜜金棗、糕餅等。

遊巡結束後，將眾神像按順序迎至戲臺對面臨時搭成的「王棚」中，彩旗分列兩旁迎風招展，鑼鼓笙笛頓時大震，棚前高置香案，供桌蟬聯，桌上放置青瓷花缸數個，缸中立以竹竿麥秸捆紮成之草柱，繞柱密佈肥豬肉片，其柱頂端飾甘杞枝木（取之甘棠遺愛，世代紀念之意），桌上還分別端放雞、鴨、魚等祭品，俗稱「辦大碗」。碗數為五或七，以此同時家家戶戶又另備辦酒、肉、糕、餅、果之類祭品，祀典隆重。祭品數十桌以至幾百桌，供品如山，人潮似海，謂之「鑒王」。

「走王」——新春正月十三日午後，村社中之耆老帶領預先挑選的數十個年富力強的男子，每六個健兒編成一組，各組擎一尊巨型木雕神像，以胳膊撐至起點處。起點與終點各有兩個炮手，司放「三拜槍」（即三專用連響

的禮炮），而神像前另有二人鳴鑼開道，其後各又有一執涼傘者撐遮神轎，一聞鼓擂炮響，各組健兒分別共撐舉神像，競相疾走賓士，至劃定之終點，炮響三聲。此舉以速度快、姿勢壯美者為優勝，實為一種有民族色彩的體育運動，俗稱「走王」，亦稱「走尪」。

下河、和平等鄉的山區村社，在「走王」過程中，有的連人帶神跨越過水深至齊頭的河流，稱為「游水」，亦稱「過河」；有的連人帶神像飛越過燃燒的薪炭火堆，稱為「過火」，亦稱「蹈火」。

「走王」結束後神像由鼓樂隊送歸王棚，於是戲劇即時開演，當地民眾重又供上「順合茶」。演戲持續至元宵節後，才將神像抬回廟中就位。

每年陳將軍父子、親屬及其將佐的生日，雲霄民眾也演戲迎神，供上豐盛的祭品猶如「鑒王」一般。尤其是每年農曆九月十二至十四日，雲霄境內從城鎮到農村大部分村社都舉行陳元光的將佐馬仁生日的盛大祀典，人稱「元帥爺公生」（民間稱馬仁為馬元帥）。世傳馬元帥性剛烈勇猛，因之，在此節日期間增設「上刀梯」和「過刀橋」的特殊活動。「上刀梯」，即以二三十米的大杉木二根，並列豎立於神壇前的曠地中，杉木上每距 0.25 米為一階，紮上利刀一把，刀鋒向上，每五階又有個交叉階，共紮一百二十或一百八十階。刀梯上設小陽臺，臺上置稻米篩，頂端插五彩旗，供主祭道士上刀梯到小陽臺念經作法，俗稱「上刀梯」；「過刀橋」（其形似刀梯，只是將其高架平放）。今此粗陋舊習已被制止，然而，演戲迎神的習俗依然興盛。

雲霄民間對開漳先賢崇祀千秋不替，對當時開漳先驅所奉祀的歷史先賢亦同樣崇尚。陳政、陳元光曾將漢將周亞夫神靈香火隨祀於軍中，漳州建立之後，陳元光建立的周亞夫廟，在開漳發祥地雲霄保存至今。

雲霄沿襲河南固始風土人情，還保留著與河南固始相似的語言、房屋建築、衣服裝飾、飲食習慣、社交禮節、婚喪喜慶和宗教信仰等。雲霄與固始的歲時習俗更為相似。兩地一年中最主要的節日都是春節、元宵、清明、端午、中元（普渡）、中秋、重陽、除夕等，而且大部分的節俗是一樣的。

陳將軍父子將中原風俗移至雲霄全境，相沿迄今不絕。隨著社會的發展，風俗習慣不斷發生變化，但許多文明古風仍將在此地延續下去。

文獻來源：《陳元光國際學術研討會論文集》，廈門大學出版社 1993 年。

陳元光後裔遷台族譜資料及其初步考察

陳在正

陳政、陳元光父子自唐初奉命入閩後，為開闢漳州建立了殊勳，一千多年來，其子孫篳路藍縷繼續開發漳、泉，後裔繁衍播遷各地，溯自明末以後，有的陸續移居澎湖、臺灣，與閩粵移民一道，為開發我國寶島臺灣又做出了巨大的貢獻。

本文系根據目前見到的部分閩台陳氏族譜資料，對陳元光後裔即開漳聖王派移墾臺灣前的祖籍、所屬系派、遷台後在臺灣的地區分佈及姓量、位次等有關問題，作一個初步的考察。

一、閩台族譜關於陳元光後裔遷台的記載

27世（浯陽派9世），振遙，諱遠，諡公，萬曆年間從金門渡澎，為開澎始祖，葬在潭邊（今湖西鄉湖東村），子孫繁衍澎湖各島，有的移居臺灣本島（1961年臺灣陳建章等重編：《陳民大族譜》，入澎時間據林再複：《閩南人》）。

陳玉珩、和宗、道太、振遙等從金門移居澎湖沙港（今湖西鄉沙港村），已傳至23代（1987年臺灣各姓歷史淵源發展研究會編：《臺灣區族譜目錄》，簡稱《譜錄》下同）。

陳政後裔從金門遷澎湖馬公鎮，已傳至24代（1973年陳清平編：《媯汭五姓大族譜》，轉引《譜錄》）。

28世（浯陽派10世），8世治明孫住澎湖蒔裡鄉（今馬公鎮蒔裡裡）地方（《陳氏大族譜》）。

28世弘意，諱喜，振遙長子，公妣合葬在東石（今嘉義縣東石鄉）（後，同上）。

127

28世弘德，諱仁，振遙次子，葬在臺灣府城西南喜樹仔（今台南市南區喜東裡），妣楊氏，葬在蚱腳嶼（今馬公鎮安宅裡）東（後，同上）。

28世弘助，諱贊，振遙三子，公妣合葬在大城（今彰化大城鄉）（同上）。

黃帝141世，陳一貴隨鄭成功入台（乾隆二十年陳鼎丕編：《銀同碧湖陳氏族譜》，轉引《譜錄》，入台時間據《臺灣省通志》卷二《人民志》）。

32世後裔從同安移居大加蚋（今臺北市區），三重（今臺北縣三重市）等地（1978年唐羽主編：《開漳陳氏銀同普園派族譜》，轉引《譜錄》）。

34世（銀同碧湖派12世），課，宇應略，從金門渡澎，葬良文港。（今湖西鄉龍門村）地方（《陳氏大族譜》）。

38世（銀同碧湖派16世），陳志篇、鼎調移居台中、臺北等地，渡台已7世（1977年陳亭卿編：《銀同碧湖陳氏族譜》，轉引《譜錄》）。

振遙後裔移居臺北市（陳瑞德等編《陳氏族譜》轉引，《譜錄》）。

40世（銀同碧湖派18世）後裔移居澎湖，42世後裔遷居台中（1961、1971年陳宗炯重修《金門碧湖潁川陳氏族譜》、《金門浯江湖前碧湖潁川陳氏族譜》，轉錄《譜錄》）。

陳一貴後裔移居台東，已傳至22世（1970年陳仁德編：《金門碧湖分支臺灣中州陳氏族譜》，轉引《譜錄》）。

41世（赤湖派17世），士炡，渡台始祖，後裔遷居全省（1936年陳丹響編：《漳浦錦湖陳氏族譜》、1979年陳玫吟編：《赤湖遷台陳氏宗譜》，轉引《譜錄》）。

陳政後裔，祖籍長泰，遷馬公，已傳10世（1961年陳保利序，《陳氏族譜》，轉引《譜錄》）。

陳元光後裔宗樺、初、騫從漳浦遷台中大肚，來台已9年（1977年陳達生編：《潁川陳氏族譜》，轉引《譜錄》）。

37 世（赤湖派 13 世），陳聲揚後裔遷居彰化田中（1980 年陳景三編：《陳氏聲揚公派下族譜》，1976 年陳玉振等編：《陳氏赤湖分派族譜》，轉引《譜錄》）。

43 世（赤湖派 19 世），瑞興，諡仁詳，生乾隆四十九年己亥（1779 年），卒咸豐七年（1857 年），葬彰化東螺東堡二八水莊（今彰化縣二水鄉），妣黃氏（《陳氏大族譜》）。

44 世松賀（赤湖派 20 世），諡世忠，生嘉慶十年乙丑（1805 年），卒光緒九年癸未（1883 年），葬二八水（同上）。

44 世（赤湖派 20 世），輝煌、輝豹等於咸豐十一年遷噶瑪蘭（今宜蘭縣）羅東，後開發三星鄉（《宜蘭文獻》第 3 卷第 2 期）。

44 世天澤，生於清己巳年（嘉慶十四年，1809 年），卒於光緒九年癸未（1883 年），道光二十六年與父瑞夥渡台教察，回鄉後正準備渡台定居，而父染疾身亡，遵父志於咸豐元年辛亥（1851 年）攜眷渡台，居彰化大武郡東螺東堡（今彰化二水、社頭、二鄉及田中、田尾、北斗、溪洲、永靖等鄉部分村莊屬之）地方（同上）。

天澤後裔遷居臺北景美（陳正宗編：《赤湖遷台陳天澤派下宗譜》，轉引《譜錄》）。

陳道明後裔遷居台東縣等地（陳氏世系圖，轉引《譜錄》）。

35 世遊、瀛、攀、善等兄弟俱渡台（《陳氏大族譜》）。

35 世鞍，台治龍井祖，康熙末年渡台（《陳氏大族譜》，入台時間據《閩南人》）。

鞍，遷居臺灣茄投（今後中縣龍井鄉），開基祖（1982 年陳慶餘編：《南陳侯亭五大派宗譜》引將軍派源流之分派系圖）。

35 世元利，康熙末年渡台（《陳氏大宗譜》，入台時間據《閩南人》）。

36 世殿偉、殿朝、殿招、殿友兄弟俱渡台，殿坤渡台（同上）。

陳元光後裔遷台族譜資料及其初步考察

36世智勇，22歲移民彰化布嶼堡等地（黃師樵：《臺灣陳氏世系源流》）。

40世德賀，遷居彰化縣東螺麻園寮（《南陳侯亭大宗譜》）。

41世語、坤，住彰化竹塘鄉（《陳氏大宗譜》）。

5世傳至岩公派下遷居臺灣竹山社寮莊（今南投縣竹山鎮社寮裡），又一派遷居集集林尾莊（今集集鎮林尾裡）等地（《南陳侯亭大宗譜》）。

陳克耕後裔移居彰化田尾（陳雲彰編：《繩武堂陳武平公族譜》，轉引《譜錄》）。

陳元光後裔移居雲鬥六（《陳氏族譜》，轉引《譜錄》）。

陳政後裔移居嘉義下坑（今番路鄉）地方（1977年陳棋頭修：《下坑陳氏續修譜志》，轉引《譜錄》）。

陳政後裔移居新竹北埔鄉（《族譜穎川堂》，轉引《族譜》）。

27世（大溪分派3世），巨振第四子從平和大溪移居銅山，臺灣等處（陳冬青編：《陳氏世系》）。

33世（大溪分派9世），和友，乳名勞，生於康熙三十四年乙亥（1695年），於康熙五十五年丙申（1716年）卒於臺灣，乾隆五年庚申（1740年）骨骸遷歸（同上）。

36世陳推，原籍平和，遷居台中大坑住（陳萬年：《漳浦陳氏家族洲源、世系及分佈》）。

41世（東槐派8世）朝，遷台（道光十九年陳奎編：《和邑東槐陳氏宗譜》）。

43世（蘆溪13世）孔月妣餘氏，帶次子玉居與媳塗氏從平和蘆溪遷往臺灣諸羅山打貓東頂保梅仔坑大坪（今嘉義縣梅山鄉太平村）等地（1988年重修：平和蘆溪《陳氏家譜》）。

45世（東槐派12世），儒生，讀書功名不就，往臺灣，亦卒於臺灣，無歸葬（《東槐陳氏宗譜》）。

45世眼、密，生於乾隆年間，兄弟俱往臺灣南路冷水坑居住（同上）。

45世絨、妲、森、泥兄弟俱往冷水坑居住（同上）。

46世（東槐派13世），出、榮兄弟俱往臺灣（同上）。

46世貳，宇步中，少往臺灣，早卒。道光三年癸未（1823年）骸骨載歸（同上）。

46世床，宇希東，諡英揚，生於乾隆九年甲子（1744年），自少往臺灣，卒於乾隆某年，後骸骨載歸（同上）。

46世仰，宇景雲，諡敦成，生於雍正九年辛亥（1731年），卒於嘉慶十年乙丑（1805年），葬在許坑。曾往臺灣兩次，意欲遷居。自成一家，在許坑建置大廈，在本鄉廣立田地，建立學館，富而好學（同上）。

46世波，宇榮清，諡賢德，生於乾隆十一年丙寅（1746年），自少往臺灣冷水坑住，心常無定，晚年回家一二年，至嘉慶十八年癸酉（1813年）又往臺灣，卒於嘉慶二十一丙子（1816年），葬在冷水坑，至道光元年（1821年）骸骨同丘氏載歸（同上）。

46世金章，乳名宣，祖父先聲，曾任鳳山縣儒學教諭，金章嘉義縣庠生，後補廩於臺灣（同上）。

47世（東槐派14世），受峽、受元兄弟均在臺灣住，系榮清子（同上）。

48世（東槐15世），抄（一作水抄）、未（一作和昧）兄弟均往臺灣（同上）。

19世景肅後裔從平和遷居台中龍井（《陳石盾家族世系表》，轉引《譜錄》）。

陳元光後裔從平和遷居臺灣嘉義（《陳氏族譜》，轉引《譜錄》）。

陳政後裔從平和移居新竹湖口（《陳氏族譜》，轉引《譜錄》）。

陳君用後裔從平和宜古田（今大溪鄉宜盆村）遷居噶瑪蘭五裡鼎敢埔（今宜蘭縣五結鄉協和村）地方（據大溪鄉陳雲漢聽其曾孫茂榮、茂審面告）。

梅林分派 14 世，正直於乾隆五十一年（1786 年）遊幕後灣府，嘉慶十年（1805 年）回籍攜眷卜居噶瑪蘭員山堡（今員山鄉）地方（陳長成：《介紹宜蘭復興莊梅林陳氏》）。

梅林分派 14 世，蟬，從漳浦梅林遷台，卒於淡水莊（今後北縣淡水鎮）地方（光緒三十四年陳錦瀾重修《梅林陳氏族譜》，轉引自 1988 年重錄增補本）。

梅林分派 15 世，天應、賊、窺渡台（同上）。

梅林分派 16 世川、容、城、漢臣、林仔、紅若、棗、世蕩、繼嗣、繼因、光輝等渡台（同上）。

梅林分派 17 世，紅菲、紅聖、烏紅渡台（同上）。

梅林分派 18 世，就（16 世）孫過臺灣（同上）。

梅林社於嘉慶末有 30 餘戶遷居噶瑪蘭員山堡復興莊，後移五結莊（陳長城：《介紹前清梅林陳氏》、《臺灣文獻》，第 3 卷第 2 期）。

28 世（霞宅派一世）後裔遷居臺灣地區（1961 年陳建章：《霞宅陳氏族譜》抄本，轉引《譜錄》）。

36 世（霞宅派 9 世），孟康，諱天孝，生順治十四年（1657 年），卒康熙五十八年（1719 年），葬臺灣南路（《武榮詩山霞宅陳氏族譜》，轉引莊為現、王連茂編：《閩台關係族譜資料選編》，福建人民出版社 1985 年出版）。

36 世孟燕，諱寶，生康熙二十六年（1687 年），卒康熙五十一年（1712 年），葬臺灣田厝莊（今屏東縣萬丹鄉田厝村尾）（同上）。

36 世孟角，諱天麟，生康熙二十三年（1684 年），葬在臺灣（同上）。

一、閩台族譜關於陳元光後裔遷台的記載

37世（霞宅派10世），仲先、仲懷等15人居台（其中1人系隨父往台，1人系渡台第二代），其中卒臺灣者7人，卒葬萬丹埔者5人，卒葬南路淡水者1人，卒葬本山者1人，往台失船者1人。[1]

38世（霞宅派11世），國旺、國書等44人居台（其中有5人系渡台所生第二代，1人生卒在台，但未見其父渡台記載），其中僅記往台或卒台者15人，卒葬萬丹埔者21人，卒葬臺灣府城者3人，卒葬臺灣南路1人，卒葬臺北外快官山1人，通頂營1人，往臺灣渡海失船2人（同上）。

39世（霞宅派12世）家繼等82人居台（其中31人系渡台後所生第二代，其中僅記往台或卒於台者37人，卒葬萬丹埔者30個，東港2人，臺灣南路2人，琅嶠（今恆春鎮）1人，笨港（雲林北港一帶）1人，鹿港2人，頂淡水1人，……（同上）。

40世（霞宅13世），熙敬等98人居台，其中明確記往台者28人，住台者14人，只記卒於台者56人。陳卒葬萬丹埔30人外，餘散居琅嶠1人，臺灣府2人，台南市2人，鹿港1人，番仔厝（屏東內埔鄉）1人……（同上）。

41世（霞宅14世），醇吉等131人住台，其中明確記往台者33人，住台者35人，只記卒台者63人。陳卒葬萬丹埔11人外，餘散居萬巒1人，下淡水落石出人，梓官莊2人，觀音山1人，鳳山4人，臺灣府2人，東都化2人，嘉義9人，北路2人，暖暖（屬基隆市）1人，台東1人，……（同上）。

42世（霞宅派15世），祖標等136人居台，其中明確記往台23人，住台21人，只記卒於台者92人。卒葬萬丹埔6人外，餘散居東港5人，梓官5人，鳳山縣1人，東都或承天府（今台南市）3人，鬥六（今雲林縣鬥六鎮）1人，嘉義縣城4人，彰化縣3人，石龜溪4人，他裡霧1人（今雲林鬥南鎮），茄冬腳（雲林大埤鄉）2人，淡水（臺北縣淡水鎮）2人，金包裡（臺北縣金山鄉）1人，基隆1人，……（同上）。

43世（霞宅派16世），宗述等299人居台，其中明確記往台者35人，住台者98人，卒於台者166人。散居萬丹埔3人，赤山埔（屏東縣萬巒鄉）

1人，潮州莊（屏東縣潮州鎮）5人，東港（屏東縣東港鎮）4人，阿猴廳（屏東縣屏東市）1人，塗庫（屏東縣裡港鄉）3人，打狗山（高雄市監埕區）1人，台南府1人，消壟（台南縣佳裡鎮）1人，石龜溪9人，嘉義縣8人，彰化3人，新竹2人，竹塹（新竹縣）1人，大稻埕（臺北市區）2人，三貂（臺北縣貢寮鄉）1人，宜蘭2人，淡水2人，……（同上）。

44世（霞宅派17世），創書等261人居台，其中明確記往台者37人，住台者105人，卒台者120人，散居萬丹埔5人，潮州莊5人，東港1人，梓官2人，鳳山1人，新竹1人，嘉義縣11人，朱羅門（彰化縣）1人，石龜溪3人，中壢（桃園縣中壢鎮）3人，三貂1人，臺北縣3人，臺灣府（此時的臺灣府系今台中市）1人，宜蘭4人，……（同上）。

45世（霞宅派18世），垂曉等141人居台，其中明確記往台者9人，住台者70人，卒於台者62人，散居臺灣南府城（台南市）1人，監水港（台南縣監水鎮）1人，嘉義縣5人，石龜溪2人，三貂1人，中壢3人，……（同上）。

46世（霞宅派19世），植隆等36人居台（其中有12人系渡台者所生第二代），記卒葬台者11人，住台者25人，散居中壢、三朝等地（同上）。

47世（霞宅派20世），翼炅等8人居台（其中有3人系渡台者所生第二代），分別出生於光緒十九年（1893年）至民國元年（1912年），其中有2人卒於民國二十二年（1933年），其他只記住台，可能仍健在（同上）。

霞宅派另一分支，據陳金章1961年編《陳氏大族譜》「人事錄」記載，有一批後裔光緒年間以後陸續渡台，現羅列如下：

宗賞，宇賜謀，光緒二十三年（1897年）攜眷及9歲子創河渡台，葡居中壢鎮。

宗租，現年78歲（指1961年，下同），宜蘭人，16歲來台。

宗堅，現年70歲，桃園縣人，12歲隨叔祖教公來台。

宗幼，現年68歲，台南縣人，12歲隻身來台。

恁，現年 63 歲，新竹市人，8 歲隨父垂總來台。

定言，新竹縣人，自幼攜眷來台，1958 年逝世，享年 53 歲。

恭，現年 64 歲，臺北市人，11 歲隨繼父宗杭來台。

宏圖，現年 58 歲，12 歲隨父宗浸來台，卜居岡山，臺灣光復，舉家遷回霞宅原籍，44 歲再渡台，居苗栗。

叫，現年 68 歲，弱冠隻身渡台創業。

燕朕，現年 58 歲，新竹縣人，年十四隨父垂課渡台，卜居現址。

麒麟，現年 54 歲，臺北市人，年 10 歲隨父宗杭渡台經商。

燕川，現年 52 歲，12 歲來台。

錦枝，現年 54 歲，桃園縣人，14 歲隨父創蟶渡台。

創交，1921 年隻身渡台。

金，現年 47 歲，22 歲渡台，龔居嘉義，現居高雄市經商。

（按年齡推算，上列移民在日本統治時期渡台）

陳政後裔從東海豐移居新竹新埔（陳霖海編：《陳氏族譜》，轉引《譜錄》）。

二、陳元光後裔遷台有關問題的初步考察

1. 遷台前的祖籍及其支派

從前列族譜資料可以看出，聖王派遷台前的祖籍，集中於同安、金門、漳州、漳浦、詔安、平和、南安、晉江等縣，除居住州治漳州原地後裔外，包括浯陽、銀同碧湖與普園、赤湖、溪南、蘆溪秀蘆與東槐、霞宅、梅林等各個支派，分屬酆子詠、謨、訏的後裔。

陳元光後裔遷台族譜資料及其初步考察

浯陽、銀同、赤湖等派均系謨之後裔，謨兄詠以遷恩州錄事參軍返居河南，由謨襲漳州刺史，唐德宗貞元二年（786年）、隨州治遷徙而定居龍溪。後裔遷居，又分出幾個分派。

浯陽派：一世祖丙，據《陳氏大族譜》載，系政14世後裔「鑒湖公之五世孫，自長泰東門遷居浯州金門前水頭鄉」，生卒不詳。據此，浯陽派應系聖王派的19世後裔。9世（總27世）後裔開始遷移澎湖。

銀同碧湖派：一世祖一郎，系聖王派23世裔孫，從龍溪播遷銀同浯島，住居碧湖。雍正十一年（1733年）已傳17世，「其子孫移住郡州邑者甚眾」。[2] 12世（總34世）始遷澎湖。另有銀同普同派，據族譜記載，始祖系陳政，其一世祖及與碧湖派關係未詳，待考。

赤湖派：一世祖道明，系聖王派的25世裔孫，於南宋理宗景定年間（1260-1264年）從龍溪遷漳浦赤湖定居，17世（總41世）開始遷居臺灣。

詠遷返河南後，傳至17世湯征，又從光州謫知潮陽。湯征生宋神宗熙寧三年庚戌（1071年），卒徽宗宣和五年癸卯（1123年），葬潮陽直浦，後裔定居，為潮陽開基祖。

詔安溪南、雲霄陳岱、平和大溪與宜古田、蘆溪秀蘆與東槐、漳浦梅林、南安霞宅等分派，均詠派湯征後裔。

溪南派：一世祖景雍、祖湯征、父文晦。晦有五子，稱「五景」。雍為長子，從潮陽遷詔安溪南，為開基祖，詔安成聖王派詠房的主要居住地。35世始遷臺灣。

大溪派：分自陳岱，系文晦三子景肅後裔分派於此，四傳至25世肇基遷平和大溪，為一世祖，3世（總27世）移居臺灣。

蘆溪派，開基祖仲賢，系景肅的13世孫，遷居蘆溪秀蘆，為秀蘆派的一世祖（總31世）。至曾孫大樑遷東槐，為東槐一世祖（總34世），生於明成祖永樂十五年（1417年），卒於孝宗弘治五年（1492年）。秀蘆派13世（總43世）開始渡台，東槐派8世（總41世）開始渡台。

梅林派：開基祖陳永興（諱順夫），於明洪武五年（1372年）偕弟永慶（諱順卿），從興化遷浦西九婿橋，洪武十四年（1381年）遷梅林，為一世祖。據漳浦陳萬年先生考證，「梅林陳姓為聖王派中的景肅派。」景肅孫概（21世）因戰亂遷白葉（詔安山區），四傳至光祿（25世）遷莆田，[3] 宜蘭復興莊梅林陳氏祠堂祖先牌位中，立有漳州開基祖元光神位，所藏《家譜》亦有明確記載，均可證明梅林派系聖王派之支派。14世開始遷台。

霞宅派：遷台人數最多的霞宅派陳姓，現存族譜只記開基祖為一郎公，始自何時？其源何自？已失傳。據康熙二十八年（1689年）陳奕光撰譜序稱：「我祖自潁川分派於河南光州固始，以抵入閩，至一郎公遂卜居武榮詩山霞宅，先世集有全譜，迨嘉靖四十一年壬戌（1562年）間遭氛亂，而譜付之祝融回祿，其由來細微之事，世遠代湮，無從可考矣。」[4] 現據《潁川陳氏開漳族譜》（雲霄山美藏本）記載，霞宅始祖一郎，其父安保，宇伯嵩，生於元順帝至正二十四年甲辰（1364年），生五子，一郎號梅山，二郎號梅崇，三郎號梅嵩，四郎號梅祐，五郎號梅安。系從光州謫居潮陽之湯征的後裔，其世系順次是：17世湯征，18世文晦，19世景肅，20世肇，21世暨（《陳氏大族譜》作概），22世泰典，23世子成，24世君用，25世崇源，26世福孫（《陳氏大族譜》作福生），福孫生二子，長安保，次得保（宇伯強），安保後遷居龍岩上杭，[5] 其子一郎遷南安霞宅。臺灣陳建章等主編的《陳氏大族譜》亦有相同的記載，並在一郎處旁注「霞宅派」。該譜所列霞宅派一郎以下世系，昭穆相同，名宇不符，系另一分支宗譜，陳金章先生即系霞宅派裔孫，文創河幼年隨父宗賞於光緒年間渡台。據此，霞宅一世祖一郎系聖王派的28世孫，9世（總36世）後陸續渡台。

滬江後山派：據《陳氏大族譜》記載，系陳政二子元勳後裔13世開基滬江，一世祖應愷，號皆元，18世（總30世）開始遷台。陳政攜二子入閩，為他譜所未載，待考。

2. 遷台後的地區分佈及集居地

地區分佈：從前列族譜資料可以看出，聖王派先後移居今澎湖湖西鄉、馬公鎮、台南市及台南縣的學甲鎮、佳裡鎮、鹽水鎮、大俾鄉，高雄市的鹽

陳元光後裔遷台族譜資料及其初步考察

埕區，高雄縣的鳳山市、梓官鄉，屏東縣的九如鄉、萬丹鄉、東港鎮、內埔鄉、萬巒鄉、恆春鎮、裡港鄉、潮州鄉，彰化鎮的彰化市、鹿港鎮、二水鄉、田中鎮、社頭鄉、竹塘鄉、田尾鄉，南投縣的南投鎮、名間鄉、集集鎮、水裡鄉、竹山鎮，嘉義縣的嘉義市、東石鄉、東港鎮、內埔鄉、萬巒鄉、恆春鎮、嘉義縣的嘉義市、東石鄉、梅山鄉、番路鄉、雲林縣的鬥南鎮、鬥六鎮、北港鎮，台中市及台中縣的龍井鄉、大肚鄉、大安鄉、基隆市、臺北市及臺北縣的三重市、淡水鎮、貢寮鄉、桃園縣的中壢鎮，新竹縣的新竹市、北埔鄉，宜蘭縣的五結鄉、員山鄉、三星組長及台東縣等地。包括除苗栗、花蓮二縣以外的臺灣21個縣市中19個縣市。這是移民初期的情況，後來又輾轉遷徙，更遍及各縣市的各鄉鎮。

　　集中居住地：從前列族譜資料還可看出，聖王遷台後，有幾個比較集中的居住地。

　　明末開始遷台的浯陽派及銀同碧湖派，最先遷居今澎湖湖西鄉的沙港村、龍門村、喜東村，後又遷今馬公鎮等地。其後裔繁衍澎湖各島，並移徙台南、臺北等地。

　　康熙年間開始移民的霞宅派，初期幾乎全部集中居住今屏東縣的萬丹鄉，有明確記載卒葬此地的有9世1人，10世5人，11世21人，12世30人，13世30人，14世14人，15世6人，16世3人，17世3人，先後計112人。14世以後遷萬丹鄉的人數逐漸減少，但又出現了幾個新的集居地。如今高雄的梓官鄉、嘉義縣的嘉義市、雲林縣的鬥南鎮、鬥六鎮，彰化縣的彰化市、鹿港鎮。16世以後不少人移居臺北，並有一些人移墾宜蘭。

　　乾隆年間遷台的槐派，有明確記載地點的幾乎全部居住「臺灣南路冷水坑」。臺灣名冷水坑的地方不止一個，但南路冷水坑疑指今屏東縣的九如鄉，該鄉玉水村清代名下冷水，日據時有名下冷水坑，東寧村清代名中冷莊。地居下淡水溪東岸、裡港南面，清代屬港西裡，系康熙中葉後陸續開發的地區。

　　赤湖派遷台始祖士灶遷居南投的名間、田間，瑞興、松賀遷彰化的二水鄉，天澤遷東螺東堡，即今二水、社頭、田中、田尾、北斗、溪州一帶。這

一派集中居住濁水溪中游北岸南投與彰化二縣交界地區，系漳、泉移民乾隆年間集中開發的地區之一。

銀同碧湖普園派集中住居今臺北市及臺北縣的三重市。

3. 臺灣潁川陳氏的姓量、比重、位次及聖王派開發臺灣的貢獻。陳氏本支繁盛，計有陳國、齊國、戶牖、山陽、潁川等衍派。以陳政、陳元光父子為閩始祖的開漳聖王，以陳忠、陳邕父子為入閩始祖的太傅派，以陳伯宣為始祖的南朝的江州義門派遷居華南的後裔，都是潁川派始祖陳寔的後代，系閩、粵陳氏的三大源流。臺灣移民祖籍主要來自閩、粵二省，開漳聖王、太傅、南朝三派亦是臺灣陳氏的三大主流。

姓量、比重及位次：根據1930年日據時期臺灣31003戶調查資料表明，共有193種不同的姓氏，陳姓佔12%，居首位。另據1953-1954年臺灣省文獻會在18個縣、市、區（不包括雲林、台東、高雄、桃園四縣）的調查資料，計有住戶828804戶，有737種不同姓氏，陳氏共91375戶，佔11%強，仍居全省首位。陳姓在18個縣市中，除台中市及花蓮縣居第二位，彰化居第7位外，其餘各縣市均居首位。

另據1956年臺灣第一次全省戶口普查，利用戶口普查口卡系統抽樣四分之一統計結果，共有樣本2318574人，扣除姓氏不詳者外，有效樣本2316401人，陳姓佔11.3%，[6] 居全省第一位。陳姓在22個縣市中，除宜蘭縣、台中市、雲林縣居第二位外，其餘19個縣市均居第一位。其分佈特點是，凡福佬人所佔比例高的地區，陳氏的佔有比例比較高，都市、東部及客家人集居區陳氏比例較低。最高的澎湖比比例最低的桃園剛好高一倍。宜蘭縣、台中市雖居第二位，但其比重也超過10%以上。與其他姓氏比較，陳姓人口分佈的普遍性及穩定性在各姓中自屬最高，分佈的差異程度因而最少。

聖王派開發臺灣的貢獻：族譜中關於開發臺灣的記載很少，現只能從集居地人口結構等情況進行粗淺的考察。陳姓一直是臺灣的第一大姓，約佔全省漢人九分之一左右，開發臺灣的巨大貢獻可想而知。目前還難於統計出聖王派陳姓的姓量，但本派是臺灣陳姓三大主流之一，同樣為開發臺灣作出了很大的貢獻。特別是聖王派集中居住的地區，其貢獻尤大。如陳姓是澎湖十

大姓中的第一大姓，佔澎湖人口的六分之一，因地近金門，有七成以上移民來自金門，浯陽派及銀同碧湖派首先開發今湖西鄉，陳振遙被稱為「開澎始祖」，子孫繁衍各地，在開發湖西鄉、馬公鎮等地作出了很大的貢獻。

赤湖派集居地的彰化、南投等縣一些鄉鎮，據1956年調查資料，陳姓住戶很多，二水有1141戶，田中有2105戶，田尾有979戶，永靖有969戶，北斗有901戶，社頭有727戶[7]。南投縣的名間陳氏的比重高達41.5%，他如台中縣的大肚，亦佔24%[8]。這些臺灣中部東面平原及丘陵地帶，主要是漳州移民開發的，如二水、社頭、永靖、南投、名間等鄉鎮，幾乎全部是漳州移民開發的；田中、田尾、溪州、大肚等鄉鎮，也主要由漳州移民所開發。以聖王派為主的穎川陳氏與漳州移民一道，為共同開發這些地區立下了功勳。

霞宅派初期集居地的萬丹鄉，東槐派集居地的九如鄉，聖王派更與客家人一道，為開發屏東下淡水溪沿岸地區，作出了貢獻。

銀同普園派按多人移居三重市，三重自清初以來，共有陳姓移民1340戶，其中一半左右來自泉州，以聖王派為主體的穎川陳氏，在開發三重及臺北地區也作出了很大的貢獻。清末進士陳登元，系赤湖派後裔，臺北士林一帶陳氏多赤湖派，[9]他們為開發士林也作出了出色的貢獻。

漳浦梅林派30餘戶後裔在陳正直領導下，於嘉道年間開墾宜蘭員山復興莊土地一百餘甲，並經營金漳興水郊行，[10]為開發宜蘭作出了貢獻。漳浦梅湖派的陳輝煌，於咸豐十一年遷居宜蘭後，領導當地先住民，組織19個結首，開闢三星鄉，作出很大貢獻。先後配合沈葆楨、劉銘傳進行「開山撫番」事業，並參加抗法保台鬥爭，[11]為開發宜蘭，保衛臺灣建立了功勳。

聖王派訏房後裔岩公派下，遷台開墾竹社寮及集集林尾，也為開發南投縣作出了自己的貢獻。

還應指出，聖王派遷台人員中也有一些文人，如梅林陳正直以遊幕臺灣府而定居宜蘭；東槐陳儒生以「讀書功名不就，往臺灣」，「功名念急，遂買棹東遊」。他們遷台後為傳播祖國文化，起了一定的作用。聖王派遷台後裔中，更湧現出一批文人學士，如霞宅派11世至17世出了九個秀才，兩個

貢生，東槐派也出了一個秀才。特別值得指出的是，赤湖派後裔還出了兩名進士。一是陳望曾，同治十三年成進士，任廣東雷州、韶州、廣州知府多年，後擢廣東勸業道，為振興實業不遺餘力，曾密助民黨革命。一是陳登元，光緒十六年成進士，任山東知縣，後致仕家居，光緒二十一年日軍犯台時，曾糾集義勇500名抗日，失敗後內渡[12]。他們或者為傳播祖國文化，或為保衛臺灣，或為振興大陸實業，分別貢獻了自己的力量。

文獻來源：《陳元光國際學術研討會論文集》，廈門大學出版社1993年。

　　作者簡介：陳正在，廈門大學歷史系教授。

注　釋

[1]. 作者未見到《武榮詩出陳氏族譜》，此處移民資料系根據莊為現等編：《閩台開系族譜資料選編》。編者指出「該族從清初至民國的三百年中，前後移居臺灣人數約近二千」。作者認為實際移民人數並沒有那樣多，該譜所列資料包括一批生長在臺灣的移民後裔，而且均記卒於台、住台、往後，關於卒於台記載中，不少系往台移民；關於住台記載中，不少系生長於台，也有一些系往台移民，很難準確計算出移民的實際人數，是否夫婦同往，有的亦難區別，只好往台、卒台、住台分別統計。

[2]. 雍正十一年陳鼎億：《銀同碧湖陳氏族譜序》，轉引自《陳氏大族譜》。

[3]. 陳萬年：《漳浦陳氏家庭淵源、世系及分佈》，《漳浦文史資料》第9輯。

[4]. 轉引自莊為現、王連茂編：《閩台關係族譜資料選編》，第179頁。

[5]. 雲霄縣陳政陵園整修董事會翻印：《潁川陳氏開漳族譜》（雲霄山美藏本）。

[6]. 李棟明：《臺灣大姓人口縣市分佈特點研究》，載《臺北文獻》直字第44期，1978年6月出版。

[7]. 吳榮興監修：《彰化縣誌稿》，卷三，居民志。

[8]. 《閩南人》，第三章，表三。

[9]. 盛清沂總纂：《臺北縣誌》，卷三，居民志。

[10]. 陳長城：《介紹宜興復興莊梅林陳氏》，載《臺北文獻》直字第69期，1984年9月出版。

[11]. 《宜蘭文獻》，第三卷，第二期，《陳協台輝煌特輯》，1969年1月出版。

[12]. 陳望曾傳、陳登元傳，均見《臺灣省通志稿》，卷七，人物篇。

關於陳元光入閩的幾點看法

許寶華 謝建中

　　距今一千三百多年的唐高宗時期，閩南多亂。總章二年（669 年），玉鈐衛翊府左郎將歸德將軍陳政奉高宗之命，進戍綏安（今福建漳浦）。陳政，固始人。乾隆三十五年《光州志》載陳政子陳元光時年十三歲，遂從父入閩。在此之後的四十餘年中，陳政父子歷盡艱難險阻，勵精圖治，對閩南的治理開發作出了巨大貢獻。

　　前期以作戰為主。陳政率府兵三千六百名，進伐時由於水土不服和寡不敵眾，而退守九龍山，請朝廷增援。朝廷派陳政兄陳敏、陳敷領軍校五十八姓援閩。陳敏、陳敷病死道中，陳政母親魏氏帶領部眾，入閩與陳政會師，擊敗「蠻獠」，屯兵雲霄火田，紮下根基。

　　陳政於 677 年病逝，元光承襲父職。他治軍有方，文武兼備，逐步平息了綏安之亂。垂拱二年（686 年）陳元光向朝廷建議在泉、潮二州間增置一州。朝議後，武氏同意建立漳州，轄漳浦、懷恩二縣，命元光為刺史，自別駕以下，由地方自行任命。陳元光發展農業，興辦學校，招撫少數民族，穩定社會秩序，使蠻荒的閩南氣象日新，故後人奉陳元光為「開漳聖王」。

　　陳元光對歷史作出了如此巨大的貢獻，而唐史卻無記載。儘管這可能有其歷史原因，但畢竟是修史的一大疏漏。宋景祐年間，漳浦知縣呂（）在其《題威惠廟》詩中道出了後人的不平：「當年平寇立殊勳，時不旌賢事弗聞。唐史無人修列傳，漳江有廟祀將軍。」（見《漳浦縣誌·卷十八》）。這一現實也給後人全面研究陳元光開漳史造成了相當大的困難。有些史實只能從地方誌和家譜中去尋找，有些則只能憑史籍作大致的推斷。

一、陳氏家族住地的變遷

　　乾隆三十五年《光州志》戴，元光世系「本於胡公滿，後子孫以國為姓，遂易媯為陳」。《光州志》又載：「漢建武間，有祖名孟連者為固始侯，薨，

葬於浮光山之麓，子孫因而留家焉。」陳孟連為固始侯，死後又葬於浮光山。後代依山留家，說明陳氏後裔已向南繁衍了。

《水經注》載：「淮水又東經浮光山北，亦曰扶光山，即弋山也，山踞息縣南五裡。」浮光山在息縣境內淮河南岸（今有人諧音稱其「蒲公山」），為一含大理岩層的獨山，屬弋陽郡管轄。弋陽郡唐代稱光州，玄宗時短期複稱弋陽，即今潢川。這說明陳氏後代至遲在漢代已發展到了光州境內。

古人厚葬，全塋喜依高皋。淮陽以南一馬平川，渡淮後首當浮光山，較之淮北平原別有氣勢，也許是孟連在世時早已選好的墓地，死後葬於此，後人留居守墓，遂有一支落於此地。筆者查實，至今山前還有一個叫「陳大」的大村落，仍住有許多陳姓。唐朝時，陳氏家族中陳犢源出固始。這一支如何從浮光山輾轉遷到固始的，我們認為對舊地依戀是一種可能。建武年間，孟連為固始侯。漢朝分侯爵為三等：縣侯、鄉侯、亭侯。縣侯以縣為食邑，為侯爵中之最高一級。光武帝劉秀給孟連這麼高的封賜，定是孟連對東漢有較大的功績。他的後人可視固始為其家族的又一發祥地，固始漢代的地望，現有兩種說法，一說即今固始處地。一說初在淮北的沈丘、臨泉一帶，南北朝大亂，士民南遷，劉宋時僑置於今地，後經劉裕「士斷」而成實置。不論二說哪一個正確，隋唐時固始即在今地是確定無疑的。它的自然條件較淮北更加優越，因心理上依念祖上發祥地，或於某次變故或變亂後，再遷至今之固始是合乎情理的。這不僅可以滿足陳氏族人對祖地固始的心理追求，又可獲取更豐富的生活物資。他們當然會選一個像浮光山那樣地形、地貌的獨山，旁依營居，這樣在固始境內，只有位於安山腳下，川原壯麗的陳集一帶最合適了。安山亦稱安陽山，固始人以其方位俗稱東大山，也是一座含大理層的獨山，卻比浮光山更有氣勢些，陳氏家族懷念舊地，也就會把它稱之為浮光山。陳元光有詩曰：「浮光昂嶽望，固始秀明鄉。」正如後文要提到的陳政以山西之漳河命名雲霄之水一樣。安山也的確成為陳氏族人心中的浮光山。1987年第二期《史學月刊》上高東成和李鐘晨的《陳氏家庭源流考略》一文中稱「……東漢桓帝時太丘長實居潁川……陳實之後裔志臬，娶王氏生五個兒子，其中五子達信於南朝宋時遷固始縣。」此文正可為我們的這一推測作一印證。

關於陳元光入閩的幾點看法

軍功所封也是一種可能。元光祖父陳犢，字克耕，隨李世民征戰攻取臨汾立下軍功。《新唐書·太宗本紀》記載，隋大業十三年（617年），隋虎牙郎將宋老生屯兵於霍邑（今山西霍縣）拒唐師，久雨唐師糧盡，李淵欲還兵，李世民苦諫進兵。後李世民將兵強攻，取霍邑，斬宋老生，接著攻下臨汾郡。《資治通鑑》又載，唐高祖武德二年（619年），定楊劉武周在山西作亂，攻下了唐朝開國基業所依的太原，並陸續攻下了太原以南的平遙、介休、臨汾、夏縣等許多州縣。唐高祖大驚，打算放棄黃河以東而退保關內。秦王李世民說，太原重鎮，是國家的根本，河南殷富是京城的財源，絕不可放棄，願得精兵三萬收復失土。於是唐高祖使李世民率兵三萬，自龍門（陝西韓城縣境）渡河，進擊劉武周。終多次大戰，失城一一奪回，次年劉武周敗走突厥，被突厥殺死。

史料記載開唐攻奪臨汾的戰爭就是這兩次，不論哪一次都是決定初唐能否存在的關鍵戰爭。包括陳犢一家在內的隨戰諸將立了很大軍功，後來論功賜爵，論爵賜永業田。陳犢一家有可能請求在其祖先發祥地固始取得較多的田莊以繁衍後代。

當然，陳氏定居固始也可能有其他原因，但陳元光家庭的繁衍變遷是清楚的，就是由陳州而固始，由固始而浮光山下再到固始，最後由固始至閩南直至海外。

乾隆三十五年《光州志》還載，陳元光的孫子陳酆，雖生長在閩南，但對祖居萬分懷念。天寶年間，李林甫、楊國忠當權誤國。陳酆無意仕途，「訪弋陽舊第，再新而居之數年」，直到安祿山作亂期間，朝廷應漳州士民請求，命陳酆依例任漳州刺史時方離去。「弋陽舊第」不能狹義理解為陳氏舊第在弋陽城內，而應理解為舊第在弋陽郡內，弋陽領固始縣，指的是陳氏在固始的舊居。至陳酆時，舊居難免損壞，再新而居，說明舊居得到很好的維修。只可惜後世沒有繼續維護下來。

後來陳酆的兒子陳詠，陳詠的兒子陳章甫均回家鄉任光州司馬和團練使。明萬曆年間，陳元光後裔陳華還回光州擔任太守。陳華任光州太守期間，聘禮部郎中陳璋補修《光州志》，陳華作序寫道：「華之先世元光，光人也，

唐時隨父政領兵戍閩，因家焉。今來守是邦，則祖邦之士大夫子北皆其鄉也。」真是世代不忘其祖，深懷故土。據固始陳集鄉老人們談，民國年間，還不斷有閩南陳姓回陳集掃墓祭祖及朝山。

陳集所依的安山之頂，過去有大山奶奶廟，祀雲霄娘娘。當地老人們說雲霄娘娘姓魏。這恰與陳元光祖母魏氏夫人去世後葬於雲霄縣之事遙遙相應。因此可以推定，魏氏逝於閩南，路遙而無法歸葬原籍，山頂大山奶奶廟就是留在原籍的陳氏後代為祭祀魏氏夫人所修建。魏氏夫人出身名門，堪為女中丈夫，享年九十餘歲，在陳氏族中有很高威望。故不僅受到閩南及固始陳氏後裔的崇拜，就是古陳國舊地陳州（今淮陽）人，也專於每年的農曆十月十五日前來陳集朝山趕廟會。他們吹著泥燒的哨子，向雲霄娘娘報告陳州老家來人了，向娘娘祈福，同時也搞點物資交流。這種由固始人和陳州人朝山的風習，從唐代開始，一直延續到解放初期。

二、陳政父子入閩兵源

唐朝前期因隋朝舊制實行府兵制。唐太宗分全國為十道，六百三十四府。府分三等，上府備兵 1200 人，中府備兵 1000 人，下府備兵 800 人。統兵官每府設折衝都尉一人，左右果毅都尉各一人。三百人為一團，團有校尉，五十人為隊，隊有正。民二十歲服兵役，六十歲免役。兵士自備兵甲、糧食和服裝，存入官庫，行軍時領取應用。府兵中精壯可信賴者可被抽調任皇帝十二衛禁軍。邊防重鎮需要較大兵力，本地兵力不足也從各府抽調。府兵是寓兵於農的一種兵制，平時府兵大部分從事農耕，小部分人分批到京師宿衛或戍邊。戰時，朝廷任命將帥統兵出戰，戰爭結束，兵散歸府，將帥歸朝。

陳元光祖父陳犢佑唐平天下有功於朝，官至玉鈐衛翊府中郎將，武官皆為懷化大將軍，正三品，「武德，貞觀世重資蔭」（見《新唐書》卷四十九）。陳政兄弟有資格受蔭而得軍職。據《雲霄縣誌》記載，陳政戍閩，「進屯梁山外之雲霄鎮火田村，居焉」。「嘗渡雲霄江，指江謂父老曰『此水如上黨之清漳』」，因此命名為漳江。他是因江由清濁兩水匯成，如同山西和河北南部交界地帶的漳河由清濁兩水匯成的一樣，從而如此命名。陳政

關於陳元光入閩的幾點看法

和他的部下對北方的漳河印象深刻，有著特殊的摯念之情，命雲霄之水為漳江，實有懷念故土，借中原景物以慰入閩府兵軍心之意，鼓勵他們在閩南安居樂業。後陳元光向朝廷呈《請建州縣表》，建議在此設州，稱「臨漳水，實乃建名之本」，獲得朝廷批准，漳州遂因漳江而得名。以唐之發祥地山西之河名命名閩南之水，並因而名州，本身也具有唐朝廷懷柔閩南之意。陳政說「此水如上黨之清漳」，說明他到過上黨（今山西長治縣）。陳政到過上黨的原因當是幼年時隨父在山西經歷過軍旅生活，或是成年後率府兵在此戍邊。北方重鎮駐軍主要用來對付突厥等外族入侵。

後來閩南有亂，朝廷委派陳政任嶺南行軍總管，將兵去閩南平亂。他的職銜是玉鈐衛翊府左郎將歸德將軍。歸德將軍，從三品，為其武官階。所帶這三千六百人不可能出之於一府，更不可能出之於一縣，他們的來源是中原各府抽去的府兵，因主帥需擁有核心力量而必然以固始人為多。從現有資料和他們的後裔族譜中均可以看到這點。許天正，汝南人。馬仁，固始人。沈彪，固始人。李伯瑤，陝西三原人。蔡長眉，信陽人。戴群冑，固始人。張伯紀，祥符人。這幾位可考將士中，固始籍幾佔一半，並且六位都來自河南，一位也緊靠中原。另外，丁儒亦為固始籍。《雲霄蔡氏族譜》記載祖上隨陳元光從固始三角店入閩，《方氏族譜》記載祖上隨陳元光從固始方集入閩。固始至今還有這兩個地名，三角店是一個小村莊，方集是鄉政府所在地。可見戍閩將士的後裔立譜時，對祖籍地認定的認真態度。

陳政所率三千六百府兵和緊接入閩的五十八姓將士是需要高度團結的，否則在閩南不能立足。固始人佔了這麼大的比例正是當政者主觀安排，有意利用同鄉的凝聚力，事實證明也的確起到了這個作用。

陳政率三千六百府兵首先入閩。他們的任務一是平亂，二是開發閩南。高宗要他們「相視水源，開屯建堡」。因戰爭和疾病的消耗，他們未能完成這兩個任務，特別是第二個任務更無法完成。因此，朝廷又派陳敏、陳敷率固始一帶五十八姓赴閩。這五十八姓去後終於打開了新局面，平息了嘯亂，建立了漳州，帶去了中原比較先進的文化和生產方式。

唐初，全國有人口三千七百萬，如按各地人口平均增長作類推，固始當有人口三萬左右。唐天寶年間漳州有人口一萬八千人。而此時全國人口已接近五千萬，按此類推，高宗年間漳州可能有人口一萬三千人。五十八姓人口只有這一萬三千人中的一部分，當然也只是固始三萬人中的一小部分了。這五十八姓入閩無疑是壯者為兵，男女相攜，舉家聚族的南遷了。這五十八姓南遷後在固始一帶造成的一些空曠之地也有人遞補。據《舊唐書》記載，就在五十八姓入閩的同年，高宗「徙高麗戶三萬八千二百於江、淮之南，及山南、京西諸州空曠之地」。高麗內遷是為了制其離叛。五十八姓入閩則是為了開發邊陲，促進閩南地區的政治、經濟和文化的發展，都是唐朝廷為治國需要精心安排的，說不定二者是有聯繫的。這種遷徙政策歷朝都曾使用過。

三、陳元光建漳的歷史影響

中原士族入閩歷史上有四：（1）晉永嘉之亂，中原士族林、黃、陳、鄭四族入閩；（2）唐初陳政、陳元光帶府兵三千六百和固始一帶五十八姓入閩；（3）唐末，固始人王潮、王審知等率義軍入閩，佔據泉州，後來王潮任福州觀察使；（4）宋靖康南渡，中原士族避亂入閩。

這四次南遷的人群中，均含有相當數量的固始人，其中以陳元光入閩人數較多，大部分都是固始人，他們對閩南的影響也是最大的。雲霄的陳岱鎮是陳元光後裔的一處聚居地，家祠有對聯：「浮光進澤長，固始家聲遠。」雲霄威惠廟有對聯：「漳水尋源懷固始，唐人訪祖到雲霄。」莆美鎮華廟對聯：「華胄增光光發光州地，廟基穩固固自固始人。」高塘鄭氏祖祠對聯：「固始溯源自是衣冠濟濟，高塘分派企看瓜瓞綿綿。」漳浦威惠廟對聯：「金戈開社稷，恩澤永沐漳郡；玉節鎮山河，韜略長輝固始。」均概括道地出了這次入閩的歷史影響。

漳州的建立，無疑給閩南樹立了一杆中原經濟、文化的旗幟，加速成了閩南地區的文明進程，有利於整個中華民族的穩定、團結和進步。

福建的雲霄縣是漳州初建之地，1946 年曾做過人口統計，縣誌記載，當時全縣總人口為 11.38 萬人，姓氏八十一。在族譜中寫明先世從河南入閩的

有方、吳、張、陳、柳、王、湯、蔡、林等九姓，總人數約九萬，佔全縣總人口的百分之八十。其中方、吳、張、陳、湯、柳六姓寫明先祖隨陳元光入漳，總人口約佔當時全縣總人數的百分之五十三。若唐代也按這個比例計算，高宗年間漳州的一萬三千人口中，隨陳元光入閩者將有六七千人。其中五十八姓當有四千人左右。當然這只是推測而已，有待直接材料進一步證實。

這批入閩的中原人，先在閩南站住腳並發展起來，然後向廣東和臺灣方向發展，最後又向海外發展。從《臺灣通志》所載材料可以看出，1930年臺灣總人數為375.16萬人，其祖籍註明從漳州和泉州二府遷去的為300萬人，佔臺灣當時人口總數的百分之八十。又據1953年臺灣統計，當是臺灣總戶數為82.9萬戶，737種姓，戶數在五百戶以上的一百種姓中，有四十五種姓的家譜記載先祖隨陳元光入閩，總戶數卻佔全島總戶數的百分之五十以上。可見陳元光這次入閩對後世影響極大。

從歷史的角度看，陳元光已被神化為「開漳聖王」，受到閩台和海外僑民的崇拜，起到了很強的民族精神紐帶作用。

陳元光對閩南的巨大歷史功績和政治影響，也受到歷朝統治者的高度重視。他們從自身的統治利益出發，也注意利用陳元光的巨大影響以鞏固其統治，唐玄宗登基的當年（712年），追思陳元光，贈諡「潁川侯」。五代加封為「靈著順應昭烈廣濟王」。南宋紹興年間加諡「忠毅文惠王」，命有司在春秋二季都要舉行祭祀活動。明初又封「昭烈侯」。明朝萬曆年間，在光州（今潢川）城內也建立了廣濟王祠，以紀念這位傑出的人物。

文獻來源：《陳元光國際學術研討會論文集》，廈門大學出版社1993年。
作者簡介：許寶華，復旦大學中文系教授，現代漢語專業博士生導師。

陳元光與閩台民俗

陳國強 周立方

「開漳聖王」陳元光，在閩台人民中間，真是家喻戶曉，在閩台民俗方面，也保留有陳元光的影響。

閩南人民由於尊崇陳元光，歷代把他神化立廟奉祀。在閩南、臺灣和粵東等地，建有威惠廟，靈著王廟多處，並塑像供奉。

在漳州府治最早所在地的雲霄縣，有威惠廟。雲霄縣城威惠廟原址已不可考，現址在縣城西門外，為明成化間（1465—1487）裡人吳永綏建。祀陳政、陳元光、種夫人、子陳珦、女懷金、營將馬仁、李伯瑤等。清道光、光緒間曾修建。1983年鄉民募款重修為現廟。廟內二進一殿，有左右兩廂房。前有廟埕、照壁，總面積約三畝，廟內對聯頗多。

過去雲霄除縣城威惠廟外，火田有王爹廟，廟有對聯「披荊斬棘歸中國，率眾驅蠻竄外荒」。高溪有王爹廟，廟有對聯「拓土開疆宜崇祀事，安民保境猶仗英靈」。竹塔有聖王廟，廟有對聯「屬棲瑞木呈異彩，塔砥中流濯波光」。宜穀徑有開漳聖王廟，等等。

唐貞觀二年（786年），漳州州治北遷到現在的漳州市區，為紀念陳元光開漳業績，閩南各地建有許多廟宇，較著名如漳州市郊南山村聖王廟、詔安深橋鄉聖王庫廟、漳浦縣威惠廟等。《漳州府志》記載：「漳浦縣威惠廟在縣治西門外，（唐時敕建，明弘治間知縣吳雲建墳樓，後毀。國朝康熙二十六年，知縣楊遇即樓址重建前殿後寢，後寢祀無種氏，廟左為柔懿夫人宮，夫人元光女也，從元光征蠻有功，故亦祀之）按屬邑皆有威惠廟，獨載漳浦志，開漳之所自始也。」

雲霄縣以前有「鑒王」和「走王」的習俗。每當正月十一日，縣城威惠廟裡要派人舉著「開漳聖王」的大牌，打著鑼鼓到鄰近各社報導。十三日將廟內的陳元光像移到前廳，稱為「退殿」。凡有聖王廟的城鎮或村莊，信徒必定到廟焚香供祭，並請戲班娛神，祀畢抬神像出遊，稱「鑒王（拜王）」。

陳元光與閩台民俗

出遊時由兩個穿戲裝的童男女提一對宮燈先行，接著是土地神居前開道，繼為元帥馬仁、軍師李伯瑤、王子陳珦、王女陳懷玉、夫人種氏，最後是聖王陳元光的神像。遊行中鑼鼓笙笛齊鳴，伴以震耳的鞭炮聲。沿途家家戶戶擺香案於路口恭迎。凡此年新婚或新生男童兒之家，必恭請神像到門首，置香案供獻金棗茶。祭畢，主人請抬神者及鼓樂隊吃蜜金棗和烏龍茶等。游畢，神像高踞戲臺對面的「王棚」中。棚前高置香案，供桌上有青花瓷缸，上聳立以竹稈麥紮成之草柱，柱外用豬肉片密封，柱頂插甘杞木（取甘棠遺愛、世代紀念之意）。分別放雞、鴨、魚，俗稱「辦大碗」。午後，接著有「走王」活動。

鄉下由村中耆老預選取幾十個青壯男子，每六人一組，高擎巨型木雕神像，到指定的起點處，列隊待發，在起點與終點處各有兩個禮炮手，專門負責放「三拜槍」，在神像前有兩個鳴鑼開道，後有一人執涼傘撐遮神轎。一聞擂鼓鳴炮，各組青年分別高抬神像，賓士如飛，直達終點，這時再鳴炮三聲，鑽組以競走、勢壯、姿美者為勝。稱為「走王」或「走尪」。然後，神像在樂隊護送下，歸座「王棚」，開始演戲。信徒供上「順盒茶」（即蜜餞糧果5～9種，以及茶水），直到元宵節後，才把神像送回威惠廟中，再供上「順盒茶」與「菜桌」（包括紅棗、桂圓乾、蓮子、香菇、木耳、金針菜、冬粉絲、米糕、蜜金棗等共9或12種）。

縣城威惠廟是正月十四日列隊出遊。隊伍中有百面大鑼、彩旗、高燈，接著是相公爺、李王公（伯瑤）、馬仁（先鋒）、陳懷玉（陳元光女）、陳珦（陳元光子），王媽、王爺（陳元光）等神像。均用四人抬，後有二涼傘、二扇，共四十多人，隊伍所經各社，都備有牲醴香案祭祀。當晚到溪尾祖厝（燕翼宮）王府（開漳祖廟）過夜。十五日，神像各由六人扛著，扛者伸直右手高舉神座，邊走邊放鞭炮，城關36福社均辦牲醴祭敬，其他各社則設「香碗桌」，這就是「走王」。神像送放炮迎神，一直回到威惠廟。二月初六日，是陳元光生日，廟前演戲慶祝，大多是潮劇，非常熱鬧。

《雲霄縣誌》（1957年3月版）卷4《地理下·風土》（一）風俗記載：「俗之別者，本邑為唐將軍陳元光開屯舊區，民人崇祀唯謹，每年正月十五

日高抬神像，遊行各社，賓士如飛，謂之『走王』。」關於「走王」民俗，還有首歌謠《龍眼乾》說：「龍眼乾，正月半（可見在昔本邑於舊曆之月，仍用龍眼乾泡開水享客，不知何時改用蜜金桔也），人點燈，阮（我們）來看，看見新娘（新婦）著火燒，子婿（新郎）撲撲躍，親家姆仔相拍（口角互鬥也）掉落橋，橋幾空，橋兩空，緊緊去下尫（求神也）；下著王爹（陳將爺）要吃豬，下著王媽（陳將軍夫人）要看戲，下著青尫（許別駕）無主意，下著地伯公（土地神）要吃軟番薯，下著相王爺（將軍廟附祀之小木像）要吃獅腳穿的橙色柿（名產出南寶山，紀種已三十餘年無培植者）。

這首《龍眼乾》歌謠，現在民間上年紀的人還記得，但有個別地方用詞不同。例如：

1.「下著地伯公要吃軟番薯」句中，民間念軟「番薯」為軟「紅柿」。

2.「下著相王爺要吃獅腳穿的橙色柿」句中，民間念「相王爺」為「相公爺」，念「獅腳穿」為「獅腳川」，是地名。

從記載中所說「此歌戲祀神太過之失」，可見過去有人認為「走王」太過分，也反映了民間的熱烈情況。

此外，在農村中還有抬馬仁神像驅蝗蟲、抗水災、苦旱求雨的習俗。在婚俗中，有新郎新娘穿白衣，草席下放乾芒（邊緣會割人的草）的習俗，傳說是婦女怕婚後丈夫是外地人跑掉，故相約同死之意。又在洞房時，新郎新娘吃12大碗，老的女福人要說幾句吉祥話，如說「吃豬肚，錢銀鋪」。

除雲霄外，在東山也有「走王」習俗。在東山東坑廟，每當農曆二月聖王生日前一天的二月初五舉行「走王」活動，信徒抬著王爺與王媽（種夫人）神像在田裡跑，群眾紛紛用砂子撒去，越多越好。到晚上，將王爺和王媽神像抬進廟，是由四人單手高舉，下燒柴火，範圍有 2×1.5 米大，跳火而入，這叫「跳火井」。火井的火焰很旺，高達 1 米，又有陳村民抬祖宗遊行街道，又有鑼鼓隊、儀仗隊，提著寫有「陳府」的大燈，還有長柱形的燈，以及「肅靜」、「迴避」大牌。此外，在東山桐柏村有陳元光女兒陳懷玉（柔懿夫人）的「媽廟」。傳說鄭成功收復臺灣渡海前，曾將陳懷玉神像請上船保佑，故

陳元光與閩台民俗

廟裡再塑一尊。鄭成功收復臺灣後，在台南建「媽廟」，香火旺盛。後來，陳懷玉神像又送回東山媽廟，稱為「大媽」，後來再塑的稱為「二媽」。東山還傳說：鄭成功攻打雲霄清軍時，曾到白塔威惠廟，祈求開漳聖王陳元光說：「我南征北戰，請保我安全。」以後屢次戰鬥，鄭成功果然安全無恙，鄭成功為此曾到威惠廟還願謝祭，並贈對聯。

葉國慶教授在《平閩十八洞研究》緒言中提到：「元光父子開建漳郡，功績既偉，崇祀亦隆。……祀禮與祭社稷同，……每逢誕辰，居民必演戲娛神，備牲獻祭，……家家宰鵝殺雞，延請親友，……裡人謂此日為過『小年者』意謂熱鬧有過除夕也，其影響於風俗者如此。漳州所屬各縣都有陳元光廟，也大概有此風俗」。由此可見陳元光對閩南漳州地區民俗的影響極大。

後來，漳州移民到臺灣，為求航途、工作平安順利，多攜帶家鄉尊崇的「開漳聖王」神像作為隨身保護神。到臺灣定居後，在漳籍居民集中的地方，便建立許多開漳聖王廟供奉，據不完全統計，以「開漳聖王」為主神奉禮的廟宇，就有五十幾座。尤以漳民早期開發的地方，如宜蘭縣最多，桃園縣和臺北縣次之。

臺灣同胞又尊稱開漳聖王為「聖王公」，或簡稱「聖王」。又因為他是陳姓祖先，故又稱「陳府將軍」或「陳聖王」。

臺灣最有名的「開漳聖王」廟宇是：宜蘭縣永鎮宮、桃園縣的景福宮、臺北士林的惠濟宮等，這些廟宇除立祀開漳聖王外，還配祀輔順、輔顯、輔義、輔信等四位將軍。

輔順將軍是馬仁，在臺灣聊配祀在開漳聖王廟外，還有輔順將軍為主神的廟宇，都是由漳州籍移民所建立，也有稱為「將軍廟」或「馬公廟」的，例如台中市有「將軍廟」，台南市有「馬公廟」等。一般信徒以農曆二月十五日是「開漳聖王」聖誕日，以九月十四日是「輔順將軍」例祭日。在臺灣，對輔順將軍的名宇傳說不一，有說是馬恩、馬殷、馬援、馬福的，也有說出原名馬仁的，也有尊稱為馬公的，不管是什麼名宇，信徒們都認為是自己的保護神。

三、陳元光建漳的歷史影響

　　在漳民早期開發的宜蘭縣，位天壯圍的永鎮宮，所祀開漳聖王神像，據說是早期來台開墾的陳姓漳州人，自家鄉廟宇分香而來，後在壯圍建永鎮宮，咸為村民們的信仰中心。現在宜蘭永鎮宮正殿神龕所祀開漳聖王神像共九尊，其中較小的金身神像是該廟保存由大陸帶來的金身，百多年來，由於宮廟逐漸擴大翻修，此神像已不能與重宮廟配合。因此為鎮殿塑神像，而將原來神像安置於新塑像中間，但為區別起見，稱為「老聖祖」。到宜蘭永鎮宮祭祀祈求的信徒，女多於男，老多於少，祈求的問題大多是一些私人的現實困難，例如求財、求運、求子孫、求康寧、求平安，等等。

　　桃園縣的景福宮也有幾尊「開漳聖王」神像，其中主神留在殿內不能隨便移動，稱為「鎮殿王」。其他神像可以迎奉到臨時祭壇或信徒家中。信徒們祈求祭供後，再恭送回宮廟。桃園晃福宮也陪祀有輔順將軍。信徒們尊奉他既是「開漳聖王」的先鋒官，百戰百勝，收復漳州，又是「開漳聖王」的醫官，在時疫流行時，馬仁義診出醫，普濟眾生，平息時疫。

　　在臺灣的民俗中，關於「開漳聖王」有兩種傳說：

　　第一，「開漳聖王」是唐代僖宗時的武進士陳元光，又名陳永華，字廷炬，號龍湖。狀貌魁梧，風姿卓異，被朝廷任命為元帥，率軍平定漳州等地七縣，後被任命知漳州。陳元光到任後，驅逐少數劣民，安撫教育蠻民，將中原文化移植漳州，排除萬難，開闢疆土，以「開漳將軍」兼漳州州事，努力施行仁政，使漳州居民安居樂業。漳州居民對陳元光的威武仁德十分崇敬和讚揚，因而在他死後上奏請敕封為「威惠聖王」，奉為地方守護神。

　　第二，陳元光跟隨父親陳政戍守福建，任玉鈐衛翊府郎將，人稱「鷹揚將軍」。父陳政死後，陳元光奉命代行父職統領眾卒。陳元光為控制嶺表，特別請命朝廷在泉州和潮州之間創置漳州，朝廷應允所求，就任陳元光負責鎮撫屯守。陳元光披荊斬棘，掃蕩悍匪，數年內漳州附近幾千里都沒有桴鼓告警。及至晚年，閩酋叛變，陳元光奉詔興兵討賊，不幸戰歿於漳浦縣，頒諡「忠毅」。漳民哭哀如喪考妣，建廟於石鼓山下，立像祀拜，當地人稱「將軍廟」。

這兩個傳說都部分反映了歷史史實，也反映了臺胞和早期漳州移民們對陳元光的崇拜與尊崇。

從上述閩台民俗，反映陳元光的歷史功績是偉大不可磨滅的，也配得上「開漳聖王」的稱號。

文獻來源：《陳元光國際學術研討會論文集》，廈門大學出版社 1993 年。

客家與中原關係芻論

王大良

客家人是一個與中原地區有密切關係的特殊民系，追本溯源，其「先民原自中原遷居南方，其先世居於中原舊地」[1]，亦即中原移民的後裔。那麼，客家先民何以要從中原南遷？其南遷發生在什麼時代？遷徙方式及方向如何？除血緣關係以外與中原地區又有何聯繫？諸如此類的問題並沒有得到徹底解決。今天，值客家學研究不斷引向深入之際，將客家與中原的關係作一系統回顧和探討，對於解決爭論已久的客家源流問題，增強客家與中原之間的認同感和凝聚力，抑或是不無裨益的。

一、從中原人口南遷看客家血統源流

客家人是在中原人口不斷南遷的過程中形成的特殊民系，其南遷活動根據羅香林在《客家源流考》一書中的研究，大規模的約有 5 次，而其中的第一次和第二次都與中原地區有關。至於這些客家先民的南遷原因和具體人員構成、遷徙方式等等，他並沒有作進一步的研究，以至為後人留下不少懸而未決的疑案。本篇便是圍繞第一次南遷問題申而廣之的。

一般認為，客家先民第一次南遷的原因完全是由於西晉末年的動亂和所謂「五胡亂華」的影響，其實事實並非完全如此。如在大亂發生的數年間，自然災害也一直比較頻繁。其中僅永寧二年（302 年），就有七月的豫州（今河南淮陽）、南陽（今屬河南）水災，襄城（今屬河南）、河南（今河南洛陽）雹災，十月的義陽（今河南信陽北）、南陽水災，十二月的襄城、河南二郡風雹災，而整個中原地區又發生地震。又如永嘉四年（310 年），中原地區在四月發生大水，五月地震，六月大蝗，入冬大旱，一直持續到次年春天。這些接連不斷的自然災害所造成的破壞一點也不比社會動亂低，其甚者「折木傷稼」，或者「草木牛馬羊鬢皆盡」[2]，同樣威脅著中原居民的生命安全。上述這種自然災害的頻繁發生無疑給中原居民在當地的生活造成困難，像「五胡亂華」一樣，顯然也是引起中原居民外遷的主要原因。

西晉末年「五胡亂華」和自然災害的交織，最終引起了以衣冠士族、官宦大戶為主體的中原居民向較為安寧的江淮地區遷徙。這些南遷的中原居民後來大多衍化為客家先民，其遷徙也被認為是客家先民的第一次南遷。當時的情況正如《資治通鑒》所說的那樣：「時海內大亂，獨江左差安，中國士民避亂者多南渡江。」《晉書‧王導傳》也說：「俄而洛京傾覆，中州士女避亂江左者十六七。」從「十六七」之言，可知中原居民避亂南下者人數之多。又據顏之推《觀我生賦》自注曰：「中原冠帶隨晉渡江者百家」。南朝人撰士族譜，也稱百家譜，所指也主要是這些渡江官宦士族。具體說來，如潁川長社（今河南長葛）人鍾雅，西晉時任著作佐郎，後來「避亂東渡，元帝以為丞相記室參軍」[3]。南陽順陽（今河南淅川）人范堅，「博學善屬文，永嘉中避亂江東，拜著作郎」[4]。陳留考城（今河南民權東）人蔡謨，早年舉秀才，後來也「避亂渡江」[5]。陳郡陳（今河南淮陽）人王隱，博學多文，於「建興中渡江」[6]。由於這一時期避亂南下的中原居民較多，朝廷為了安置他們，還專門設立了僑州郡縣。《隋書‧食貨志》載：「晉自中原散亂，元帝寓居江左，百姓之自拔南奔者，並謂之僑人，皆取舊壤之名，僑立郡縣，往往散居，無有土著。」《晉書‧地理志》也說：「永嘉之際，豫州淪於石氏。元帝渡江，於春穀縣僑立襄陽郡及繁昌縣。成帝又僑立豫州於江淮之間，居蕪湖。時淮南入北，乃分丹陽，僑立淮南郡，居於湖口。又以當陽縣流人渡江，僑立為縣，並淮南、廬江、安豐，並屬豫州」，「後以弘農人流寓於尋陽者，僑立為弘農郡」。《東晉南北朝輿地表‧江州尋陽郡》也稱：「孝武因新蔡流人，於漢九江王黥布舊城，置新蔡郡。」上述這些原屬中原地區司、豫等州各郡縣的居民，在南遷後被安置在江淮流域的蕪湖（今屬安徽）、尋陽（今屬江西九江）等地，成為當地僑居之人，一則說明當時南遷人口之多，致使朝廷不得不設立僑州郡縣加以安置；再則也反映了這些客家先民在第一次南遷後大多定居江淮流域的客觀事實。

根據史書記載和近人有關研究結果表明，在晉末南下的中原居民大約有90萬人，佔後來南朝人口的1/6。其遷居地區在同屬江淮流域的基本前提下，由於在南遷以前居住地區的不同，在南遷後也呈現出不同的地區分佈。其中來自中原西北部的移民，主要定居在今河南、湖北二省的漢水流域，而其他

地區的移民則定居在今安徽、河南的淮河以南，以及湖北東部和江西北部[7]。具體說來，如南陽順陽人范汪6歲過江，依外家新野庾氏，其子甯，「家於丹陽」[8]。陳郡項（今河南沈丘）人周興嗣，「世居穀熟」[9]。滎陽開封（今屬河南）人鄭襲「初為江乘令，因居縣境」[10]。新野（今屬河南）人庾易，「徙居江陵」[11]。上述這些中原士族，定居地點都在江淮流域，說明遷居江淮流域是當時的移民主流。當然，除此之外，還有一些中原居民遷往今福建、浙江、江西等地。如據《閩書》記載，「永嘉二年，中原板蕩，衣冠始入閩者八族，所謂林、黃、陳、鄭、詹、丘、胡、何是也。」《臺灣省通志·人民志》也說，晉代從中原入閩者有十三姓，除以上所及者外，又有張、劉、楊、梁、鐘、溫、巫等姓。上述都說明，晉末有中原移民入遷福建。又如《南史·陳本紀》載，南朝陳開國皇帝陳霸先，「自雲漢太丘長寔（潁川人）之後也。寔玄孫晉太尉准，准生匡，匡生達。永嘉中南遷，為丞相掾，太子洗馬，出為長城令，悅其山水，遂家焉。」[12]《晉書·殷浩傳》載，陳郡長平（今河南西華）人殷浩仁晉，後「坐廢為庶人，徙於東陽之信安縣（今浙江衢縣）」。《宋書·謝靈運傳》載，陳郡陽夏（今河南太康）人謝靈運，在祖父時已渡江南下，後因「父、祖並葬始寧縣，並有故宅及墅，遂移籍會稽」。《晉書·江逌傳》載，陳留圉（今河南杞縣）人江逌「避蘇峻之亂，屏居臨海」。上述這些人，遷居地區都在今浙江境內。又如《晉書·謝鯤傳》載，陽夏人謝鯤是晉太傅謝安叔父，「避地豫章」，其地即今江西南昌，可見當時有中原移民遷居江西。

　　從數量上看，晉末南遷的中原居民儘管有90萬人之多，但其核心仍是中原士族、官宦之家，其中可考知者約有30餘家，佔全部南遷官宦士族的1/3。他們主要來自中原地區的陳郡、潁川、陳留、滎陽、南陽、汝南、河內等郡，其中陳郡有袁、謝、王、陳、殷、鄧六姓，潁川有庾、鐘、荀、韓四姓，陳留有蔡、江、范、阮四姓，滎陽有鄭、毛二姓，汝南有周、應、李三姓，南陽有范、樂、劉、張、庾、宗六姓，新蔡有干、畢二姓，河內有郭、王、山三姓，義陽有朱氏一姓，河南（今洛陽）有褚氏一姓，濮陽有吳氏一姓。此外，唐林諝《閩中記》曰：「永嘉之亂，中原士族林、黃、陳、鄭四姓先入閩。」據此，可知當時有更多的官宦士族渡江南下。

儘管中原官宦士族在晉末大亂時為了避亂而遷往異域他鄉，但其外遷時間和外遷方式等並不一致。首先，就外遷時間而言，有元帝過江前已避亂江東者，有原在荊揚地區做官、中原喪亂即受元帝節度、因而留居江左者，有隨元帝過江者，有元帝過江後追隨而來者；其次，從遷徙方式看，除絕大多數攜家屬過江外，也有隻身避亂和舉族而往者；再次，從僑居地看，有在建康（今江蘇南京）一帶者，也有在江陵（今湖北荊州）一帶者，大都屬於江淮流域；最後，從郡望看，潁川、陳郡、陳留、汝南、南陽等郡官宦士族較多，其他諸郡較少。這除歷史原因（如家族地位、文化水準、經濟水準等）外，主要還是因為地域關係。即上述諸郡距江左要較他郡為近，五胡勢力所及較晚，當大亂還沒有徹底破壞這些地區時，他們就已經渡江南下了，因而得以保全。

上述 30 餘家中原官宦士族在南遷的過程中，有不少採用集體遷移方式，率領著自己的鄉里宗族共同遷徙，所以僅從姓氏或家族數量上看似不很多。其實當時的「家」是一個較為複雜的概念，往往指父家長制統治下的一個大家族。在這個家族中可以有同姓的遠近宗族，以及受其蔭庇的各種依附人口，在總數上可以多達數十或數百。因此，在晉末南遷的中原移民，事實上都是一個個相對獨立的團體。這些團體有自己領導者（即士族首領或族長），擁有一定的物質基礎和自保能力，同時也有在新的環境中自我生存的能力。這些，都是後來形成客家人的基礎。當然，上述統計數字僅是根據史書記載而來的，不可否認有更多人的遷徙活動沒有被記錄下來。

總之，西晉末年的戰亂引起了以中原官宦士族為主的居民遷徙，而以後形成的客家人又直接得益於這種遷徙。在遷徙之前，他們居住在漢、淮、潁、河四水之間的中原地區。遷徙之後，定居在較為安寧的江淮流域，並以此作為以後進一步遷徙的起始之地。故而可以認為，客家先民在西晉末年的第一次南遷，對客家的形成具有至關重要的意義；同時我們還可以確信，這些以官宦士族為主的中原移民與後來的客家人具有直接的淵源關係。

二、從中原塢壘堡看客家居住風俗

談到客家居住風俗,人們很容易想到那些分佈在今閩粵贛交界地區眾多的圍龍屋式建築。其實,這種兼具自衛和聚族而居功能的民居直接淵源於中原地區的塢壘堡壁,是中原居民在南遷時直接帶去的固有建築模式。

《晉書·蘇峻傳》稱:「永嘉之亂,百姓流亡,於時豪傑所在屯聚。」這裡所謂「豪傑」,大體是上文所說的中原官宦士族。其所屯聚的地方,一般是經過認真選擇或悉心構築的臨時工事,在當時通稱為塢,或者稱為塢壁、壘、堡、固,是他們賴以生存的軍事據點。

所謂塢,許慎《說文解字》曰:「小障也。一曰:『庳城也』。」這種塢大約最早出現於東漢末年的戰亂之中,其最為著名者是由漢太尉董卓興建的郿塢(今陝西郿縣境內)。在這座塢中,不僅有高達一丈的基址和七丈的圍牆,而且其面積也達一裡多,可以屯駐軍隊和積屯糧食,「積穀為三十年儲。自云:『事成,雄據天下;不成,守此足以畢老。』」[13] 從董卓的話中不難看出,這座塢壁具有突出的防禦功能和自給自足能力,與客家人後來在各地建造的圍龍屋並沒有本質的區別。

董卓的郿塢首開了戰亂時期官宦士族結塢自保的先河,至西晉末年及其以後,由原晉朝官吏或中原士族興建的塢壁便廣泛流行開來,成為動亂時期居民自我保護的一種重要手段。當時,僅在中原西部的伊洛地區,大的塢壁就達十多個。如據《水經注》載,在洛水流域,自西而東,在今河南洛寧一帶有檀山塢,今宜陽一帶有金門塢、一合(泉)塢、雲中塢,在洛陽附近有合水塢,今偃師一帶有零星塢、百谷塢、楊亮塢、白馬塢、袁公塢,在鞏義境內有盤穀塢;在伊水流域,自西南而東北,今伊川一帶有崖口塢、楊亮壘、范塢、楊志塢。伊洛地區原是西晉的中心區域,二水流域又多山林險要之地,因而是官宦士族率眾自保的理想場所。至於平原地區,雖無天然屏障可守,但結塢自保者亦遍及大河南北。如永嘉初,王彌與劉曜、石勒等攻魏郡、汲郡、頓丘,「陷五十餘壁,皆調為軍士。」[14] 石勒與「劉零、閻罷等七將率眾三萬,寇魏郡、頓丘諸壘壁,多陷之」,其後「退屯黎陽,分命諸將攻諸未下及叛者,降三十餘壁」[15];「魏郡太守劉矩以郡附於勒,勒使矩統其壘

眾」,「與閻罷攻睹圈、苑市二壘,陷之」。[16] 上述這些被石勒等人攻佔的塢壁,都分佈在中原地區的黃河以北。此外,在永嘉四年（310年）,匈奴劉粲等人「率眾四萬,長驅入洛川,遂出軒轅,周旋梁、陳、汝、潁之間,陷壘壁百餘」[17],據此可知在中原腹地的塢壁也極多。又據《晉書·祖逖傳》載,東晉初年,宋、譙一帶有流民塢主張平、樊雅、董瞻、於武、謝浮等十餘部,眾各數百,相聚抵抗祖逖。後來,祖逖求救於陳留一帶的蓬波塢主陳川,打敗張平,又「討諸屯塢未附者」,繼續周旋於各塢壁之間。除此而外,又有大批動搖於後趙、東晉之間的「河上堡固」,可見塢壁在這些地區的分佈之廣。

當時,中原地區的塢壁當然不上上述這些。其影響較大者,如庾袞在禹山、林慮山、大頭山所結塢壁已為史家所熟知,此外又有汲郡向冰枋頭塢[18]、安陽邵續厭次塢[19]、河內郭默懷塢[20]、河南褚翜萬氏台塢等[21]。至於外地人在中原所結塢壁也為數不少。如平陽人李矩為鄉人所愛,推為塢主,初屯滎陽,後移新鄭（今屬河南）[22]。東海人魏浚寓居關中,及關中亂,與流民數百家東保河陰之硤石（今河南孟津一帶）。及洛陽陷,屯於洛北石樑塢,撫養遺眾,漸修軍器,歸之者甚眾。死後,其子該據宜陽一泉塢[23]。京兆人杜尹為弘農太守,屯宜陽一泉塢,後為魏該所殺,塢亦屬該[24]。天水人閻鼎行豫州刺史事,屯許昌（今屬河南）,及晉末亂,乃於密縣（今屬河南）鳩合西州流民數千,為塢主。時司徒左長史彭城人劉疇亦在密為塢主[25]。此外,平陽人李洪有眾數千,壘於舞陽（今屬河南）[26]。這些事例無不說明,在西晉末年時,結塢而守對於中原官宦士族來說具有普遍意義。

塢壁作為中原官宦士族武裝自救的一種依託手段,具有許多引人注目的特色。分佈在多山地區的塢壁大多地勢險要,易守難攻,而平原地區的塢堡雖無天然優勢,但也有人工構築的土堡保護其生命財產不受侵犯。因此,有險可守也就成為塢壘堡壁的首要特點。如伊洛地區的檀山塢「四絕孤崎」,一合塢「在川北原上,高二十丈,南北東三箱,天險峭絕,唯築西面」,雲中塢「迢帶層峻,流煙半垂,縈帶山阜」,百穀塢「因高為塢,高十餘丈」,崖口塢「翼崖深高,壁立若闕,崖上有塢,伊水徑其下」。[27]10 上述這些塢壁,恃險而建的特點都極為明顯。至於塢壁其他方面的特點,如有一定的作戰能

力，同時也有生產能力，且戰且守，武裝自救，等等，都是人們熟知的事實，這裡不再贅述。

塢壁是中原官宦士族在兩晉之際自發組織的自救團體，一個塢壁也以一個家族及其結成的團體為單位，這一特點在當時也具普遍性。潁川士族庾袞所以能團結一大批宗族鄉里保聚禹山等地，根本原因就在於他是士族出身的鄉里名士，不僅有一定的號召力，而且在他周圍還有一個勢力很大的宗族組織。如他出身潁川鄢陵，是後漢著名征士庾乘之後。魏晉之時，其家族成員或為當世名賢，或至三公九卿，族中常有近十人出任中外要職；又聯姻當世名族潁川荀氏、南陽樂氏、河東毋丘氏等；而他本人又有「父母諸弟」、「諸父兄」、「諸父」、「弟子」、「門人」、「群子」、「諸子侄」、「同族及庶姓」等社會關係，無不說明他有一個極為龐大的家族勢力。至於其他出任塢主的官宦名士，也莫不如此。如向冰的枋頭塢有眾數千，而他是當年「竹林七賢」之一的向秀宗人；懷塢塢主郭默雖出身寒微，但晉末進入仁途，其家族也提高到足以號召鄉里的地位；褚翜的萬氏台塢有眾數萬，其中不少人也是他的親戚及「同志」[28]。正因為塢主們出身官宦士族，有一定的家族勢力和號召力，才能招合部曲、結塢而守，保全自己和家人的利益。

總之，通過上述可以看出，中原地區在動亂時期出現的塢壘堡壁起到了「保合鄉宗，庶全老幼」的作用，在「晉末饑亂，奔控無所」的情況下更是如此[29]。也正因其具有較大的實用性和不可替代性，由中原南遷的官宦士族才會將其攜至南方，並經過不斷發展完善，成為典型的客家民居。

三、從中原姓氏起源看客家大姓祖根

姓氏是反映一個人血統所出的文字符號，也是客家人最為重視的血緣標誌，所謂「姓者，統其祖考之所自出；氏者，別其子孫之所自分」[30]，正是形象地說明了姓氏的作用。因此，我們從姓氏的起源和演變中，也可以看出客家與中原地區之間實際存在的淵源關係。

簡單地說，中原地區是中華民族的搖籃和中國姓氏的主要發祥地，客家姓氏則是在這一基礎上的演變或發展。早在人類的原始時代，中華民族的共

同祖先炎黃二帝就生活在中原地區，他們所在的部落徽號也就成為人類最早的姓氏。此後由於人口越來越多，大的部落分為若干小氏族，小氏族又分成一個個方國或家族，為了相互區分，各以不同的文字加以命名，於是就有了更多的姓氏。據先秦史籍《世本》所記，炎黃二帝所建的方國和部落共有1000多個，這便是最早的1000多個姓氏。今天客家人中最常用的姓氏，大多包括在這1000多個姓氏中。因此可以說，客家姓氏源於中原，源於炎黃二帝，是有充分事實根據的。

進入階級社會以後，夏商王朝的統治中心都在中原地區，周代的許多封國也在中原。當時由於我國的姓氏制度正在形成，許多姓氏的名稱都被固定下來。此後又經過進一步的分化、發展、演變，就成為我們今天使用的姓氏。據有關專家研究，我國古今約有姓氏12000個，其中有半數以上發源於中原地區；而在當今人口最多的100家大姓中，有近2/3的姓氏發源地在中原地區。所以人們常說中原地區是中華民族的搖籃，僅從姓氏發源一個方面便可得到印證。

從西晉末年開始，隨著中原人口的廣泛南遷並進一步衍化為客家先民，其所使用的姓氏也進一步發展成為客家姓氏。如陳姓的祖根在中原地區的潁川，其先民分別在晉末、唐初、唐中葉遷居福建等地，以後又西遷江西、廣東，形成客家陳姓；鄭姓發源於中原地區的滎陽，族人鄭昭在西晉永嘉二年（308年）南遷福建，其後在唐初、唐末又有兩批鄭姓人入閩，散居閩、粵，成為客家大姓；謝姓發源於中原地區的南陽，兩晉之時，族人謝纘由陳郡南遷會稽，成為東南望族。其後又遷福建、廣東、江西，發展成為客家大姓；鐘姓源於中原地區的潁川長社，族人鐘會正在晉宋之際遷於江西，成為江西、福建、廣東等地客家人的祖先；王姓的一支在北宋時是中原地區的東京開封望族，稱「王氏三槐堂」，以後隨宋室南遷，流寓浙、閩、贛、粵等地，成為客家王姓的重要支派。上述這些姓氏不過是客家姓氏中較有代表性的幾個，其祖根都在中原地區，淵源關係十分明顯。

當然，客家與中原之間能夠確切指出淵源關係的姓氏並不僅是上述這些。如在客家社會中較有影響的林、黃、蔡、楊、何、胡、賴、葉、廖、蘇、江、

羅等姓氏，其根源也都在中原地區。其中林姓發源地在今河南北部的衛輝、淇縣一帶，其所尊奉始祖比干的墓葬至今仍完整保存在衛輝境內；黃姓發源於今河南南部的潢川縣，其最早的居住地黃國故城就在今潢川縣城西北隆古鄉境內；蔡姓發源於今河南中南部的上蔡縣，其主要郡望之一的「濟陽」所指即今河南民權縣東北部一帶；楊姓發源於今河南西部靈寶一帶，其郡望「弘農」所指也是這裡；何姓發源地在今河南中部，新鄭等地是其早期居住地區；胡姓發源於今河南淮陽和郾城等地，其郡望「新蔡」至今仍名新蔡，是河南中南部的一個縣；賴姓發源地在今河南南部的息縣，其早期居住地即今息縣東北 37 公里的包信賴亭；葉姓發源於今河南中部的葉縣，其郡望「南陽」所指也是葉縣；廖姓發源於今河南唐河縣湖陽鎮，其郡望「汝南」所指即今河南汝南；蘇姓發源於今河南溫縣，其早期居住地已在縣中西部的招賢村一帶發現；江姓發源於今河南南部的正陽縣大林鄉塗店村，郡望「濟陽」所指也在今河南民權東北部一帶；羅姓發源於今河南南部的羅山縣，其姓氏來源與縣中的大小羅山山脈有關；等等。據研究，目前在客家人中人口最多的百家大姓，其根源大多與中原地區有關。

如果我們對客家姓氏的發源地再作進一步研究，便會發現，其在中原地區的發源地大多與其先民在南遷時的居住地有關，亦即主要集中在今河南歷史上的汝南、潁川、南陽、濟陽、陳留、河內、河南（今洛陽）、滎陽、弘農等地。其中如源於汝南的周、齊、藍、殷、危、咸、平、袁、梅、盛、昌、和、應、廖、汪，滎陽的鄭、潘、毛，潁川的陳、賴、鄔、鐘、於、田，濟陽的江、蔡、卞、左、丁、柯、庾，南陽的葉、樂、滕、鄧、翟、韓、岑、張、趙，河南的邱、褚、禹、方、蕭、羅，河內的陸、司馬，弘農的楊、刁、譚，陳留的謝、阮、虞、屠、衛，光州固始的陳、王、黃，內黃的駱姓等，都是客家社會中影響較大的姓氏。

總之，客家姓氏與中原地區之間具有一脈相承的淵源關係，這種關係實際也即血緣關係，斬不斷，隔不絕。透過一個個獨立的姓氏符號，展現在我們面前的是客家與中原之間同是作為炎黃子孫的血肉聯繫。

四、從譜牒堂號認識客家根源

由於客家是一個在不斷遷徙過程中形成的特殊民系，保留了較多的中原習俗，對自己的家族來源和血統所出十分重視，以至在家譜和堂號上多有反映。今天，我們探討客家先民與中原地區的關係，其家譜和堂號也是重要依據。

在大多數客家人編纂的家譜上，都有其祖先在歷史上不同時期從中原地區南遷的記載。如興甯《汪氏三修族譜》說，興甯汪氏來源於潁川，其「三十一世孫諱文和，為漢獻帝龍驤將軍，破黃巾賊。建安二年中原大亂，文和南渡，孫策表授會稽令，封淮陰侯。時王郎為會稽太守，黟歙屬之，得郎降，更立新為新郡治，文和遂家焉。」據此，我們可知這支汪姓人是在東漢末年從中原地區南遷的。又如興甯《張氏譜抄》載，其「十五世韙公，晉散騎常侍，隨元帝南徙，寓居江左。」嘉應《劉氏族譜》載，「先主次子永公，初封魯王，繼封甘陵王，魏咸熙元年東遷洛陽，遂家焉。自五胡亂華，永嘉淪覆，晉祚播遷，衣冠南徙，永公之裔，亦遷居於江南。」梅縣《丘氏族譜》說，「河南丘氏，先世自東晉五胡雲擾，渡江而南，入閩而汀之寧化石壁。」興甯《溫氏族譜》說，「我族發源於山西、河南，子孫繁衍。逮東晉五胡亂華，懷、湣帝為劉淵所掠，我嶠公時為劉琨記室。晉元帝渡江，嶠公奉命上表勸進。後嶠公出鎮洪都，子孫因家焉。」蕉嶺《賴氏族譜》說，「賴氏居潁川，已更數代。西晉永興間，列寶官浙東，從東海王越討成都王穎，遷松江家焉。」《崇正同人系譜》載卓氏源流說，「晉五胡之亂，中原望族相率南奔。奧有卓禕者，為建安刺史，後因家焉。」同書載鐘氏源流說，「其族皆處中州，東晉有鐘簡者，世居潁川，生三子，三曰賢。元熙二年避寇南遷，賢則徙居江西贛州。」興甯《廖氏族譜》說，「五世誠希公，原籍汝南，因五胡雲擾，太元九年，複遷江南。」

上述這些中原士族，都是在西晉末年南遷的。至於在西晉以後南遷的中原居民，在客家譜牒中也不乏記載。如《崇正同人系譜》載李氏「南來之祖，則溯始於唐之末年，有宗室李孟因避黃巢之亂，由長安遷於汴梁，繼遷福建寧化石壁鄉。」同書載蔡氏「本周姬姓之後，文王子叔度封於蔡，今河陽、

四、從譜牒堂號認識客家根源

汝陽、上蔡、新蔡諸縣。唐末避黃巢之亂，遷於閩南。」同書載吳氏「世居渤海，散處中原，其後有隨王潮入閩而入於粵之潮、嘉等處」。同書載沈氏「五代時，其族有從王潮入居福建汀州。」又鬆口《鐘氏族譜》說，「響公為江陽太守，時因軍亂大變，自潁川逃難，在江西雩都縣竹子壩窀鄉住。後流在福建甯化縣白虎村，安家樂業。」又《羅氏族譜》說，「五代之際，有羅希松者率羅姓一支自江西遷洛陽，其後又自洛陽遷於閩粵。」上述這些中原士族，都是在唐末五代時由中原南遷的。又如《崇正同人系譜》載陳姓南遷始末說，「故陳氏郡望稱潁川。宋末中原士族，紛紛南隨帝室播遷，有陳魁者，率其族眾九十三人，移居福建汀州府之上杭，其族複相率轉南而入粵。」據此可知這支陳姓人是在北宋末年南遷的。又梅州《丘氏創兆堂記》載丘氏源流說，「始遷祖諱文興，宋征士，文信國參軍也。先世由中州遷閩……喜其山水，因卜居梅州北之文福鄉。」據此可知這支丘氏人是先由中原遷居福建，然後由福建遷入廣東梅州的，其時間是在宋代前後。除上述這些家譜以外，在客家楊、謝、周、潘、鄭、葛、方、韓、陶、袁、藍、危、蕭、江、鄔、於、刁、鐘、丘、駱、丁、烏、鄧、伊、左、葉、屠、申、利、沙、滕、陵等姓的家譜上，也都有其先民在歷史上不同時期由中原地區南遷的明確記載。

　　客家人除通過家乘譜牒反映血統所出外，又十分重視自己的郡望和堂號，並以此作為家族來源的標誌。如陳、鐘、賴、鄔、田、李、於、烏等姓皆稱「潁川堂」，堂聯用「潁川世澤」，表明自己的先祖來源於潁川；鄭、潘、毛等姓的堂號是「榮陽堂」，堂聯稱「榮陽世澤」，說明他們的先祖與榮陽有關。此外，如汪姓稱「汝南堂」，丘姓稱「河南堂」，藍姓稱「汝南世第」，陳姓稱「汝南家聲」等等，也無不說明他們與中原地區有密切關係。據統計，像上述這樣與中原有關的堂號共有十多個，即潁川、汝南、榮陽、南陽、濟陽、河南（今洛陽）、陳留、弘農、頓丘、內黃、河內、三槐、新安、魏郡等。各個堂號使用的情況，除以上所及者外，又有邱、褚、禹、方、蕭、羅、於、利等姓稱「河南（洛陽）堂」，葉、駱、滕、鄧、翟、韓、岑、張、趙等姓稱「南陽堂」，謝、阮、於、衛、潘、伊等姓稱「陳留堂」，周、齊、殷、危、咸、平、袁、梅、盛、昌、和、應、廖、沙等姓稱「汝南堂」，楊、刁、譚等姓稱「弘農堂」，江、蔡、卞、左、丁、柯、庾、陶等姓稱「濟陽堂」，陸、

司馬、陵等姓稱「河內堂」，以及葛、駱、古、王、申等姓分別稱「頓丘堂」、「內黃堂」、「新安堂」、「三槐堂」和「魏郡堂」等等，其根源無不在中原地區。

  總之，客家與中原，淵源有自，血脈相通，「客人大抵來自河南」[31]，應是能夠令人信服的結論。

文獻來源：《嘉應大學學報》（哲學社會科學）1998 年第 1 期。

注　釋

[1]. 羅香林：《客家源流考》，中國華僑出版公司 1989 年版，第 13 頁。

[2]. 《晉書》卷二九《五行志下》。

[3]. 《晉書》卷七〇《鐘雅傳》。

[4]. 《晉書》卷七五《範堅傳》。

[5]. 《晉書》卷七七《蔡謨傳》。

[6]. 《晉書》卷八二《王隱傳》。

[7]. 譚其驤：《晉永嘉喪亂後之民族遷徙》，載《長水集》上，人民出版社 1987 年版，第 219 頁。

[8]. 《晉書》卷七五《范汪傳》。

[9]. 《南史》卷五〇《劉虯傳》。

[10]. 《宋書》卷六四《鄭鮮之傳》。

[11]. 《南史》卷五〇《庾易傳》。

[12]. 《南史》卷七二《周興嗣傳》。

[13]. 《後漢書》卷七二《董卓傳》。

[14]. 《晉書》卷一百《王彌傳》。

[15]. 《晉書》卷一零四《石勒載記上》。

[16]. 《晉書》卷一零四《石勒載記上》。

[17]. 《晉書》卷一零二《劉聰載記》。

[18]. 《晉書》卷一零四《石勒載記上》。

[19]. 《晉書》卷六三《邵續傳》。

[20]. 《晉書》卷六三《魏浚傳》。

[21]. 《晉書》卷七七《褚翜傳》。

[22].《晉書》卷六三《李矩傳》。

[23].《晉書》卷六三《郭默傳》。

[24].《晉書》卷六三《魏浚傳》。

[25].《晉書》卷六〇《閻鼎傳》。

[26].《晉書》卷一零四《石勒載記上》。

[27].10《水經注》卷一五《洛水》。

[28].《晉書》卷七七《褚翜傳》。

[29].《晉書》卷六三《邵續傳》。

[30].《通鑒外紀》卷一《黃帝紀》。

[31].章太炎：《客方言序》，轉見《太炎文錄初編》，上海書店 1992 年影印本。

從中原人口南遷看閩台姓氏源流

夏志剛 王大良

中原地區向稱中華民族的搖籃，同時也是大多數閩台姓氏的淵源所在地。歷史上對閩台姓氏產生重大影響的遷徙活動，如晉末永嘉之亂時的 8 姓入閩和唐初隨陳元光父子的 58 姓入閩、以及唐末五代時的「十八姓隨王」等等，無不與中原地區有關。所以，自古及今，一向有閩台人根在中原或根在河洛之說。認真回顧中原人口南遷的歷史，找出閩台人及其姓氏的歷史根源，有助於我們對這一問題的認識和解決。

▍一、中原人口入閩的歷史問題

中原人口的南遷入閩，經歷了一個漫長的歷史過程。總的說來，這一過程開始於漢魏時期，在晉末、唐初、唐末形成三大高潮，至宋代以後基本結束。一部中原人口南遷入閩的移民史，實際也是閩台人口源流史的重要內容。

眾所周知，今福建省所在的東南沿海地區，原為閩越人居住的地方，自古被視為蠻荒之地。直到東漢末年時，整個閩中僅建置 5 縣，人口也是十分稀少。而同一時期的中原地區，不僅是全國政治經濟文化中心，而且還是天下人口最為稠密的地區。但到東漢末年時，由於政局動盪和戰亂頻仍，中原地區成了「數百里中無煙火」[1] 的荒涼殘破之地。這種後果形成的原因一方面是「民人死者且半」[2]，另一方面則有人口大量外遷的因素。其中在這時南遷閩中者，如原生活在今河南衛輝、淇縣一帶的林姓人，於東漢靈帝時因靈帝接受董卓讒言，「收林氏宗族七百四十四人，同時流竄，……避於南地」，他們遷徙的方向之一便是閩中地區，成為第一支入閩的林姓人。當然，由於閩中地區在當時過於蠻荒偏遠，還沒有成為中原人口南遷的主要方向，中原人口入閩的大潮還沒有形成。

到了西晉末年，中原地區再次發生戰亂，居民在當地無法生活，加上晉朝廷也南遷江東，因此也有不少中原人口隨晉室南下，其中的一部分還進一步南遷閩中。如據《建甌縣誌》記載，「晉永嘉末，中原喪亂，士大夫多攜

家避亂入閩」。路振《九國志》也說：「永嘉二年，中原板蕩，衣冠始入閩者八族。林、黃、陳、鄭、詹、丘、何、胡是也。」當然，中原人口在當時南遷的並不限於以上 8 姓，據《臺灣省通志·人民志》記載，當時南遷閩中的尚有張、劉、楊、梁、鐘、溫、巫等姓的人。由於這些姓氏在中原地區原是各有影響的世族，入遷閩中時又帶去了較多的宗族人口，因而在以後的發展中成為當地大姓。時至今日在閩臺地區還流傳著「陳林半天下，黃鄭排滿街」的俗諺，其根源便可一直追溯到這裡。[3]

晉代以後和南北朝時期，由於中國政權南北對峙，其政治中心之一轉移到江南，一些原生活於中原而轉仁於東晉南朝的人因在閩中仁宦的緣故留居當地，從而進一步增加了中原人口南遷閩中的人數。其中如臺灣《鄭氏世系序》所載鄭姓始祖鄭昭入閩的情況便是一個突出的事例。進入唐代以後，隨著國家的統一和中原人口的恢復，一些具有開拓精神的中原人又相繼入遷閩中，形成一個新的南遷大潮。在這一大潮中，有不少人是零散遷來的，大多定居在今福建的中部一帶。據《晉江縣誌》載，該縣居民中原有 16 大姓，至唐代又陸續增加 16 姓，大都是北方南下的中原移民。另外在莆田、福州、浯州島等地，也都有基本類似的情況。至於由中原地區而來的大規模移民，則發生在唐高宗總章二年（660 年），由陳元光率 58 姓入閩開漳引起。這 58 姓人大多來自光州固始，定居在閩南的漳州、泉州、南安、惠安、安溪、同安、詔安、漳浦等地，對閩中人口變遷和發展的影響甚為巨大。根據近年一些學者的統計，閩中人口在唐代全盛時已有 9 萬多戶，而在此前的隋朝僅有 1 萬多戶。這種戶口的增加一方面是當地居民發展繁衍的結果，另一方面則同中原人口大量南遷直接有關。

至唐代末年和五代十國時期，由於中原地區發生了大的動亂，中原人口再次南遷入閩，形成又一次入閩浪潮。據研究，這次浪潮的發生與王審知等人率光州固始等地居民入閩有關。史稱這批移民最初包括「光、壽兵五千人」[4]，至王審知安定閩中以後，「中土士族以閩嶠僻左右，可以避世，故多依焉。衣冠之冑與編戶雜處[5]」。在這批晚來的南下士族中，便包括來自中原地區的鄭戩、楊承林、韓屋、歸傳懿等名士[6]。另外在《崇正同人系譜》、《臺灣省志·人民志》等書中，也都有關於中原居民入遷閩中的明確記載。總計

在這一時期由中原地區陸續遷閩的人數至少在萬人以上,所以閩中的人口因此也有了大規模的增加。

兩宋之際,隨著金兵南下和宋室南渡,中原地區再次成為戰亂的中心,大批中原人口也隨著宋室南下,其中一些人又入遷閩中。如南陽人滕員「隨宋南遷,因居建之甌寧」[7];光州人葉炎會「隨宋南渡,卜居仙游之古賴」[8];洛陽人鄭居津「高宗南渡,隨徙入閩」[9]。不過,這一時期中原人口南遷的主流在今福建北部的江浙一帶,南遷入閩並沒有形成大潮。

宋代以後,由於南方經濟文化的迅速發展,人口也出現了相對的飽和,已經落後下來的中原地區再也沒有出現大規模地南遷運動。

總的來看歷史上各個時期中原人口向閩中區的遷徙,以晉末、唐初和唐末三個時期最為集中,因此也形成三大入閩浪潮。這種大規模入遷的最直接後果便是促進了當地人口的發展繁衍,以至在流傳至今的各種家譜古籍中,絕大多數閩台人都自稱是中原移民的後裔。

▍二、閩台姓氏根在中原

從姓氏角度考察中原地區向閩地區的移民,按照閩臺地區最為流行的說法,是在晉末永嘉之亂時有八姓入閩,唐代陳元光時有 58 姓入閩,唐末王審知時有 18 姓入閩。在這些說法中,除對晉末入閩的八大姓氏已有認同外,其餘兩次所包括的姓氏數量和具體姓氏所指,目前還沒有統一的結論。根據大多數研究者的看法,這兩次入閩的姓氏並不限於 58 個或 18 個,這些數字僅是一個流行的說法和最低數目,真正數量實際上並不限於這些。如關於 58 姓入閩說,根據對較為流行的陳元光軍校名字的統計,其使用的姓氏就已有 64 個[10]或 72 個[11]之多,另外隨將士前往的軍眷還有 40 多個[12]姓氏;而唐末隨王審知入閩的姓氏也至少有 27 個[13]。上述這些姓氏通過不斷地發展繁衍,便構成當今閩台姓氏的主體。據 1946 年福建雲霄縣的人口統計,當時全縣有 81 姓,11 萬多人,而其中 9 萬多人的姓氏都與中原地區有關,佔人口總數的 80%。另外在臺灣,據 1953 年的人口統計資料,當時戶數在 500 個以上的大姓有 100 個,其中有 63 姓族譜上都明確記載是在晉末、唐初

和唐末由中原地區遷往閩中,然後又在明清時期由閩中遷臺灣的。這63姓計有67萬戶,佔全部戶數的80.9%。因此我們說閩台大多數人的根在中原,是有充分根據的。

我們說閩台人的祖根在中原地區,是就其總體而言的,如果再進一步研究的話,就會發現其祖根在今河南東南部的固始縣。由於這裡在古代屬光州管轄,因此也被稱為光州固始。在福建流傳至今的80%以上的族譜上,都明確記載著他們的根在光州固始。另外在福建近年出版的有關移民資料中,提到先祖來自光州固始的族譜也有16部之多,居住地區分別在晉江、泉州、南安、安溪、永春、漳州、龍海、韶安、仙游、長樂等地[14]。另在福建平和《朱姓族譜》上,更明確記載他們的先祖來自固始朱皋鎮。甚至連收復臺灣的民族英雄鄭成功,其先祖也是「自光州固始縣入閩」的[15]。而在臺灣陳、黃、丘、宋、林等18部大姓族譜上,都記載著祖先為光州固始人。究其原因,主要與唐代的中原地區和閩中之間的兩次大移民有關。其中由陳元光率領的58姓入閩軍校除許天正一人是汝南人外,其餘全部都是光州固始人。至於王審知建立閩國以後,「以桑梓故獨優固始」[16],更引起了更多的人以光州固始為祖籍。於是,「閩台人根在固始」,也就成為在閩臺地區流傳最廣的說法。

當然,中原人口入遷閩中是一個較為複雜的問題,閩台人的姓氏來源也不限於固始一支。如以在閩臺地區最有影響的陳、鄭二姓為例,陳姓除有來自光州固始的陳元光「聖王派」一支外,又有「太傅派」和「南朝派」之分,並且各成系統。另據《閩中記》等書記載,陳姓在西元4世紀初的永嘉之亂時便有一支入遷閩中,定居在侯宮(今福州)一帶,至南朝時已發展成為當地望族,史稱「閩中四姓」。及陳朝建立時,其中的陳寶應還與皇室建立了聯繫,獲得了「命宗正錄其本系,編為宗室」的殊榮。此後至隋末唐初時,又有一支陳姓人在陳邁率領下入遷莆田,而陳邁也成為莆田陳氏開基祖。上述這些,也都不包括在陳姓「三派」之中。又如鄭姓,除分別隨陳元光和王審知入閩的兩支出自光州固始外,被譽為「鄭姓入閩始祖」的鄭昭和由此發展而來的莆田派、南湖派、夾漈派等都不屬於光州固始系統。宋末入閩的鄭居津更被明確記載為「河南(洛陽)人」,可見也是另有所出。因此,在我

中原與閩台淵源關係研究三十年（1931～2011）（修訂版）
從中原人口南遷看閩台姓氏源流

們探討閩台姓氏源流的時候，既要認識到其大多出自光州固始，同時也不應忽視其複雜性。

最後，有一點需要特別指出的是，無論閩台人的姓氏源流在光州固始之外是多麼複雜，但總離不開中原地區這一根本。因為中原地區畢竟是中華民族的搖籃和中國姓氏的主要發祥地，許多姓氏都可以在這裡找到根源。如從閩台最有影響的陳、林、黃、鄭、蔡、王、楊、謝、何、胡、賴、葉、廖、蘇、江、羅等姓氏的發源地和郡望等方面考察，其根源無不在中原地區。其中陳姓發源於今天的河南淮陽一帶，其郡望「潁川長社」即今河南長葛，「開漳聖王」陳元光便是由「潁川堂」進一步分省到光州固始的；林姓發源地在今河南北部的衛輝、淇縣一帶，其所尊奉的始祖比干墓至今仍完整保存在了衛輝境內；黃姓發源於今河南南部的潢川縣，其最早的居住地黃國故城就在今潢川縣城西北隆古鄉境內；鄭姓發源於今河南中部的鄭州地區，其郡望「滎陽開封」所指即今河南開封西南25公里的古城村一帶；蔡姓發源於今河南中南部的上蔡縣，其主要郡望之一的「濟陽」所指即今河南民權縣的東北部一帶；王姓的陳留、新蔡、新野、河南、洛陽、汲郡、王城、開閩、三槐等郡望或堂號也都發源於河南，分別相當於今天河南的開封、新蔡、新野、洛陽、衛輝等地；楊姓的發源地在今河南西部靈寶一帶，其郡望「弘農」所指也是這裡；謝姓發源於今河南唐河、南陽一帶，其郡望「陳郡」所指即今河南太康；何姓的發源地在今河南的中部，新鄭等地是其早期的居住地區；胡姓發源於今河南的淮陽和堰城等地，其郡望「新蔡」至今仍名新蔡，是河南中南部的一個縣；賴姓的發源地在今河南南部的息縣，其早期居住地即今息縣東北37公里的包信賴亭；葉姓發源於今湖南中部的葉縣，其郡望「南陽」所指也是葉縣；廖姓發源於今河南唐河縣湖陽鎮，其郡望「汝南」所指即今河南汝陽；蘇姓發源於今河南溫縣，其早期居住地已在縣中西部的招賢村一帶發現；江姓發源於今河南南部的正陽縣大林鄉塗店村，郡望「濟陽」所指也在今河南民權東北部一帶；羅姓發源於今河南南部羅山縣，其姓氏來源與縣中的大小羅山山脈有關；等等。據研究，目前在閩臺地區人口最多的100大姓，其根源十有七八與中原有關。

總之，通過上述可以看出，閩台姓氏的來源與中原地區的關係十分密切，特別是與中原地區的光州固始有密切關係。無疑，中原地區或其所轄的光州固始也正是閩台人及其姓氏的祖根淵源所在。

文獻來源：《西南民族學院學報》（哲學社會科學版），1998 年 10 月。

注　釋

[1].《三國志・吳書・孫堅傳》，注引《江表傳》。

[2].《三國志・魏書・司馬朗傳》。

[3].《西河九龍族譜・長林世紀》。

[4].《潭西書林餘氏族譜》序。

[5].《潭西書林餘氏族譜》序。

[6].《古賴葉氏族譜》。

[7].《南征錄・滕君員墓誌》。

[8].《古賴葉氏族譜》。

[9].《全唐詩》卷 763。

[10].《漳州府志》。

[11].《雲霄縣誌》。

[12].《鄭氏附葬祖父墓誌》。

[13].《臺灣省通志・人民志》。

[14].《閩台關係族譜資料選編》。

[15].《唐開漳龍湖宗譜》。

[16].《滎陽鄭氏家譜序》。

從固始到福建再到臺灣和海外——黃敦、黃膺兄弟移民南下個案研究

黃英湖

福建原來的居民，都是東南百越中閩越族。西漢時期的元封元年（西元前 110 年），漢武帝派兵滅掉反叛的閩越國，遷其民於江淮之間後，北方漢人才不斷南遷入閩，逐漸成為福建的主要民族。歷史上，北方漢人向福建的大規模移民主要有三次：第一次是東、西晉之交，「五胡亂華」後的中州「八大姓入閩」；第二次是唐初受命入閩平叛，隨後定居福建的陳政、陳元光父子所率的 6000 多中州官軍及其眷屬；第三次是唐末從河南光州輾轉入閩，並在福建建立閩國的以閩王王審知兄弟為首的 5000 多農民軍及其眷屬。

所以，現在福建居民的祖先，大多是歷朝歷代從北方各省，尤其是河南省南遷入閩的移民。同樣地，閩清縣虎丘黃氏和長樂縣青山黃氏的肇基祖黃敦、黃膺兄弟倆，也是唐朝末年從中州河南移民到福建的。經過 1000 多年的繁衍播遷，如今的黃氏兄弟已是枝繁葉茂，成為福建黃姓的兩大主要衍派。

一、黃氏兄弟的南遷入閩

黃姓是我國的大姓之一，在全國的姓氏排名中位列第七。在福建和臺灣，黃姓更是僅次於陳、林的第三大姓，所以，在福建就有「陳林半天下，黃鄭排滿街」（或「黃鄭滿街走」）的說法；在臺灣，也有「陳林半天下，黃鄭排成山」的說辭。據《福建日報》2005 年 3 月 21 日報導，福建的黃姓人口總數將近 200 萬人，約佔全省 3500 萬人口總數的 5.64%。

福建各地的黃姓雖然人數眾多，但他們基本可分為幾個大的衍派，都是由幾個入閩始祖繁衍下來的子孫後裔。如閩清的虎丘黃（黃敦衍派），長樂的青山黃（黃膺衍派），莆田的金敦黃（黃岸衍派），泉州的紫雲黃（黃守恭衍派），邵武的和平黃（黃峭衍派），以及甯德的黃鞠衍派，就是福建黃姓的幾個主要的衍派。

1. 王審知的入閩和黃氏兄弟的南遷

　　黃敦、黃膺兄弟倆祖籍河南光州固始縣，都出生於唐宣宗大中年間（847-859）。時值唐朝末年，群雄並起，天下大亂。唐僖宗中和元年（881年），淮河上游的屠者王緒也趁機而起，組織起一支農民軍，佔領了光、壽兩州，但受制於唐蔡州的防禦史秦宗權，被授為光州刺史。光州固始人黃霸及其第五子黃敦、第六子黃膺父子兄弟三人，一起參加了王緒的農民軍。

　　唐僖宗光啟元年（885年），王緒的農民軍受秦宗權逼迫，無法在河南立足，不得不渡江南下，經江西進入廣東，再從廣東到達福建。由於王緒暴虐猜忌，濫殺無辜，引起下屬的不滿和軍心的不穩。王潮、王審邽和王審知三兄弟利用軍中的這種不滿情緒，在福建泉州的南安縣發動兵變，奪取了領導權，並在當地士紳的支持下，於光啟二年（886年）攻佔了泉州。唐昭宗景福元年（892年），王氏兄弟又揮師北上攻佔福州，進而奪取全省，建立了閩國，王審知也在五代的後梁（907-923）被封為閩王。黃霸和黃敦、黃膺父子兄弟三人，也隨王氏為首的農民軍一起來到福建。

2. 虎丘黃氏的肇基繁衍

　　黃霸父子三人隨光州農民軍入閩來到福建後，先居於清流縣泰寧鄉梓潭村。黃霸逝世後，黃敦兄弟葬其於清流縣白塔橋。然後兄弟倆各奔東西，分頭髮展。黃敦「唐授官，辭不受」，「不榮以祿，有功不仁」，而是決心歸隱鄉間，「志樂山林，」請地到福州下轄的閩清縣梅溪坪蓋平裡鳳棲山（今塔莊鎮秀環村），「興創訪舍，墾辟農田，積善積德，清居樂道」。

　　黃敦在閩清娶當地女陳氏為妻，傳下宗、禮、凝、勃、啟、餘6個兒子。為了使子孫後裔和睦相處，黃敦作了一首《廳壁訓子》詩：「六葉同開一樣青，莫因微利便相爭。一回相見一回老，能得幾時為弟兄？」以後，宋哲宗皇帝也和一首詩予以讚譽：「六葉同開一樣心，多生兄弟少相爭。白馬橋頭旌御葬，穆然為爾永風聲。」因此，黃敦的子孫後裔被譽為「六葉傳芳」，其宗祠也被稱為「六葉祠」。

五代後樑乾化五年（911年），黃敦卒於移民地閩清。據其宗族的《入閩譜志》中說：「初敦公晦德躬耕，登廬後峰覽景，異其形勝，每徘徊其間，俄以壽終，因攢其地。夕有巨虎咆哮，發土培樞，遲明視之，殆若培塚，子孫驚異以為神，遂即宅兆，世傳虎葬是也。」據其族譜中說，黃敦是因為登山覽景，受野獸驚嚇，倏然而逝的。其家人找到黃敦後，本想把他抬回家，但卻抬不動他，只好就地安葬。其後有老虎不斷為其墳培土，使墳逐漸增大增高，人們異為祥兆，因此，黃敦的子孫後裔號稱「虎丘黃氏」。

3. 青山黃氏發展播遷

黃敦的弟弟黃膺入閩後，先與父、兄擇居清流縣泰寧鄉，後遷邵武軍武陽故縣的仁澤鄉，卒於後唐明宗天成三年（928年）。據其宗族的族譜記載，黃膺與王審知友善，相交莫逆。他天資穎悟、學行俱優，而律賦自成一家，更以五經課子而顯名於世，號五經先生。黃膺娶楊氏耀卿為妻，生茂材、茂哲兩個兒子。以後，兄弟倆各自擇地而居，分枝繁衍。

黃茂材於唐天佑年間（904-907）任祕書丞，特進光祿大夫、太子少師。他傳下賓、推、愜、鳴鳳四個兒子，黃茂哲也傳下安、頗兩個兒子。歷經上千年的衍傳，黃膺一脈至今也是子孫繁茂，後裔眾多，並且英才輩出，與黃敦一脈交相輝映。其中較有名氣的有監察房、少師房、祕書房、僕射房、鳴鳳房、廬峰房，被稱為黃膺衍派的六大望族。

黃茂材長子黃賓由太學出身，學優而登仁，後唐時任古田縣令，後又兼知長樂縣事。他到長樂上任後，奇其地風土淳厚，喜董奉高峰靈氣，愛海濱魚米之鄉，就在離縣城15裡的青山下築廬而居。其後裔子孫眾多，名人輩出，成為福建黃姓中著名的「青山黃」，也是黃膺衍派的代表。以後，黃茂哲的第二子黃頗也遷居長樂縣芳桂鄉爐峰境。

▍二、黃氏兄弟的向外發展

從唐僖宗光啟元年（885年）入閩始祖黃敦、黃膺南遷至今，黃氏兄弟及其後裔已在福建生息繁衍了1100多年。經過向國內外的不斷分支衍派，

如今黃氏兄弟的子孫後裔已嗣遍寰宇，成為福建著名的宗族，也是福建黃姓的兩個重要衍派。

1. 在大陸間的播遷

　　一千多年來，黃敦的虎丘黃氏已繁衍到 40 多代，如今其子孫後裔總人數已多達200餘萬人，遍及福建9個設區市中8個，在全省80多個縣、市、區中，也有 30 多個分佈有六葉祠的子孫後裔。在福州市，他們分佈在城區和閩清、長樂、永泰、閩侯、連江、羅源和福清 7 個縣、市；在莆田分佈到莆田和仙遊 2 個縣；在龍岩分佈到市區和龍岩、漳平兩個市；在三明分佈到市區和尤溪、沙縣、建寧、明溪、寧化、清流、永定 7 個縣；在南平分佈到市區和順昌、邵武、光澤、浦城 4 個縣、市；在泉州分佈到市區和晉江、德化 2 個縣、市；在寧德分佈到市區和古田、周寧、壽寧、福鼎、福案、霞浦 6 個縣、市；在廈門，也分佈著其子孫後裔。

　　以四葉黃勃的後裔遷居福州義序為例：其四世孫黃騰從閩清縣遷往永福縣的龍井。大約在南宋的宋高宗紹興年間（1131-1162），其 12 世孫黃複又從龍井遷居福州近郊南台島的義序，成為義序黃氏的始祖，至今已有 800 多年的歷史。現在，其子孫後裔分為 15 房，總人口有 2 萬人左右，成為當地一個著名的大宗族。

　　還有一些虎丘的子孫後裔遷居到外省，如江蘇的鎮江、廣東的梅縣、潮州，以及浙江的台州、樂清、平陽、蒼南、黃岩等市、縣。特別是四葉黃勃的九世孫黃龜年，從福建移居到湖南渠陽，共生了 10 個兒子，傳下 56 個孫子，以後又分為 483 支。至今其子孫後裔已遍及湖南、湖北、貴州、四川、雲南、廣東、廣西等省，總人口達數十萬之多。

　　弟弟黃膺一脈也是不斷地開枝繁衍，子孫後裔繁榮昌盛，遍佈省內外各地。如其衍派的六大望族中，監察房子孫就分佈於福建的福州、長樂、連江、建陽、建甌和廣東的潮汕、化州等地；少師房子孫也分衍到福建的古田、羅源、連江和浙江的溫州等地；祕書房之後裔，主要分衍於閩北、江西和浙江金華；僕射房也廣播於閩粵各地，鳴鳳房後裔分遷於福建的福州、長泰、邵武、建

寧、浦城、建陽、安溪等地，爐峰房則遠播廣東的潮州、汕頭、江蘇的南京，以及安徽和福建的詔安等地。

在黃膺一脈中，比較突出的是黃膺14世孫黃幹（勉齋）的衍派：其子孫後裔經過800多年，30多世的繁衍，如今瓜瓞綿延，總人數已達30多萬，播遷到省內外各地。在省內的有福州市城區及其下屬的長樂、連江、福清、永泰等縣、市，南平市城區及其下屬的建陽、武夷山、建甌、浦城等縣市，漳州市城區及其下屬的漳浦、南靖等縣，還有泉州市屬的永春縣，寧德市屬的霞浦縣，龍岩市屬的連城縣，以及廈門市等20多個縣、市、區。其中僅在長樂市的就有3萬多人，在建陽市的也有2萬多人，在福清市的則有近萬人。播遷省外各地的有：廣東的潮陽、惠來、海豐、陸豐4個縣共4萬多人，化州市有3萬多人。此外，還有北京、上海市和浙江、江西、廣西、山西省和香港。

黃膺的7世孫黃程遷居廣東澄海縣後，子孫後裔也是發達旺盛繁衍眾多。他們廣泛分佈於廣東的澄海、潮州市區、惠來、揭陽、潮陽、潮安、梅州、佛山、湛江等縣、市，以及相鄰的福建詔安縣，還有一些人再播遷到江蘇的南京、安徽等地。現在，黃程衍派的子孫後裔，僅在潮汕和惠州等地，人口就達20萬以上。黃膺10世孫黃潛善的衍派更是枝繁葉茂，子孫後裔眾多。宋高宗時曾任尚書左僕射兼門下中書侍郎的黃潛善傳下久昌、久隆、久茂、久盛、久美、久養、久安、久康和久興9個兒子，子孫後裔播遷到福建、廣東等地，以及世界各大洲，人口不下百萬。

2. 往臺灣和海外的移民

除了在大陸間的播遷外，黃敦、黃膺兄弟的一些子孫後裔還跨洋過海，向海峽對岸的臺灣以及海外的東南亞等地繁衍發展。

清康熙二十二年（1683年），朝廷派施琅率水師攻打臺灣，消滅了島上的鄭氏割據政權，把臺灣納入清王朝的統治版圖。此後，許多福建人不顧清廷的渡台禁令，紛紛遷居當地地廣人稀的臺灣進行墾殖。尤其是乾隆二十五年（1760年）清廷取消渡台禁令後，福建人民更是掀起舉家遷台的熱潮，使

臺灣的漢族人口急遽增加。黃敦、黃膺兄弟的一些子孫後裔也比分隨著這股移民大潮，前往一水之隔的海峽彼岸開拓發展。經過 300 多年的繁衍發展，現在，黃氏兄弟的子孫後裔已分佈到臺北、基隆、台南和宜蘭等南北各地的許多市、縣。移居湖南渠陽的虎丘黃氏四葉黃勃的九世孫黃龜年衍派，也有一些子孫後裔遷往臺灣發展。

另一方面，近代以後，隨著中國人出國大潮的興起，一些黃氏兄弟的子孫後裔也遠涉重洋，遷居到海外各地。尤其是 20 世紀初，閩清許多虎丘黃氏的子孫後裔，在其族人黃乃裳的帶領下，漂洋過海前往東南亞的沙撈越拉讓河流域建立墾場，開闢「新福州」之舉，更是為世人所讚譽。他們的墾殖地詩巫也得到很大發展，成為沙撈越最大的城市。以後，這些虎丘黃氏的子孫後裔逐漸從沙撈越分散到馬來西亞各地，以及印尼、汶萊、泰國、新加坡等東南亞國家。二戰後，他們中的一些人又遷居到美國、加拿大、澳大利亞等地世界各地。

同樣地，福建沿海僑鄉一些黃膺的子孫後裔也紛紛播遷到海外。如黃幹這個衍派中，就有人移民到美國、日本和東南亞的新加坡、菲律賓、印尼、泰國這 4 個國家。黃潛善的子孫後裔也遍及世界各地，尤其是東南亞各國居多。遷居廣東僑鄉澄海縣的黃膺 7 世孫黃程，也有許多子孫後裔移民到海外。特別是潮汕華僑最集中的泰國，更有不少他們的後裔。如泰國北欖府巨賈黃兩鎮，經營水產業致富後，擔任北欖德善堂監事長、泰國黃氏宗親總會副會長等職，榮獲泰王陛下御賜勳章。泰國黃氏宗親總會另一副會長黃志標則是黃幹的後裔。

三、黃氏兄弟後裔英才輩出

1. 黃敦衍派英才輩出

虎丘黃氏的子孫後裔不僅人數眾多，而且英才輩出。據不完全統計，在宋、元、明、清四個朝代，黃氏子孫後裔中狀元及第者 9 人，登進士者 389 人，入相者 3 人，任京官、地方官者 400 多人。其中有 3 人被封侯，5 人被封國公，

4人曾擔任尚書。此外，還有擔任光福祿大夫、監察御史、節度使等重要職務的。南宋端宗景炎二年（1277年），時任太子少保、左丞相的民族英雄文天祥，曾為虎丘黃氏的族譜撰寫了序言，盛讚黃氏子孫之賢達。

　　這些子孫後裔中的一些事蹟突出者，還被史書所記載，留芳於後世。如黃敦第四子黃勃的九世孫黃龜年，在宋朝擔任監察御史，曾四次上奏皇帝，彈劾秦檜之專權奸佞。文天祥在為虎丘黃氏族譜撰寫的序言中，曾讚譽「其奏章與日月爭光」。十三世孫監察御史黃師雍，也多次上疏彈劾史嵩之奸惡兇殘，文天祥也讚譽「其疏詞與山川競色」。

　　近代以後，有擔任孫中山先生祕書的黃展雲，1906年東渡日本，考入早稻田大學。在日期間，他參加孫中山先生的同盟會，擔任福建支部負責人。在1911年11月上旬的福建反清起義中，他親冒炮火與清軍激戰於福州於山，歷三晝夜目不交睫，終於使革命取得成功。福建軍政府成立後，他擔任教育部長，一心為公，鞠躬盡瘁。還有擔任孫中山先生高級顧問的黃乃裳，1898年「戊戌變法」期間，曾與梁啟超及「六君子」討論變法新政，八次上書痛陳興革。變法失敗後，他在清廷的追捕名單中被列為第11名。幸得友人相助，才得以脫離險境，離京回閩。1907年，他參與組織潮州的龍岡起義。「雙十」武昌首義後，在11月上旬的福建反清起義中，時已62歲的黃乃裳帶頭組織學生炸彈隊，為福建革命的成功立下汗馬功勞。起義勝利後，他擔任福建軍政府交通部長兼籌餉局總辦等職，向華僑募款70多萬元，緩解了軍政府的財政困難。民族英雄黃乃模在甲午中日大東溝海戰中，協助管帶鄧世昌指揮「致遠」號軍艦與日激戰，不幸軍艦被魚雷擊中，以身殉國，名垂青史。

　　在中國現代史上，虎丘黃氏的眾多子孫後裔中，也湧現出一些為人們所讚譽的英才。祖籍湖南省永興縣、1995年被授以大將軍銜、曾任中共第七屆、第八屆中央書記處書記、中央紀律檢查委員會常務書記的黃克誠，也是虎丘黃氏四葉遷居湖南的子孫後裔。另一四葉子孫後裔、祖籍閩侯的黃春平研究員，曾擔任2002年成功發射的「神舟號」火箭總指揮，為我國航太事業的發展作出了不小的貢獻。

海外的虎丘黃氏子孫後裔也是英才輩出。祖籍閩清湖頭的黃順開，歷任馬來西亞人民聯合党祕書長，沙撈越州副首席部長兼基本設施暨發展部長等要職，他為官清廉，在當地享有很高的聲譽，曾榮獲馬來西亞國家元首頒賜的丹斯裡拿督阿瑪勳銜。另一虎丘黃氏後裔黃啟曄也歷任馬來西亞國會上議員，還擔任黃氏公會主席。新中國成立前夕出國前往印尼的黃雙安，現已成為該國的「木材大王」，他的材源帝集團擁有 30 多家公司，3 萬多名員工。據香港《Forbes 資本家》雜誌 1995 年 6 月統計，其個人財富總額已達到 20 億美元，榮獲馬來西亞國家元首頒賜的高級拿督勳銜。福州義序竹欖村的黃依嬌從家鄉來到廈門，後移居臺灣，再移居到南美洲的玻利維亞。以後她經商成功，成為該國華人的首富，還曾被玻利維亞統委派為該國駐廣州總領事，被人們譽稱為「傳奇夫人」。

2. 黃膺後裔人才濟濟

黃膺的後裔子孫也是人才濟濟。據不完全統計，僅黃膺衍派的監察房、少帥房、祕書記、僕射房、鳴鳳房、爐峰房這六大望族中，就至少有 130 多人考中進士，還有人高中狀元、榜眼、探花這類皇帝欽賜的前三甲，他們分別是宋朝文狀元黃朴、榜眼黃中、武進士、探花黃桂，清朝武狀元黃仁勇。在黃幹（勉齋）這一脈中，歷代高中進士者就有 12 人；黃膺的 12 世孫黃執躬和胞弟黃唯則，一門五代登進士者 40 多人；榜眼黃中之後裔高中進士的也有 10 多人。

在古代，最為著名的是理學大師朱熹的嫡傳弟子黃幹（1152-1221），他不僅擔任過湖北漢陽、安徽安慶、廣東潮州的知州，而且還拜朱熹為師，深得朱子理學之真傳，是朱熹的四大弟子之一，成為朱子理學最重要的傳人和南宋的大學問家。他著有《朱文公行狀》、《勉齋先生文集》、《書傳》、《易解》、《四書通釋》等書，為朱子理學的形成和發展，確立其在當時思想界中的主導地位作出很大的貢獻。他也深得朱熹的賞識，被嫁之以女，成為朱熹的愛婿。據譜志記載，他「秉承師志，存統衛道」，為人「篤行直道」，求知「志堅思苦」，講學「義理精傳」，為官萬民載德。因此。黃幹還被從祀聖廟，《宋史》中也辟有《黃幹傳》。

黃膺二兒子茂材的後孫後裔中，黃履在宋代進士出身，歷任御史中丞、尚書右丞、大學士、資政殿學士，封會稽郡公，是一位德高望重的大臣。黃伯思也是進士出身，歷任校書郎、祕書郎，為北宋後期傑出的書法家。黃中榜眼出身，曾任兵部尚書、端明殿大學士等職，封江夏郡開國侯，食邑1500戶。他是南宋著名的主戰派，極力反對秦檜的投降政策，深得國人的敬仰。黃中逝世後，朱熹為他撰寫了墓誌銘。這三人都是宋代名臣，俱入《宋史》「名臣傳」。宋代另一名臣黃潛善，更是官至尚書左僕射兼門下中書侍郎，深得宋高宗的賞識。在明代，有曾任廣東、浙江布政使的黃澤，還有明天啟二年進士，歷任禮部尚書、吏部尚書、兵部尚書的大儒黃道周，都是其中較為著名的英才。

近代以後，有中華民國首任海軍總長兼海軍總司令黃鐘瑛，他參加過甲午中日海戰，辛亥革命武昌首義後，他以臨時艦隊司令的身分率艦隊駛至九江回應，救援武昌，為辛亥革命的成功立下汗馬功勞。南京政府成立後，他被孫中山總統任命為中華民國海軍部總長兼海軍上將總司令。任職期間，他整頓海軍，力促南北統一，為革命作出很大貢獻。為此，他廢寢忘食，竭心盡力，終因勞累過度，鞠躬盡瘁，年僅44歲。孫中山先生親臨主祭，並親撰挽聯弔唁：「盡力民國最多，締造艱難，回首思南都舊侶；屈指將才有幾，老成凋謝，傷心問東亞海權！」給他以很高的評價。

在當今，黃膺的38世孫黃如論先生是北京世紀金源投資集團董事局主席、總裁，福建金源實業集團董事局主席、總裁。他被評為全國十大企業家之一，也是中國地產三巨擘之一，在福建、浙江、江西、北京、吉林和香港、菲律賓等地有企業40多家，總投資達100億人民幣。他曾連續四年獲得中國最大慈善家榮譽，總捐資額近5億元人民幣。他還以建築設計學上的精深造詣和巨大成就，而被中國人民大學禮聘為客座教授。

在海外，擔任英國劍橋大學副校長的澳洲大學博士黃嗣恩女士，擔任新加坡大學校長的英國牛津大學博士黃興件，擔任新加坡政府的福利部副部長的黃秀玉，也都是黃膺子孫後裔中的傑出英才。

參考文獻

1. 虎丘黃氏宗史研究會編：《虎丘六葉黃氏宗譜》「總譜」。
2. 虎丘義序黃氏譜志編纂理事會編：《虎丘義序黃氏世譜》。
3. 黃拔灼：《福建虎丘黃氏主源發展》，載「首屆海峽百姓論壇」組委會 2007 年 9 月編印：《首屆海峽百姓論壇文選》。
4. 林耀華：《義序的宗族研究》，生活·讀書·新知三聯書店，2000 年版。
5. 江夏入閩始祖黃膺公宗史研究會編：《正本清源，光輝歷史》。

文獻來源：2008 年固始與閩台淵源關係學術研討會論文，《固始與閩台淵源關係研究》人民出版社 2009 年 9 月。

作者簡介：黃英湖，福建社會科學院華商研究中心副主任，研究員。

從族譜資料看開漳

湯漳平

自上世紀80年代以來，圍繞開漳史的討論已歷經近30年時間，雖然這期間召開的專門學術研討會不多，但是，討論一直沒有停止過，只是表現在形式上時而熱烈時而冷清，呈高潮與低谷交錯狀態。進入本世紀以後，隨著閩南文化研究日益受到重視，乃至閩南文化生態保護區的建立，在兩岸關係日漸和緩的氣氛中，兩岸文化交流也日益熱絡起來，於是，這一問題再次受到關注。弘揚開漳聖王文化，關係到兩岸五緣關係中最重要的血緣和親緣關係，它又和兩岸共同關注的閩南文化之形成有著特別重要的影響，確實應當認真加以討論。可是，有個別學者無視學術界對開漳史已達成基本認識這一事實，依然在缺乏相關深入研究的情況下，聳人聽聞地提出所謂「開漳史充斥謊言」的怪論，讓一些不明真相的民眾無所適從。這不能不令人感到遺憾。為了從根本上對開漳史有一個比較清楚的認識，筆者一直期望能夠在比較充分瞭解與閱讀涉及開漳姓氏的族譜資料後，通過比較分析，得出較為真實科學的結論。然而限於種種條件，這個想法一直未能真正實現。

2008年，漳州市政協聚合全市的力量，組織了多達200餘人的編輯隊伍，調查了全市一萬多個自然村，在認真搜集、查閱與核對眾多姓氏的族譜資料基礎上，編寫出長達270餘萬字的《漳州姓氏》一書，並由中國文史出版社編輯出版。本文即主要以這部著作為依據，附以所見部分姓氏族譜資料，探尋1300多年前開漳將士的足跡，庶幾對這一歷史能夠形成比較客觀的認識，至於目的達到與否，尚祈學界朋友正之。

一

唐代初年的中原民眾入閩，是閩粵開發史上的一個重大事件，其意義絕不止於開漳。雖則「唐史無人修列傳」，使這一對日後影響深遠的史實缺乏詳細的正史記載。然而，唐、宋以來，一些零散資料從不同側面保存記載了這一事件的過程，例如，有關建漳的具體時間，在《新唐書》、《舊唐書》

中便都有明確的記載，而豫、閩、粵、台諸省地方史志、族譜資料的載錄，乃至民眾口傳記憶，依然使人可以對這一事件有比較清楚的認識。我以為，目前至少在以下幾個方面，多數研究者的認識是一致的。

（一）對於本次事件的起因、過程、結局，各方並無多少異詞，也就是說：這一歷史事件的總體脈絡是清楚的，也是符合事實的；

（二）事件的主體人物也是清楚的：即以陳政、陳元光及其所帶領的中原府兵及58姓民眾成為本次入閩平亂及開發建設閩南粵東的主力；

（三）本次事件的意義及其影響的幾個方面：社會的穩定、經濟的發展、族群的整合，乃至爾後的閩南文化區域之形成、臺灣的開發以及海外的拓展等。

上述諸方面在認識上的一致，是我們這三十年來研究上取得的最重要的成果，這也就是說，一部開漳史，乃至影響所及的閩南史、閩南文化史，它的基本輪廓、主要的脈絡均是清晰明瞭的，將一部開漳史說成「充斥謊言」，對於歷史工作者而言，起碼是不負責任的表現。至於在網路上大加宣揚，就缺乏基本的良知了。

二

當然，在開漳史、閩南史的研究中，確實也存在不少認識不一致，乃至有分歧的方面，儘管這些並不涉及整個事件的基本層面的問題，但如果能夠通過我們的研究，提供可信的資料，使之逐漸明朗，減少分歧，進而逐步達成一致，應當是我們研究的目的所在。在正史記載不足的情況下，方志與族譜資料的記載，就顯得分外珍貴。那麼，到底有多少姓氏記載了唐初參與閩粵開發的姓氏呢？傳世的《漳州府志》、《漳浦縣誌》、《雲霄縣誌》及《山美陳氏族譜》中載錄了當時入閩將領名單。據載，首次隨「陳政戍閩粵的將士自副將許天正以下一百二十三員」，這些人多數名字俱在，且各族譜也均有資料保存，焉得隨意指其為假造、偽造。而兩批入閩人數當有萬人之眾，這也是多數人所認可的史實。對於他們的去向，實在應當加以認真的探究。

從族譜資料看開漳

本次編寫《漳州姓氏》，對於現有的漳州 703 種姓的入閩、肇漳情況逐姓進行調查並記錄下來，這就使我們能夠在此基礎上，對與開漳有關的各種姓氏的基本情況進行一次全面的審視，同時，編者還作了許多統計分析工作，這也為我們的研究提供了珍貴的資料。

按照過去記載的資料，唐府兵士卒守閩粵可考者 64 姓，而府兵將士眷屬可考者 40 姓，這 40 姓中，除部分與府兵姓氏重複者外，尚有 18 姓，分別為：卜、尤、尹、韋、甘、寧、弘、名、陰、麥、邵、金、種、耿、謝、上官、司空、令狐、吐萬。這樣合計共有 82 姓。而本次調查結果發現有記載的府兵姓氏是 68 姓，加上眷屬 18 姓，總數應為 86 姓。

我們分別對這 68 姓入漳始祖姓名、職務、去向、後裔的繁衍及播遷等問題進行整理，所列出的結論令我十分驚訝，充分感受到這些資料的珍貴，它讓過去種種不實的傳言揣測不攻自破。

1. 陳姓

入閩影響最大有三支（P66），永嘉之亂南渡入閩八姓有陳姓。

（1）開漳聖王派，由陳政、陳元光父子總章二年（669年）入閩奉命平定「蠻獠嘯亂」，陳政之兄陳敷、陳敏增援途中病歿於浙江江山，侄元敵、元揚病殂於浦城。陳元光領兵繼承父業，子孫傳至今。同時入閩地還有府兵隊正陳實、陳馬、陳叔章，但其後裔不詳。

（2）太傅派：陳邕，開元年間入閩。

（3）南朝江州義門派：北宋嘉祐七年（1062年）入漳。

陳姓入閩派系眾多，故「陳、林半天下」。

2. 許姓（P1400）：西漢建元六年（西元前 135 年），左翊將軍許濚奉命屯戍閩越，駐師泉州西南，後定居同安，墓葬今存，在廈門翔安。

總章二年（669年），宣威將軍許陶、許天正奉旨入閩平亂，為前鋒副使。許陶戰歿，葬於閩清（墓今存），汝南人。許天正（649-719），汝南許綱九世孫，任別駕、泉潮團練使。中外許姓以其父子為入閩一世祖、二世祖。子

三、黃氏兄弟後裔英才輩出

許平國鎮南詔，兼治州事，性格剛烈，不受請謁，降為海寨巡檢使，轄兵馬 4360 人。後裔由漳入泉入安溪、南安。

景龍二年（708 年），許州人許輔泉入閩任武榮州刺史（州治在今泉州南安），子孫繁衍於莆田、晉江。

唐大中九年（855 年），殿前中丞許成之子許德猷、許德勳攜家口 70 餘人 30 餘姓入閩。子孫繁衍於政和。

3. 盧姓（P824）：入閩有三派。盧鐵，宇如金，為陳政部下校尉。子盧伯道為分營將。建漳州時，盧如金任司倉、司戶參軍。開元二十三年病逝，享年 88 歲。夫人祝氏隨軍偕來。子孫遷居天寶。有三子，長子伯道妻陳懷珠，系陳元光長女。

4. 李氏（P610）：入閩李氏有七派。

李氏開漳人物有五：一為李伯瑤（陝西三原人），為唐開國元勳李靖之孫。隨陳政、陳元光父子入閩平亂，任營將，後為漳州司馬。同任營將還有李茹剛。任府兵隊正三人：李仙客、李彪、李牛。漳李姓多認李伯瑤為開漳祖。

李伯瑤有十三子，皆以軍功授職團練使，分守福建各地：

長子李蒞汝，襲職宣慰監軍。

次子李董汝，以水師都統總理海防。

三子李萌汝，鎮守新寧（今長樂），兼理水務。

四子李廷汝，鎮守延平（今南平），兼巡閩江。

五子李苐汝，鎮守永貞（今羅源），兼督造兵器。

六子李荘汝，鎮守綏城（今建甯），協理兵器。

七子李蒔汝，鎮守清溪（今安溪），兼司積儲。

八子李著汝，鎮守武平，兼理水務。

九子李英汝，鎮守浦城，兼司轉輸。

十子李華汝，鎮守長溪，兼督造戰船。

十一子李蓮汝，鎮守永泰，兼司糧食。

十二子李蒼汝，鎮守龍岩，兼理棕、麻、竹葉、油、灰等造船用料。十三子李菁汝，鎮守建州（今建甌），協理船務。

5. 馬氏（P891）：馬仁，河南固始人，隨陳政父子入閩，任營將，後任漳州司馬。711 年為保護陳元光突圍陣亡。後裔傳於華安、漳浦、東山等地。

6. 張氏（P1631）

肇漳始祖張虎，兄張龍，一同隨陳政父子入閩平亂。後張龍領兵返回河南開封，弟張虎（即張伯紀）落籍漳州，為漳州張氏始祖。唐中宗時，張虎受封武威協應大將軍，鎮守漳州路大總管。後裔子孫分居閩、粵的漳、泉、惠、潮各地。又府兵校尉中有張公遠，隊正有張來、張本儀，情況不明。

7. 沈氏（P1009）

入閩始祖為唐初跟隨陳政、陳元光入閩的沈勇，原名彪，字世紀，河南固始人。沈世紀入閩為營將，驍勇善戰，在開漳建漳中屢建功勳，官至輔佐中郎將玉鈴衛將軍。漳州沈氏均奉其為開漳祖。又有府兵校尉沈天學，後裔不明。

8. 歐氏（P915）

總章二年（669 年），歐氏隨陳政、陳元光父子入閩的有歐哲、歐真兄弟和歐憲伯三人，歐哲任營將，歐真任校尉。歐哲為陳元光五大將之一，定居龍溪縣九湖營。歐憲伯入閩後，留守於莆田、仙遊的興化府。

此外，在陳政軍中任府兵隊長的還有歐陽傳惠，事蹟無考。

9. 戴氏（P193）

戴氏於唐總章二年（669 年）隨陳政入閩的有固始人戴伯岳、戴元理父子。戴元理為府兵營將。府兵校尉還有戴仁。

戴元理子戴君冑，703年出生於雲霄，襲父職，後佐元光子陳珦，妻陳元光三女陳懷金。卒於大曆十三年（778年）。今漳州戴氏皆為君冑後裔。

10. 黃氏（P425）：黃氏入閩始於東漢。

唐初隨陳政入閩平亂的有軍前祭酒黃世紀。據載，黃世紀原為高宗朝廷禮部侍郎兼祭酒，因不執行武後「命改廟制」而被發配隨同陳政戍閩平亂。在李輔勝（伯瑤）營中，陳政命其在今廈門專司監造海上戰船和兼管浯州（今金門）牧馬事。有三子，子孫遍佈閩台、粵東。

11. 林氏（P682）：林氏也為西晉時入閩最早八姓之一。

唐總章二年（669年），固始人林孔著隨岳父陳政入閩為軍諮祭酒。政歿，佐陳元光討平廣潮諸蠻，開漳建漳，後裔傳衍漳州。

同時入閩的還有府兵校尉固始人林章，隊正林克非。但其後裔去向不明。

12. 鄭氏（P1692）

鄭氏同為西晉入閩的八姓之一。而肇漳有記載的則自唐初。

陳政入閩時，跟從者有軍諮祭酒鄭時中，府兵校尉鄭平仲，府兵隊正鄭正、鄭業、鄭惠、鄭牛容等。建漳後，鄭姓將士奉命駐守閩東南四境，包括同安、長汀、潮安、龍溪等。鄭氏均為河南固始人，其後裔部分遷回固始，今在漳後裔均尊鄭時中為先祖。

13. 朱氏（P1765）

朱氏之入閩，始於唐總章二年（669年），陳政軍中有軍諮祭酒朱秉英，府兵隊正朱參。

據傳，朱秉英受封信國將軍，戍鎮海，年老後回河北。唐開元十五年（727年）病逝。朱參為朱秉英堂兄，原駐守上營（雲霄嶽坑）。後奉旨任河南刺史，居永城（今河南永城）。後裔傳衍情況不詳。

14. 魏氏（P1239）

魏氏入閩始於唐初，陳政府兵中有軍諮祭酒魏有人，隊正魏仁溥。陳政母親魏媽，在開漳建漳中功勳卓著。但今漳州魏氏多為其他時代入閩之魏姓後裔。

15. 劉氏（P791）

開漳唐府兵將士名系中有府兵校尉劉舉，但今《漳州姓氏》中無其傳衍的後裔，情況不明。

又，今龍岩九龍江畔有多處「三公廟」，祭祀劉氏三兄弟。《漳平縣誌》載：九龍鄉居仁裡劉珠華、劉珠福、劉珠成從陳政、陳元光軍隊開漳，率部沿九龍江上溯，疏浚河道，直抵雁石，以通舟楫。後人建廟祭之。

16. 廖氏（P677）

廖姓三國時期即已入閩。

唐初中原府兵進漳時，有府兵校尉廖光達，但事蹟及後裔情況不明。

17. 湯氏（P1114）

湯氏之入閩，始於唐初隨陳政入閩的湯智、湯簡兄弟，河南固始人。湯智為府兵校尉，湯簡為府兵隊正。駐守柳營江東，並安家於龍溪角美之烏潯坑。湯簡去向不明。今漳州湯氏為湯智後裔。

湯簡名字見於江西南昌《湯氏族譜》，載曰：「湯簡，江西南昌人，唐奉政大夫，修正庶尹。」可知其後由閩入贛了。

18. 塗氏（P1155）

塗氏入漳為唐初跟隨陳政入閩的府兵校尉塗本順、塗光彥，但其後裔無族譜記載其譜系。詔安縣建有供奉二人的塗氏祖祠聚德堂。

19. 吳氏（P1271）

吳氏入閩始於漢。

唐初跟隨陳政入閩將士中有府兵校尉吳貴、隊正吳弼等，但其後裔無考。吳姓在漳者人數眾多。

20. 周氏（P1747）

周氏入閩始於西漢，居閩北。

唐初跟隨陳政入閩有府兵校尉周廣德，河南固始人。為周姓漳州肇基祖。居龍溪，其裔孫周匡物是元和十一年（816年）的進士，為漳州建州130年首位進士。官至廣東登州刺史。

21. 柳氏（P815）

柳姓入閩始祖為唐初跟隨陳政府兵南下的府兵校尉柳彥深。其後裔居漳浦赤土鄉。其裔孫柳少安於建中年間（780-783）曾接替陳謨（陳元光四世孫）任漳州刺史，後應朝廷內召入朝。

22. 施氏（P1048）

入閩肇漳始祖為唐初跟隨陳政入閩的府兵校尉施光纘。平亂後家於漳州。今閩南施氏多為其後裔。

23. 蔡氏（P9）

蔡氏入閩為西漢時期，居福州。

唐總章二年隨陳政入閩的府兵校尉蔡長眉、隊正蔡彧，均為河南固始人。後蔡長眉居雲霄火田（原漳州州址）。蔡彧為隨魏媽第二批南下的軍校，駐守漳州東之四望山（今角美）並於此開基。

24. 楊氏（P1456）

楊氏於永嘉之亂時即有人入閩，居南平、福州。

進入閩南者為唐初隨陳政入閩的府兵校尉楊統，隊正楊永、楊珍。但今族譜記載中為楊統與楊細秀。楊統後裔主要在今長泰、華安及漳州市的薌城、龍文區。楊細秀在族譜中載為府兵校尉，駐守漳浦，後遷至漳州，後裔傳衍龍海、雲霄、漳浦、莆田、仙遊等地。

25. 陸氏（P843）

陸氏入閩為唐初跟隨陳政平亂的府兵隊正陸明，是為開基祖，但後裔世系不明。

26. 蘇氏（P1085）

唐初隨陳政入閩的有府兵隊正蘇道，但其後裔世系不明。

27. 司馬氏

隨陳政入閩的府兵隊正中有司馬仲章，但今漳州一帶無姓司馬者，故其下落不明。

28. 詹氏（P1620）

詹姓為西晉入閩八姓之一。

唐初隨陳政入閩有府兵隊正詹英，詹次（一作詹以）。但今閩南無此二人後裔。漳州之詹氏為北宋及南宋間詹氏後裔。

29. 曾氏（P1585）

唐初隨陳政入閩的府兵隊正有曾仲規，但其後裔情況不明。

30. 蕭氏（P1341）

唐初隨陳政入閩的府兵隊正有蕭瀾爾，其後裔居住在漳州詔安縣，播遷於廣東、臺灣宜蘭。

31. 胡氏（P410）

唐初跟隨陳政入閩有府兵隊長胡賢，河南固始人。落籍於漳，後任泉州司馬，遷州別駕，進翊府左郎將兼領潮州刺史。為胡姓漳州開基祖，原居龍瀛（今漳州薌城區）。其後裔遍佈漳州各縣。

32. 趙氏（P1674）

唐初隨陳政入閩府兵隊正有趙瑞、趙伯恭，均河南固始人。後裔在漳傳衍，但世系不明。

33. 葉氏（P1505）

唐初隨陳政入閩時，有府兵隊正葉清隨軍前來平亂。亂平後任北境都尉，居仙遊歸德鄉，率領士卒辟地置屯，為仙游古瀨葉氏太始祖，肇漳開基祖。後裔傳衍於今長泰等地。

34. 顏氏（P1448）

唐初隨陳政入閩有府兵隊正顏伯矩，河南固始人。但其後裔不詳。

35. 潘氏（P933）

唐初隨陳政入閩有府兵隊正潘節，河南固始人，平亂後駐守南安豐州。其裔孫或居泉州，或居漳州。

36. 柯氏（P559）

唐初隨陳政入閩有府兵隊正柯敦頤，隨陳政之母魏媽入閩，屢立戰功。後居漳州，被尊為柯姓入閩肇漳始祖，但其世系不明。

37. 錢氏（P955）

唐初隨陳政入閩有府兵隊正錢仲先，後落籍福建，但子孫世系不明。

38. 餘氏（P1239）

唐初隨陳政入閩有河南固始人餘良、餘克，均為府兵隊正，後定居漳州，先居雲霄，後隨州治遷移而居漳浦、龍溪。

39. 姚氏（P1497）

唐初隨陳政入閩有府兵隊正姚廉潔，河南固始人。為姚姓入閩第一人，但今漳州姚姓多為南宋年間由莆田徙居漳州的姚朝珪後裔。

40. 韓氏（P346）

唐初隨陳政入閩有河南固始人韓器、韓堯、韓球三兄弟（固始縣磚仔埕角竹子林社），三人均為府兵隊正。今漳州韓姓多為韓器後裔，而堯、球兩派無考。

41. 吳氏（P1271）

唐初隨陳政入閩有府兵隊正吳弼，但其事蹟及後裔不詳。

42. 王氏（P1189）

唐初隨陳政入閩有王華、王佑冑、王一忠等三位軍校，均任府兵隊正。河南固始人。其後裔定居漳州龍海等地，但世系不詳。

43. 方氏（P238）

唐初隨陳政入閩有河南固始方集人方子重（644-726），任府兵隊正。功勳卓著，被魏媽視若親子。建漳後奉命駐守文山（今龍海崇福）一帶。後裔多遷雲霄，部分遷居寧德霞浦，浙江蒼南、金華、義烏等地。傳說唐末隨三王從固始起兵的部將方世琮為方子重後裔，晚唐官員，曾返居祖地固始，後隨三王南下入閩，為攻克泉州的先鋒。

44. 孫氏（P1096）

唐初隨陳政入閩有光州固始人孫梁文，任府兵隊正，居於柳營江西岸岐山馬崎社。今孫氏皆尊其為肇漳始祖。

45. 何氏（P361）

唐初隨陳政入閩有光祿大夫何嗣韓，屯墾閩南故綏安地（今雲霄火田），平亂後何嗣韓居泉州，子孫傳於漳泉各地。隨同陳政入閩的還有任府兵隊正的何德（軍），居浦南何厝。

46. 莊氏（P1789）

唐初隨陳政入閩有府兵隊正莊肅鶯，其事蹟及後裔不詳。今閩南莊氏皆唐末隨三王入閩者之後裔。

47. 唐氏（P1131）

唐初隨陳政入閩有府兵隊正唐孔禮等，但其後裔不清去向。

48. 羅氏（P862）

羅氏入閩始於唐初隨陳政南歿的府兵隊正羅幼鄰。建漳後羅幼鄰奉命駐守閩西龍岩，定居連城。今居閩南羅姓族人則多於明代從廣東入閩。

49. 鄒氏（P1819）

唐初隨陳政入閩的府兵隊正有河南固始人鄒牛客，開漳後居今漳州龍海鄒塘村。後裔分佈情況不明。

50. 邱氏（P959）

唐初隨陳政入閩有府兵隊正邱安道，固始浮光山人。定居於雲霄火田社，後裔播遷龍溪十一都鎮南社。

51. 馮氏（P258）

唐初隨陳政入閩有府兵隊正馮雋水。後裔不詳。

52. 江氏（P516）

唐初隨陳政入閩有府兵隊正江延興，後裔定居閩南、粵東，世系不詳。

53. 石氏（P1061）

唐初隨陳政入閩的有府兵隊正石子尊，而今族譜中作石先子，未知是否同一個人。石先子後裔在開漳後居龍溪田下，五代時已為閩南望族。

54. 郭氏（P311）

唐初隨陳政入閩者有河南固始方集人郭淑（即名錄中之郭魚），建漳後居漳州東四十里之郭埭，後播遷閩南各地。

56. 曹氏（P57）

唐初隨陳政入閩有府兵隊正曹敦厚，後落籍於漳。據郭啟熹先生考證，今漳平《香山曹氏族譜》記載，曹敦厚開漳後受命鎮守龍岩（即苦草鎮），子孫居漳平。曹為徽州婺源人。

57. 高氏（P281）

唐初隨陳政入閩的有固始人府兵隊正高盛典，但其事蹟及裔傳世系不詳。

58. 鐘氏（P1736）

唐初隨陳政戍閩有府兵隊正鐘法興，但今族譜無載。

59. 徐氏（P1385）

唐初隨陳政入閩有河南固始人徐睦怨，但其後裔與派居不詳。

60. 汪氏（P1181）

唐初隨陳政戍閩的有府兵隊正汪子固和夥長汪廷君，但其後裔不詳。

61. 洪氏（P384）

唐初隨陳政戍閩的有府兵隊正洪有道，河南固始人。其後裔世系不明。

62. 章氏（P1672）

唐初隨陳政戍閩的有府兵隊正章鼇、夥長章敦複，但其後裔不詳。

63. 宋氏（P1075）

唐初隨陳政戍閩的有府兵隊正宋用，建漳後定居於漳州東廂二圖。生子六：萃江、萃漢、萃穀、萃陵、萃宇、萃亭。其後裔居於閩南各地。

64. 翟氏（P1600）

唐初隨陳政入閩的有府兵隊正翟怨，建漳後居漳州，但後裔情況不明。

65. 丁氏（P215）

據《白石丁氏古譜》載，濟陽人丁儒於麟德元年（664年）隨唐諸衛將軍曾溥戍閩，為幕僚。陳政入閩後代曾溥，任命丁儒為軍諮祭酒，後任左承事郎、州別駕，居龍溪，其後裔在今漳州的龍海市、詔安等地傳衍。

66. 謝氏（P1359）

據謝氏族譜載，陳政戍閩時，有固始人謝逸，宇徵德，隨同南下開漳，並奉命駐守北界（在今南平市東南部），定居興化石井（今莆田），為謝氏入閩開基祖。

至宋，其後裔居泉州、漳州。

67. 薛氏（P1427）

唐初隨陳政入閩有河南固始人薛使（武惠），開漳後，曾任「行軍統管使」，並奉命駐守長泰山重，遂於此傳衍後裔。

68. 蔣氏（P532）

據載，陳政戍閩時，有蔣姓固始人，隨同南下開漳，並落戶漳州，繁衍後代。

三

以上是《漳州姓氏》一書中所提供的有關各姓氏開漳時期先祖的基本情況。

陳氏率領的士兵，前後兩批應有 7000 人以上，加上眷屬，則有上萬人，因此可以肯定地說，當初南下的各姓氏絕不僅於此，只是因為年代久遠，他們中多數其名字已被歲月的塵埃所掩埋了。

（一）從各姓氏唐初之肇漳祖史料，展示了宏闊壯觀的開閩圖景。我們從上述資料中可以查出，即使作為當初軍隊主要將領，有部分不知其下落，如顏、魏、柯、趙、錢、吳、姚、高、鐘、徐、汪、洪、漳、翟、莊、唐等姓氏的 20 餘位將領，不知其後人世系。不難想像，連主帥陳元光、重要將軍馬仁都以身殉職，毫無疑義，其中一些人應是在殘酷的環境中或戰死沙場，或因瘴癘之類瘟疫捐軀。當然，這其中應當也有我們尚不知道的原因。例如許多將領奉命防守四境，有的返回中原故里，有的任職他處，當然也有去向不明者，正因為有這樣豐富的原始記載，才更展示其真實性。

（二）從唐初開漳始祖的蹤跡中，可以印證唐初泉潮開發的規模和治理的景況，為原本史料不足的開漳史提供珍貴的佐證。族譜記載，許多將士開漳後被派守四境，離開漳州。這四境絕非今漳州的四面邊界。唐初陳元光作為嶺南行軍總管，其防守範圍遍及泉潮。因此，我們從族譜資料中看到有許多官員被派守到的北界竟然是南平的南部、莆田和仙遊一帶，其西境則是汀州、南部的潮惠。這也正如我們過去曾多次指出的，陳氏與中原將士所影響範圍，絕不像一些學者所認為的，僅僅在漳州一地。族譜資料的記載，讓人們大開眼界，同時也印證了我們此前的論述。

（三）各相關姓氏不同時期入閩入漳的多元記載，讓我們從不同側面瞭解了中國移民史的豐富性。通過史料的整理，加深對閩南族群與閩南文化形成的認識。我們強調唐初開漳在閩南文化研究中的重要性與開創性，並不是說其他後來者便不重要。相反，由開漳所造成的影響，應當是形成了一個連續的長期的移民過程，正是這連續不斷的中原移民南下，加速了移民族群居落的形成，補充了新生血液，增厚了中原文化與當地文化相交融的積澱，並進而在唐代中後期使閩南文化終於形成。只有在閩南移民的數量達到比較大的規模，形成強勢的族群，才有可能使這種文化在一個地域深深地紮下根來。唐代自唐初至盛唐、中唐、晚唐，每個時期都有眾多中原移民南下入閩，這與中原地區連續發生的政局動盪是分不開的。然而，中原移民之選擇入閩，顯然有兩個最重要的原因，一是唐初的平定「蠻獠嘯亂」，使這一地區形成了相對和平、安定的環境，這是其吸引後人之處。二是資訊的溝通。我們從上述族譜資料中看到，在整個唐代數百年間，閩地與中原人員交流，從未斷絕過。中原府兵多數落籍閩南，但其中也有一些人又返回了中原，他們就成為兩地溝通的使者。三是閩地開發晚，在當時可謂地廣人稀，物產豐富，自然條件相對優越，利於開發，這些都是吸引移民的有利條件。因此從唐初至北宋的300多年間，福建人口增長了數十倍。這種超常增長的原因，主要便是陸續南下的移民潮所至。當然，比較穩定的社會環境，也利人口的增長，但絕不可能如此迅速。

（四）《漳州姓氏》中還有一部分特別珍貴的資料，是對相關姓氏的播遷史的記載，如上所說，其中有關在閩、粵、浙、贛等地之播遷，豐富中國移民史的內容。而宋元明清後墾台、下南洋等方面者尤其珍貴，是海交史、華僑史及中西文化交流史方面的重要資料，可惜相對內容較為簡略，但其篳路籃褸之功，確應肯定。

四

最後再簡單談幾點想法。

（一）關於「閩人冒籍固始說」，雖其首倡者為南宋著名史學家鄭樵，但鄭氏此說並無充分證據，也未作過認真的考察，實為揣測之論。後人應在

認真調查研究基礎上再來判斷其是非。當然，族譜「冒籍」現象不能說沒有，但以偏概全則就掩蓋史實的真相了。

（二）如何認識族譜中的「訛誤」問題，是去偽存真呢？還是以真為偽呢？

（三）對古代傳統下來的史料，自然也包括族譜、方志在內，在研究方法上如何進行觀念與方法更新，這涉及古籍整理中的基本理論問題。筆者曾寫有《觀念的更新與族譜資料應用的思考》（《閩台文化交流》，2008 年第 1 期）一文，願與學界朋友共同探討。

文獻來源：2011 年固始與閩台淵源關係學術研討會論文，2011 年 11 月。
作者簡介：湯漳平，漳州師範院教授、閩台文化研究所所長。

關於開漳聖王陳元光的幾個問題

任崇嶽

當年平寇立殊勳，時不旌賢事弗聞。

唐史無人修列傳，漳江有廟祀將軍。

這是宋代曾任漳浦（今福建雲霄）知縣呂璹題威惠廟（即陳元光廟）的一首詩。陳元光是唐代開發漳州的功臣，只因唐史無傳，致使他的許多事蹟湮沒不彰，實為一大憾事。近年來有關陳元光的論文、書籍不斷問世，有些問題已經澄清，而有些問題則撲朔迷離，還存在爭議。這裡只就幾個有爭議的問題略抒淺見，以就正於方家。

一、陳元光的籍貫

歷史上有不少名人籍貫有爭議，如墨子有河南魯山與山東滕州之爭；老子有河南鹿邑與安徽渦陽之爭；莊子有河南民權與安徽蒙城之爭；呂不韋有河南禹州與濮陽之爭；范蠡有河南南陽宛城區與淅川之爭等。造成這一情況的原因有三：一是記載歧異，兩種說法都見於史籍，需要後人甄別；二是攀附名人，把名人收錄在本縣本邑，為桑梓增光；三是寫作態度不嚴謹，捕風捉影，以訛傳訛。陳元光是光州固始人，如今已是學者共識，但還有廣東揭陽說、河東說、嶺南土著說。揭陽說、嶺南土著說是捕風捉影，以訛傳訛，河東說則是指陳姓系舜帝後裔。

揭陽說見於明嘉《廣東通志‧陳元光傳》。該傳云：「陳元光，揭陽人，先世家潁川。祖洪，丞義安（今廣東潮安），因留居焉。父政，以武功著，隸廣州揚威府。元光明習韜略，善用兵，有父風，累官鷹揚衛將軍。」又說：「永隆二年（681年），盜起，攻南海邊鄙……元光……提兵深入，伐山開道，潛襲寇壘，俘馘萬計，嶺表悉平。還軍於漳，請置漳州。」這條史料有兩處明顯錯誤。第一，陳元光的祖父不叫陳洪，而是叫陳克耕。他也未在潮安任過縣丞，更不曾在那裡定居。與陳元光一起率兵入閩的大將許天正撰寫的《開

一、陳元光的籍貫

漳始祖行狀》云：「公諱政，字一民，號忠肅，諡武烈……父威順公克耕者，當隋季之亂，與陽羨（今江蘇宜興）人衛逖商遊並、汾間，逖因與並（今山西太原）人沈勇，汾（今山西汾陽）人李義謀反，眾推公為盟主以禦亂。會唐秦王李世民擊河西，公乃率精兵五萬赴之，共取霍邑（今山西霍縣）及臨汾郡（今山西臨汾），功成仁唐，為諸衛將軍。」許天正與陳元光是同時代人，由他來寫陳元光之父陳政的行狀，絕對是準確的。陳元光的祖父名叫陳克耕，因幫助秦王李世民打天下，唐朝建立之後，被封為諸衛將軍，這個官職比縣丞大多了，陳克耕何必跑到唐代被視為瘴癘之鄉的廣東潮安任縣丞呢？既未任潮安縣丞，自然也不會在那裡定居了。

同樣出於許天正之手撰寫的《開國元勳陳克耕夫人魏氏墓誌》云：「陳公府君夫人魏氏，汝甯（今河南汝南）名族，墓於此者。夫人年十八適陳克耕。」又說：「魏氏有三子，長子敏，封中郎將，孫元敞；次子敷，封右郎將，孫元揚；季子政，封左郎將，孫元光。」可見陳元光之父為陳政，祖為陳克耕，並非陳洪。

第二，漳州設郡年代不合。揭陽說認為漳州設郡於永隆二年（681年），而實際上設於垂拱二年（686年），治所在漳浦（今福建雲霄），開元四年（716年）移治李澳川（今福建漳州）。

嶺南土著說也不能成立。宋人王象之《輿地紀勝·威惠廟集》云：「陳元光，河東人，家於漳之溪口。唐儀鳳中，廣之崖山盜起，潮泉皆應。王以布衣乞兵，遂平潮州。」這一段文字紕漏更多。據唐人歐陽詹撰的《忠毅文惠公行狀》：「公諱元光，字廷炬，號龍湖，諡忠毅文惠……生於唐顯慶二年（657年）丁巳二月十六日子時。……總章二年（669年）己巳，年十三，舉光州鄉薦第一，從父戍閩，父歿，以儒術代領其眾，任玉鈐衛翊府左郎將。儀鳳二年丁醜（677年），會廣寇陳謙連結諸蠻苗自成、雷萬興等攻陷潮陽，守帥不能收復，公以輕騎平之。」陳元光討平的是廣東潮陽的賊寇，是從福建入粵的，《輿地紀勝》移花接木，張冠李戴，把陳元光率兵入粵當作是當地土著了。其時陳元光已在軍中任職，並非布衣。所謂「王以布衣乞兵」之說幾近兒戲，以一布衣乞兵，有司豈肯貿然發兵？況且布衣之人

201

甚多，為何唯獨陳元光乞兵？於情於理，這些說法都扞格不通。還有，若是陳元光是嶺南土著，他的副將許天正是汝南人；盧如金、沈彪、丁儒是固始人；張伯紀是祥符（今開封）人；蔡長眉是申州濟陽（今河南信陽）人；女婿載君冑也是固始人。部將皆是河南人，唯有主帥一人是嶺南土著，豈能令人相信！

河東說是指陳姓是舜帝的苗裔。許天正撰《開漳始祖行狀》云：「公諱政，宇一民，號忠肅，諡武烈。陳武皇帝霸先族侄孫，大宗正霸漢之曾孫，懷化將軍一時之季弟也……系出河東，世居固始縣浮光山。」南宋理宗嘉熙二年（1238年）《重修威惠廟碑》云：「靈著順應昭烈廣濟王，姓陳諱元光者，系出河東，父政仁唐，為歸德將軍，領兵戍閩。」唐代以後，泛指今山西全境為河東。因陳克耕曾在山西居住做官，而山西永濟縣蒲州鎮一帶又是舜及其後裔居住之地，因永濟縣在媯水之旁，舜的子孫就以媯為姓，永濟也在河東的範圍之內，陳姓是舜帝苗裔，舜居住的永濟縣蒲州鎮也是河東的一部分，故稱陳元光系出河東。這實際上是說陳元光系舜帝之後。

陳姓是舜帝的苗裔，說系出河東只是遠祖居住在那裡，並非陳元光的籍貫，陳元光的籍貫在光州固始。陳元光在《龍湖集‧故國山川寫景》中就說：「浮光昂嶽望，固始秀民鄉」，兩句詩就是明證。浮光指固始浮光山。《開漳史參考資料》一書把「嶽望」注釋為望族，殊牽強附會。昂是抬起頭，岳是山岳，望是看，此句意為登上浮光山遠望家鄉，嶽、望二字構不成片語。唐朝進士歐陽詹撰《忠毅文惠公行狀》說陳元光「年十三，舉光州鄉薦第一」，也說明陳元光為固始人。這兩種說法最早。清代乾隆《光州志》及《潁川陳氏開漳族譜》均說陳元光為光州固始人，如今已無人懷疑陳元光的籍貫了。張耀堂先生的《陳元光籍貫身世考辨及其他》，許競成先生的《陳元光籍貫——光州固始浮光山考》兩文鉤沉發微，論述甚詳，我在這裡不過是補苴罅漏而已。

二、陳元光平「蠻獠嘯亂」的性質

　　陳元光開發漳州的功績早應肯定，但在「文革」前有鎮壓少數民族起義的嫌疑，人們不敢論及。實際上並非所有少數民族反抗官府的戰爭都是揭竿起義，這要看情況而定。福建九龍江流域開發較晚，那裡的居民分作兩大部分，一部分是外地遷徙來的漢人，還有一部分是卜居於山林之間，為數甚多的原土著閩越族後裔和嶺南一帶遷入的「蠻獠族」。兩者之間接觸較多，但因語言、生活習慣上的差異，常產生矛盾，蠻獠族因文化程度較低，生產方式也不及漢人先進，因此動輒聚眾起事，攻打官府。這裡既有官府撫馭不力的因素，也有少數民族本身的原因，既不是揭竿起義，也不能稱作叛亂，是由民族矛盾引起的武裝械鬥。唐朝初年統治者把精力放在吐蕃、突厥、吐谷渾及高麗、百濟等方面，疏於對蠻獠的管理，因而這種械鬥經常發生，而且規模愈來愈大。其實不光是九龍江流域，整個有蠻獠居住之處都是如此。如唐高宗龍朔三年（663年）五月「柳州蠻酋吳君解反，遣冀州長史劉伯英、右武衛將軍馮士翽，發嶺南兵討之」（《資治通鑑》卷201，唐紀十七）。乾封三年（668年），「是歲，海南獠陷瓊州」，（同上）儀鳳元年（676年）「納州（今四川敘永縣西南）獠反」（《資治通鑑》卷202，唐紀十八）。陳元光《請建州縣表》說泉、湖兩州的情況說：「茲鎮地極七閩，境連百粵。左衽居椎髻之半，可耕乃火田之餘。原始要終，流移本出於二州。」「左衽居椎髻之半」一句透露出在九龍江流域，少數民族的人口佔了一半。既然有一半人口，便有了與漢人對抗的實力，由於他們剽悍驍勇，在與漢人的衝突中往往佔上風，因此動輒便舉兵起事。「可耕乃火田之餘」一句透露出唐代的漳州、潮州一帶生產力低下，居民大多是刀耕火種，糧食產量不高，良田不多，因而少數民族與漢族常為爭奪田地而發生械鬥，規模越來越大，成了武裝衝突，少數民族進而攻打官府，剽掠郡君，這都是常有的事。當地官府無法解決，只好請求中央政府出兵干預，這就是陳政、陳元光之子率兵入閩的原因。目前所能見到的有關記載，均出自漢人之後，稱之為「蠻獠嘯亂」，當然只是一面之詞，把罪過都推諉給少數民族肯定不對，因此，我認為蠻獠之亂既不是起義，也不能算作叛亂，只能說是因民族矛盾而引起的武裝衝突。基於以上認識，陳政、陳元光父子入閩是為了恢復、穩定嶺南的社會秩序，給百姓一個

安定的生產、生活環境,其積極意義不可低估。唐朝統治者對少數民族的態度是恩威並用,並非一味鎮壓,唐太宗就說:「獠依山險,當拊以恩信。脅以兵威,豈人父母意也?」(《新唐書·南蠻傳》)陳元光貫徹了朝廷的意圖,他開漳置郡,教民稼穡;發展商貿,貨暢其流;大興文教,州縣有學;漢蠻通婚,民族融合;邊陲無警,長治久安。陳元光的歷史功績,無論如何評價,都是不過分的。

三、陳元光的世系

陳瑞松先生編著的《陳姓源流》一書中附有唐代元和進士、戶部郎中潘存實撰寫的《漳南陳氏世系記》,還錄入一篇《唐開漳龍湖公宗譜總序》,綜合兩文,陳元光的世系可從漢代的陳寔一直排列到清代嘉慶時期。今將《漳南陳氏世記》一文迻錄於後:

潘氏存實曰:漳南陳氏,乃河南光州固始之世家也,本舜子商均之胄。姚姓曆夏殷四十五代為諸侯,食采於虞。殷之季,有虞幕裔孫曰遏父者,事周為陶正,妻武王元女太姬,生子滿,封於宛丘,賜姓媯氏。俾奉舜祀,備為三恪(古代新的統治者封前代三個三朝的子孫,給王侯名號,稱三恪),國號曰陳,卒諡胡公。傳國二十四世,至閔公國滅。次子全溫,奔晉而奉魏為大夫,邑於浚儀,別號陳留,改姓陳氏也。七傳而至浚文子,魏滅失其官。浚子憲,憲子武,事漢祖封棘津。侯生成仲、成有,成有少子諱魚字終化者,仕到臨江太傅,生公望,治《春秋》,精於左氏。武帝時上書自鬻,得為春秋博士。生道源,任司隸校尉,領京兆、扶風、馮翊、弘農、河東、河內、河南七郡事。傳若海,為陳留副尉。生頓昌,以冠軍大將軍領益州刺史。至幹岳為蜀國都尉、日南太守。生子綏,征和間任尚書事、庫部員外郎。綏生見深,以大中大夫授太子司。

綏有次子曰祁山,為高密相,入為太子詹事,出為高密太守。生子立賢,建武初,拔野王令……生希古,仕為武威軍參謀祭酒。生孟璉,為固始侯相,死葬浮光山之麓,子孫因家焉。曆宗、堯、康、晉,俱為豫章太守,世珍、天爵俱為河南督郵,至沖翹,為冀州刺史。子引奇為信都別駕。故德化大行

於魏郡、清河、趙國、常山之間，恩威得著於河間、廣平、巨鹿、真定之處，而信都則又超特者也（注：引奇公無子，家譜上以陳寔為嗣）。別駕生寔，為太丘長，不言而化，無為而治。故鄉人曰：寧為刑罰所加，不為陳君所短。時中常侍張讓葬父，名士無往，讓恥之，公獨吊焉。讓感公恩，黨錮多所全宥。太丘生元方，元方生群，為司空。群生泰，泰生准，准生訴，訴仕晉為太尉，生匡，匡生達。達永嘉南遷為太子洗馬，出為長城令，悅其山水，遂家焉。八傳至文贊，生霸始、霸先。

霸時受梁禪，為皇帝，國號陳。訴生，為梁州刺史。綏懷荒弊，甚有威惠，郡生潭，嘉平間為餘杭尹，創高塘以積水利，鑿石門以禦水患，民德之而生祠立焉。河生欽、約，約生懷高，懷高生建丙，為泗水令。令生琅，琅生肅，為東海功曹。肅生任，為徐州刺史。刺史生本昭，為臨淮太守、虎牙將軍。將軍生時傑，事劉宋為公車司馬，令職掌簽奏。生景文，為汝南別駕。會太守常珍奇，欲以懸瓠降魏，泣諫不從，謀泄為珍奇所殺。別駕有子曰伯紹，任合浦太守。有惠政於民，民像而祀之，即廉州陳王祠是也。王子霸漢，為陳大宗正，生果仕，事隋為司徒判官、尚書戶部度支事。先時常守嘉興，白制司以雪冤獄者數十家，有欲造逆者，誨之幾百，人皆率服。後以羨餘，請減逋負，煬帝不從，泣諫以死，郡人立祠歲祀。咸通中，封為忠烈公。公生四子，克耕者事□□為左玉鈐衛大將軍。傳其子政，奉命戍閩，是為漳南望族，陳氏之始祖雲。

根據這段文字，陳寔以前的譜系暫且不論，從陳寔起至陳元光世系清晰：

一世陳寔，字仲弓，潁川許人，任太丘（今河南永城）長；

二世陳元方，官至太僕尚書；

三世陳群，為魏國司空；

四世陳泰，官冀州刺史，遷左僕射尚書；

五世陳准，仁晉，官太尉、中書郎；

六世陳訴，仁晉為太尉，生陳匡、陳□；

七世陳□，任梁州刺史；

八世陳潭，嘉平間任餘杭尹，因修渠禦水，百姓為立生祠；

九世陳約；

十世陳懷高；

十一世陳建丙，泗水令；

十二世陳琅；

十三世陳肅，任東海功曹；

十四世陳任，徐州刺史；

十五世陳本昭，臨淮太守、虎牙將軍；

十六世陳時傑，事劉宋為公車司馬；

十七世陳景文，汝南別駕；

十八世陳伯紹，合浦太守；

十九世陳霸漢，南朝陳大宗正，陳霸先的族弟；

二十世陳果仁，仁隋為司徒、尚書戶部度支事；

二十一世陳克耕，唐代左玉鈴衛大將軍；

二十二世陳政，唐代奉命戍閩，陳氏入閩始祖；

二十三世陳元光。

《唐開漳龍湖公宗譜·總序》則敘述了從陳政至清代嘉慶繁衍了42世，限於篇幅，這裡不再贅述。以上世系不知與雲霄、固始陳姓族譜契合否？

文獻來源：2008年固始與閩台淵源關係學術研討會論文，《固始與閩台淵源關係研究》，人民出版社2009年。

作者簡介：任崇嶽，河南省社會科學院研究員。

陳元光籍貫考辨

陳昌遠 陳隆文

近年來在史志研究中，對陳元光的研究已成為一個熱點。1990 年國內外學者和各地代表近 200 人在漳州召開陳元光國際學術討論會，就有關問題進行了熱烈討論，並取得了一批具有較高研究水準的學術成果。會議組織者從提交的百篇論文中提出 57 篇，編輯成《陳元光國際學術討論會論文集》，1993 年 11 月由廈門大學出版社出版。經過大家討論對眾多問題達成共識，但其中有一些問題仍然有不同的看法，從最近一些期刊發表有關陳元光的論文中也可以看出。陳元光，宇廷炬，號龍湖，生於唐顯慶二年（651 年），於顯雲二年（771 年）不幸逝世。陳元光籍貫在何處？至今爭論不休，有以下幾種不同的看法。

一、廣東揭陽說

謝重光先生認為：「陳元光先世為河東人，但從祖父一代起即居於潮州為廣東揭陽人。」其主要根據是順治《潮州府志·人物部·陳將軍傳》記載：「陳元光揭陽人，父政，屢立戰功。元光善用兵，有父風，歷官鷹揚衛將軍。」《廣東通志》卷 292《列傳·陳元光》也記載：「唐陳元光，揭陽人……」這些省府志都言陳元光為揭陽人，但又說「祖洪，丞義安（潮州），因留居焉。」在這些記載裡沒有說明陳氏家庭南遷的真正原因，只說廣東潮州不是陳氏家庭的世居之地。值得注意的是揭陽不是唐時的名稱。古揭陽是秦戍五嶺而得名。據乾隆《揭陽縣誌》記載：「始皇三十三年（西元前 214 年），發兵五十萬命任囂、趙佗南平百越，置揭陽為戍守區。」

秦亡，趙佗於西元前 204 年自立為南越王，任史定為揭陽縣令。當時管理的範圍，據貝聞喜先生的意見認為：「包括現在的汕頭、潮州二市八縣及程鄉梅縣地區各縣。」[1] 漢元鼎六年（西元前 111 年）武帝發兵 10 萬平南越，仍置揭陽縣，屬南海郡。晉安帝義熙九年（413 年）以原揭陽地立為義安郡，轄五縣。隋文帝開皇十一年（591 年）廢義安郡置潮州。隋大業三年（601 年）

罷潮州複義安郡。唐武德四年（621年）再廢義安複潮州。唐太宗貞觀三年屬江南道，明皇開元二十二年，隸福建經略使，又隸屬嶺南道。從以上史實看來，從秦置揭陽至晉義熙九年分揭陽置義安郡，前後經歷627年之久。古揭陽早已廢多時，雖然一些人仍然稱陳元光為揭陽人，但其中有一個問題，揭陽是秦時的行政區劃名，其間管轄的範圍有如此之大，到底陳元光的籍貫在哪裡，地理位置仍然沒有準確的定位，所以此說地理位置模糊不清，經不起沿革歷史的推敲，不可信從。

地方誌所載陳元光為揭陽人，究竟指何處？唯有《豐順縣誌》有詳細記載，《豐順縣誌·人物傳》從陳元光的祖父陳洪記起，謂「隋，陳洪，八鄉貴人村人。先世家潁川，隋任義安丞，因居留八鄉貴人村，遂為揭陽人」。《揭陽縣誌》說他「先世家潁川」。《潮州存志》說他揭陽人。很明顯《豐順縣誌》是根據陳姓那些想當然演繹出來的，為揭陽八鄉貴人村人是沒有任何根據的，也沒有任何材料證實。陳洪及陳政父子居住在八鄉貴人村這個南北交通要道和險要關隘。一些人認為「陳洪作為一位擔任保衛邊塞職務之義安郡丞，長期鎮守在這裡，元光的父親陳政兄弟可能就出生在這裡並度過童年的」[2]。此說完全是無根據的想當然推論出來的，不足為據。

二、河東說

有的認為：「陳元光實為河東人。」「陳元光是河東人」[3]。有的認為「陳元光先世為河東人」[4]。他們主張陳元光為河東人的主要根據是唐林寶《元和姓纂》的記載。林寶《元和姓纂》卷3「陳氏條」將陳元光列為諸郡陳氏謂「右鷹揚將軍陳元光，河東人」。林寶是唐代著名史學家和譜牒學家，他編撰《元和姓纂》是奉朝廷命令：「按據經籍，窮究舊史，諸家圖牒無不參詳。」[5] 林寶《元和姓纂》具有一定的權威性，此書的修撰是元和年間上距陳元光曾孫陳謨任漳州刺史不過數年，自然對陳元光的家世是有所瞭解，其材料是有所根據的。但是在這裡有一個問題，就是對材料的引用應該全面的理解和引用，不能斷章取義。為何有陳元光是河東人之說？據美國源流出版社1986年8月出版的《王啟史志文集》記載「陳政父從唐太宗攻克臨汾等郡，

二、河東說

立有軍功。陳政本人在唐高宗時也立有軍功，官至廣州揚威府玉鈐衛歸德將軍」。據此可以知道陳洪是在隋末唐初時輔佐李世民平定天下，在今山西地區轉戰是有密切關係，所以光緒《漳浦縣誌》明確記載：「陳政嘗經漳江謂父老曰：此水如上黨之清漳，故漳州各郡漳浦各縣，悉本諸此。」[6] 再據臺灣《光州陳氏始祖世系生卒之簽》記「陳欲得，宇果仁，子克勤（陳洪），當隋唐紛爭交替時期，征戰頻仍，在晉南淮北之河東一帶，征戰經年，且傳在漳河附近之曲城（今河北西部曲陽，初唐名相魏徵家鄉）配魏徵之妹魏箴為妻，卒葬雲霄半征山」[7]。由於陳政有這段戎馬生活，於是構成河東之說的主要緣由。

值得注意「河東」一詞最早出在司馬遷《史記·貨殖列傳》，書中說河東、河南、河內。夫三河天下之中，而唐代河東是一個區域名。唐代河東道為唐貞觀十道，開元十五道之河東節度使設於唐開元十八年，可是林寶《元和姓纂》說「陳元光河東人」到底是指河東哪一個縣呢？沒有明確的說明，模糊不清。唐代設河東道據《元和郡縣圖志》記載其中有「河東縣本漢蒲阪縣地」，「州城即蒲阪城也」，「故陶城在縣北四十里」，「故堯城在縣南二十八裡」。一些人將陳元光河東人定位在今山西運城市，顯然是錯誤的。

黃超雲先生說：「陳政父子原居河東（山西運城古名『河東』）。」[8] 根據史為樂《中國歷史地名大辭典》（上）說：運城清政司鹽城置，屬安邑縣。即今山西運城市。《清一統志·解州》之運城在安邑縣東南。元至正間建。本朝初設鹽政及運司以下等官。乾隆五十七年裁。嘉慶十二年移河東道駐此，兼管鹽務。958年為運城縣駐地[9]。從以上看來「山西運城名河東」是沒有根據的。根據《元和郡縣圖志》唐置河東道，有河東縣，曰「河東縣，本僅蒲阪縣地也，屬河東郡，隋開皇三年罷郡，縣仍屬蒲州。十六年移蒲阪縣於城東，仍於今理別置河東縣，大業二年省蒲阪縣入河東縣」。據劉緯毅《山西歷史地名通檢》，「蒲反縣西漢置，屬河東郡，新莽改名蒲城縣，東漢稱蒲阪縣。故治在今永濟縣西二十五裡蒲州老城」。《漢書·地理志》河東郡：「蒲反，有堯山，首山祠，雷首山在南，故曰蒲，秦更名，莽曰蒲城。」應劭曰：「秦始皇東巡見長城，故加反云。」孟康曰：「本蒲也，晉文公以賂秦，後秦人遷蒲，魏人喜曰蒲反矣，謂秦名之，非也。」[10]《後漢書·郡國志》河東郡，

有蒲反縣。《隋書·地理志》河東郡：「河東，舊日蒲阪縣，以開皇十六年新置河東縣，大業初並蒲阪入。」唐初魏王李泰《括地志》曰：「河東縣南二裡故蒲阪城，舜以都也。城中有舜廟．城外有舜井及二妃土台。」（《史記·五帝本紀》）「舜釐下二女於媯汭」（《正義》引）。再據史為樂《中國歷史地名大辭典》，「蒲阪縣，秦置，屬河東郡。治所在今山西永濟市西南蒲州鎮。西漢改為蒲反縣。東漢複為蒲阪縣。北魏為河東郡及泰州治。北周為蒲州治。隋屬蒲州，開皇十六年（596年）移治蒲州鎮東，大業二年（606年）廢」。[11]

從以上記載看來今運城市在古代根本就沒有河東之名，而古河東縣名是在今山西永濟縣，所以歷史上山西運城古名河東之說可以說是錯誤的。由於河東地名是泛指，沒有確切的地理位置，所以後來明萬曆《漳州府志·陳元光傳》記載：「陳元光其先為河東人，後家於光州固始縣」。

三、固始縣說

我們主張陳元光是固始人。在這裡首先要解決一個問題就是一些反對此說的人認為：「固始縣都找不到有關的可靠證據。作為一方之全史的《固始縣誌》只詳載比陳元光之後的王潮、王審知兄弟入閩的問題，而未記載陳元光的入閩事蹟，故不能說他是固始人。」[12] 此說是站不住腳的。《固始縣誌》明確記載「永嘉之亂，中原士族張、黃、陳、鄭四姓入閩，閩人稱之為固始人」。在這裡陳姓自然是包括有陳元光在內。這裡還有一問題就是現在新舊《唐書》沒有陳元光傳，所以使陳元光的籍貫產生很多問題，為何唐史不載陳元光傳，宋洪邁《容齋隨筆》卷1《唐平蠻碑》曰：「南蠻大酋長染浪州刺史楊盛顛為邊患，明皇遣內常侍高守信討之，拔其九城，此事新舊《唐書》及野史皆不載。」在這裡，黃超雲先生說「可見邊遠州縣，訊息不通。唐代羈縻都護府、都督府、州、縣四級，共八百多個，其軍事、政刑、官吏，新舊《唐書》闕載多矣，豈止陳元光、高守信其人其事哉」[13]？此說很正確，在這裡我們還可以從現保存的《元和郡縣圖志》一書佐證此說。唐李吉甫《元和郡縣圖志》原有圖和志共40卷，圖的部分在唐時就亡佚了。大體上保存

三、固始縣說

42 卷之數。宋以後目錄亡佚，又缺第 19、20、23、24、35、36 卷。今天流傳下來的只有 34 卷了。從中華書局點校後的《元和郡縣圖志》看，其中嶺南道有的全缺州，而且其他州所保存所記的內容也都非常簡略，可能是由於周邊情況，因道路遙遠，交通不便，資訊不暢通，因此，陳元光在邊區是一個刺史地方官，因此新舊《唐書》不立傳，那是很自然的，不能因此就否認陳元光不是固始人。

一些人又認為：「明朝曾先後三次修纂《漳州府志》目前僅見萬曆志，萬曆《漳州府志》開始了偽造的過程，陳元光『其先河東人，後家於光州之固始，遂為固始人』。萬曆《漳州府志》仍保留了『其先河東人』尚不敢全盤否定前人的結論，但『後家於光州之固始，遂為固始人』之說已出籠，偽造郡望初露端倪，自萬曆始，經明末、清至民國初，陳元光為河南光州固始人的偽造過程不僅完成，而且成了『信史』。倘置前之說於不顧，而信千百年後的偽造實乃本末倒置。」[14]

以上說法我們看一下唐代漳州人潘存實所編撰的《陳氏族譜‧漳南陳氏世系記》的記載，此著算是最早最詳細的記載。曰：「漳南陳乃河南光州固始之世家也。……景文為汝南別駕……別駕有子曰伯紹，任合浦太守，有惠政於民，民像而祀之，即今廉州陳王祠是也。……公生四子，克耕者事□□為左玉鈐衛大將軍，傳其子政，奉命戍閩，是為漳南望族陳氏之始祖。」唐歐陽詹撰《龍湖行狀》曰：「公諱元光，字廷炬，號龍湖，行百五十三，光州固始人。」

潘存實其人，謝重光先生也承認是唐代人。他說：「所得唐代漳州登進士，明經科第者只有周匡業、周匡物、潘存實、謝脩數人。」[15] 因此，潘存實所記述陳氏世系應該是比較可靠的。唐歐陽詹的記述也是真實的。從這裡可以看出說陳元光是固始人的說法不是偽造的，明偽造說是根本站不住腳的。

關於陳政戍閩和陳元光事蹟，康熙甲子（1684 年）重修《漳州府志‧宦績》曰：「陳政，字一民，光州固始人，父克耕，從唐太宗攻克臨汾等郡。政以從征功拜玉鈐衛翊府左郎將歸德將軍。高宗總章二年，泉潮間蠻獠嘯亂，民苦之，僉乞鎮帥，以靖邊方。」又說：「陳元光字廷炬，政子也。……年

211

陳元光籍貫考辨

十三領鄉薦第一。總章二年隨父政領軍入閩,父卒,代領其眾。……進正儀大夫嶺南行軍總管。垂拱二年……伊建漳州……進中郎將右鷹揚衛率府懷化大將軍,仍世守刺史。」明代何喬遠所撰《閩書》敘陳元光及其父事蹟略同,亦直書陳元光為「固始人」。

《潁川陳氏開漳族譜》已有陳克耕「世居光州固始縣浮光山」及「陳元光十三歲領光州鄉薦第一」的記載,而後《中國人名大辭典》和固始縣誌辦公室編的《固始概況》均記陳元光為河南光州固始人。至今河南固始縣的陳集鄉還保留有陳將軍祠,正堂上書「威鎮閩粵塵淨東南」。楹聯:「開閩數十年烽火無驚稱樂土,建漳千百載香菸不絕祀將軍。」將軍祠值得我們注意。跟隨陳政入閩的府兵將中,表現較為突出的主要有許天正、李伯瑤、盧如璽、丁信等人,皆為固始人。

1. 許天正,宇允心,號雲峰。1938年刊《福建通志》總卷35《唐宦傳》記載為「汝南人」是不確切的,道光《福建通志》卷122《唐宦傳》載為「固始人」應是正確的。

2. 盧如璽,固始人。入閩後興建屯營於雲霄修竹裡,與陳元光、許天正等一起,開拓山林,為以後漳水之北建置漳州(治所在今福建雲霄)奠定基礎。

3. 丁信,固始人。通經術,喜吟詠詩,練達業務,陳政引為軍諮祭酒。

4. 沈勇也是固始人。原名彪,宇世紀,因作戰勇敢唐高宗賜名勇,婦吳氏隨行,初任軍牒祭酒,漳州建置後,授司馬分營將。[16]

5. 鄭時中,固始人,婦史氏。初任府兵。據廈門大學圖書館《臺灣馬巷鄭氏族譜》記載,稱他為「大臣」並云:「陳將軍(元光)趨閩,大臣鄭時中隨之,鄭氏遂星布閩粵本。」《漳林鄭氏族譜》手抄本,成於民國初期,原譜已失,後據原藏譜人鄭仲章回憶整理[17]。

當時陳政率領了府兵3600多名,從征將副將許天正,營以下123員。陳元光以鷹衛將軍身分,隨同父親陳政領軍赴閩。根據康熙《漳浦縣誌》記載,當時跟從陳元光入閩的主要將士有「婿盧伯道,戴君冑,侄士李如剛,

前鋒將許天正，分營將馬仁、李伯瑤、歐哲、張伯紀、沈世紀等五人，軍諮祭酒等官黃世紀、林孔著、鄭時中、魏有人、朱秉英等五人，府兵校尉盧如璽……十六人」[18]。以上列舉的將領，很多都是固始人。在這裡也可以證實際元光也應是固始人，不然不會帶這樣多的固始人入閩。

四、河南潢川說

最近有人寫文章表示贊同《福建史志》總 39 期發表肖林同志《陳元光籍貫窺探》一文所作的結論「認為陳元光確切的籍貫是河南光州無疑」。又認為「光州——弋陽——潢川同為一地」得出結論認為陳元光原籍「在河南潢川縣」。[19] 此說值得研究討論。

史為樂《中國歷史地名大辭典》明確指出，光山縣「隋開皇十八年（598 年）置，為光州治。治所即今河南光山縣。大業初為弋陽郡治。唐武德三年（620 年）為光州治。南宋紹興二十八年（1158 年）改為期思縣，尋複為光山縣。南宋末廢。元至元十二年（1277 年）複置。清屬光州直隸州。民國初屬河南汝陽道。1927 年直屬河南省。」

弋陽縣，史為樂《中國歷史地名大辭典》又指出曰：「西漢置，屬汝南郡。治所在今河南潢川縣西北十二裡隆古集附近。三國魏為弋陽郡治。南朝梁普通八年（527 年）改為北弋陽縣。東魏武定七年（549 年）複為弋陽縣。治所移至今潢川縣。北齊改為定城縣。」可見弋陽縣治所有很大變化，今潢川縣地與古治所在今潢川縣西北 12 裡隆古集附近。

弋陽郡三國魏文帝置，屬豫州。治所在今弋陽縣（今潢川縣西北 12 裡隆古集附近）。轄境相當於今河南淮河以南，竹竿河以東，灌河以西地。南朝宋屬南豫州。南齊屬豫州。北魏屬豫州。南朝梁普通八年（527 年）屬光州。治北弋陽縣（今潢川西）。東魏武定七年（549 年）治弋陽縣（今潢川縣）。北齊郡治弋陽縣改名定城縣。隋開皇初郡廢。大業初複置，移治光山縣（今河南光山縣）。唐武德三年（620 年）改為廣州。太極元年（712 年）還治定城縣（今潢川縣）。天寶元年（742 年）複為弋陽郡，乾元元年（758 年）改為光州。

陳元光籍貫考辨

　　從以上所敘述的光州、弋陽、潢川三個地名的歷史沿革及其演變的過程來看，光州、弋陽、潢川應為三地。光州在西，潢川在今光山東北。怎麼能將光山、弋陽、潢川說成一地呢？其間隋大業初治光山縣，後又武德改為光州，太極元年還治定城縣（今潢川縣），天寶複為弋陽郡，乾元年間改為光州，這是名稱的演變，但不能說光山、弋陽、潢川為一地。

　　根據唐《元和郡縣圖志》記載光山是因境內有山為光山而得名。「光山，名弋山，在縣西北八十里」。而「定城縣，本漢弋陽縣，屬汝南郡，自漢至蕭齊，常為弋陽城，武德三年置豫州，領定城一縣，貞觀元年省，定城屬光州」，「黃國故城，在縣西十二裡，春秋時黃國，後為楚所滅」。「古黃國地處淮水南岸，當今河南省之潢川。漢代為弋陽縣，屬汝南郡。清時屬河南汝寧府光州境。有黃水流經光州，黃因水得名」。[20]

　　嘉慶重修《一統志》也說：「黃故城在州西十二裡，春秋時黃陽。」「弋陽故城在州西，本漢縣，屬汝南郡」。「光城故城，光山縣治，劉宋元嘉二十五年，以豫部蠻民立光城縣」。又說「黃川故城，在光山縣西南，後魏置黃川郡，治定安縣，梁廢入光州，《寰宇記》故黃州城在光山縣南四十里，相傳古黃國別都，以帶黃水故名」。從以上看來，怎麼能把光山、弋陽、潢川說成一地呢？其間名稱雖然變遷，但是不能把光州、光山說成是潢川，一些人認為陳元光是光州人，是不很確切的，必需說是光州固始人。這樣才是正確的。一些反對此說的人認為：「許多地方誌都把陳的籍貫以光州和固始並提，實是不同的」。又認為：「光州，州名，南朝梁置，治所在今光城（今光山），唐太極元年（712年）移治定城（潢川縣），唐大業及天寶至德時曾改光州為弋陽郡，元複光州，1914年改潢川縣。」[21] 在這裡應值得注意貝先生把光州說是州名，這沒有問題應是正確的，但是州下面還管有縣。從《元和郡縣圖志》地理書上看光州轄縣管縣五：「定城、殷城、固始、光山、仙居」。其中陳元光為固始人，不說陳元光為固始人，只說光州人，怎麼能叫人瞭解陳元光的原籍是在河南哪裡呢？光州的治所在歷史上有變遷，但1914年改為潢川縣，恐怕不確切。據史為樂《中國歷史地名大辭典》「潢川縣1913年改光州置，屬河南汝陽道，治所即今河南潢川縣。1927年直屬河南府」。在此應注意兩點，第一，年代是1913而不是1914，改光州置潢

川縣,是廢除州,而不是將光山縣改為潢川縣,光山縣仍然存在,民國初屬河南汝陽道,所以光山、潢川同屬為河南道,是河南東南邊上的兩個重要交通樞紐,從來沒有人把光山縣叫潢川縣的,光山縣與皖、鄂鄰省。歷史上,把光山縣與潢川混為一的說法是主張陳元光為潢川人的主要根據。潢川與光山歷史沿革不同,光山從沒有在歷史上叫過潢川,潢川在歷史上也沒有叫過光山[22]。值得注意,潢川縣武德年置弦州,乾元初為光州弋陽郡治定軍。宋為光州弋陽郡光山軍,南宋更名蔣州,尋複故,仍治定城,其治所在定城,並在今潢川縣,因潢川縣是1913年才設置的。

文獻來源:2008年固始與閩台淵源關係學術研討會論文,《固始與閩台淵源關係研究》,人民出版社2009年。

作者簡介:陳昌遠,河南大學歷史文化學院教授。

注　釋

[1]. 貝聞喜:《陳元光原籍考》,《韓山師專學報》1991年第1期。

[2]. 貝聞喜:《潮州歷史文化的主要開拓者陳元光》,《嶺南文史》1999年第4期。

[3]. 周賢成:《陳元光家世考》,《東南學術》1991年5月。

[4]. 謝重光:《〈龍湖集〉的真偽與陳元光的家世和生平》,《福建論壇》(人文社會科學)1989年第5期。

[5].《全唐文》卷322。

[6]. 清光緒《漳浦縣誌》卷14,《陳政傳》。

[7]. 轉引自貝聞喜:《陳元光原籍考》,《韓山師專學報》1991年第1期。

[8]. 黃超云:《陳元光換姓新考》,《漳州職業大學學報》2003年第2期。

[9]. 史為樂:《中國歷史地名大辭典》,中國社會科學出版社,2005年版,第1175頁。

[10]. 劉緯毅:《山西歷史地名通檢》,山西人民出版,1990年版,第208頁。

[11]. 史為樂:《中國歷史地名大辭典》,中國社會科學出版社,2005年版,第2658頁。

[12]. 貝聞喜:《陳元光原籍考》,《韓山師專學報》1991年第1期。

[13]. 黃超云:《陳元光換姓新考》,《漳州職業大學學報》2003年第2期。

[14]. 周賢成:《陳元光家世考》,《東南學術》1991年5月。

[15]. 謝重光:《〈龍湖集〉的真偽與陳元光的家世和生平》,《福建論壇》(人文社會科學)1989年第5期。

[16]. 據泰國沈氏宗親會編：《沈氏大宗祠一百周年紀念特刊》，《沈氏族譜》。

[17]. 以上材料均見盧繼定：《唐代中原移民漳潮的組織者和帶頭人陳元光》，《韓山師專學報》（社會科學版）1990年第8期。

[18]. 俞北鵬、陳智超：《陳元光與閩南開發》，《韓山師專學報》1993年第3期。

[19]. 貝聞喜：《陳元光原籍考》，《韓山師專學報》1991年第1期。

[20]. 齊文心：《商殷時期古黃國初探》，《古文研究》（第十二輯），中華書局，1985年版。

[21]. 貝聞喜：《陳元光原籍考》，《韓山師專學報》1991年第1期。

[22]. 可見《河南新志》（上冊）（民國十八年），河南省地方史志編纂委員會整理重印。

陳、林、黃、鄭四姓的入閩及其在閩台的興盛

陳建魁

一

陳、林、黃、鄭四姓都是起源於河南的姓氏，但是在當今福建和臺灣人口中，陳、林、黃、鄭四姓的比例要高於全國，更高於河南。這種局面的形成與中原陳、林、黃、鄭四姓人口在歷史上最早南遷入閩有極大的關係。

歷史上，中原士民曾四次大規模南遷，而陳、林、黃、鄭四姓為每次南遷都包括的姓氏，且是最早入閩的一批姓氏。陳、林、黃、鄭四姓經過這四次南遷入閩，對當今福建、臺灣人口姓氏特點的形成起到了舉足輕重的作用。

西晉末年，中原士民第一次大規模南遷。唐林諝《閩中記》載，永嘉之亂，中原士族陳、林、黃、鄭四姓先入閩。陳、林、黃、鄭四姓為最早入閩四姓。南宋泉州晉江人梁克家撰《淳熙三山志》記載：「爰自永嘉之末，南渡者率入閩，陳、鄭、林、黃、詹、邱、何、胡，昔實先之……隋唐戶口既蕃，衣冠始集。」其中也把陳、林、黃、鄭列在最早入閩八姓的前列。乾隆《福州府志·外記》中引路振的《九國志》也有同樣記載。今天中國大陸所形成的陳、林、黃、鄭四姓在分佈上南多北少的基本格局，其根源便是由此引起的。

唐總章年間，中原士民第二次大規模南遷。唐朝初期，陳政、陳元興父子帶兵入閩平定「蠻獠嘯亂」，奉朝准建置漳州及屬縣。據統計，陳元光父子入閩所帶府兵將士與眷屬共有84個姓氏，其中包括陳、林、黃、鄭四姓。

唐代末年，中原士民第三次大規模南遷。唐朝末年，中原動亂，固始人王潮、王審知兄弟帶領鄉民義軍入閩，除暴安民。昭宗詔授王審知福建威武軍節度使。後樑太祖進封王審知為閩王。隨從「三王」入閩，開發建設閩地的光州固始籍民5000多人。據《八閩祠堂大全》等資料記載，隨從「三王」入閩的姓氏有83個，陳、林、黃、鄭四姓也均在其中。

陳、林、黃、鄭四姓的入閩及其在閩台的興盛

　　北宋末年，金軍佔領開封，中原士民第四次大規模南遷。在這次著名的「宋室南渡」過程中，大批皇親國戚、官吏、平民向今天的浙江、福建、江蘇、江西、湖南、廣東等地遷移。陳、林、黃、鄭四姓為官者與家屬及四姓其他平民許多人遷至福建。

　　陳、林、黃、鄭四姓經過四次入閩，尤其是第一次入閩，對福建人口姓氏特點的形成起到了關鍵作用。唐代這四姓的兩次入閩，又對這四姓人口在福建的持續增長創造了條件。明清以後，福建人許多渡海入台。現在的臺灣人有80%來自福建，這也使福建的姓氏人口特點帶到了臺灣。在福建和臺灣，陳、林、黃、鄭四姓中，陳、林、黃三姓均排在姓氏人口的一、二、三位，只有鄭姓略有差異，福建的鄭姓排第7，臺灣的鄭姓則排第13位。在福建和臺灣，有「陳林半天下，黃鄭排滿街」之說，就是閩台姓氏人口特點的生動寫照。而在陳、林、黃、鄭四姓的起源地河南，這幾個姓氏所佔的人口比例則大大低於福建和臺灣，這就是歷史上中原人南遷帶來的後果之一。

　　下面是福建及福建三個城市排名前10位的姓氏：

　　福建：陳、林、黃、張、吳、李、鄭、王、劉、蘇。

　　泉州：陳、林、黃、王、李、吳、張、鄭、蔡、蘇。

　　莆田：陳、林、黃、鄭、吳、張、李、楊、劉、蔡。

　　福州：林、陳、黃、鄭、王、張、李、吳、劉、楊。

　　而臺灣十大姓是：陳、林、黃、張、李、王、吳、蔡、劉、楊。
[1][2][3][4][5]

　　因文章篇幅所限，本文不再對陳、林、黃、鄭四姓的入閩及其在閩台的興盛情況進行一一考證，而僅結合黃姓家譜所載，就歷史上黃姓南遷及其在閩台的發展和興盛情況略作考述。[6]

二

　　源於河南的黃姓是從中原較早南遷的姓氏之一。黃姓南遷之後，在福建獲得了極大發展，並播遷臺灣等地，使黃姓成為當今閩台名列前茅的大姓。

　　黃姓的主源有兩支，均系以國為氏。一支出於金天氏少昊。上古時少昊的裔孫台駘被封在汾水（在今山西省汾水流域），其子孫後來分別建立了沈、黃等幾個小國。其中的黃國在春秋時為晉所滅，黃國的子孫以國為姓，奉台駘為黃姓始祖。另外一支出於嬴姓伯益。伯益在虞舜時為東夷部落的首領，因幫助大禹治水有功，被舜賜姓嬴氏。相傳伯益的後裔有14支，合稱嬴姓十四氏。其中的黃氏商末周初在今河南潢川建立黃國。有的姓氏書中說這支黃姓是陸終的後代。陸終也是嬴姓，陸終的後代，受封於黃（今河南潢川）。西元前648年黃國為楚所滅，子孫以國為氏。查考古書，伯益是顓頊的玄孫，陸終也是顓頊的玄孫。因此，無論這支黃姓出於伯益還是出於陸終，都是帝顓頊的後代，屬以國為氏之姓。而據何光岳先生《東夷源流考》，出處山西的黃國為河南黃水遷來的，因此。黃姓之根在河南的潢川。

　　源發表駘的黃姓，起初主要分佈於山西一帶，許多人在晉國任職。西元前6世紀中葉，在晉國的一次宗族鬥爭中，這支黃姓的代表人物黃淵被殺。此後，這支黃氏日漸衰落，而源出河南潢川的黃姓卻一直子孫興盛，當今絕大多數黃姓人都是這支黃姓的後裔。今河南潢川發現春秋時期黃國多件帶有銘文的青銅器，如黃君簋、黃父盤、叔單鼎等，說明當時黃國文化已經達到相當水準[7]。

三

　　黃國滅亡後，有一部分黃國遺民仍然留在潢川故地。他們由原黃國王族淪為楚國臣民後，經過300年痛苦中的掙扎，終於獲得一種新生，開始以普通平民族姓的身分去生產和生活，通過征戰、仕途、經商、講學等方式，重振黃姓宗族的聲威。其餘多散居今湖北省境，並仕於楚國，今湖北的黃岡、黃陂、黃安、黃梅等地名，蓋因黃姓人遷居而得名。戰國晚期，在異軍崛起的黃姓家族中，黃歇家族即是這種奮發進取的新黃姓宗族之代表。宋人鄧名

世在《古今姓氏書辯證》中說：「楚滅黃，其族仁楚，春申君黃歇即其後。」元代黃姓著名文人黃溍在《族譜圖序》中也說：「黃國為楚所滅，子孫仁楚者有黃歇。」各家黃姓族譜，也無不說黃歇是古黃國的後代，但關於黃歇的家世、生平、後裔情況，則各種傳說不大相同。

太史公司馬遷在《史記》中只說黃歇是楚國人，未指明到底在楚國什麼地方，史稱黃歇徙封江東，而故宅乃在黃，《廣輿記》記載：「黃歇宅即光州治」，清代於此設立春申鎮。由此可見，黃歇是那支留居故地的黃國遺民後代。

黃歇最後掛印封侯，稱雄諸侯，成為戰國四君子之一。他官至楚相，封春申君，封地原在黃國故地淮北12縣。後來黃歇改封於江東吳國故墟，即今江蘇常州、蘇州至上海一帶。黃歇子孫眾多，又散處各地，他們在政變後，確實有大部分被滿門抄斬滅族，但也應有許多倖存者，他們或逃於外，或隱姓埋名，頑強地生存延續下來。據載，春申君的子孫，至少有五支倖存並傳衍下來：一支為東吳派，如吉安雙井譜所記的黃歇之子黃堂。第二支避亂隱居江夏縣黃鶴鄉，傳說是黃歇長子黃尚的這一支，此支形成後來的江夏黃氏。第三支即遷居黔中府。第四支傳說遷往中原陽夏。第五支為楚王熊捍一支，實為春申君的私生子。

有關黃歇的遺跡布於河南、安徽、上海、江蘇、浙江、湖北等。除前面介紹的河南潢川春申君黃歇之墓外；湖北武漢有黃歇墓，安徽淮南有春申君墓，上海有春申君祠，江蘇蘇州有春申君廟，江蘇江陰有君山、黃山，江蘇無錫有春申澗，浙江湖州有下菰城遺址，湖北監利有黃歇口，湖北沙洋有黃歇村，這些遺跡和地名都與春申君黃歇有關[8]。春申群黃歇死後，黃姓的發展陷入低潮。但原黃國子民及春申君後裔一直在各地默默生存，至兩漢時期，多支黃姓大族競相迸發，開啟了黃姓發展史上新的時代。黃極忠、黃霸、黃石、黃香、黃瓊、黃蓋、黃忠、黃憲、黃承彥等等，都是這些黃姓家族中的佼佼之士。

兩漢黃姓大族多出於江夏郡望和淮陽陽夏郡望，淮陽陽夏黃姓的代表人物是「循吏」的黃霸。

黃霸，字次公，淮陽陽夏（今河南太康）人。大多數黃姓家譜都認為黃霸是春申君的直系後代，出自黃歇長子黃尚之子黃廣。黃霸的後裔非常興盛，分支眾多，第五子黃劉一支留居於淮陽陽夏，一支分居陝西雲陵（今淳化），另一支徙居杜陵縣（今陝西西安東北），還有一支則在其封地建成侯國（今河南永城市）居住，也有一部分居住在他的成名之地潁川（今河南長葛市）。史載，黃霸「子孫為吏二千石者五六人」，可見黃霸的後裔，不僅人丁興旺，而且家族榮顯發達。東漢時期，汝南慎陽黃氏因出了個才傾天下的大才子黃憲而名揚於世。據多種族譜記載，汝南黃憲家族是淮南黃霸的後裔分支，出自黃霸八個兒子中的第二子黃宏一支。

四

關於黃姓的郡望，魏晉門閥制度初興之時，黃姓的郡望已有江夏、會稽、零陵、巴東、西郡、江陵、晉安等七八個之多。

隋唐時期，隨著世家大族的衰落和門閥制度的變化，黃姓的郡望也有變化。總計自魏晉至宋代黃姓的郡望共有江夏郡、會稽郡、零陵郡、巴東郡、西郡、江陵郡、洛陽郡、晉安郡、濮陽郡、東陽郡、松陽郡、南安郡等12個。

在黃姓歷史長河中，地位最尊，影響最大，族姓最繁的宗族，無可爭辯地要推漢魏之世的江夏黃氏。這支黃姓宗族世居江夏安陸（今湖北雲夢東南），代為冠族。至孝子黃香，才傾天下，黃瓊、黃琬，位至三公，名震宇內。時人譽稱「江夏黃氏，無下無雙」。今天海內外數千萬黃姓子孫，都無不追宗江夏，認江夏為黃姓的郡望與發源地。

江夏黃氏雖然在東漢時期即已形成，但江夏黃氏為天下所知還要歸功於黃香，所以當今黃姓人多以黃香為江夏黃姓始祖。幾乎所有的族譜不約而同地認為黃香的江夏黃氏是西漢丞相黃霸的後裔分支。黃香傳記見於《後漢書》、《東觀漢記》、《楚國先賢傳》等書，他被尊為後世天下黃姓江夏大始祖。

五

随著江夏黃氏宗族的繁衍壯大，家族中一些富有開拓性的優秀子孫，便離開家園故土，到異地去另謀新的發展。漢魏之際的南陽黃氏，便是較早從江夏黃氏中分離出來的一支。

南陽黃氏的開基始祖為黃瓊的長子黃守亮。鄧名世《古今姓氏書辯證》稱：黃子廉，名守亮，為尚書令黃香之孫。黃守亮官任南陽太守，他的家室也隨遷至此，子孫落籍南陽，遂形成後來的南陽黃氏。

黃忠死後被追諡為「剛侯」。其子名叫黃敘，很早就去世了，因此沒有後代。

黃忠弟弟黃賁生兩子：長子和璞，次子自溟。黃自溟徙居豫章南昌縣洗馬池，臨終時對諸子留下遺言，稱豐城山清水秀，死後要葬在這裡。黃賁死後，子孫果遵遺囑將他葬在江西豐城，並徙居此地以守墓廬，後裔遂繁衍成今江西豐城黃氏的一支。黃賁長子黃和璞則繼續留居南陽。黃和璞生一子黃覺，宇先和。黃覺的子孫，在南北朝時的大動亂中也多遷居江南。

南陽黃氏是江夏黃氏最為著名的分支，由南陽黃氏產生出來了零陵黃氏，另外，淮南的黃祖家族也是南陽黃氏的分支之一。

今河南南陽有黃忠故里，位於河南南陽市宛城區新店鄉夏響鋪村，現有「季漢後將軍剛侯黃忠故里」石碑一通，此外，還有演武廳、飲馬池、灌花井等遺跡。

據《三國志·黃蓋傳》注引（吳書）：「（黃蓋）故南陽太守黃子廉之後也，枝葉分離，自祖遷於零陵，遂家焉。」可見，黃蓋是後漢南陽太守黃子廉之後，而黃子廉則是南陽黃氏開基始祖。這就說明，江夏黃氏分支南陽黃氏枝大枝茂，從中分出了零陵黃氏，而零陵黃氏的代表人物就是三國吳名將黃蓋。」

六

漢代以後，主要由於任官的原因，黃氏分別向大江南北遷徙，北遷至河南固始、南陽等地，南遷至江西、湖南、四川等地。西晉末年，是中原人南

四、河南潢川說

遷的一個高潮,由於「八王之亂」、「永嘉之亂」、「蘇峻、祖約為亂於江淮」,中原人結族南遷,到達閩、粵等地。

關於晉末黃姓人南遷,有這樣一個傳說。

五胡亂華,中原殘破,干戈撓混,民不聊生。有黃姓弟兄數人,各自逃難時,分其祖產後,剩一大鍋置於灶上,不宜分享,怎麼辦?老大提議給么兄弟,因其年幼,應予關顧。老么不接受,並說大哥年高,維持家業,辛苦勞累,應該由老大享受。相互推讓,一不小心,大鍋掉地,「當」的一聲,破成數塊,眾兄弟均嘆惜不已。大哥感歎曰:「釜破不能複圓,正像我們兄弟逃難各奔東西一樣,此乃天意。」雖成碎片,乃是先祖血汗之物,不能丟棄,各撿一塊為紀念,有撿邊者,有撿底者。故有得邊者為「鍋邊黃」,得底者為「鍋底黃」之謠傳。

黃氏也是從晉代開始大批入居福建。《閩中記》載:「永嘉之亂,中原士族林、黃、陳、鄭四族先入閩。今閩人皆稱固始人。」《閩書》載:「永嘉二年(308年),中原板蕩,衣冠始入閩者八族,所謂林、黃、陳、鄭、詹、丘、何、胡是也。」關於「八姓入閩」的史實,臺北縣深坑鄉《黃氏族譜》稱:世居光州固始。至晉,中州板蕩,南遷入閩,固始黃氏族人黃元方,為官晉安太守,後定居福建,成為福建歷史上最早的黃氏望族——晉安黃氏。據說,後來的莆田黃氏、侯官黃氏等,都是黃元方晉安黃氏的後裔。譜志所載,不但與西晉末年中原士民南遷的史實相吻合,而且移民的時間與當時福建設置「晉安郡」的時間也是一致的。

還有黃姓族譜稱:當時河南光州固始有個黃舜夫,其子叫黃道隆,為避亂由光州入閩,初居仙游,後居泉州。不久,北方稍為安定,道隆又回光州,後來動亂,他的孫子元方與大批遊民入閩,居福州烏石山,即今日的黃巷。黃元方為開閩黃氏始祖。

當然,諸姓入閩並非始於永嘉之亂,而是在此之前。王充《論衡》云:「越在九夷……今皆夏服,褒衣履舃。」這就是說,在東漢時期,閩越人已經開始漢化。《三國志·吳書·賀齊傳》記載,東吳第一次出兵閩中之時,福建豪強詹強、何雄的武裝力量大到足以抵抗孫家軍。其時福建居民結構已

陳、林、黃、鄭四姓的入閩及其在閩台的興盛

是漢越交融，以漢為主。地方誌書也對永嘉之亂以前漢人入閩有詳細記載。例如《惠安縣誌》載：「錦田黃氏，泉之世家著姓。始祖隆公，為東漢會稽令。東漢末亂甚，於建安，棄職避世入閩。」又云：「黃興，吳孫權將也，與妻曹氏入閩，居邑之鳳山。」

莆田黃氏是黃姓中著名支系。黃氏族譜稱，黃知運、黃元方父子是晉安黃氏和莆田黃氏的開基始祖。黃知運在兩晉之際任永嘉（今浙江溫州市永嘉縣）太守，有子黃元方（即黃彥豐），任晉安（今福州）太守。因為當時中原戰亂頻繁，於是在晉懷帝永嘉二年（308年），舉家入閩，卜居侯官烏石山，黃知運也隨子入閩。史稱黃元方「曆官廉明，政尚慈惠，封開國公」，他「資質異人，軒秀魁梧，博覽群籍，工隸書，嘗以道學倡閩，有萬卷書樓在榴花洞」。黃氏在福州建萬卷書樓，因號其樓曰「黃樓」，號其巷曰「黃巷」（今福建省福州市東街口南後街）。黃元方（字彥豐）因此成為晉安黃氏入閩始祖。這支黃氏，到唐朝初年，又分出兩大支：一支由黃元方第11世孫黃崖遷居泉州，後裔形成著名的泉州五安黃氏，又稱紫雲黃氏。這支黃氏在唐中期出了一個著名的人物，就是捐建福建開元寺的黃守恭。

黃元方後裔中的有人由福州遷泉州，至唐朝漸顯。黃守恭為巨富，名聞邐迄，人稱黃長者。他一生樂善好施，曾獻桑園宅建開元寺。現在守恭子孫，都以開元寺中的檀越祠為祖宇，「紫雲」為堂號。相傳黃守恭獻宅建寺後，為了讓子孫開拓發展，將五子分居五安：長經居南安，次紀居惠安，三綱居安溪，四倫居同安，五緯居詔安，稱為「五安黃」。歷經1300餘年，如今紫雲後裔，廣播閩、浙、贛、粵、港、澳、台，並僑居海外新、馬、泰、菲、印尼、歐美等地，瓜瓞綿長。

另一支由黃元方11世孫桂州剌史黃崖遷居莆田涵江區黃巷村，後裔形成著名的莆田黃氏。莆田黃氏為黃氏望族，自唐至清出有進士250餘人，傳下派系有前、後黃，東裡黃，鞏溪黃，廣東南雄朱現黃（崗州派）等，人口達數百萬。莆田黃氏因產生了唐末著名學者黃璞、黃蟾、黃滔，而成為最早繁榮發達的福建黃氏宗支。莆田黃氏在宋元明清時期也十分輝煌，出現了黃公度、黃仁俊，黃鳳翔、黃錫兗等名重一時的人物。

四、河南潢川說

廣東深圳最早的黃姓居民也是在晉代南遷的。據清代《新安縣誌》的記載，黃舒被奉為寶安黃姓始祖。黃舒之父輩在晉代時遷至寶安縣。黃舒服侍雙親全面體貼入微。後雙親去世，黃舒守孝三年，孝感天地。黃舒的孝名傳出後，寶安縣裡的人將他比作春秋時孝子曾參，他居住的地方也稱為「參裡」（今沙井中學一帶）。他的事蹟經過當時的寶安縣令上報朝廷，晉帝欽旌他為孝子，死後祀為鄉賢。如此一來，黃舒成了古代深圳最早成名之人。

據資料記載，黃舒子孫眾多，今深圳黃姓大都是他的後裔，黃姓也是目前見載最早開發深圳的姓氏之一。現在福田沙頭上沙村、上梅林村、福田村、南山北頭村、寶安上合村等黃氏的歷史都和黃舒有關。今廣東東莞市有黃孝子特祠。黃孝子即晉朝黃舒。黃舒盡孝的事蹟後來受到官府的旌表讚揚。後人建立祠廟，把黃孝子作為神來祭祀。明代大劇作家湯顯祖還撰有《東莞縣晉黃孝子特祠碑》。

七

唐代以後，由江夏黃氏分出的金華黃氏與邵武黃氏名震天下，開闢了黃姓歷史的新篇章。

唐代期間，曾有兩次中原人口大規模南遷。一次是高宗總章年間，陳政、陳元光父子入閩。

據學者研究，隨陳政、陳元光父子入閩者有中原將士及家屬近萬人，分屬 84 個姓氏，黃氏即為其中之一。臺灣《紫雲黃氏歷代世系表》亦有這方面的記載：有名黃守恭者，於唐高宗總章年間隨陳政、陳元光入閩，墾荒致富，其子孫蕃昌興旺，成為閩南大族。

一次是唐末王潮、王審知入閩。唐僖宗光啟元年（885 年），壽州人王緒率農民軍攻陷光州，固始東鄉人王潮、王審知奉母董氏率鄉民 5000 人從義軍入閩。據《臺灣省通志》，這數萬人有 27 姓（後人考證為 34 姓），其中有黃姓。中原黃姓特別是固始黃氏紛紛渡江南下入閩，前往投奔。如宋人黃椿，其祖先「光州固始人也，五季之亂，從王審知入閩為判官，因家焉。後析而為三：一居福清之嗒林，一寓閩邑之黃巷，一居長樂北鄉之黃壟」。

陳、林、黃、鄭四姓的入閩及其在閩台的興盛

再如黃振龍，「九世祖自光州固始從王氏入閩，因仁焉居，言路有直聲，後遷至中丞」。據宋人何澹《黃公（永存）墓誌銘》記載，福建邵武峭山派始祖黃惟淡，也是唐末從光州固始徙邵武的，河南光州固始，是黃氏入閩的一個重要「源頭」或途徑。唐末，洛陽人黃子棱隨父入福建，事後樑太祖朱全忠義子，累官侍御史，後避亂居於建陽之東。今福建建陽西南有考亭。相傳為五代南唐時黃子棱所築，以望其父（考）墓，因名望考亭，簡稱考亭。南宋朱熹晚年居此，建滄州精舍。宋理宗為崇祀朱熹，於淳祐四年（1244年）賜名考亭書院。此後因以「考亭」稱朱熹。

魏晉隋唐時期，黃姓給人的總印象是處於運動之中，經過這一時期的蟄伏之後，將是黃姓的繁榮，後來極為榮耀的金華黃氏與邵武黃氏都與這一時期黃姓的南遷有關。

金華黃氏的開基祖是東晉人黃苾，黃香第10代孫。

江夏黃氏自始祖黃香之後，傳到第九世時，有黃積者，曾任新安太守，在晉室南遷之時從江夏遷至新安郡歙縣黃家墩（今安徽省歙縣黃墩）。東晉初年，新安始遷祖黃積的次子黃苾又徙居婺州金華府浦陽縣開基，後裔形成江夏黃氏的最大分支之一金華黃氏。金華黃氏的主要散播地為浙江、江西一帶，而邵武黃氏則廣播福建各地。

八

邵武黃氏根在固始。邵武黃氏是與金華黃氏齊名的黃姓巨族。邵武黃氏有許多支，最初都是由江夏北遷至中原光州固始，然後再折而向東，於晉末及隋唐之時再遷居於福建邵武。

如果說東漢時期黃道隆入閩只是黃姓入閩的開始，那麼兩晉之際則是中原，特別是固始黃姓遷入福建的第一個高潮。據記載，這次中原士族入閩浪潮中，有多支黃氏入閩，而其中落籍邵武的也有黃裳一支。

黃裳，宇以繡，號錫傳，是固始始祖黃侃7世孫。黃琬之子黃侃自湖北江夏遷入固始。黃侃6世孫黃必福在晉室東渡後，親自進京獻策，請求恢復社稷之計。得到晉元帝賞識，被任命為江州刺史，後屢建戰功，死後封為平

遠侯。他育有三子，即裳、張、聰。黃裳，於兩晉之際為避戰亂，率領家庭遷入福建邵武縣禾坪鄉鸛藪林（即邵武市和平鎮坎頭村黃家林），成為福建邵武禾坪黃氏的一支開基始祖。據說後世峭山派就是其後裔。

邵武黃氏發展至第 22 世孫時，出了中國黃姓歷史上最富有傳奇色彩而至少仍為黃氏族姓家喻戶曉的大始祖黃峭山公。今日，無論是臺灣、港澳、國外還是大陸各地的黃姓，絕大多數都自稱是峭山公的後裔。

九

在唐代，從河南固始進入福建邵武的主要有兩支：一為黃唯淡後裔峭山派（禾坪黃氏），一即黃膺派（邵武仁澤派）。黃唯淡原籍河南光州固始，後帶領家族隨王潮、王審知兄弟遷徙至福建，初居建州浦城（今福建浦城），不久遷居邵武，佔籍邵武平灑鄉（今邵武市水北鄉舊縣村），成為後世聞名的邵武黃氏一派始祖。邵武黃峭派《禾坪黃氏大成宗譜》載，為海內外黃姓萬派共宗的邵武黃氏大顯祖黃峭山，是邵武黃氏始祖黃唯淡之孫。

邵武仁澤派黃氏入閩始祖黃膺，也是與兄長黃敦一起隨王潮、王審知兄弟領導的農民起義軍入閩的。建立閩國後，兄長黃敦移居閩清蓋平裡鳳棲山，成為虎丘黃氏入閩始祖，弟弟黃膺初居長樂青山，成為青山派黃氏入閩始祖，後遷居邵武仁澤，又成為邵武仁澤派黃氏入閩始祖。

唐朝末年，黃敦帶著弟弟黃膺參加王潮、王審知領導的農民起義軍進入福建。弟弟黃膺奉命率部鎮守今邵武、順昌斷後，哥哥黃敦隨王審知率領的一支農民起義軍從河南一路南下，轉戰到福建，最後攻克福州，並在福州建立閩國。後來人們把留在閩北的弟弟黃膺後裔這一支稱作「江夏黃」，將後來遷居到閩清的黃敦後裔這一支稱作「六葉黃」。閩國建立後，黃敦辭官歸隱，隱居在閩清縣塔莊鎮秀環村鳳棲山，結廬躬耕，生有六子：黃宗、黃禮、黃凝、黃勃、黃啟、黃餘，世稱「六葉」。閩清六葉祠就是六葉後裔為緬懷入閩先祖黃敦「篳路藍縷，奠定基業」偉績所立，該祠位於閩清縣阪東鎮幹上村松柏林下。

陳、林、黃、鄭四姓的入閩及其在閩台的興盛

　　由於戰亂、經商、致仕等原因，六葉後裔從唐末五代十國始，就開始從閩清紛紛外遷全省和南方各省各地，有的還漂洋過海遷移到臺灣、港、東南亞和世界各地。這在宋朝時尤為顯赫，黃裳、黃洽等為其顯者。近代民主主義革命家黃乃裳，甲午海戰中犧牲的民族英雄、「致遠」號副管帶黃乃模等，也是六葉後裔。

　　黃峭山，為海內外黃姓萬派共宗的邵武黃氏大顯祖。其名，其事，雖不見於經傳史志，但在黃氏族人中、在黃氏家乘中，他事蹟獨特，名望尊顯，流傳久遠，幾乎無人不知，無人不曉。

　　據禾坪譜，黃峭山是唐末五代人，是邵武黃氏始祖黃唯淡之孫。黃唯淡學富五車，傳說他以五經教子，五子各通一經，時人因稱他為「黃五經」。其第三子黃知良由邵武平灑鄉分居邵武禾坪鄉（今邵武市和平鎮坎頭村），成為邵武黃氏禾坪分支的始祖。黃知良曾任貴溪縣令（今屬江西），生有五個兒子，長子就是黃峭山。黃峭山名黃峭，字峭山，又名嶽，字實登，號十郎。

　　而據寶安坪山譜和鸛藪譜記載，黃峭山是固始入閩始祖黃裳的第22世孫，父黃錫，祖父黃貴華。黃峭山，名嶽，字仁靜，號青崗，又名峭，號峭山。

　　黃峭山於唐懿宗咸通十三（871年）農曆四月十五日生於邵武禾坪裡鸛藪，卒於後周廣順三年十一月初十日（953年），享年82歲。

　　黃峭山娶妻三位，三位夫人各生七子，其後繁衍出100個孫子，13個孫女，334個曾孫，116個曾孫女。隨著邵武黃氏黃峭山公家庭的迅速發展壯大和人口的急遽繁殖增長，分家逐漸提到議事日程。

　　五代後周廣順元年（951年）正月初二日，正處在新春佳節的喜慶之時，年已80歲的黃峭山公置酒備席，廣邀親友，大宴賓客。席間，黃峭山公將21房子孫召集齊全，並當眾宣佈了一個重大的決定：將黃家數十代積累的祖產——銅錢80萬貫，金銀800餘兩，一併均分為21份，除官、吳、鄭三位夫人名下各留長子一房奉養老母外，其餘18房子孫，不許戀此一方故土，令其各自信步天下，擇木而棲。今黃峭山21房子孫徙居之地遍及福建，也有在江西等地者。

四、河南潢川說

邵武黃氏有許多著名分支，甯化客家黃氏即是其一。

甯化客家黃氏是黃峭山的支裔，其開基始祖是黃峭山的第九子黃化。嘉應州即今天廣東省的梅州市一帶，是全國著名的僑鄉，也是當今客家人最為集中的地區，被譽為客家之鄉。據黃氏族譜記載，嘉應客家黃氏是甯化客家黃氏的一個重要分支。

嘉應州黃氏自始祖黃僚傳十餘代到明朝末年，有裔孫名叫黃文蔚，又從梅州分出，定居於嘉應州城東攀桂房，稱為攀桂房人，以別於嘉應州黃氏。攀桂房黃氏後來出了一位非常傑出的人物，他就是中國近代史上著名的詩人、思想家和外交家黃遵憲。

明代有大儒黃道周，是甯化客家黃氏開基祖黃化的後裔。黃遵憲是甯化客家黃氏分支攀桂房黃氏始祖黃文蔚的第 8 世裔孫。

十

北宋末年，中原人隨高宗南遷者眾多，其中也有黃姓大族。

據民國《川沙縣誌》卷 2《戶口志》記載，川沙黃氏始祖黃彥，字符一，宋南渡時為康王府侍衛親軍。隨駕至浙江臨安。致仕後，黃彥隱居嘉定之滕陽，再遷青浦縣。曆六世至黃文明，昆仲三人，文明居長，今高行宗祠即奉其為始祖。又八傳而至黃學祿，與兄侍泉同遷上海高行鎮。黃文明 18 世孫黃典謨，即黃炎培的祖父，清光緒初年遷居川沙城廂「內史第」，是為黃氏川沙城廂支始祖。居今川沙高行鎮東北的一支，為黃文明 19 世孫黃琮的後裔。黃氏另有一支則遷居九團。

黃氏今已發展成為上海市的大姓，居全市第 8 位。浦東新區（即川沙縣）黃氏為第 4 大姓，以黃姓為地名的有黃家浜、黃家宅、黃家灣、黃家樓、黃家竹園等等。現浦東高橋地區，黃姓人數居首位。民國時期民主人士黃炎培就是川沙黃氏後裔。

十一

黃姓由閩入台多在明清時期。

陳、林、黃、鄭四姓的入閩及其在閩台的興盛

今臺灣臺北有黃氏大宗祠，位於臺北淡水潘湖渡頭村。據福建《金墩黃氏宗譜》記載，晉江黃姓系唐開國公黃岸之裔。黃岸裔孫黃光淵等於清康熙年間到臺北淡水潘湖渡頭定居，被認為是該地黃姓之始祖。在康熙到嘉慶的158年間，晉江潘湖黃姓就有3萬人遷居臺灣。

福建石獅市寶蓋鎮塘後村是有名的黃姓村落，塘後黃姓為唐代黃守恭的後裔，號稱「紫雲衍派」，約在南宋時期就遷居此地。清代，石獅先民大量遷居開發臺灣，據《黃氏家譜》記載，早在300多年前的清康熙年間，塘後村黃姓中一位名叫黃鐘的元祖就是其中的移民之一。此外，在臺灣經商並定居的還有生於1733年的黃廷佛、生於1742年的黃廷文等支派，他們主要聚居在台南、彰化、淡水、新竹等地。在清代正式開放與鹿港對渡後，更多人遷居臺灣，他們不僅保留祖籍地使用的「輩分排行」，還把老家敬奉的「集福堂」信仰文化帶入臺灣，並集資在台南建造廟宇。為了表明一本同源之情，直接使用老家「集福堂」的名稱，即現在的「集福宮」前身。集福宮位於台南市西區信義街83號。

臺灣移民大部分從閩遷出，《福建省志·人口志》指出：「宋代以前，以北方人口遷入為主，宋代以後逐漸變為向國外和臺灣省遷出人口為主。」1953年臺灣戶籍統計，戶數在500戶以上的100個大姓中，有63個姓氏族譜記載其先祖來自河南固始，其人口共670512戶，佔當年臺灣總戶數828804戶的80.9％。1955年臺灣史學家陳紹馨在《臺灣的人口變遷與社會變遷》中指出：「福建移民多以菲馬與臺灣為其目的地，故至今臺灣與菲馬之華人百分之八十籍貫屬福建省。」1979年臺灣公佈，全台1740萬人中漢族共1710萬人，佔98％，其中80％是由福建去臺灣的河洛人。

黃姓今已遍佈臺灣各個地方，目前，臺灣的黃姓人接近180萬人，約佔臺灣人口總數的6％，是島內僅次於陳姓（佔11％）和林姓（8％）的第三大姓。與福建黃姓佔其總人口的比例（5.5％）近似。

文獻來源：2008年固始與閩台淵源關係學術研討會論文，《固始與閩台淵源關係研究》，人民出版社2009年。

作者簡介：陳建魁，河南省社會科學院歷史與考古研究所副研究員。

注　釋

[1]. 此為袁義達 2006 年版《百家姓》排列順序及比例。

[2]. 此為 2007 年 4 月公安部治安管理局根據對全國戶籍人口的一項統計分析，排列出的新的《百家姓》中的資料。

[3]. 關於林姓自中原南遷的情況，可參看陳建魁、王大良：《中華林姓通史》，東方出版社，2002 年版。

[4]. 此為袁義達對福建 45 個縣市進行抽樣統計得出的資料。

[5]. 此為 2006 年 3 月 21 日《福建日報》報導的根據 2005 年福建 1% 人口抽樣調查資料統計得出的資料。

[6]. 此為 2007 年 4 月公安部治安管理局根據對全國戶籍人口的一項統計分析，排列出的新的《百家姓》中的資料。

[7]. 劉佑平：《中華黃姓通史》，東方出版社，2000 年版。

[8]. 陳建魁：《中國姓氏文化》，中原農民出版社，2008 年版。

李姓的起源及其向閩臺地區的播遷與壯大

李龍海

▍一、前言

李姓是中國人口最多的姓氏之一[1]。同時也是客家第一大姓,全球華人第一大姓。目前李姓主要集中分佈於我國的華北、西南、東北地區。另外,西北地方也有大量的李姓。從省別來看,李姓主要集中在河南、四川、山東,三省李姓人口分別佔全國李姓總人口的10.8%、10.1%和8.3%,其中河南李姓人口即佔該省總人口的10.2%;其次李姓還多分佈於河北、廣東、湖南、湖北,這四省李姓人口又分別佔全國李姓總人口的6.7%、5.8%、5.6%、4.9%。以上七省的李姓合計佔全國李姓總人口的52.2%。另外,東北三省的李姓人口也佔了全國李姓總人口的10%[2]。除以上分佈集中地區外,全國其他地區也分佈著相當多的李姓人口。由此可見,李姓不僅人口眾多,而且在全國分佈集中且又極其廣泛。由大量的方志及各地李氏族譜的記載可知,李姓支系紛繁,但皆言出自隴西,其姓氏的起源又可追溯至中原地區[3]。這些分佈在不同地區的李姓,其先輩們就是從中原走出,並在經過了一個相當長的歷史時期後,輾轉播遷至目前所生活的地方。所以,要全面研究李姓的播遷是一項宏大而又艱苦的工作,非一人之力亦非短時期內即可完成的。借固始與閩台淵源關係國際研討會召開之際,本文僅對李姓的起源(包括唐以前李姓在中國北方的播遷)以及李姓族群向閩臺地區的遷徙、發展與壯大作一探討,以就教於方家。

▍二、李姓的起源及唐以前李姓在中國北方的播遷

學界關於李姓的起源主要有兩種觀點:一為李姓源於嬴姓說;一為李姓源於老姓(氏)說[4]。

1. 李姓源於嬴姓說

據《新唐書·宗室世系表》載：「李氏出自嬴姓，帝顓頊高陽氏生大業，大業生女華，女華生皋陶，字庭堅，為堯大理。皋陶生益，益生恩成，成虞夏商，世為大理，以官命族為理氏。」又據《史記正義》引《帝王世紀》云：「皋陶生於曲阜。曲阜，偃地，故帝（舜）因之，而以賜姓曰偃。」皋陶長子伯益「為舜主畜，多，故賜姓嬴氏」。《說文》：「嬴，帝少暭之姓也。」段玉裁《注》說：「伯翳嬴姓，其子皋陶偃姓。偃、嬴，語之轉耳。」[5]郭沫若也指出：「皋陶是偃姓，伯益是嬴姓。偃、嬴，一聲之轉，是從兩個近親氏族部落發展下來的。」[6]嬴、偃通轉，除段、郭二氏所舉例證之外，近年出土的馬王堆帛書和阜陽漢簡又提供了力證。《詩經·邶風·燕燕》中「燕燕於飛」之「燕」，帛書《五行》引作「嬰」，阜陽漢簡《詩經》作「匽」，燕、匽、偃聲韻俱同，燕、匽、嬰通用，是偃、嬴通轉的最好旁證，故偃、嬴同宗不同姓。若依《新唐書·宗室世系表》說，李姓起於皋陶，則源於偃姓才更符合歷史的真實。

皋陶在堯舜時擔任掌管刑獄的理官，其子孫世襲了「大理」職務，並以官為氏，稱為「理氏」。而理氏改為李氏又有兩種說法：一說是《新唐書·宗室世系表》的記載，商代末年，皋陶後代理徵因直諫於紂，被賜死，其妻陳國契和氏帶著兒子利貞逃難於伊侯之墟，當時又饑又渴，見一樹李子，便采來充饑，為了報答李子的救命之恩，也為了不忘這段蒙難的歷史，遂改氏名「理」為「李」，李利貞從此就成了李姓的得姓始祖。一說李氏是始於李耳稱姓的。據《姓氏略考》載，周之前未見有李氏，李耳為利貞的後裔，因祖上世代為理官，理、李兩字古音相通，便也以李為氏。

2. 李姓源於老姓（氏）說

唐蘭先生認為：「據當時人普通的稱謂，老聃的老字是他的氏族的名稱，因為當時稱子的，像孔子、有子、曾子、陽子、墨子、孟子、莊子、惠子以及其餘，都是氏族下面加子字的」，又言：「老聃在古書中絲毫沒有姓李的痕跡。」[7]高亨先生也說道：老、李一聲之轉，老子原姓老，後以音同變為

李，非有二也。高亨從《老子》一書中引大量語句，證幽部、之部間韻通諧，並進一步指出：「老、李二字其聲皆屬來紐（即聲母為l），其韻又屬一部，然則其音相同甚明，唯其音同，故由老而變為李。」[8] 依唐蘭、高亨等人的說法，李姓不是由理姓演化而來，而是源於老姓。另今鹿邑老子故里太清宮附近有老莊鄉，村人多姓李，也可作李姓源於老姓（氏）的旁證[9]。

關於李姓起源的兩種觀點中，第二種說法較之第一種說法更側重於學術方面的探討，論證也更有說服力，但起源早且影響最大，並被李氏族譜所認可的則是第一種說法。不論李姓源於嬴姓還是老姓（氏），在李姓的起源地域上，兩種觀點均無歧義，都認為是源於中原，尤其是豫東的鹿邑。

據《古今圖書集成》載，李利貞亦娶契和氏女，生昌祖，為陳大夫，家於苦縣，生彤德。彤德曾孫碩宗，周康王賜采邑於苦縣（今河南鹿邑）。又據《元和姓纂》，李利貞第11世孫就是道家學派的創始人老子——李耳，而李耳也出生在苦縣[10]。可見商末至東周的200年間李氏一直居住在豫東。

據《李氏族譜》記載，李耳九世孫李曇生四子即崇、辨、昭、璣。李崇是秦時的隴西守，封南鄭公，成為隴西房的始祖。後隴西房分為39房，李崇子孫以隴西為基地自此繁衍生息，建功立業，根深葉茂。四子現為趙郡房，成為趙郡的始祖，趙郡房分為東、南、西三組，李現的幼子李齊為遼東李氏始祖。

西漢時期，老子的後裔有一支已遷往今山東境[11]。另根據相關史料記載，大約自東漢開始，有李氏族人陸續徙居西南，分佈於川、滇一帶，其中有的融入白、苗、壯、彝、滿、回、土家、納西等民族中。魏晉南北朝時，李氏已是全國的大姓，李與崔、盧、鄭並稱中原四大名門望族。不過，綜合史料來看，在唐以前李姓主要是在北方播遷、發展。

三、唐以降李姓由北方向閩地的遷徙

唐王朝建立後，李姓被奉為國姓，這是李姓的大發展時期，表現在李姓人口規模的急遽擴大，以及李姓人口或因分封或因北方戰亂而向南方的遷徙。

三、唐以降李姓由北方向閩地的遷徙

李氏入閩，即始於唐代。北方的李姓向閩地的遷徙大致可分四個階段，時間跨度歷經唐初至宋元時期。

第一個階段是始於唐初太宗時期。唐朝宗室支系（唐高祖第二十子）李元祥一支為最早。李元祥10歲被封為「閩越江王」（貞觀十一年，637年），分派入閩。先入汀，徙狀元崎。35歲（高宗龍翔二年，662年）到永安大湖坑源開基，李元祥成為永安李姓的開基祖。今永安大湖坑源村存有「江王祠」，祠堂大門對聯書曰「祀開唐帝念一子，派衍閩邦億萬家」。元祥之子武陽襲爵為武陽王，後遭武則天所殺，武陽之子李皎襲封江王。到皎子李祖叢時，被武則天黜奪「武陽郡王」封爵，李祖叢在流放嶺南途中落腳福建南安，卒葬南安德教鄉超庭裡皇平山天硯塚（今南安八都）。祖叢之子萬康，名融，幼鞠養於南安縣丞。李融於天寶十年（751年）蒙敕申敘，得以恢復族人身分，授南安縣丞，贈祕書監。李萬康成為南安李姓的開基祖。萬康生四子：楚盌、晃唐、晃嵩、晃叢（晃隆）。天寶十四年（755年）安史之亂，楚盌率諸弟侄和子尚昊50餘人勤王從軍，授漳浦參軍。肅宗乾元二年（759年）封五州節度使，因破安祿山有功，升雲麾大將軍。代宗寶應元年（762年）封隴西開國公，後卒於南安德教鄉嘉禾裡半林村（今南安洪梅鎮仁宅村與東園村）。楚盌苗裔分佈在德化英山、鄉溪、沙堤。唐德宗建中四年（783年）十月，李祖叢曾孫李尚昊從長安避難回福建，並定居劍州尤溪皇曆村（今永安槐南鄉皇曆村）。其後，元祥後裔逐步向外徙居。如元祥14代裔孫李伯玉於北宋初年由南安縣遷徙至莆田縣白塘定居，成為「白塘李氏」，其15代裔孫李聖於五代後漢戊申歲（948年）由南安縣遷徙至仙遊縣永福裡汾陽，成為「仙游李氏」始祖，又據永春縣《官林李氏七修族譜》的記載，李元祥18代裔孫的一支於元末從沙縣徙居永春縣，後又於明初洪武初年，李祖友卜居永春官林村。

第二個階段是始於唐初高宗時期。據《漳州府志》載：唐高宗總章二年（669年），泉、潮間蠻獠嘯亂，朝廷任命光州固始人陳政，掌管嶺南軍事，時有偏裨將領123員，隨之入閩，而這些將領之中，就有唐開國名將衛國公李靖之孫李伯瑤（612-672）。《漳州府志》載：「李伯瑤者，固始人，隨陳元光開漳州，平蠻獠三十六寨，戰功推為第一。」《福建通志·唐宦績篇》

也載：李伯瑤（征閩中郎將），嘗任開漳聖王陳元光之參軍，因其佐政有功，賜號「輔信」。爾後，隨開漳聖王征討南蠻諸寨時，以驕兵之計，智擒賊酋，平三十六寨，遂奏封「司馬」。又嘗鏧斷鵝頭山，平娘子峒諸寨，戰功彪炳，卒諡「定遠將軍」。

據《開漳輔勝將軍武侯公碑記》載，蠻獠嘯亂平息後，李伯瑤及其十三子即隨陳元光留守、開發漳州。李伯瑤成為李姓漳州開基祖，並成為閩南一大李姓宗系，其子孫散處福建漳州、成溪、漳浦，廣東潮汕等地。閩南的華安、渡東等地族譜，就直接寫李伯瑤為其始祖。

因李伯瑤智勇雙全，功居第一，又被稱為「輔勝將軍」、「輔勝公」、「李輔勝爺」。今漳浦縣舊鎮等地皆有輔勝將軍廟，李伯瑤殿奉祀。雲霄火田村李氏家廟有聯曰：「輔國屯軍曾此地，承家衍派永朝宗。」雲霄縣成惠廟李伯瑤殿聯云：「豎柳為營操勝券，斷鵝平洞掃妖氛。」古樓廟李伯瑤殿聯曰：「輔佐玉鈴軍，一家父子資襄贊；順搜金浦志，並壁山河賴轉圓。」無不充滿著後代子孫對李伯瑤的敬仰之情。除李氏視為家庭保護神外，李伯瑤還多配祀於開漳聖王廟。

第三個階段為唐末五代時期。這次南下的李姓主要包括兩類人：一是河南固始人王潮、王審知率眾南下，並在福建創建閩國。隨王審知入閩的67個姓氏中，就有祖籍為固始的李姓[12]。這可有閩地李氏族譜之證。如浙江三江李氏的一支——藍溪李氏房中，有裔孫李泌，宇長源，封鄴縣侯。李泌房系中有光州刺史名杞為避朱梁翦滅之禍，隨王審知做官到福建，於是定居於福建長溪，成為長溪顯姓。後人有秉義公，被送往福建江口服役築堤，於是把家安在那裡，江口李氏便自此始。再如南安市梅山鎮《芙蓉李氏宗譜》載：「遠祖在五季初，隨王潮南下，分居八閩各地。吾鄉一世祖廣世公，生於元泰定元年，原籍河南光州固始縣，攜眷定居武榮（南安市原名）芙蓉鄉，繁衍生息。」另據明朝正德十一年丙子（1516年）李良策撰寫的《同安地山李氏家譜引序》[13] 載：「其始光州固始縣人也，同閩王王審知入閩，遂卜於縣南人（仁）德里地山保家焉。」清康熙六十年辛醜（1721年）李摯中寫的《重修地山李氏族譜序》亦言：「唯吾地山一脈，相傳始自光州固始縣居民，當

三、唐以降李姓由北方向閩地的遷徙

唐末梁初之時，隨閩王王審知入閩，兄弟叔侄散處閩地，分居五山。始猶時相往來，一二世後遂不相聞，各就所處之地建立宗祠，自立譜系，後人不能稽核古跡，各以其始至都為祖。」又言：「嘗聞吾始祖之來此地區山也，其始受命於太祖貞孕公曰：唯吾始至閩中，依山立家，後世子孫分居，勿忘山宇。由是言之，凡以山為號者，皆吾宗人也。」[14] 太祖貞孕公名君懷（1141-1207），君懷弟君迭，居南安浮橋（今屬泉州），君懷堂兄君達傳安溪湖頭。君懷傳五子：汝淳、汝謹、汝誨、汝謨、汝謙，繁衍於大盈雄山、同安南山、集美兌山、潮州海澄已山、南靖水頭金山等漳泉五座名山，故號為「五山公」、「五山李」，君懷被奉為閩南金台李氏始祖。「五山李」後裔又進一步向外衍遷。南安兌山始祖李仲文為李君懷以下的第三代曾孫。「溯源光州固始縣入閩，仲文開拓地山人丁旺」，兌山李氏孝祠堂這副對聯正說明李氏與絕大部分閩南人一樣，是由河南固始縣遷入福建。臺北《李氏族譜》也載：「先世光州固始人，唐末隨王潮入閩。」

河南固始李姓族人隨王氏兄弟入閩者，定居於莆田、晉江，後又分支寧化、上杭、邵武、清流等地。

另一類是南下的皇室宗系，即邵武開基祖唐哀帝李柷之子李熙照及其後裔南方大始祖李火德宗系。

如據《福建上杭縣誌》、上杭縣官田村李火德公祠《李氏史記》、《永定縣文史資料》、安溪縣《湖頭李氏族譜》、仙遊縣《東屏李氏族譜》與《中華姓氏叢書·李姓》載，唐末，哀帝子李熙照被其堂叔李開來救出，並帶回福建邵武縣定居，其子孫就在閩北繁衍生息。李熙照下傳7世至兩宋抗金名將李綱（1083-1140），南宋末，李綱的孫子李燔為躲避金兵南侵戰亂之禍，攜五子逃到江西贛州石城定居[15]，幼子李孟成家立業後，又攜四子遷居到鄰省福建寧化縣石壁村定居，李孟次子李珠（又稱李寶珠）生有五子：金德、木德、水德、火德、土德。金德留居寧化，木德、土德遷長汀河田，水德遷邵武，四子火德（1206-1292）遷福建上杭縣定居，漸成望族，俗稱福建上杭李氏[16]。李火德生有三子，長子朝文（三一郎）這一房，傳至慶三郎，遷居福建永定，為湖坑開基祖，再傳至孝梓，分居福建平禾，其後人仲宗分傳

福建南靖；仲儀分傳福建晉江；仲信分傳福建詔安青龍山；仲文分傳福建同安兒山，為兒山李氏開基祖；嘉龍分傳福建安溪景仙，為景仙李氏開基祖，其後分傳廣西、江西等地。火德次子朝宗（三二郎）先移居福建長汀、連城，其後遷往廣東嘉應州梅縣、廣西等地。火德三子朝美（三三郎），仍住上杭，後人遷往廣東程鄉、梅縣、大埔和江西、浙江等地。由於李火德風範長存，裔孫眾多，影響頗大，故被尊為南方隴西李氏的一大始祖，亦被稱為閩台始祖。

第四個階段是宋元時期。大規模的一次發生在宋代「靖康之變」、高宗南渡時期，其間有許多李姓官紳士民，及抗金義軍中的李姓將士南遷。如李興領導一支抗金義軍萬餘人（其中不少李姓人），南渡歸附南宋，及至流入福建、潮汕等地。

又據《燕樓派家譜》載，其先世唐時居燕京東角樓，宋元間，有李善浦到福建泉州做官，便把家安在同安（今屬福建泉州），這就是燕樓派李氏。

▎四、明末以降李姓由閩粵向臺灣的遷徙

在持續七八百年移民流入後，明清時代，福建山多田少，人口飽和現象很快凸顯，加上閩、台位置毗鄰，從明末開始，閩、粵兩地的李姓族人陸續移居臺灣。明朝天啟年間，顏思齊與福建南安人鄭芝龍設寨於臺灣的笨港（今北港），鄭芝龍曾多次招徠福建漳州和泉州沿海的漢人到臺灣墾荒。當時有李魁奇為鄭芝龍守寨，這是入台最早的李姓人。

順治辛醜（1661 年），沿海李氏族人大多因參加鄭成功抗荷複台戰鬥和為反抗清朝「禁海遷界」的迫害，南安石井溪東李氏有數百人東渡臺灣，湧現了鄭成功護駕左都督李啟軒及李仁榮、仁華、學老、卿發、李富等 18 猛士，仁華、學老、卿發及其後裔參加鄭氏父子在臺灣的「開闢荊棒」[17]，除此之外，《台南市志·人物志》也載有不少隨鄭成功入台的李姓，如延平郡王府兵都事李胤、思明知州李景、右先鋒鎮李茂、甯衛澎湖的右先鋒鎮領兵副總兵李錫、右沖鎮李昂、為鄭經襲位立有大功的李思忠、水師二鎮先鋒營副將李富、總理官李瑞、中提督下副將李芳、果毅中鎮下部司李升、遊兵鎮

中營守備李忠、游兵鎮管炮守備李受等多人。又連橫《臺灣通史》等文獻也記述明鄭時期李氏的在台活動，如：永曆十八年[18]，明朝遺臣李茂春隨鄭經入台，定居承天府永康裡；永曆二十二年，平和人李達入墾大糠榔西堡潭；永曆三十七年，淡水通事李滄，獲准前往卑南（今台東）採金[19]。這些遷台李氏及其後裔長期居留台南、高雄、嘉義、台中、澎湖等地。

清政府領有臺灣後，於康熙二十三年（1684年）置臺灣府，不久，閩、粵李姓移民接踵擁至臺灣中部；雍正、乾隆時入台人數日漸繁多，墾殖地不斷擴展。同安兌山李氏族人於康熙末年始遷居臺北蘆州，在清代渡台者多達460人。據永春縣《官林李氏七修族譜》載：官林李氏子孫到臺灣去的甚多，分佈鳳山、彰化、淡水、新竹、鹿港等地。至民國十七年（1928年）第七次修譜時，見載的赴台子孫已達200人左右。至清末，臺灣的平原和盆地已經被開拓殆盡，入台的李姓人只好向山區求發展。300多年來，閩、粵李姓絡繹不絕於台海道上，他們定居臺灣後，披荊斬棘，鑿山辟田，為開發和建設臺灣作出了應有的貢獻。又據臺灣統計部門2005年2月底基於戶籍的統計，在臺灣李姓為第五大姓，佔到其總人口的5.11%[20]。

臺灣李姓支系眾多，每個支系又以其來台的第一代作為始祖。並在族譜、郡望、堂號上與祖籍保持一致。這對實現兩岸李姓的族譜對接，以及臺灣李姓的尋根問祖提供了有力證據。據《高雄紅毛港李氏家譜》記載，雍正年間，李遠從泉州府渡海到臺灣，當時同去的還有其三位兄長。最初，祖厝設落在「空地仔」，也就在後來的高雄，李遠成為紅毛港李氏開基祖。近年，紅毛港李氏族譜經過學者的努力，已與泉州石井溪東村成功對接[21]。

臺灣同胞的祖根，500年前在福建，1300年前在河南。黃典誠先生在20世紀80年代初曾就豫閩台的關係作為一個評價，他說：「（臺灣同胞）尋根的起點是閩南，終點無疑是河南。」[22] 現僅以李姓向閩臺地區的播遷即可看出此言可謂一語中的，而固始則在北方人口向包括福建等南方諸地的遷徙中無疑起著集散地與中轉站的作用。

文獻來源：2008年固始與閩台淵源關係學術研討會論文，《固始與閩台淵源關係研究》，人民出版社2009年。

李姓的起源及其向閩臺地區的播遷與壯大

作者簡介：李龍海，中原工學院人文學院講師，歷史學博士。

注　釋

[1]. 中國科學院遺傳研究所研究員袁義達依據 1982 年第三次全國人口普查抽樣資料統計，指出李姓是當時中國人口最多的姓氏，當時李姓人口已達 9500 餘萬，約佔全國人口的 7.9%（詳見袁著《中國姓氏：群體遺傳和人口分佈》，華東師範大學出版社，2002 年版，統計資料不包括少數民族）。2006 年，在國家自然科學基金姓氏研究項目的支持下，中國科學院遺傳與發育生物學研究所與深圳市鼎昌實業有限公司歷時兩年對中國人姓氏進行了一次大規模調查。調查結果顯示，李姓人口已超過 1 億，佔中國總人口的 7.4%。雖然在總人口中所佔的比例所有所下降，但是李姓仍為第一大姓，比第二位的王姓多 200 多萬人。而 2007 年公安部治安管理局根據對全國戶籍人口的統計分析後，公佈的資料則是李姓是中國第二大姓，有 9207.4 萬人，佔全國人口總數 7.19%，略低於第一人口大姓王姓。

[2]. 參見袁義達：《中國姓氏：群體遺傳和人口分佈》，華東師範大學出版社，2002 年版。

[3]. 歷史上還有李姓的其他起源，如少數民族改姓，三國時，諸葛亮平哀牢夷後，就曾賜當地一些少數民族為李姓，另後魏有代北鮮卑族複姓「叱李」氏，後改為漢字單姓「李」氏。又有賜姓，如唐朝，李姓為國姓，唐初的開國元勳諸將功臣多賜姓李。不過，這些觀點均較李姓源於嬴姓說為晚，且影響小。同時，這些或改姓或賜姓後姓李的人群，他們在族源上也會攀附於正統的李姓源於嬴姓，起於中原的觀點。

[4]. 嚴格說來，先秦時期（至遲在戰國中晚期以前），姓與氏是兩個截然不同的概念。姓強調的血緣，氏可以地名、官職等命名，同一姓下可有諸多不同的氏，且男子是稱氏不稱姓的，所以，不論稱「理」或「李」只能是氏，而非姓。秦漢以降，姓氏合稱，但因後人不察，誤將先秦時期的氏視為姓。

[5]. 伯翳乃為皋陶子，這是段氏的錯誤倒記。

[6]. 郭沫若：《中國史稿》（第一冊），人民出版社，1976 年版，第 114 頁。

[7]. 唐蘭：《老聃的姓名和時代考》，《古史辯》（第四冊），上海古籍出版社，1982 年版，第 332、333 頁。

[8]. 高亨：《老子正詁》，《高亨著作集林》，清華大學出版社，2004 年版。

[9]. 王劍：《李姓源起考索》，《尋根》2003 年第 3 期。

[10]. 《史記·老子列傳》：「老子，楚國苦縣瀨鄉曲仁裡人。」

[11]. 《史記·老子列傳》：「老子隱君子也。老子之子名宗，宗為魏將，封於段幹；宗子宮；宮玄孫假，假仁於漢孝文帝；而假之子解為膠西王卬太傅，因家於齊焉。」

[12]. 朱彩云：《福建省唐末隨「三王入閩」姓氏已經增加到 67 個》，福州新聞網，2008-10-15。

[13].「同安地山」現改為廈門集美區後溪兌山村。

[14]. 陳支平：《福建族譜》，福建人民出版社，1996 年版，第 134 頁。

[15].《崇正同人系譜》卷 2《氏族·李氏》條稱：「而南來之祖，則溯始於唐之末年。有宗室李孟，固避黃巢之亂，由長安遷於汴梁，繼遷福建寧化石壁鄉。」參見鄧迅之：《客家源流研究》，天明出版社，1982 年版，第 48-49 頁。李孟為兩宋之際的抗金名將李綱的三世孫，生於 1152 年，為南宋時期人。故《崇正同人系譜》記載有誤。

[16]. 李火德之前的世系，各家系譜記載較為混亂。除正文中記李火德為李熙照後裔外，又有世界李氏宗親會於 1980 年出版的《李氏源流》的另一種說法，即李火德為李元祥之後裔。後漢乾祐元年（948 年），李元祥第十五世孫李其洪從皇曆遷到沙縣的崇仁裡二十六都（今永安貢川鎮雙峰村）居住。李其洪又名「李大郎」。李大郎生有四個兒子，次子名李宏義；李宏義也有四子，老四曰「小廿三」；小廿三有六個兒子，分別以「金、木、水、火、土」加「德」字命名。其中老四火德就是後來被李氏所尊崇的「入閩汀州始祖火德公」。二說都認可李火德為唐皇室宗系裔孫，不過，依據方志與族譜，當以李火德為熙照後裔更可靠。

[17]. 鄭成功詩作《複台》：「開闢荊棒逐荷夷，十年始克復先基。田橫尚有三千客，茹苦間關不忍離。」

[18]. 南明桂王朱由榔年號，始於 1647 年，鄭成功及子經、孫克塽沿用至 1683 年。

[19]. 連橫：《臺灣通史》（下），商務印書館，1983 年版，第 109、13 頁。

[20]. 臺灣另四大姓是陳、林、黃、張。佔臺灣總人口比例分別為 11.06%、8.28%、6.01%、5.26%。

[21].《泉台族譜對接臺灣紅毛港李氏源於石井溪東》，李氏網，2008-9-19。

[22]. 黃典城：《尋根母語到中原》，《河南日報》，1981-4-22。

古代河南的四次政治性外遷移民及其影響

羅福惠

移民的類型,從原因和性質考察,可以區分為政治移民和經濟移民兩類;從遷出和遷入的方向考察,可以區分為外向型(從中原腹地遷往周邊)和內向型(從周邊遷往中原腹地)兩類。各種類型的移民都可能具有調整人口布局和資源配置,提高生產力,加強族群融合的作用,本文側重討論政治性外向型移民對遷入地政治生態和文化發展的影響。

一

從西周到南宋,從河南向外移民而且明顯屬於政治原因者,主要有以下四次或者說四個階段。

第一個階段是楚人從河南開始輾轉遷徙,終於到江漢地區建國。楚人的始祖季連,是黃帝族顓頊系的後裔,屬於上古的華夏集團,而非三苗系統的南蠻集團和後來以殷商為代表的東夷集團。殷代卜辭出現過「楚京」二字。《左傳·僖公二年》有「諸侯城楚丘而封衛」的記述。《詩·鄘風·定之方中》云:「定之方中,作於楚宮,揆之以日,作於楚室。……升彼虛(同墟)矣,以望楚矣。望楚與堂,景山與京」,記載的也是獲封於「衛」的衛文公在楚墟(楚人先前所居之地)築城與宮室之事。這個後來稱為衛國的地方就是楚人的故地楚丘,從朱熹到顧棟高再到今人李學勤,都一致認定在今河南滑縣東。

山東曹縣東南也有一個楚丘,今人何光岳認為這是楚人第二次遷徙的所居之地,從而把最先聚居之地的地名移來。大約在夏末,楚人遷回河南新鄭、許昌以北一帶。此後又曾遷徙到鄆城縣東三十五裡處的熊山,楚人先祖穴熊即因在此穴居而得名。因為東面商人的壓力,楚人此後又遷徙到今河南禹縣西北五十里處的荊山(楚荊通用,均為叢木雜生之狀)。其後商人勢力更大,楚人又遷徙到今靈寶縣西南三十五裡處的荊山(俗名覆釜山,在澠池附近)。

不久因商王武丁的征討，楚人為依附同屬於華夏集團的西周，遷徙到陝西朝邑境內的華原山，仍遵舊習稱此處為荊山，把洴水改稱楚水。商末，西周開始強盛，楚人又越過終南山，遷到上洛（今商縣）。所以今商縣一帶還有楚山、楚水、大荊川、西荊川等地名。

周滅商之後，力量膨脹。周成王封鬻熊曾孫熊繹「以子男之田」，「居丹陽」。楚人因此從上洛遷回今河南淅川縣南的丹陽，即淅水匯入丹水附近之地。不久熊繹被動地捲入了管叔、霍叔等人的叛亂，雖然楚人很快歸順而得到成王諒解，但熊繹仍然心存惴惴，終於南渡漢水，遷徙到今湖北保康縣一帶的睢山，並用荊山之名代之。[1] 楚人從河南遷入湖北之後，周昭王、周穆王多次親征荊楚，證明周、楚之間原有矛盾，楚人是出於政治原因而南遷的。此後直到西元前 278 年秦軍攻陷楚都郢（今荊州紀南城），楚人又遷都到陳（今河南淮陽）之前，楚國約 800 年的都城一直在湖北境內，但楚人是從黃河中游的河南遷到今湖北「江漢沮漳」一帶的移民，是毫無疑義的。

第二個階段是在西晉末年永嘉之亂（307 年）以後長達百餘年的時間裡，河南一些大族與民眾追隨東晉及南朝政權的大遷徙。如《晉書》記載，陳郡陽夏（今太康）人袁瓌於西晉末「與弟欲奉母避亂，求為江淮間縣，拜呂令」，永嘉之亂後「轉江都，因南渡」。在此前後，「中州士女避亂江左者十六七」。[2] 此次人口大遷徙呈現為集團式行動。由於名門大族的首領、地方官員、豪強和士人具有社會地位、軍政實權或組織指揮能力，移出者遂大多以地域宗族為單位，依附於上述領袖而集體遷徙。一個移民群體往往有數百、上千甚至數萬人之多。

據葛劍雄主編的《中國移民史》第二卷的列表，可知在這次長時段的人口大遷徙中，從河南遷出的著名宗族不下數十。諸如陳郡（今淮陽）殷氏（殷顗、殷叔文等），陳郡長平（今西華縣東北）殷氏（殷浩等），陳郡陽夏（今太康）謝氏（謝鯤、謝安、謝玄、謝石等，多遷入浙江會稽即今紹興），陳郡陽夏的袁氏（袁悅之、袁喬等，多遷入建康即今南京），陳留尉氏（今尉氏縣）的阮氏（阮孚等，遷入會稽等地），陳留圉（今杞縣西南）的江氏（江鼓等），陽翟（今禹州）的褚氏（褚希、褚叔度等，多遷入建康和京口），

古代河南的四次政治性外遷移民及其影響

河內溫（今溫縣西南）的司馬氏（司馬純之、司馬亮等），濟陽考城（今民權縣東北）的江氏（江顗、江夷等），南陽涅陽（今鄧州東北）的劉氏（劉湛等），涅陽的宗氏（宗愨之、宗說等，多遷入江陵即今湖北荊州），汝南安城（今汝南東南）的周氏（周顗等，有遷入建康者），新野的庾氏（庾深之等），滎陽和開封的鄭氏（鄭萬頃、鄭襲等），滎陽陽武（今原陽東南）的毛氏（毛寶、毛穆之等），潁川長社（今長葛東北）的鐘氏（鐘雅、鐘誕等，遷入建康），臨潁的荀氏（荀崧等），鄢陵的庾氏（庾亮、庾悅等，遷入建康），許昌的荀氏（荀遂、荀奕等，遷入建康）等。[3] 其中陽夏的謝氏與山東臨沂（今費縣東）的王氏，即後來人們耳熟能詳的「王謝」兩族。而且河南遷出的大姓遠遠多於山東、河北、山西、陝西等地。

第三階段有唐前期高宗——武後——睿宗時代陳政、陳元光父子的「平亂」與「開漳」（669-711），唐末五代王潮、王審知兄弟父子的「王閩」（885-945）。前者是唐高宗時，閩南「蠻獠」起兵叛亂，光州固始陳政奉命率將士113員、府兵3600人前往平叛，陳政之子陳元光隨行。由於初戰不利，陳政之母魏敬、兄弟陳敏、陳敷率固始58姓府兵數千人馳援，終於平定泉州、潮州（今屬廣東）間的「獠亂」。688年因陳元光之請，朝廷下令設置漳州，陳元光任漳州刺史，陳氏父子治理漳州40餘年。[4] 陳氏子弟及屬下府兵中多數人此後就定居閩南。

後者是在唐末農民大起義中，固始人王潮、王審知兄弟起兵後率部南進，經江西進入福建，先攻下汀州（今長汀）、漳州、泉州，繼而奪取福州，控制福建全境。王潮、王審知得到唐王朝的承認和冊封，王審知之子王延翰更稱王建國，此即五代史上的閩國，王氏兄弟父子治閩40多年。隨同他們入閩的固始人，據清末固始進士何品黎考證，有18姓5000多人。而《中國移民史》第三卷中的清單則顯示，此次有黃、潘、孫、鄭、周、朱、李、王、陳、郭、魏、林、劉、姜、裴、蔡、夏侯、葉、曾、和、傅、韓、楊、許、方、丁、徐、孔、詹、翁、熊、江、呂、崔、柳、鄧、吳、鄒、蘇、連等40個姓氏，「數量在二三萬人左右」。[5] 固始陳氏、王氏兩次帶往福建的移民，成為後來有族譜可據的河南人遷居福建的基本群體。

第四階段是北宋末靖康之變（1126 年）後近 200 年的人口遷徙。由於淮河以北的中原地區先後處於戰亂和金人、蒙古人的統治之下，而從開封遷移到臨安（今杭州）的南宋政權維持了 150 餘年，不願服從金人、蒙古人統治的中原王室、官僚、將士和普通民眾持續南遷，人數多達數百萬之眾。執掌南宋政權的大多是靖康之變時隨高宗南遷的上層移民及其後裔，南宋（特別是前期）的軍人也主要來自北方。其中「臨安移民的 76% 來自河南，其中絕大多數又來自開封」。據《中國移民史》第四卷中的《靖康亂後南遷的北方移民實例》所記，從北方遷入江南（指今蘇南、皖南、江西、浙江）者共 1006 人，其中河南 601 人，佔 60%；山東 127 人，佔 12.6%；江蘇（除蘇南）71 人，佔 7.1%；河北 37 人，佔 3.7%；甘肅 34 人，佔 3.4%；安徽（除皖南）38 人，佔 3.8%；山西 30 人，佔 3%；陝西 26 人，佔 2.6%；湖北 17 人，佔 1.7%；其他北方各地一共 20 人，佔 2%。可見當時河南是最主要的人口遷出地，而且「自河南遷出的移民中上層人物特別多」。[6] 因為只有中上層人物才有可能在文獻中留下記載。

二

政治移民與經濟移民最大的不同，是前者首先會明顯改變遷入地的政治生態和社會結構，而後者的作用則首先是擴大資源開發和增加物質生產。

古代的黃河流域，由於適於農耕而生產發達，人口繁衍。加上多種族群在此競爭角逐，因而在夏、殷、周的故地率先出現了今中國境內人類文明最重要的組織形式——國家。而包括長江流域在內的中國南方，直到商末周初，還是人口稀少，生產落後，社會組織也處於原始狀態。南遷的楚人建立了中國南方最大最先進的國家政權，加速了南方社會向古代國家社會的過渡。楚人「篳路藍縷」，不僅是在南方建成第一個大國，也是為秦漢以後統一的中國奠定了半壁江山的基業。

從秦、漢、三國到西晉，長江流域及其以南的地區在統一國家中的作用仍然遠遜於中原，這裡人們的地域觀念至少不弱於國家觀念。「吳地」（長江下游地區）尤其如此。於助成東晉政權確立有大功的王導，西晉末曾「徙鎮建康，吳人不附」。但東晉奠都建康之後，一面對中原南遷者「收其賢人

古代河南的四次政治性外遷移民及其影響

君子,與之圖事」,一面對當地土著「賓禮故老,存問風俗,虛己傾心,以招俊義」,尤重「此土之望,……引之以結人心」,「由是吳會風靡,百姓歸心焉。自此之後,漸相崇奉,君臣之禮始定。」[7] 從中原南遷的高門大族不僅結成牢固的鄉族集團,還使東晉政權在自己的疆域裡大量設置僑州郡縣。從而不僅推動了地區經濟的開發,更繼續吸引中原同郡之人南遷,得以彙聚人心與實力,與北方政權對抗。

漳州地處福建泉州和廣東潮州之間,自漢代以後「久成荒徼,蠻獠紛亂,民不知禮,號稱難治」。唐代陳元光平定亂事,增置漳州,變「七閩」為「八閩」,建縣置吏,委派屬官治理。開創漳州地區的屯田制度,讓駐軍墾荒自給;招致中原流民,著手興辦學校,使漳州成為「治教之邦」。福建《雲霄縣誌》稱頌陳元光說,「公開建漳邦,功在有唐,州民永賴。」[8] 所以,陳元光的「開漳」實可視為唐王朝治下有計劃有組織的政治移民和治理開發活動。

王潮、王審知兄弟父子的政治角色常有轉換。其先他們是「反唐」的叛亂者,由於控制了福建全境,處於風雨飄搖中的唐王朝只得承認王氏對福建的治權,先任王潮為「節度福建管內觀察使」,其弟王審知為副。王潮去世後,唐王朝以王審知繼其兄職,並加封為琅琊郡王。後樑朱溫篡唐以後,更冊封王審知為閩王。王潮、王審知治閩期間,對中原王朝政權稱臣,與周邊各種割據勢力交好;對內保境安民,撫流亡,定賦斂,勸農桑,促進了福建地區中原化。但到王審知之子王延翰自己建國稱王以後又出現內亂。

如前所述,在南宋政權前期,將領和士兵多為中原移民。對於文官,高宗也一再「詔令侍從官舉西北流寓之士。被舉者甚眾」。但朝中文臣和地方官員中的南方人士仍然不斷增加,最後終於佔據絕對優勢,從而產生南北地域觀念和軍、政之間的矛盾。故有日本學者認為,「以軍隊為後盾,從北方移居過來的皇族及與其相聯繫的新興地方階層,跟維持北宋以來的傳統的南方原來的地主階層之間的對立、妥協、鬥爭的展開」,[9] 是貫穿南宋政治生態的一條主線。

在這種大勢之下,南宋朝廷已不可能再像東晉那樣設置僑州郡縣。故其始只能讓移民以「流寓」的身分存在,科舉考試也特置「流寓試」。而到南

宋定都臨安十年之後，就通過確定移民的財產和「戶等」這種方式，使移民在定居地「入籍」。又過了十四年後，更取消了「流寓試」。不僅如此，為維持宋代當地人不得在當地任官的制度，高宗「詔令西北流寓及東南人寄居滿七年，或產業及第三等以上者」不得在新定居地「差遣」。[10] 種種措施，無非是盡力消泯移民和土著的分別，使兩者渾然一體，這樣才支撐了南宋150餘年的偏安局面。

從上述四個階段的移民情形來看，由於南遷的上層人物掌控了權力資源，在一定程度上得以制訂和執行吸引、安置、保護移民的制度和政策，所以在上述各階段相當長的時間裡，南遷移民持續不斷。楚國、東晉、南宋的情形不用說，就連王潮、王審知、王延翰統治下的「閩」，也是如此。由於福建偏僻多山，戰禍較少波及，王氏兄弟父子不僅招撫流亡，更建招賢院禮待外來上層人士，使得唐末中原公卿一時認為「安莫安於閩越，誠莫誠於我公」（指王潮、王審知兄弟），遂通過荊襄吳越而遠遷福建。在「中原亂，公卿多來依之」的浪潮中，有著名士大夫如楊承休、鄭璘、韓偓、歸傳懿、楊贊圖、鄭戩等人。還有唐宰相王溥之子王淡、宰相楊涉從弟楊沂、知名進士徐寅、大司農王標、司勳員外郎王拯等。曾任河西節度使的翁郜，「攜家來建陽居焉」。後唐莊宗之弟李崇禮舉家遷入延平（今南平）。[11]

偏安的政權當然也有「收復失地」的野心和意圖，普通移民更難免眷念祖宗故里。但這種願望一般難以實現。楚人逐鹿中原未成，東晉、南朝、南宋的「北伐」一一失敗。陳元光父子因合法的長期守土之責，王審知、王延翰父子也因政治上的形格勢禁，都只能落地生根。隨陳氏父子赴漳州的丁儒，先後任軍諮府祭酒和承事郎參理州事，晚年就在漳州歸田。其作品中有「土音今聽慣，民俗始知淳。烽火無傳警，江山已淨塵」，「辭國來諸屬，於茲結六親。追隨情語好，問饋歲時頻。相訪朝與暮，渾忘越與秦」，「呼童多種植，長是此間人」[12] 等詩句，生動地再現了他們逐步融入當地社會的情景，但仍帶著一股無可奈何而又只能隨遇而安的心理。而移民的「後生晚輩但見生長於是，慷慨仗義誰與共之」，[13] 對於他們生於斯長於斯的異鄉，顯然會逐步認同。

政治移民不僅是促成了中國南部的中原化，即政治制度的一體化進程，也從社會層面改變著南方的組織結構，這主要體現為宗族制度的普及。東晉時中原的名門大族遷居南方，奠定了南方宗族組織的基礎。唐宋時士大夫和普通百姓的南遷，使南方的宗族組織更為繁盛。故從宋代起，南方各地普遍出現宗族祠堂、義莊、族學等事物，以及纂修族譜、家乘的宗族活動。而江南地區尤其是江西、福建、廣東等地，有大量的族譜記載表明，許多姓氏和宗族的祖先是在唐宋時期甚或更早的西晉末年從中原南遷的。

客家人群體和講閩南話的群體，與唐宋中原移民的關係最密切。《中國移民史》第四卷中的《客家氏族移民實例》列舉了從中原南遷的陳氏、謝氏、黃氏、賴氏、蕭氏等 37 個姓氏。[14] 而福建學者研究閩南語群體的情況時，曾以福建雲霄縣為例，稱該縣 1946 年的人口為 113802 人，分為 81 姓。在族譜中寫明先世是從河南入閩的有方、吳、張、陳、柳、王、湯、蔡、林等 9 姓，共約 90000 人，佔全縣人口總數的 80%。這當中寫明先祖是隨陳元光父子入閩的則是方、吳、張、陳、柳、湯 6 姓，約 60000 餘人，佔全縣人口的 53%。福建的東山、詔安、漳浦、漳州等地的情形也大同小異。而臺灣居民大多由漳、泉二州遷入。1930 年臺灣有 3751600 人，漳、泉移民後裔為 3000900 人，佔總人口的 80%。1953 年的戶籍統計表明，當時臺灣總戶數為 828804 戶，超過 500 戶的大姓為 100 個，其中有 63 姓的族譜載明其祖先是在晉代、唐初和唐末從河南遷居福建，後來又從福建遷居臺灣的。[15]

三

政治移民中的中上層群體，作為文化尤其是制度文化和學術文化的主要載體，無疑會給遷入地帶來文化繁榮。而從中原帶來的固有文化與南方各地的原有土著文化結合，又會產生新的具有地域性和時代特色的文化。中國文化生生不息，既有一以貫之的根本性格和核心價值，內容和形式又常變常新，而且傳播和影響的範圍持續擴大，政治移民在其中的作用，應當是原因之一。

在楚人進入江漢沮漳地區之前，長江中游主要生息著「三苗」、「百越」、巴人和濮人，草莽未辟，文化落後。通過楚人幾百年的開發經營，中原文化、三苗文化、百越文化、巴濮文化等融合而成瑰麗新奇、豐富多彩的

楚文化。楚國不僅在制度上比南方各地先進，而且城市和宮室建築雄偉華麗；冶煉、紡織、醫藥、髹漆都冠絕一時。政治家如楚莊王、孫叔敖，軍事家如吳起，思想家如季梁（早於孔子）等，各類「楚材」史不絕書。尤其是屈原等人的「楚辭」，可說是中國古代文學中的精美絕倫之作，一直吸引著後人的崇敬、仿效和研究，成為至今還在發揮著巨大影響的寶貴文化遺產。

長江下游地區直到三國和西晉時，文化仍然落後於中原。東晉和其後的南朝的中上層統治者，多為中原移民或其後裔。詩人、文學家和書法家也多出自這個群體。如鮑照、江淹、謝朓、謝靈運等人的詩，庾信的賦，王羲之、王獻之父子的書法，還有昭明太子蕭統編的《文選》，劉勰寫的《文心雕龍》，鍾嶸寫的《詩品》，都在文學藝術史上佔有重要地位。而上述諸人的原籍，均在河南和山東。唐代的杜佑曾回顧說，「永嘉以後，帝室東遷，衣冠避難，多所萃止。藝文儒術，斯之為盛。今雖閭閻賤品，處力役之際，吟詠不輟，蓋顏、謝、徐、庾之風扇焉。」[16] 上述四大文化世家，顏、徐二家出自山東，謝、庾兩家則出自河南。

南方到了梁、陳兩朝時逐漸衰微，佔有中原的西魏和後來的隋終於佔了上風。西魏和隋攻入南方之後，又強制一些中原移民北返。除了政治人物北返之外，學者文人也在重點之列，於是文學家王褒、王克、劉璠、殷不害、宗懍、庾信等人回到中原。音樂的情形也是如此。永嘉之亂以後，首都洛陽的大部分樂官和樂工南逃江陵或建業。到西魏滅梁時，就把江陵的樂工擄至關中；到隋滅陳時，又把留在江南的樂工集中到長安。當隋文帝聽到在中原久已失傳的「清樂」時，不禁大加讚賞，稱其為「華夏正聲」。可以說，這種文化的南北傳遞也是中國文化綿延不絕的原因之一。

到了北宋，長江下游地區的文化水準已與中原並駕齊驅，南宋建立後更使該地區駕乎其上。在黃宗羲原著、全祖望修補的《宋元學案》中，記載有南宋學者1144人，其中115人來自中原，佔學人總數的10%，他們廣泛地活動於蘇、浙、皖（南）、贛、閩、粵、湘、鄂、川九省。其中來自河南的最多，將近有50人。如出自開封呂姓的就有呂好問、呂廣問、呂切問、呂和問、呂堅中、呂稽中、呂繡中、呂本中、呂大倫、呂大器、呂大猷、呂大

同等十餘人。出自與宋室皇族同姓的有趙師孟、趙師恕、趙師淵、趙師雍、趙汝愚、趙汝靚、趙汝談、趙希綰、趙孟頫、趙淖、趙不息、趙順孫、趙善佐等十餘人。其他還有邵伯溫、朱弁、高元之、曾開、尹焞、馮忠恕、徐度、蔡迨、曾逮、邵溥、韓璜、程端中、韓元吉、羅靖、郭雍、李迎、曾幾、李椿、向沉、向涪、邢世才、吳琚等人。

　　由洛陽二程（程頤、程顥）開創的「洛學」，經其弟子尹焞在蘇州發展為和靖學派，又經尹焞弟子呂本中（宇居仁）在婺州形成紫微學派。呂本中之子呂祖謙形成東萊學派。他們使二程之學廣播東南。河南人郭維，南宋初遷居浙江明州昌國縣（今舟山市），「以北學教授諸生，從者如雲」。遷居到明州（今寧波市）的開封人高元之，得「是鄉學者數百人師事之」。[17] 南宋最著名的理學家朱熹，被人們視為「得程氏之正」。朱熹雖是南方人，但其學問就在「既博求之經傳，複遍交當世有識之士」。而在他重要的學侶講友中，就有前述呂祖謙、趙汝愚、趙汝靚等人。[18] 南宋學者熊禾說，「周東遷而夫子出，宋南渡而文公生」，[19]「夫子」指孔子，「文公」即朱熹。熊禾之說，表明他看到了伴隨著政治中心遷移而導致的文化中心移動和文化交流，對產生新的文化巨匠的影響作用。

　　南宋不少著名詩人、散文家也是中原移民。其中詩人陳與義（號去非）、呂本中、朱敦儒、曾幾、韓元吉均自來河南。來自河南的散文家有晁說之、崔德符、陳叔易、呂祖謙和呂本中。由此可以發現，呂本中、呂祖謙父子在理學、詩歌、散文諸領域中都是具有一定影響，值得關注和研究的人物。

　　上述四個階段因政治原因而引起的外向移民，除陳元光父子的那次之外，其餘的從短期來看，或者可以說曾經造成各個有關時期的分裂割據之局。但從長遠來看，卻加速了中國廣大南方的開發，促進了南方從政治到文化的中原化，從而最終有利於中國版圖的鞏固和文化的多樣性統一。

文獻來源：《中州學刊》2009 年第 5 期。

作者簡介：羅福惠，華中師大歷史文化學院教授，博士生導師。

注　釋

[1]. 何光嶽：《楚源流史》，湖南人民出版社，1988 年版，第 179-184、185-189 頁。

[2].《晉書》卷八十三，列傳第五十三，「袁瓌」，中華書局，1972 年版，第 2166 頁。

[3]. 葛劍雄主編：《中國移民史》（第二卷），福建人民出版社，1997 年版，第 342-374 頁。

[4]. 徐伯鴻：《龍湖集——編年注析》，光明日報出版社，2004 年版，第 2-4 頁。

[5]. 葛劍雄主編：《中國移民史》（第三卷），福建人民出版社，1997 年版，第 306-309、302 頁。

[6]. 葛劍雄主編：《中國移民史》（第四卷），福建人民出版社，1997 年版，第 280、416 頁。

[7].《晉書》卷六十五，列傳第三十五，「王導」，總第 1745-1746 頁。

[8]. 福建《雲霄縣誌》，轉引自湯漳平、林瑞峰：《論陳元光的歷史地位和影響》，《福建論壇》，1983 年第 4 期。

[9].〔日本〕 小林廣義著、海新譯：《評＜南宋初期政治史研究＞》，《宋史研究通訊》，1990 年第 3 期。

[10].《宋史》卷二十八，本紀二十八，「高宗（五）」，北京，中華書局，1977 年版，總第 532 頁。

[11].《新唐書》卷一百九十，列傳第一百一十五，「王潮」，北京，中華書局 1972 年，總第 5491-5493 頁；《新五代史》卷六十八，閩世家第八，「王審知」，總第 845-847 頁。

[12]. 轉引自湯漳平、林瑞峰：《論陳元光的歷史地位和影響》，《福建論壇》，1983 年第 4 期。

[13].《宋會要輯稿》，轉引自《中國移民史》第四卷，第 424 頁。

[14]. 葛劍雄主編：《中國移民史》（第四卷）福建人民出版社，1997 年版，第 365-368 頁。

[15].湯漳平、林瑞峰：《論陳元光的歷史地位和影響》，《福建論壇》，1983 年第 4 期。

[16]. 杜佑：《通典》，卷一八二，「州郡」十二，浙江古籍出版社 1988 年，第 969 頁。

[17]. 葛劍雄主編：《中國移民史》（第四卷）福建人民出版社，1997 年版，第 490-491 頁。

[18].《宋史》卷四二九，列傳一八八，「朱熹」，總第 12769 頁。

[19]. 熊禾：《勿軒集》卷二，「考亭書院記」，影印文淵閣四庫全書，臺北商務印書館 1983 年，集部第 127 冊，第 777 頁。

關於唐代固始移民史的研究取向

尹全海

由於固始移民入閩遷台並遠播海外的歷史，固始成為「唐人故里，閩台祖地」，以及全球華人尋根問祖之聖地。但因當下唐代固始移民史的研究成果多浮於表面或趨於功利，其獨特價值不僅未能彰顯，反而與河洛文化、中原移民及閩南人、客家人之形成等歷史文化現象之界線愈加模糊，不免有些黯然。有鑒於此，本文提出唐代固始移民史的兩個研究取向，即縱向延伸性研究和橫向精細化研究，據此確立唐代固始移民在中國移民史上的獨特地位。

一、延伸性研究

唐代固始移民史的延伸性研究，就是將固始移民入閩遷台視為一個整體，用整體史觀書寫唐代固始移民通史，完成固始移民入閩遷台的史實重建，進而考察唐代固始移民對福建社會的直接影響和對臺灣社會的間接影響。

所謂唐代固始移民通史，即唐代固始移民入閩及其後裔遷台的歷史。其中唐代固始移民入閩，特指唐初陳元光父子「開漳建漳」和唐末王審知兄弟「王閩治閩」的歷史，而不包括更早發生的零星移民和其間從各地進入固始的遷入性移民。

唐初陳元光父子入閩，系因泉、潮間爆發大規模的「蠻獠嘯亂」。為鞏固和拓展唐王朝在九龍江流域的管轄與統治，唐高宗於總章二年（669年）詔命玉鈐衛翊府左郎將歸德將軍陳政為朝議大夫統領嶺南行軍總管事，率府兵3600人，將士123人，入閩平亂。至永隆二年（680年）「蠻獠」主力底定，餘部相繼歸降。高宗永淳二年（683年），陳元光向朝廷呈奏《請建州縣表》，請求於泉、潮之間的綏安故地建置州縣，以利治理。垂拱二年（686年），朝廷頒詔，允許於原綏安地域漳水之北建置漳州，轄漳浦、懷恩二縣，陳元光為漳州刺史兼漳浦縣令，進階為中郎將右鷹揚衛府懷化大將軍、輕車大都尉兼朝散大夫。自此陳氏五代為閩南的開發與建設鞠躬盡瘁百有餘年。

一、延伸性研究

　　與唐初陳元光父子入閩一樣，唐末王審知兄弟入閩，也起因於社會動盪，江淮地區大亂。僖宗光啟元年正月（885 年），為躲避軍閥秦宗權的追剿，光州刺史王緒「悉舉光、壽兵五千，驅吏民渡江」[1]。固始人王潮、王審知兄弟隨部南遷，經江西入閩，陷汀、漳二州。是年八月，王潮兄弟發動兵變，取王緒而代之，次年攻佔泉州。景福二年（893 年），佔領福州，至此控制福建全境。王潮兄弟先是得到唐朝的承認和冊封，唐亡後，後樑太祖朱晃封王審知為閩王。審知死，其子王延鈞建國稱帝，都福州，即五代時期的閩國。自王審知以後，王氏子孫治閩期間，積極爭取土著居民支持，努力實現王閩政權本土化，同時整頓吏治，輕徭薄賦；外交上進貢中原王朝，奉行睦鄰政策，福建經濟社會快速發展，逐步趕上中原發展水準。

　　儘管早在晉永嘉末已有固始人零散自發入閩，但唐高宗總章二年（669 年）年固始人陳政奉命率部入閩平亂，應為唐代固始移民大規模入閩的始遷時間。因為，此後陳政的兩位兄長中郎將懷遠將軍陳敏、右郎將雲麾將軍陳敷共率 58 姓固始子弟赴閩馳援（陳政 75 歲老母魏氏夫人亦在其中），以及唐高宗儀鳳二年（677 年）陳政病逝後，陳元光奉命代理父職，最終平息「蠻獠」之亂，都是為了同一個目標。唐末王審知兄弟入閩，不僅與唐初陳元光父子入閩大軍同始遷於光州固始，有相同的出發地，而且遷移線路和遷入地也基本相同，可視為唐代固始移民入閩的組成部分。始遷時間對於確定移民類型及其特點具有至關重要的意義。唐初陳元光父子率兵入閩和唐末王審知兄弟入閩，與其說「是一次具有移民性質的進軍」，[2] 不如說是一次軍事移民更準確。至關重要的是，唐代兩次固始移民入閩，對移入地產生的影響有一致性：唐初陳元光父子開漳，唐末王審知兄弟王閩，以及陳氏開漳建漳、王氏王閩治閩的歷史，使得整個閩南地區保存和延續了固始移民的所有「基因」——從音韻方言、姓氏根親，到文化信仰、宗教藝術，進行整體「複製」，據此可以印證「閩人稱祖皆曰自光州固始來」，不僅是一種文化現象，更是歷史真實。

　　上述唐代固始移民兩次大規模入閩的歷史以及對福建社會的影響，學術界已有共識，且已積累了豐富研究成果。但唐代固始移民產生的影響遠不僅

關於唐代固始移民史的研究取向

限於福建，因為固始移民入閩之後，其後裔又因不同原因先後遷台，成為臺灣移民社會的主體，所以，應將固始移民入閩、遷台視為一個整體。

據譜牒資料記載，唐代固始移民後裔遷台時間，始於宋代，但大規模遷台應在明末清初，其遷出地主要集中在漳州和泉州，且以漳州為最，[3] 所謂「漳莊」、「泉莊」、「粵莊」代表的就是移民祖籍分佈。鄭成功收復臺灣後隨鄭成功首批入台的也以漳州人及廈門人為主，由此形成福建移民入台的一高潮。至康熙平定臺灣，施琅「嚴禁粵中惠、潮之民渡台」，客家人入台受限，漳、泉人佔大陸入台人數九成以上。[4] 依據陳孔立研究表明，至乾隆年間，大陸漢人遷台，「漳、泉移民佔十分之六七，粵籍佔十分之三四」[5]；諸羅、彰化，以及府城一帶，漳、泉籍移民佔九成以上。自固始人入閩，至漳、泉人遷台，固始「基因」世代相傳，不曾中斷。所以，著名歷史學家郭廷以說，「臺灣的開發經營，幾乎全為閩南漳泉人與粵省客家人之功。所謂閩南人與客家人，原均為中原人，為了政治及經濟的原因，他們被動的或主動的逐步南徙，擴展到沿海地區。又為了同樣的原因，又擴展到台島。」[6] 如此，我們完全可以將漳泉人遷台視為固始移民的延伸。空間上從入閩到遷台；時間上自唐代至明清，就是我們所說的唐代固始移民延伸性研究的內涵，也是固始移民通史的時空範圍。

二、精細化研究

開展精細化研究，包括史實重建和對相關歷史文化現象的厘清，意在將唐代固始移民史研究引向深入。這裡僅以三個研究主題為例。

第一，河洛、中原、固始地域概念之精細化研究，尋找閩台移民之原鄉

世俗的而非學術的緣故，特別是歷史學在固始移民史研究中的邊緣化趨勢，河洛、中原、固始之地域關係及其文化內涵界定出現了亂相，閩台移民之原鄉被模糊——三源並出。

要尋找閩台移民之原鄉，需對中原、河洛、固始三者之地域關係及其文化內涵做出界定。河洛有廣義狹義之分，廣義的河洛是指今日豫西地區；狹

義的河洛就是古代的洛陽一帶。無論是廣義還是狹義，河洛是中原之中心是沒有疑義的[7]。儘管河洛文化圈有時超越河洛區域範圍進入中原文化圈，甚至一定時期可能會出現交匯融合，但河洛文化並不能因此代替中原文化；在文化積累和演進進程上兩者有著本質的區別。如此，地域上的河洛是以洛陽為中心的中原，狹於中原；文化上的河洛是中原文化的源頭，先於中原文化。而中原之民與東南越閩地區的往來，最早可追溯至西漢武帝將閩越之民遷往江淮，以及魏晉時期中原之民第一次南下。顯然此時的河洛文化不能完全涵蓋中原文化，江淮區域也超出了廣義河洛的地域空間。在此意義上，僅就閩台移民之原鄉而言，稱其根在中原是成立的，若謂根在河洛，以河洛替代中原，似言之籠統。

厘清中原與河洛地域關係及文化內涵差異之後，還需進一步區隔中原與固始之地域及文化關係。閩台移民，甚至更為廣泛的周邊地區對中原的認知是一個相對、動態的寬泛概念。其相對性表現為中原與邊疆、中央與四周的關係；其動態性表現為空間與時間兩個向度，時間意義上的中原並非前後重合，如先秦之中原與隋唐之中原、明清之中原與近代之中原均存在較大差異，甚至有邊疆變中原之滄海桑田；空間意義上的中原則呈現為一種向四周擴散之趨勢。閩台移民觀念深處的「中原」是相對福建而言，是對「邊疆」（或「四周」）的否定，表達的是福建（或臺灣）與「光州固始」之相對關係，當然還蘊涵有祖上來自中原，並非生為蠻夷之意。換言之，這裡的「中原」是他們原鄉「光州固始」的代稱或統稱；「光州固始」才是他們的原鄉。明乎此，便知閩台移民根在「光州固始」，而不是河洛；至於上面提到的根在中原，則是一個相對模糊的稱謂。事實上全球華人根都在中原——不僅閩台移民根在中原。當然，厘清或強調閩台移民之原鄉在固始，並不否認閩台文化與河洛文化、中原文化的淵源關係。

第二，唐代固始移民群體之精細化研究，解讀閩南文化的多元特徵

關於移民與文化的關係，在資訊交流主要依靠人工傳遞的古代社會，人是文化最活躍的載體；文化傳播一般是借助於人的遷移和流動來實現的。移民本質上是一種文化遷移。不過文化是分層次的，如制度文化、學術文化、

宗教信仰、藝術方言等；移民也具有不同的類型和特點，且以中國古代移民為例，就有自南而北的生存型移民、以行政或軍事手段推行的強制性移民、從平原到山區或從內地到邊疆的開發性移民、非華夏族的內遷性移民，以及沿海向海外的移民，等等。不同類型移民或每一次具體移民活動，在充當文化傳播載體時，是有選擇的。他們沒有能力將遷出地的學術文化、制度文化，以及方言、宗教與信仰等民間文化，全部攜帶並在移入地落地生根——也許他們只能攜帶其中一種文化；即使同一移民類型，也會因移民群體內部在性別、年齡、社會地位、受教育程度等差異，在文化傳播中所扮演的角色，以及在傳播物件的選擇和文化層次的傾向方面表現出明顯區別。就受教育程度與社會地位而言，一般情況下，個別傑出人物在文化傳播中的作用可能會超過成千上萬的普通移民；以貴族官僚、文人學士等社會上層為主體的移民，對學術文化和制度文化的傳播具有明顯的優勢。因此，歷史上學術文化和制度文化的傳播往往與政治中心的轉移同步，如西漢定都長安對關中學術文化的繁榮，永嘉之亂後中原上層士人南遷成為東南學術文化鵲起的轉捩點。[8]當然，制度文化的傳播還存在另一種情況，即制度移植問題。如由移民建立的政權，往往是將移出地的制度移植到移入地，並長期延續，但在移入地建立政權的移民並不一定是社會上層或知識份子，陳元光「開漳建漳」和王審知「王閩治閩」就屬於此種類型。至於最為普遍的社會下層或普通百姓的遷移和流動，可能帶動更多的是宗教信仰特別是民間信仰和方言、藝術的傳播。

從寬泛意義上講，唐代固始移民可謂中原文化在閩臺地區傳播的載體和管道，中原文化就是沿著移民線路漸次傳到福建和臺灣，從而確立豫閩台兩岸三地淵源關係和文化認同基礎。那麼，唐代固始移民入閩，明清之際其後裔又大批遷台，傳播的是學術文化、制度文化，還是藝術方言、宗教與信仰呢？似乎尚未深入研究，言之自然籠統模糊。這也是我們對固始移民群體進行精細化研究的原因所在。就唐代固始移民與文化傳播之關係，需要我們對兩次大規模移民群體內部結構進行精細化分析。我們知道，唐代兩次固始移民入閩，都帶有明顯的軍事移民特徵，具體到這兩次軍事移民群體內部結構，基本上可以劃分為將、士、眷三類或三個群體，其結構比例，將最少、眷次之、士最眾。以唐高宗總章二年（669年）陳政率部入閩為例，共率府兵3600名，

將士自副將許天正以下 123 員，另有年僅 13 歲的陳元光也隨父出征，說明入閩將士中確有攜眷帶子情況，當然這部分人不會超過出征將士人數，否則就很難說這是一次軍事移民了，而是流民或逃民了。

根據我們以上分析，可以肯定，唐代固始移民以社會下層和普通百姓為主，在充當文化傳播載體時攜帶的當然是他們「日用而不知」的文化，即一般民間文化，如與他們日常生活息息相關的風俗習慣、戲劇音樂、宗教信仰（特別是俗神崇拜）、方言俚語，農作物栽培技術、農田耕作方式等。由於固始地處淮河流域，南北過渡地帶，有「江南北國，北國江南」之稱，甚至長時間屬於楚文化區（中原文化與楚文化交替覆蓋），「豫風楚韻」非常明顯，中原文化並不濃重。比如，至今仍盛行於固始的民歌就融匯了南方的號子、山歌、田歌、小調；而與固始比鄰的光山花鼓戲由豫南民間小調、山歌、歌舞、小戲而融合楚劇、黃梅戲唱腔，又吸收了漢劇、曲劇的藝術特點，如此等等。況且自光州、壽州入閩的固始人，準確地說應是淮南人而非中原人。[9] 入閩移民攜帶的母體文化與閩越土著文化融合形成的閩南文化，自然就有楚文化的元素。當然，由於陳元光「開漳建漳」、王審知「王閩治閩」的歷史，決定了閩南文化中的制度和學術文化，是對中原文化的移植。據此可以認為，閩南文化，是「豫風」、「楚韻」與閩越土著的多元融合，具有多元特徵，而不僅是中原文化南傳的結果。

第三，臺灣姓氏族源之精細化研究，理解「光州固始」的象徵意義

固始姓氏入閩，最早可追至西晉永嘉之亂。大規模入閩，主要集中在唐代。據最新研究成果，至少有蔡、曹、陳、程、戴、鄧、丁、董、范、方、馮、傅、高、龔、顧、郭、韓、何、和、洪、侯、胡、黃、江、金、康、柯、賴、雷、李、連、梁、廖、林、柳、劉、盧、呂、羅、駱、馬、茅、倪、潘、彭、邱、商、邵、沈、施、宋、蘇、孫、湯、唐、田、塗、汪、王、魏、翁、吳、蕭、謝、許、薛、嚴、楊、姚、葉、應、尤、游、俞、餘、袁、曾、詹、張、鄭、周、危、朱、莊、卓、鄒 86 姓，是隨唐代兩次固始移民入閩。[10] 對此，方志和譜牒資料均有據可考，無大疑義。至於固始姓氏播遷臺灣的情況，就沒有入閩姓氏那樣明確可查了，學者們大都採取模糊或籠統的說法，其中最具代表

關於唐代固始移民史的研究取向

性的表述是將閩台合稱,如張新斌教授根據方志和譜牒資料,提出閩台有 58 個姓氏源於「光州固始」,對於福建有多少,臺灣又有多少,則未深究。

　　本文循著《臺灣省通志·人民志·氏族篇》提供的資訊,參考相關譜牒資料,初步列出源於「光州固始」的部分臺灣姓氏:

　　莊姓。《桃源莊氏族譜·莊氏源流序》記載:「稽吾祖入閩之先,始有一郎公,諱森,字文盛,原河南汝寧府固始縣人也。緣唐黃巢作亂之後,於光啟丁未歲(887 年)從王審知兄弟入閩,居福州。卜居永春縣桃園裡善政鄉蓬萊山。」另據臺北新莊《莊氏族譜》記載:「唐末有莊森者,居河南光州固始,於僖宗光啟元年,隨王潮入閩,歷漳入泉,再徙永春,乃蔔居於永春之桃園裡。」清康熙年間,莊姓遷台,墾於彰化縣竹塘鄉。所以,福建、臺灣莊氏共同始祖,乃光啟初年隨王氏兄弟入閩的光州固始人莊森。

　　吳姓。福建《平潭縣誌·人口·姓氏構成》(卷 3)記曰:「吳祭,字孝先,河南固始縣人,唐僖宗中和四年(884 年),隨王審知入閩。傳至二十二世的秦、泰、春三兄弟,先後從福清市音西鎮玉塘村遷入平潭。」據吳銅輯臺灣《吳氏族譜·祭公家傳》記:「其祖有吳祭者,固始縣青雲鄉鐵井兜人,唐僖宗中和四年(884 年),兄弟一行二十餘人住福建侯官縣,王審知據八閩之地,乃避地福、泉間,遂為閩人。今福建晉江、惠安、安溪、平和、詔安、莆田、廣東饒平等地之吳氏,皆祭公之後。」總之,臺灣吳氏,雖遷台時間不詳,但與福建吳氏共同尊固始入閩之吳祭為始公,是清楚的。

　　蘇姓。福建晉江《倫山衍派蘇氏族譜》、德化《雙翰蘇氏族譜》及《龍井蘇氏族譜》,均記曰:其先祖蘇益侍於隰州,值黃巢起事,以都統職隨王潮入閩,是為蘇氏之入閩始祖。臺北縣《蘇氏族譜》謂:「遠祖有蘇奕者,於唐憲宗時,授光州刺史,傳三世至僖宗時,黃巢為亂,隨王潮入閩,為泉州押衛都統,其後遍佈閩南。」基隆《蘇周連氏同宗起源略錄》:「至唐末世亂,益公以嫡子孫繼承武職,同王潮入閩」。宋代蘇頌《蘇繹墓誌銘》記曰:「奕,元和中光州刺史,子孫因家於固始。光州之四世孫,贈隰州刺史,諱益自固始從王潮入閩。」如此,可以肯定光州刺史蘇奕為閩台蘇姓的共同先祖。

二、精細化研究

高姓。福建漳浦高氏，尊固始人高鋼為入閩始祖。史跡見於漳浦《中山高氏家譜》。臺北縣木柵鄉《安平高氏族譜》記載：「唐僖宗中和元年（881年），其入閩始祖鋼，避黃巢之亂，挈眷由河南光州固始入閩，佔籍於福建閩侯縣鳳崗。至五世祖於後周顯德年間（954-959），殉節泉州，賜葬晉江二都，其後遂遷安平（晉江安海城），子孫蕃衍，瓜分散處，或居晉江永寧，或遷南安埕邊，或贅同安高浦。元末，又有高氏一派，避亂入安溪，卜居太平。」

儘管固始入閩高氏遷台時間不甚明瞭，但高鋼為閩台高氏的共同始祖，有族譜可考。

邱姓。臺北縣土城鄉《丘氏族譜》謂：「遠祖出自周之姜齊，支派蕃衍，盛於河南之光州固始。丘亦作邱」，「五胡之亂，南遷入閩，居興化之莆田」。清康熙四十年，邱姓與林、張二姓同遷台墾於苗栗大甲鎮。臺灣邱姓雖非源於唐代固始移民，但其播遷脈絡非常清楚：光州固始—福建莆田—臺灣苗栗。

周姓。臺灣之周姓有汝南、武功二派。《武功周氏族譜》謂：「系蘇姓之後，先世居光州固始，唐末有蘇益者，避黃巢之亂，於懿宗廣明中，隨王潮入閩。子孫分佈漳泉。至正二十二年，有蘇卓周者，因缺之，乃改為周氏。」鄭經部屬周全斌曾隨入台，未留台而返閩。清康熙年間，漳州人周舜陽遷台，在淡水文山保內湖開基。臺灣周氏始祖，亦應為固始蘇益。

施姓。《姓氏紀略》：「夏諸侯有施氏，國亡，以國為氏。」《漳州府志》謂：「隨陳元光開漳，有施光贊者，官府內校尉。」臺灣《施氏合譜》：「唐之中葉，始由河南光州遷徙入閩，有祕書承公者，宅居於泉州錢江鄉。」康熙二十二年，泉州人施長齡招佃渡台，墾於燕霧、武東兩堡，與施琅渡台時間相差無幾。

潘姓。臺北縣三芝、石門兩鄉之潘姓，均稱「先世居光州固始，嗣遷福建漳州、詔安五部，遷移年代，已不可考。」然《漳州府志》記載，唐初陳元光開漳將佐中，已有潘節其人。足見潘姓入閩在唐初。明永曆二十八年有潘□者，與徐阿華等七人渡海移居旗後（今高雄市）捕魚，並與蔡、白、王、李、洪五姓倡建旗後媽祖宮。

關於唐代固始移民史的研究取向

顏姓。據基隆市《顏氏族譜》謂：顏氏隨陳元光入閩，永曆十五年顏望忠隨延平王入閩。固始—福建—臺灣播遷線路清晰可考。

孫姓。孫姓為周文王之後。臺灣孫姓，未修譜牒。相傳：其先世居光州固始，唐末五季之亂，南遷入閩，居泉州東門。《漳州府志》亦有孫姓入閩之記載。乾隆二十年孫天賜渡台初住麻豆堡。

黃姓。臺灣《黃氏族譜》記載：「前先四十三世南陸居河南光州固始」，其中臺北縣深坑鄉《黃氏族譜》云：「世居光州固始。至晉，中州板蕩，南遷入閩，始祖黃元方仁晉。」看來遷台黃姓並非唐代隨兩次大移民入閩，而是傳說中「衣冠大族八姓入閩」之黃姓。

宋姓。宋姓之播遷，唐宋之前無考。《漳州府志》載：陳元光開漳，有宋姓隨之入閩。中壢《宋氏族譜》也稱：「始祖唐丞相環，宇持正，河南光州人。玄孫騈，唐鹹通六年擢明經，歷任福泉按察使，遂寓居莆田。」莆田宋氏宋來萬，於康熙六十年以義民身分渡台平朱一貴有功，初居台南，後遷屏東，遂定居於此。

以上所列臺灣十二姓氏，其先祖由固始入閩遷台播遷事蹟，譜牒記載清晰可查，祖籍確為「光州固始」。但不少自稱源於「光州固始」的臺灣姓氏，其祖地無可考證，如臺灣賴氏，《文獻通考》曰：「賴國在保信縣，今息縣東北，其賴亭則在商城縣南，息縣、商城皆屬河南汝寧府光州，是故潁川郡為賴國子孫散處之區。」德化縣《侯卿賴氏族譜》記載：上湧鄉賴氏始祖賴開國，光州固始人，唐僖宗中和三年隨王審知入閩，居侯官孝悌鄉感化裡。宋末，其後裔居德化縣下湧錢塘。臺灣賴氏遷台時間為延平郡王東征時（永曆三年）以鄭部入台，但遷台賴氏是唐末固始入閩之賴氏，還是東晉安帝四年自潁川遷居潭州的賴氏，並未明確記載。更多情況是，臺灣姓氏以《漳州府志》或《福建通志》關於固始入閩姓氏的記載為依據，認定祖上來自「光州固始」。如臺灣之江姓、何姓、詹姓、沈姓，與福建漳州之江姓、何姓、詹姓、沈姓確有血脈關係；福建漳州之江姓、何姓、詹姓、沈姓，與河南固始之江姓、何姓、詹姓、沈姓也有血脈關係；但臺灣之江姓、何姓、詹姓、沈姓，與河南固始之江姓、何姓、詹姓、沈姓之間沒有族譜記載依據，這就

意味著固始姓氏入閩後遷台情況或有中斷，或非一脈，同姓不同族，難以詳考。

本文並未完成對源於「光州固始」臺灣姓氏的厘清工作，但臺灣姓氏中「光州固始」的象徵意義已經非常清楚了，那就是臺灣姓氏認定其始祖在大陸，無論是中原，還是「光州固始」，都是他們心目中的族源。

三、簡單結語

無論是縱向的延伸性研究，還是橫向的精細化研究，其意在於恢復和彰顯唐代固始移民的獨特價值和研究意義。延伸性研究，即縱向拓展，將固始移民入閩遷台視為一個獨立的研究單元和整體，確定固始移民史的研究框架和時空域限，對於回答臺灣與大陸的淵源關係，具有重要的歷史和現實意義。若將固始移民入閩作為一個獨立單元，或入閩移民後裔不是渡海遷台，而是繼續移入他處，則與歷史上發生的「闖關東」、「走西口」、「湖廣填四川」一樣只是移民類型和移民線路不同而已。精細化研究，即橫向深入，意在正本清源，史實重建，對存有模糊認識或有爭議的若干概念、史實及文化影響進行澄清與厘定工作。比如，關於河洛、中原、光州固始之地域及文化概念差異，以及與閩南文化之關係，就需進行更為深入的探討。當然，本文無力就以上所舉議題得出結論，只是希望對固始移民史研究有所啟發。

文獻來源：2009年固始與閩台淵源關係學術研討會論文，《固始移民與閩台關係研究》，九州出版社2009年版。

作者簡介：尹全海，信陽師範學院教授，中原與閩台關係研究中心學術帶頭人。

注　釋

[1].《資治通鑒》卷256，《唐紀七十二》。
[2]. 林國平、邱季端：《福建移民史》，方志出版社，2005年版，第31頁。
[3]. 臺灣省文獻委員會編：《臺灣省通志》卷二《人民志·氏族篇》（第二冊）。
[4]. 乾隆朝《續修臺灣府志》卷十一《武備》。
[5]. 陳孔立：《清代臺灣移民社會研究》，九州出版社，2003年版，第177頁。
[6]. 郭廷以：《臺灣史事概說·引言》，臺灣正中書局，1954年版。

[7]. 孟令俊：《河洛文化的幾個問題》，見陳義初：《河洛文化與漢民族散論》，河南人民出版社，2006年版，第8頁。

[8]. 葛劍雄：《中國移民史》（卷一），福建人民出版社，1997年版，第104頁。

[9]. 趙保佑：《區域文化與區域發展》，河南人民出版社，2009年版，第197-198頁。

[10]. 李喬、許竟成：《固始與閩台》，河南人民出版社，2007年版，第59-107頁。

豫閩方志中所見之陳元光籍貫及相關問題再探討

毛陽光

在唐代閩南地區開發歷史上具有傳奇色彩，被後世譽為「開漳聖王」的唐代將領陳元光，在新舊《唐書》中卻只字未提，而《資治通鑑》與《冊府元龜》中也未見其蹤跡。筆者曾檢索了唐代數量眾多的筆記小說和墓誌資料，也沒有發現有價值的線索。作為唐代數量眾多的地方刺史之一，尤其是當時經濟和文化尚不發達的漳州而言，正史忽略陳元光並不奇怪。但這對學術界研究陳元光的生平造成了很大的困難。而關於陳元光的記載之中，方志資料是非常重要的一部分內容，尤其是明清以來福建與河南地區傳世的方志資料。儘管從史源學的角度而言，史料的記載是越早越好，用明清時期的方志來探討唐代歷史人物的事蹟存在著先天的不足。但在目前，在唐代流傳下來陳元光相關資料匱乏的情況下，明清豫閩地區的方志資料無疑是我們瞭解和研究陳元光的第一手資料，至少我們可以瞭解明清時代作為歷史人物的陳元光在當時豫閩地區人心目中的形象。

一、關於陳元光的籍貫問題

關於陳元光的籍貫問題，學術界進行了熱烈的討論。肖林《陳元光籍貫窺探》、貝聞喜《陳元光原籍考》等文章力主光州說。郭聯志《陳元光籍貫有定論》認為陳元光籍貫為河東。楊際平《從〈潁川陳氏開漳族譜〉看陳元光的籍貫家世——兼談如何利用族譜研究地方史》則主廣東揭陽說。[1] 最近的研究見李喬的《「開漳聖王」陳元光籍貫辨析》，認為陳元光的籍貫為光州固始。[2] 筆者認為：河東地區應是陳元光家族的郡望所在，和具體的著籍地不能混為一談。而揭陽說出現較晚，而且缺乏有力的證據。而爭論最多的是光州以及固始兩地之間的爭論。

豫閩方志中所見之陳元光籍貫及相關問題再探討

在光州的記載方面，主要見於清代以來的河南地區方志，如順治《光州志》卷九《人物考·鄉賢》陳元光傳記中記載「光州人，字廷炬。」並詳細記載了陳元光的生平以及隨其父陳政進入福建，之後建立漳州的情況。其後還有其孫陳酆的列傳。[3] 順治《光州志》卷九《人物考·鄉賢》還記載，明萬曆初，舉人陳華任光州守。因他到先祖陳元光的故籍當州官，與先祖後裔和當地士紳黎庶非常友善，勤政惠及百姓，後人將陳華祀入宦祠。《光州志》也給予列傳留世。傳云：「其先人元光，本州人，有功唐代，世守閩，始居於閩，以故華視光之紳士黎庶猶其親姻比黨也。」乾隆《光州志》卷一一《壇廟》稱陳元光為「郡人」。卷五六《忠義列傳》稱之為「弋陽人」，弋陽是光州的古稱。《河南通志》卷六三《忠烈》也記載「陳元光，字廷炬，光州人。」

而記載陳元光為固始人的多是明清以來的福建地區方志，如萬曆年間漳州知府羅青霄等撰修的《漳州府志》卷四《漳州府·名宦》載陳元光「其先河東人，後家於光州之固始，遂為固始人。」崇禎年間何喬遠撰修的《閩書》卷四一記載陳元光「固始人」。[4] 乾隆《龍溪縣誌》卷一五《人物·列傳》陳元光子陳珦「先固始人也」。康熙《漳浦縣誌》卷十四《名宦志》記載「陳政，光州固始人。」嘉慶《雲霄廳志》卷十一《宦績》記載陳政「光州固始人。」但明嘉靖《固始縣誌》、清順治《固始縣誌》以及乾隆《重修固始縣誌》都沒有記載陳元光的事蹟，哪怕是隻言片語。

由於目前所見陳元光的文獻資料出現都比較晚，因此這裡僅僅列舉材料來求探討清方志中陳元光的籍貫，而真正坐實陳元光的籍貫問題還有待於更多新資料，尤其是考古資料的出現。另外，陳元光無論是出自光州，抑或是固始，都是作於出自中原大地的一位值得我們驕傲的歷史名人，在研究考證的時候不要有過多狹隘的地域色彩，只有認真、細緻地搜集資料，用開放的眼光去研究，才能更進一步推進和促進陳元光的研究。

二、方志中記載的豫閩地區陳元光的祠廟及信仰

陳元光創建漳州的業績，這裡的百姓始終沒有忘記，因此其父子二人在閩地威望甚著。《雲霄縣誌·祀典》中評價說：「公開建漳邦，功在有唐，

二、方志中記載的豫閩地區陳元光的祠廟及信仰

州民永賴。」「漳人至今思之」。根據明清方志記載,早在唐代嗣聖年間,漳州城已經出現了祭祀陳元光的祠廟。此後,漳州治所遷往龍溪,該廟也隨之遷附,「民多祀之」。[5] 雖然在方志中沒有明確記載陳元光祠廟的情況,但在唐代,地方盛行為有政績的地方官建立生祠或祠廟祭祀。這一時期漳州地方存在紀念陳元光的祠廟是合理的。從五代一直到南宋,陳元光一直得到朝廷的褒贈,如五代時吳越王追贈保定將軍、太尉、尚書令。尤其是到了宋代,陳元光受到歷朝的封贈,如神宗熙甯八年封忠應侯。宣和四年封為忠澤公。到了南宋時期,先後加「顯佑」、「英烈」、「英烈忠澤顯佑康庇公」。紹興十六年進封靈著王,二十三年加封「順應」二字,紹興三十年加封「昭烈」二字。孝宗乾道四年,陳元光被封為靈著順應昭烈廣濟王。[6] 因此,紹熙年間的漳州知州,著名學者朱熹指出「陳公沒而為神,今以王封廟食。」[7] 明代規範祀典後,改封陳元光為昭烈侯。而陳元光也逐漸被神化,漳州地區也出現了大量紀念、祭祀陳元光的祠廟。因此,宋代官員呂璹就有「唐史無人修列傳,漳江有廟祀將軍」的詩句。[8] 從目前的方志資料來看:早在唐宋時期,這裡就出現了許多祭祀陳元光的祠廟。

而漳州地區祭祀陳元光的祠廟數量相當大。大多數祠廟稱為威惠廟,威惠廟是北宋徽宗政和三年頒賜的陳元光廟額。[9] 光緒《漳州府志》記載「屬邑皆有威惠廟」。[10] 作為漳州府的治所,龍溪縣城北門外嘉靖年間就有威惠廟,《嘉靖龍溪縣誌》卷三《祠祀一》記載:「威惠廟,城北門外,祀唐將軍陳西元光。」南宋高宗建炎四年建於此。據南宋淳熙年間在這裡擔任知州的章大任《靈著順應昭烈廣濟王廟記》記載「食於彰歷年數百,祭血未嘗一日干也。」此時的威惠廟已經是春秋二祀,由地方百姓捐田以供應。此後章大任又將幾所廢寺的六頃田產劃歸威惠廟。[11]

此後,該廟在明正統、景泰、成化、嘉靖年間經過多次重修。廟中還有多景樓和覽勝亭。而漳州士民對此也持肯定態度,如明初洪武時文人劉馹就指出「所謂靈著王,乃唐開創此州陳元光也。亦宜有司立廟,官自為祭,民間不宜瀆祀。」[12] 一直到清朝乾隆二年,知府童華修又主持進行了重修。[13] 則此祠廟從南宋初年建立後一直到清代,香火綿延不絕,受到鄉民祭祀。

265

漳州城北二十里的松洲石鼓山下也有威惠廟，這裡有陳元光的墳塋。由於致祭不便，南宋時又在漳州城北門外建威惠廟。但鄉民仍舊在此祭祀。[14]

《明一統志》卷七八記載漳州「各縣皆有廟」。這些都是陳元光的行祠，即主廟之外的祠廟。而各地祭祀陳元光的祠廟方志中多有詳細的記載。如漳浦縣建有威惠廟，廟在縣城西門外三裡，宋代就已經存在。百姓春秋祭祀陳元光。弘治、嘉靖多次重修，清初祠廟「傾圮殆盡」。一直到康熙二十六年，知縣楊遇又進行了重修，「前殿後寢，俱重建一新」。該廟還祭祀陳元光的妻子種氏。[15]

長泰縣東人和裡也有威惠廟，據《乾隆長泰縣誌》卷一二《雜誌‧祠宇》記載該廟是宋代縣令王朝俊建立兩座。此後明嘉靖、崇禎年間又經過兩次重修。到了清代，此廟仍舊存在，但損壞嚴重，祠廟僅存一間。[16]

海澄縣也有三處陳元光祠廟，一處是儒山廟，在儒山，「廟宇極崇大」；威惠廟在槐浦，南宋時期，龍南縣令隕兢募建。還有一處稱為西峰廟，在五都西峰嶺下，據記載，嶺側山頂有大石壁立，「禱雨多應」，因而當地人「禱雨名山」。[17]

另外，在唐代曾為漳州治所的雲霄威惠廟歷史也非常悠久，只是年代久遠，位置已經不可考。清嘉慶年間建制的雲霄廳也有威惠廟，在縣城西門外，只是當時「祀典未舉」。而縣城外的溪尾保還有陳王廟，也祭祀陳政和陳元光父子以及其子孫，這是清初，陳氏子孫聯合建立的。[18]另外，據方志記載：雲霄各地還有許多的陳聖王廟，「王有啟土功，各鄉社皆立廟，不能備載。」也是祭祀陳元光的。如小將軍、上下營、高溪保、後坪保、宅兜庵、洋下、火田、菜埔、莆美城內、南山尾、下壇鄉等處都有陳聖王廟。[19]

龍岩縣的威惠廟稱為西廟，在縣城西門外。[20] 此廟清代又稱威惠祠，而州治西還有威惠廟。[21] 詔安縣城城西有祈山廟、城東有靈侯廟，都是祭祀陳元光及其部將的廟宇。[22]

除了漳州地區以外，福建其他地區也有一定數量祭祀陳元光的祠廟。如漳州以北泉州的仙遊早在南宋時期，縣城東南的風亭市南北就有兩座祭祀陳

二、方志中記載的豫閩地區陳元光的祠廟及信仰

元光的威惠靈著王廟。[23] 仙遊縣的靈著王廟一直到清代還存在。[24] 而《福建通志》卷十五《祠祀》還記載福州的福清縣城西隅後王山也有靈著王廟,也是祭祀陳元光的祠廟。[25]10 由此可見,宋以來福建地區祭祀陳元光的普遍。

遍佈漳州各地的威惠廟在漳州地方信仰中佔據著重要的地位,許多地方官和百姓將其作為漳州地方的保護神,能夠為百姓消災避禍、救苦救難。南宋初年中書舍人張擴《東窗集》卷九《漳州威惠廟神英烈忠澤顯佑公加康庇二字制》有「爾神自唐以來廟食一方,捍患禦災,民實賴之,利物之功,久而彌著。」如漳州府城的威惠廟,劉克莊《後村集》卷三七《卓推官墓誌銘》記載漳州大旱,長官傅公令龍溪縣主簿卓先「禱靈著廟,返命雨至。」

漳浦縣的威惠廟也非常靈驗,《八閩通志》卷五九《祠廟志》記載:北宋慶歷年間,有群寇自汀州和虔州到達漳浦地區,百姓四散奔逃。縣令呂璹在陳元光廟祈禱,「俄而空中有金鼓之聲,賊徒斂手就縛者三百七十餘人。自言四顧皆神兵無路可逸。」[26] 據宋餘靖《武溪集》卷二十《宋故殿中丞知梅州陳公墓碣》記載「邑西有陳將軍祠者,《郡圖》云:儀鳳中,勳府中郎將陳元光也。年少強魂,邦人立廟享祠甚謹,日奉牲幣無算。歲大旱,遍走群望弗雨,公乃齋潔詣祠下禱云:政不修者令之負,禱無驗者神之羞,國家崇祀典所以祈民福也。祀苟不應,何用神為?即鏑扉與神約曰:七日不雨,此門不復開,叢祠為燼矣。行未百步,霾風拔巨樹僕於道。俗素信鬼,及是吏民股戰神之怒。公徐曰:民方嗸,何怒之為?乃援響截樹而去。果大雨,田收皆倍。」南宋紹定年間,「汀、邵寇犯縣境,居民競奔走哀告於神。俄而廟有大蜂千百為群,飛集道路,盜不敢過,邑賴以全。」[27] 這些都說明了陳元光祠廟在漳州民間社會生活中的重要作用。

有意思的是,明代以前的光州本身似乎並沒有陳元光的祠廟,南宋周必大《文忠集》卷九四記載,光州城西有威惠廟,供奉神靈是威惠顯應侯、昭惠順應侯、孚惠靈應侯。有學者認為此就是陳元光的祠廟。[28] 筆者認為缺乏具有說服力的依據。宋代的威惠廟並非專指陳元光的祠廟,如當時的四川地區也有威惠廟,祭祀的並不是陳元光。宋代的會要中就記載了漳州和四川地區的威惠廟。此廟在清初的光州仍舊存在,據順治《光州志》卷二記載光州

267

中原與閩台淵源關係研究三十年（1981～2011）（修訂版）
豫閩方志中所見之陳元光籍貫及相關問題再探討

北城西門裡有弋陽三公廟，祭祀三神中就有威惠侯、昭惠侯和孚惠侯。[29] 而乾隆《光州志》卷十一《壇廟》載稱之為三侯廟，分別是靈應侯、順應侯和顯應侯。這與前引周必大文集中的光州城西當為同一處祠廟。而此三神到底是何方神聖呢？志書也沒有記載，稱「未詳其姓氏由來，今遂湮沒不可考。」[30] 這樣看來，即便此威惠廟祭祀的神祇中有陳元光，但到了清代，當地人對該廟神祇的來歷已經無從知曉了。

而方志中明確記載光州城中存在著祭祀陳元光的祠廟。該祠廟位於光州儒學之東的祠廟，是在明代萬曆年間修建的。當時來到這裡擔任知州的陳燁是陳元光的後裔，由於他對待光州士民宛若自己的鄉親，在這裡推行一條鞭法，延請官員修訂光州地方誌，「士大夫感公德」。因此才為其先祖陳元光建祠廟於儒學之東。[31] 據順治《光州志》的記載「三十六世孫陳燁（一作華）來為光州知州，表揚先德，士民為立廣濟王祠於學之左。」[32] 該祠廟在順治年間還存在，「廣濟王祠在儒學前」。[33] 這樣看來，光州原本並沒有陳元光祠廟，其建立是受到福建漳州地區陳元光信仰的影響而建立起來的。康熙年間「有司春秋祀之」，有祭田七畝。之後由於年久失修而坍塌，直到乾隆九年知州高鑒又予以重修。在光緒年間還在，名稱為陳公祠。[34] 另外，光州的忠義祠中也有陳元光的名位。可見明清時期，光州百姓是將陳元光作為本土的鄉賢來對待的。

正是由於陳元光在開發閩南地區的重要貢獻，因此宋元明清以來，漳州地區祭祀陳元光的香火非常旺盛，許多地區都有祠廟，因此與當地百姓生活聯繫密切。而河南只有光州地區有陳元光的祠廟，將其作為在外地開創功業的鄉賢來對待。可以看出古代民間信仰的實用性和地域性差別。當年陳元光開闢漳州，促進了福建東南部的開發，而到了明代其後裔陳燁又在光州仁宦，多行惠政，使得光州百姓又瞭解了陳元光這位先賢的事蹟，這也譜寫了古代豫閩地區文化交流的一段佳話。

文獻來源：2009年固始與閩台淵源關係學術研討會論文，《固始移民與閩台文化研究》，九州出版社2010年。

作者簡介：毛陽光，洛陽師範學院河洛文化國際研究中心主任、歷史學博士。

注 釋

[1].《福建史志》1990 年；《韓山師專學報》1991 年 1 期；《福建史志》1994 年；《福建史志》1995 年 1 期。

[2]. 李喬：《「開漳聖王」陳元光籍貫辨析》,《信陽師範學院學報》, 2009 年 5 期。

[3]. 順治《光州志》卷九《人物考·鄉賢》, 第 351 頁。

[4]. 四庫全書存目叢書, 第 205 冊第 24 頁, 齊魯書社 1997 年。

[5]. 萬曆《漳州府志》卷二《漳州府·壇廟》

[6].《宋會要輯稿》禮二十之一四二 - 一四三, 中華書局, 1957 年版, 第 834-835 頁。

[7].《晦庵先生朱文公文集》卷八十《漳州守臣題名記》, 四部叢刊本。

[8].《宋詩紀事》卷一三《題威惠廟》。

[9].《宋會要輯稿》禮二十之一四二, 第 834 頁。

[10]. 光緒《漳州府志》卷八《祀典》, 日本東京早稻田大學藏本。

[11]. 萬曆《漳州府志》卷十二《雜誌·古跡》。

[12]. 嘉靖《龍溪縣誌》卷八《人物》。

[13]. 乾隆《龍溪縣誌》卷七《壇廟》, 臺灣成文出版社, 1966 年版, 第 85 頁。

[14]. 嘉靖《龍溪縣誌》卷三,《天一閣明代方志選刊》。

[15]. 康熙《漳浦縣誌》卷十《祀典志》, 第 680-681 頁, 臺灣成文出版社。

[16]. 民國重刊本, 第 811 頁, 臺灣成文出版社, 1975 年。

[17]. 萬曆《漳州府志》卷三十《海澄縣·雜誌·宮廟》乾隆《海澄縣誌》卷十七《名跡》, 第 202-203 頁, 臺灣成文出版社 1968 年。

[18]. 道光《龍岩州志》卷一四《古跡志》, 第 317 頁。臺灣成文出版社 1967 年。

[19]. 嘉慶《雲霄廳志》卷七《廟祀》, 第 290 頁。民國《雲霄縣誌》卷五《典祀》, 第 146-148 頁, 臺灣成文出版社 1975 年。

[20]. 萬曆《漳州府志》卷二一《龍岩縣·輿地志·壇廟》。

[21]. 嘉慶《雲霄廳志》卷七《廟祀》, 第 277-278 頁, 臺灣成文出版社 1967 年。

[22]. 萬曆《漳州府志》卷二九《詔安縣·雜誌·宮廟》。

[23].《仙溪志》卷三《祠廟》, 第 8310 頁, 宋元方志叢刊本, 中華書局 1990 年。

[24]. 乾隆《仙遊縣誌》卷十二《壇廟》, 第 282 頁, 臺灣成文出版社 1975 年。

[25].l0《福建通志》卷十五。

[26].《八閩通志》卷五九, 福建人民出版社, 1990 年版, 第 393 頁。

[27].《八閩通志》卷五九,第 393 頁。

[28]. 馮大北、張秀春:《唐史無人修列傳,漳江有廟祀將軍——陳元光開漳與聖王信仰》,《尋根》,2006 年第 6 期。

[29]. 順治《光州志》卷二《建置考·祠廟寺觀》,第 279 頁。

[30]. 乾隆《光州志》卷一一《壇廟》,國家圖書館藏刻本。

[31]. 光緒《光州志》卷二《典祀志·壇廟》,臺灣成文出版社,1976 年版,第 155-156 頁。

[32]. 順治《光州志》卷九《人物考·鄉賢》,第 351 頁。

[33]. 順治《光州志》卷二《祠廟寺觀》,笫 279 頁。

[34]. 順治《光州志》卷七《宦業》,書目文獻出版社,1992 年版,第 330 頁。

關於陳元光與閩南開發研究的幾個問題

湯漳平

　　適值由陳政、陳元光率領的中原 87 姓民眾戍閩 1340 周年之際，在其故鄉河南固始舉辦「固始與閩台關係學術研討會」，確實很有意義。閩台兩省，都是主要由中原移民及其後裔為主要居民形成的省份，其不同點僅僅在於福建人無論閩北、閩東、閩南或是客家人，均宣稱其祖居地為中原地區的河南，尤以光州固始為多。而臺灣則主要是由中原移民的後裔，閩南人與客家人共同開發的寶島，其中以閩南人為主。其實，不僅上述兩省，新成立不久的海南省也是如此，其居民構成中，也以閩南人居多。當然，還有粵東的潮、汕、惠與雷州半島、浙南的溫州地區、港澳乃至東南亞各國，均活躍著閩南人的身影。可知，唐初由陳政、陳元光父子帶領的這次中原民眾入閩，所產生的影響何等重大。但是，我們必需承認，由於閩南文化研究開展的時間還不長，許多相關問題的研究還不夠深入，因此，如何進一步凝聚各方面的力量，大力開展這一領域的研究，取得新的突破，仍然是一項十分艱巨的任務。下面我想就這一問題，談點個人的看法。

一、回顧

　　雖然在 20 世紀 20-30 年代，已有一些著名學者如林語堂、葉國慶等，在開展福建的地方史研究中，已初步涉及陳政、陳元光平蠻獠的一些傳說和史事，林氏於 1926 年撰《平閩十八洞所載古跡》一文（載廈門大學《國學研究院週刊》第二期，民國十五年），葉氏則於 1935 年發表了《平閩十八洞研究》的長篇論文（載《廈門大學學報》第三卷第一期，1935 年 11 月），對清代中期出現的這部通俗章回小說做了研究，葉氏直接認為這部小說是借用通俗小說《楊家將演義》中的人物，實際附會了唐初陳政、陳元光父子率領五十八姓中原士民入閩，平蠻獠、建漳州之史事。然而此後的半個世紀，這一領域的研究一直處於沉寂的狀態。

關於陳元光與閩南開發研究的幾個問題

上世紀的 80 年代初期，是在我們黨的解放思想、實事求是的思想路線指引下，這一禁區才得以被打開，這近三十年的研究狀況，大體可以分為三個階段：

上世紀 80 年代為第一個階段，是研究的發軔與發展期，至 1990 年底在漳州召開的陳元光國際學術研討會，形成了第一次研究的高潮。由於禁區的被打破，加上舊有評價的徹底被顛覆，引發了學術界的一場空前激烈的爭論。爭論中主要圍繞史料的真偽、人物的評價、歷史的貢獻等問題展開。雖然從總體上講，本次爭論大體還是在學術研究的領域中展開的，各方都亮明各自的觀點，擺出可能挖掘到的各種材料來進行討論，但不可否認，其中也確有意氣用事的成分在。

90 年代是這一研究的第二個階段。這一時期的特點是研究的氣氛相對平靜。雖然第一階段爭鳴中提出的許多問題並未達成共識，但各方在保留各自意見的基礎上進行探討，沒有出現第一階段那樣激烈的交鋒。與此同時，閩豫兩地開始建立互動關係，固始縣與雲霄縣建立了友好縣，並同時在兩地成立「陳元光開漳史研究會」，舉行學術研討活動。一些歷史文化遺址得到了修繕和保護，如雲霄縣的將軍山陳政陵園，漳州市的陳元光陵園，漳浦和雲霄的威惠廟等都有計劃地在修建中。

新千年以來的十年是研究的第三階段。隨著閩南文化研究的開展，陳政、陳元光及其率領的中原民眾在閩南文化形成中的作用和影響進一步得到研究者的關注和認同。由於中央對閩台關係的重視，對閩南文化在兩岸和平統一中可能發揮的作用等問題越加關切，因而各級政府也積極參與和推動閩南文化的研究，從而出現了第二次高潮期。作為唐初中原移民落腳點與開漳發生地，漳州市大力加強這一領域的研究工作，2005 年第三屆閩南文化研討會在漳州召開時，漳州市政協專門組織編寫一套《漳州文化叢書》，以被稱為「開漳聖王」陳元光的開漳史及其在閩南文化中的地位作為本次會議討論的重點。鑒於民間信仰對下層民眾更具號召力，這一時期特別重視「開漳聖王文化」的研究（「開漳聖王」在台有數百萬信眾和 300 多座廟宇）。其標誌即 2006 年成立漳州市閩南文化研究會的同時，成立世界開漳聖王聯誼會。聯誼會自

2006年起,先後在新加坡、臺灣地區舉行了第一、二屆聯誼活動,明年將在漳州舉行第三屆聯誼會。固始與雲霄也分別舉辦幾屆研討會,這些對於擴大「開漳聖王文化」的影響,加強閩台乃至海外僑胞的交流和相互瞭解,增進相互之間的感情,無疑具有十分重要的作用。

二、存在的問題

經過了這三十年的研究和宣傳,可以說,目前對唐初以陳政、陳元光為首的87姓中原移民入閩,開發泉潮地區,傳播先進的中原文化,促進民族和睦,發展社會經濟與文化所起的積極作用及促進閩南文化的形成方面的意義,已經形成了共識,但是這一領域的研究仍然存在著一些值得討論的問題,主要有以下三個方面:

一是研究的深度與廣度不足,難以有效地取得突破。雖然這一課題的提出已有30年時間,但總體而言,後二十年的研究進展相對遲緩,研究的水準提高不快,對前十年研究中所提出的相關問題尚缺乏更深入的研究,因而雖然召開過多次會議,但尚未取得令人信服的突破性的進展,究其原因,是研究力量的不足形成的。目前的研究,停留在一般性的號召,沒有專門從事該項研究的人員和設立相關的項目,這樣就難以出現高品質的成果,自然也就談不上真正意義上的突破了。

二是田野調查的力度不夠。應當承認,近三十年來,我們的文物考古部門作了不少工作,例如相關的文物普查,一些歷史遺跡的保護和修繕,相關景點的建設等(如雲霄有開漳史跡陳列館,固始有元光廣場,漳州正在大張旗鼓地建設元光文化公園和陳元光紀念館等),但如何通過田野調查與重點文化遺址的發掘,提供更有力的證據,這一方面的工作應當說還是有待加強的。「空口說白話」不行。無論河南還是福建,歷史上都經過多次的戰亂,歷史文物大量被損毀,造成現今研究資料的不足,(河南歷史上的大規模人口遷徙,福建明清以來的遷界複界等),因此有必要通過田野調查取得第一手的資料。

三是研究方法的相對陳舊。目前這一領域的研究，大多停留在使用原有的一些研究方法和研究手段，這也是研究水準難以得到提高的原因之一，如何採用跨學科的綜合研究方法分工協作，以便取得一些突破性的進展，也是值得認真思考的問題。有些需要自然科學部門的配合，例如歷史上關於氣候變化的資料。陳元光的《龍湖集》中有一首詩寫到雪景，但漳州現在的氣候條件，冬天只見霜而不見雪。因此，一些學者（包括本人在內）懷疑此詩是後人所作，且作地不在漳州。但是，龍岩的郭啟熹先生就不同意我的意見。他說，今龍岩地區當時屬陳元光軍隊管轄區，閩西每年都有下雪，所以不能因此懷疑此詩的真實性。近讀《漳州市志》，其中也有古人詠雪詩，所以諸如此類的問題，實在應當有其他學科的學者參與研究，否則，以今律古，恐怕未必盡然。

當然，還有一點是觀念的更新問題，說起來話就長了，等第三部分再展開來談。

三、對下一步工作的幾點建議

加大研究的力度，提高研究的水準，努力突破研究中的難點，是所有研究者的共同願望，也是豫、閩、台及所有關心這一領域研究進展的人士的共同願望。召開本次會議也體現了這一點。但是，光憑良好的願望是解絕不了問題的，對於1000多年前發生的歷史事件，史料的缺載造成我們今日的研究困難。但是，「唐史無人修列傳」並不等於就沒有其他途徑可尋了。我想我們應當儘量拓展思路，通過多方面的努力來尋求一個比較切合實際的結論。下面我想就這一問題談點我個人的想法。

（一）在中原文化和閩南文化研究和閩南文化生態保護的大背景下，大力開展這項研究工作。

新世紀以來的十年，中原文化與閩南文化研究的重要性及其現實意義已經越來越為各方所重視，閩南文化生態保護區也是在這樣的背景下優先得以建設並開展工作。但是，如同客家文化研究一樣，當前對閩南文化的形成期問題並未達成一致的意見，雖然多方面的研究（方言、民間風俗和信仰、民

間藝術的傳承、族群心理等）已經表明，閩南文化的形成與唐代中原文化南遷關係最為密切，但是這種形成的過程整體脈絡還不是很清晰，如何通過各方面的努力來使之更加清楚，更具說服力，是下一步研究中應當做的工作。這兩年來，漳州市政協組織編寫《漳州姓氏》一書，對全市範圍內各種姓氏的分佈、入閩、肇漳、聚居地、遷徙等情況作了比較詳實的調查與考察。我在認真閱讀之後，覺得其中提供了許多珍貴的有價值的資料和各方面的資訊。把多方面的資料收集起來，通過綜合考察和分析，其可信度就會高得多。豫閩兩地如能配合起來，加強資訊交流和溝通，那就更好了。目前中原地區居民，多數是明清時期由外省遷來河南的，但也仍有部分是原住地的居民，如能找到一些原始資料，那就很有價值了。明清時期遷豫的各族，與閩台方面也不是完全沒有關係，認真考察的話，照樣可以找出許多有參考價值的史料的。當然，這是一項較大的工程，涉及的面廣，因此需要多方面的通力協作。人員、經費、機構的設置、專案的設計等都是必不可少的，這需要政府的支援和民間力量的投入。現在開展這項工作，條件比過去好得太多了，有各方面的積極性，事情就會好辦得多。不僅閩豫兩省共同做這項工作，盡可能讓所有閩南文化圈的民眾，包括廣東的潮汕、浙南、海南和臺灣的閩南人共同關心這項工作，「禮失而求諸野」，臺灣雖然是後形成的閩南人的聚居在，但它保存的中華文化仍是相當豐富的，我曾提出以「保護我們的共同家園」作為兩岸合作，共同保護閩南文化生態的建議，隨著兩岸關係的緩和，從加大文化交流的角度講，我們也應當這樣做。

　　（二）加大田野考察和文物的收集力度。雖然這些年來，中國加大文物普查的工作，取得不少成績，但就專項工作進行調查，還是做得不夠的，尤其過去經歷許多戰亂，文物或散失或損毀，怎樣注意收集，使之不至於再度流失，這一方面仍有大量的工作可做。有時，一塊碑記，一篇墓誌銘，就能解決許多問題。

　　我特別希望能夠結合建設中的需要，對一些重點文化遺址進行必要的考古發掘，許多古代的懸案，往往能在考古發掘中獲得解答。古希臘神話中的特洛伊戰爭，曾經被認為是神話傳說，未必實有其事，也未必實有其地，但經過考古學家的發掘，特洛伊古城遺址找到了。目前已得到大量文物，充分

證實這場戰爭的真實性。中國這些年實施的夏商周斷代工程，多學科的綜合考古發掘，取得了可喜的成績，許多問題得到答案，堯舜時代的考古發掘也成績斐然，正在提出「走出堯舜傳說的時代」。相比之下，發生在1000多年前的事件，時代更靠近，能夠保存下來的東西也會更多，因此，在政府相關主管部門的組織下，如果能有選擇地重點發掘一些地方，取得第一手的資料，相信對於這一項目的研究能夠有新的推動作用。

（三）關於研究方法和觀點更新的問題。這些年在研究中經常碰到的一個問題就是資料的鑑別問題，許多研究者雖面對眾多資料卻不知所從，時常可以聽到有人詢問：「這資料能引用嗎？不是說族譜資料都不可靠嗎？」對於古代傳世的資料，尤其像族譜這類民間流傳的史料，採取比較謹慎的態度並沒有錯。但是，如果因為有一些疑義便不敢問津，那就不對了。自20世紀初年，疑古風大熾，古代典籍動輒受到「偽作」的指責，各種傳世資料亦不能倖免，族譜資料更是懷疑的物件，批評者往往根據其中的某些訛誤動輒否定全部資料的真實性，這其實是更不慎重的態度。中國的私家族譜編纂是北宋時方成為普遍的風氣，編譜人為尋找本族祖先，往往到史書中去找一些知名人物，以光大本族門面。因此往往導致張冠李戴的謬誤。學界普遍認為，族譜資料中，年代越遠的，資料可靠性越差，而年代越近的，其可信度越高。因此，我們應當採用分析的方法，不能動輒一概否定。顧頡剛先生是「疑古派」的代表人物，但他依然對族譜資料的價值給予很高的肯定。因此，要充分利用這些資料。就筆者所閱讀的漳州眾多家族的族譜資料看，其中保存有大量珍貴的史料，可供我們去綜合分析和研究，不能因為某一部族譜資料中有問題，就把所有傳世族譜資料都一棍子打死。我們現在的史料整理，不僅需要將所有傳世的資料妥善保存下來，還要整理沒有文字資料的「口傳史」，因為其中也保存有許多有價值的研究資料。

史學界當前正在開展的關於怎樣認識20世紀以來「疑古派」的是與非，也對當前流行的「走出疑古時代」的提法展開爭鳴，甚至有人對「二重證據法」也持不同評價，大家應該關心這場爭論，它對於我們拓展視野，重新審視我們研究的思路與方法，更新觀念是大有好處的。

文獻來源：2009 年固始與閩台淵源關係學術研討會論文，《固始移民與閩台文化研究》，九州出版社 2010 年。

范祖禹《王延嗣傳》及閩國史料的新發現

徐曉望

上世紀九十年代以來，學術界對閩國史的研究成果累累。新史料的發現越來越困難。近讀宋代大史學家范祖禹的《范太史集》，意外發現其中有一篇王延嗣傳，這篇文章長達4600多字，是為研究閩國史的第一手資料。特撰此文，將其揭櫫於世，以供諸位同仁參考。

一、范祖禹撰寫《王延嗣傳》的經過

范祖禹是宋代第一流的史學家，他是陝西華陽縣人，宋仁宗嘉祐八年（1063年）進士甲科，後隨司馬光修撰《資治通鑑》。書成之後，司馬光薦其為祕書省正字。范祖禹早年仕途順利，一直做到龍圖閣大學士。晚年因遭言官攻擊，被貶至賓化縣，死於任所。遺著有《帝學》、《唐鑑》、《范太史集》等。

在司馬光組成的《資治通鑑》撰寫班子中，學者各有所長，范祖禹是以研究唐史出名的。雖說范祖禹博學，但也會有一些不太熟悉的問題，長期不得其解。有一次，他遇到20多年未見的同榜進士王端，歡洽之餘，范祖禹談起了自己多年以來研究唐史的幾個存疑問題。王端「援引他傳雜說，並唐文士碑銘書疏之類，以決其疑，莫不皆有證據。」這讓范祖禹大為感激，「而且歎其博洽」。[1] 王端為福建劍浦（南平）人，他的曾祖王延嗣、祖父王玠，都是研究經學的教師。王端出生於這樣一個家庭，可以說是家學淵源了。因此，王端能為范祖禹解決一些困難的學術問題。後來，王端將王延嗣的遺稿給范祖禹看，並請范祖禹為其曾祖寫下了《王延嗣傳》，這是《范太史集》中《王延嗣傳》的由來。

由於范祖禹是宋代著名的史學家，他的《王延嗣傳》很早就引起了學者的注意。專門研究五代十國史的宋代史學家路振在其《九國志》中說：「王

氏父子據有全閩，雖號不知書，一時浮光士族，多與之俱南。其後頗折節下士，開四門學館，以育才為意。凡唐宋士大夫避地而南者，皆厚禮延納，作招賢院以館之。閩之風聲氣習，浸與上國爭列。其從子王延嗣者，以道義自任。當時目之為『唐五經』，內翰範淳夫嘗為立傳。」[2]

　　路振文中的「內翰範淳夫」，即為范祖禹。因王延嗣晚年定居於南平縣，南平的地方誌說到五代時期南平人物，常會提到「唐五經」王延嗣，並認定他是南平儒學宣導人物之一。在王延嗣的家鄉汝寧府固始縣，對其也有記載。明代李賢的《明一統志》載：「五代王延嗣，光州人。唐亡，梁太祖拜王審知中書令，封閩王。延嗣力諫曰：『義不帝秦，此其時也。』時強藩巨鎮僭號，審知有效響之意，延嗣極諫。審知雖不樂其言，然終其身不失臣節，延嗣之力也。」[3] 將這段文字對照范祖禹的《王延嗣傳》，可知其出自范祖禹的著作。後來，清代吳任臣作《王延嗣傳》，又將《明一統志》的相關記載納入。福建方面的方志也輾轉摘抄，所以，《明一統志》的王延嗣傳流傳很廣。但是，後人著作基本沒有直接引用范祖禹的《王延嗣傳》。以博學聞名的吳振臣，在其名著《十國春秋》中廣征博引，許多只有方志才有的相關史料，都被其納入《十國春秋》，對於王延嗣，他是直接引用《明一統志》的史料，卻令人遺憾地遺失范祖禹的《王延嗣傳》，這也使這篇第一手資料成為滄海遺珠，彌足珍貴。

　　搜尋四庫全書的王延嗣相關史料，有一條記載引起我的注意。清代《佩文齋書畫譜》引用了《圖繪寶鑒》一書，書中提到一個擅長畫鬼神的畫家：「王延嗣，國初，工鬼神。」[4] 范祖禹筆下王延嗣是一個經學家，一直活到宋代初年，但范祖禹並沒有講到王延嗣擅長繪畫。因而，此文中的王延嗣是否同名同姓人物？尚待考證。不過，當時的文人兼通繪畫的不少，不排除南平王延嗣擅長繪畫的可能性。

二、范祖禹《王延嗣傳》的史料價值

　　《王延嗣傳》出於史學大家之手，而且撰寫者是在掌握王延嗣原著的背景下寫下了這篇文章，應當說，這篇傳記的可靠性是很高的。事實上，宋代

范祖禹《王延嗣傳》及閩國史料的新發現

許多有關閩國史的著作，都直接引用了范祖禹《王延嗣傳》中的文字。正史對王審知的基本評價，基本沒有超出這篇文章的範疇。本文的價值由此可見。作為一篇傳記，范祖禹還很詳細地描寫了傳主參與王審知決策的過程，這在其他文獻中是極為少見。

今人研究中古時期的中國史，最感缺乏的是歷史事件經歷者的第一手資料。這是由於，首先，中古時期的中國，除了帝王有史官記載其活動之外，普通人沒有記載日常生活及政事的習慣，也就是說，記日記的習慣尚未形成，留下來的第一手資料就少，而且經過一千多年歲月的淘洗，這類文字大多無法保留下來。其次，中國史官崇尚以簡約的文字記載複雜的歷史事件，他們記載的歷史事件，往往省略了決策者的動機和考慮過程，不管多麼重大的事件，在他們的筆下，都只剩下簡單的幾句話，讓人對事件的發生過程不甚明瞭。但對於今人來說，這些簡單的記載太少了。范祖禹《王延嗣傳》的傳主，是王審知的族侄，自幼失怙，由王審知養大。他跟隨王審知由固始入閩，成年後參與了王審知許多重大事件的決策，是王審知得力的幕僚之一。《王延嗣傳》的價值首先表現在：其一，記載了王審知重大決策的過程及其決策前後的想法，這是十分難得的；其二，王延嗣作為王氏家族成員之一，披露了王家在固始以及在福建發展的一些情況，其文字雖然不多，但很有價值，可以使大家進一步認識王氏家族的真貌。其三，王延嗣在生前看到了王氏政權的滅亡，因而可以旁觀的態度總結王氏政權滅亡的原因，這與王審知生前身後那些一味歌功頌德的那些碑記不同，范祖禹《王延嗣傳》所展示的王審知，是一個更為立體的、全面的王審知，也是一個更有個性的王審知。其四，對王延嗣的研究，還可以讓我們知道閩北儒學興起的一些關鍵細節。在南平歷史上被稱為「唐五經」的儒學名家，究竟是怎樣一個人。

對任何歷史文獻，都要考慮其作偽的可能性。范祖禹的《王延嗣傳》引起我警惕的是：其文中第一句為：「唐宋間延平郡有隱君子，姓王氏，諱延嗣，字季先，光州固始人也」。其中延平郡三字讓我考慮很久。南平縣成為郡治是在南唐的保大六年（948年），當時名為劍州，入宋之後，改名為南劍州，元代改名為「延平路」，明代改為延平府。從其政制沿革來看，到了元明以

後才有了「延平郡」這一等級的治所，為何生於北宋的范祖禹、王端會稱南劍州為延平郡？不過，搜尋宋代的文集，延平郡的提法是常見的。例如：

黃裳的《懷遠亭記》：「延平郡督郵，即其公宇之北山，南向天際，送目而往，相去之遠，不可以勝計。」[5]

又如黃公度在作《葡運算元》之時提到：「赴召命，道過延平郡。」[6] 劉爚在其文集中提到：「延平郡城之東，鑿灘之上，有賢寓士焉，曰拙逸範君。」[7]

徐元傑在其《楳埜集》中，撰有《延平郡學及書院諸學榜》一文。④

以上所提宋代諸賢中，黃裳是南平籍的狀元，他在《演山集》稱南劍州為延平郡，表明南平人更喜歡「延平」這一名字，所以會將南劍州稱之為延平郡。迄至元代，南劍州被改名為延平路，應當也是受當地人的影響吧。

其次，延平這一名字與南平相伴已久。宋初的《太平寰宇記》第一百卷提到：晉武帝之時的南平原名延平縣，唐武德三年（620年），唐朝在這裡設置了延平軍，一直到南唐保大六年升格為劍州，南平使用「延平」之名已經有數百年了。古人常以首縣稱呼郡望，將南劍州稱之為延平郡，應是在這一背景下出現的。通過對「延平郡」的考證，更堅定了我對范祖禹《王延嗣傳》的信任。

三、王延嗣其人

王延嗣，字季先，光州固始人。從范祖禹的《王延嗣傳》中知道，王延嗣死於宋太祖乾德四年（966年），享年94歲，以理推之，他應生於咸通十三年（872年），少年時在固始家鄉，光啟元年（885年）隨王審知入閩，此時他已經14周歲。因其父母早逝，王延嗣成為王審知的養子。「君幼失怙恃，養於審知，為兒童時，謹願端愨如成人，未嘗戲笑。事審知如父。晨昏侍左右彌謹。審知寢疾，躬奉湯劑，未始須臾離庭闈，雖甚勞苦，不見有倦色。審知亦以是器而憐之，撫如己子。」王延嗣與王審知結下如此密切的關係，為其參與王審知幕府打下堅實基礎。王審知多子多孫，而且收養了不

范祖禹《王延嗣傳》及閩國史料的新發現

少養子。諸子大多尚武，而王延嗣以讀書出名。「審知諸子，豪氣相高，日以馳馬試劍為事，君獨泊然無欲，唯喜玩書史，夜以繼日，手不釋卷，寢食為之幾廢。故多識前言往行，禔身行已，每以古人自期，儒冠書服，雍容委折，似不能言者。然邦有大政，闕國有大疑，將就謀焉。則引古驗今，抵掌議論，凜凜風生，不可尚已。審知嘗戲謂之曰：『此吾家揩大兒也』。」因王延嗣讀儒書較多，對世界上的事情往往有自己的看法。「審知既撫有全閩，將欲錄君以官，君聞之力辭懇免，至於三四。不聽，乃稱疾不出者逾月。審知使人往訊之，因手書以上審知。其略云：『春秋傳載孔子之言，曰唯名與器不可以假人。蓋以名器者，國家礪世之具，苟上有私授之失，則下啟奸覦之心。居平世猶之可也，況今天子播遷，大盜蠭起，跡其所由，正緣朝廷政出多門，刑賞滋濫。大王親舉義兵：為國平亂，軋於賊臣，決策入閩；士卒將佐，棄鄉井墳墓，舍父母、妻子，從王南征，何所圖哉？志於立功名耳。今師旅暴露日久，大勳未集，大王膺茅土之封、領節鉞之寄，肅將明命，作鎮於閩，尚未班爵策勳以旌戰士，而首欲以爵命猥及無知之私親，將士觀望，解體必矣。昔衛懿公好鶴，鶴有乘軒者。及狄伐衛，授甲者皆曰：『使鶴，鶴實有祿位。』僕雖愚瞽，粗靈於鶴，倘或僥榮冒祿，偷安利已，以陷王於衛君之地，雖粉骨糜肌，亦不足以贖其過。審知以其言切利害，益器重之。然終不能奪其志，稍寢其命，曰：姑俟他日而已。」不過，當西元907年梁太祖朱溫竊唐自立，王延嗣反對向王審知向朱溫稱臣，被王審知拒絕。此後，在梁朝統治下，王審知也不便起用王延嗣。王延嗣因多次建言不被採納，已經有出世之意。「自是君始浩然有隱遁岩穴全身遠害之志，而牽於審知有鞠育之恩，於己念未有以報之，不忍遽遂翩然。」梁朝滅亡之後，王延嗣又反對王審知稱帝，因此，王延嗣雖然長期在王審知的幕府，但並沒有在閩國做官。

王審知死後，王延翰自立為閩國。王延嗣強烈反對，稱之為「沐猴而冠」。他說：「是可為也，孰不可為也！此子能自免乎？使在先王之世，予固當以死爭，然斯人也何足與語，吾族其血矣乎？」他認為王氏的大禍即將到來，「我雖不能餓死首陽，然亦豈可延頸待戮？」從此，他有意疏遠當局而退居山野。「因潛隨賈舟逸去，將欲遵海濱而處。偶值閩使者自海上還，遇君，

迫之以歸。至黃崎,君乃舍舟宵遁田間道,草宿露行,旬日始抵建平。因愛其佳山水,遂有終焉之意。乃易姓唐,以宇為名。蓋以唐與王,音韻相近,而亦自謂唐之遺民,於是隱焉。時延平人物凋零,鄉無校,家無塾,士風不振。青衿之徒,散之城闕。君始以五經教授學徒,人皆以『唐五經』呼之。」晚年,他閉門不出:「遂以廢疾謝絕賓客,終日杜門,雖比鄰亦莫得見其面。環堵蕭然。卒於大宋乾德四年,壽九十有四。」

四、從《王延嗣傳》看固始王氏

　　王審知為固始人,其人逝世以後,留下了一些傳記史料,如於兢的《瑯琊王德政碑》、翁承贊的《閩王墓誌》、錢昱的《忠懿王廟碑文》,但這些史料羅列其家人後來的封號,反而使其身世原貌不顯。據徐寅的《廣武王神道碑銘並序》,王氏家族「世業農,頗以貨顯」,王潮「材氣勇略,譽播鄉邦,尤善招懷離散,眾多歸之。」[8] 在動盪的唐末社會裡,王潮已成為鄉里頗有威望的領袖。但這些記載是否可靠?仍然存在一些疑問。《王延嗣傳》記載的王氏家族如下:「吾家本田舍郎」,「世為州裡豪右,從父潮、審知,俱以勇俠霸於一鄉。」可見,王家在其家鄉,應為類似晁蓋之類的人物,他們世代從事農業,但在民風強悍的鄉村,又以勇俠聞名,成為鄉黨的領袖人物,官府因而任命他們一定的職務。徐寅記載王潮被選任固始縣佐史,應是可信的。在動亂的時代,這類人物往往受到豪強的重視。《王延嗣傳》:「唐末之亂,四方豪傑競起,大者以王,小者以伯,壽春王緒攻陷光州,得潮兄弟,相持大喜曰:『恨相得之晚。』因留軍中計事。」這裡透出的消息是:王緒起事後,曾經大力招攬王潮兄弟,而後又將其當做核心幕僚,這就可以解釋,為何王氏兄弟違抗王緒將令,將其母親藏在軍中,而王緒並沒有對他們作出嚴厲的處分。

　　《王延嗣傳》對王審知性格的描寫,是其文中最具史料價值的部分。他認為王審知十分簡樸:「審知雖起於任俠之徒,而天性純儉,自奉甚薄。」王審知十分重視文人:「審知本武夫,初不省禮樂詩書之教。其後折節下士,開學館、育人才。故唐賢士大夫避難南來者,皆厚禮延納之。」王審知的這

范祖禹《王延嗣傳》及閩國史料的新發現

兩個特點都載於史冊，多少是受到此文影響的。《王延嗣傳》也批評王審知佞佛：「閩俗喜佛，而審知亦溺於浮屠氏之說，窮極土木之功，以興佛宇，財力殆困。君力言於審知曰：『書云：『不作無益害有益，功乃成。』浮屠氏本物外之人，以寂滅為宗，非有益於人之國。今乃蠹民財、損民力以從事於斯，是謂作無益，以害有益也。古之人君自謂善於其事者，無出梁朝之武帝，及其終也，卒無補於侯景之亂。殷鑒不遠，在夏後之世。矧夫今日方欲以取威定霸，豈可崇此不急之務，以蠹國傷民耶？』審知卒不悟。」王審知崇尚佛教，載於許多史冊與方志，但只有《王延嗣傳》給出批評：「自此帑藏日虛，民力日困矣。」這讓我們知道：王審知統治的晚年，民眾的賦稅也是很重的，所以才會有閩國建立後的動亂。

對於王審知的諸子，王延嗣也給他們作出評價：「審知諸子皆不肖，服飾車騎，侈異相勝。」「審知諸子，君素惡之」。有一次，王延嗣批評諸兄弟奢侈，「諸子為之忸怩」。對在王審知死後自稱「閩國國王」的王延翰，延嗣給出的評價是：「沐猴而冠」。在王氏諸子中，王延嗣與較有才氣的王延政關係較好。《王延嗣傳》記載：「審知諸子，君素惡之，而獨與延政善。及審知卒，延翰竊立，君謂其所親曰，此真沐猴冠耳。延翰聞而憾之，君因約延政同隱。延政唯諾，然志於得國，不行。」王延嗣出逃後，被閩國使者發現，強迫其回閩。王延嗣在甘棠港逃出，一直逃到王延政治下的南平鄉下隱居。王延嗣作出這種選擇，應與他與王延政的關係有關。不過，雖然王延政在閩北建立殷國，但王延嗣並沒有再去找他。一直到王延政被南唐所俘，王延嗣一直隱居於鄉下。

王延嗣出逃後，「未幾國亂，骨肉自相屠戮。繼而南唐兵取閩，王氏族屬靡有孑遺，皆如所料。僅脫於難者，唯君一人。自非明哲保身，其能爾耶。君初聞閩滅，乃衰絰出郊，東望故國，一酹先王，大慟而還。曰：『天作孽，猶可違，自作孽，不可逭。』王氏之滅，非天也，亦自取之爾，複何言哉。」按，王氏子孫在福州、泉州、汀州者，大都遭到朱文進等人的屠殺。閩中保留下來的王氏子孫，主要是閩北的王延政一系。南唐吞併閩國之後，王延政的子孫也被俘虜到金陵，其中有些人後來成為平民，這在王氏族譜中是有記載的。不過，這些零碎史實，未必是范祖禹所能顧及的了。

五、《王延嗣傳》與王審知的重大決策

由於王延嗣曾是王審知朝夕相見的人物，所以，王延嗣得以參與王審知的幕府，並對威武軍內部的政事發表意見。其中在歷史上較有影響的是反對王審知向梁太祖朱溫稱臣。《王延嗣傳》記載：

唐亡，梁太祖拜審知中書令、封閩王，仍升福州為大都督府。命至閩，審知將拜賜焉。君力諫之曰：『吾家本田舍郎，二父蒙國厚恩，迭秉節旄，朱全忠賊臣，固嘗與我比肩事主，徒以挾穿窬之資，逞豺狼之暴，肆虐流毒，盜有神器，人神共憤，其能久有此土？我縱不能如留侯為韓復仇、沛公為義帝發喪，其忍北面以事之？義不帝秦，此其時也。』

王延嗣的這段議論義正辭嚴，許多史冊都記載了這段話。王延嗣因而史上留名。更有價值的是，《王延嗣傳》記載了王審知對這段話的反應：「審知俛首久之曰：『此特腐儒陳言，無補實用。知彼不知己，兵法所大忌。彼雖僭逆，然既已南面朝諸侯，加之堅甲利兵，半於天下，東征西伐，草折卵碎。我憑數州之地，輒嬰其鋒，是自取顛僕，安能成大事哉！』」

王審知的這段話不見於其他史冊，所以特有價值。其時，王延嗣還竭力辯解：「『是大不然。梁雖弒逆，僭舉大號，而外窘於晉，日夕支梧，方且不暇，重以楊行密方據江淮，實吾之外屏，似出天造，以限南北，梁人雖欲襲我，得乎？此正所謂風馬牛不相及也。況彼以新造之梁，雄據中原，大統未一，內怨外叛，腹背受敵。尤其甚者，與晉相持，雌雄未決，其能越大江度修嶺以與我角耶？故司勳杜牧有言：『上策莫如自治』。誠能於此銳意自治，內以修政，外以治軍，使府庫充實，兵革犀銳，如小白之於齊，勾踐之於越，國勢日張，霸圖日盛，近約吳越，遠結江淮，外連荊楚，仗義合兵，為國討賊，其誰敢不從。孔子曰：如有用我者，吾其為東周乎？』」

然而，儘管王延嗣反覆辨說，「條陳數百言，審知竟不能用其策」。

按，朱溫稱帝之後，除了三晉的李克用舉兵反抗之外，南方諸侯的態度不同。割據江淮一帶的楊氏吳國堅決反對，蜀國置之不理，吳越國則向朱梁稱臣。閩國在南方，一向是與吳越國合作，以抗衡楊氏的吳國。所以，從大

范祖禹《王延嗣傳》及閩國史料的新發現

勢而言，閩國必需和吳越國採取統一步調，以抗拒楊氏吳國軍隊的南下。這是閩國王審知向朱溫稱臣的背景。在這一背景下，王審知將王延嗣「義不帝秦」之語當做腐儒之論，並不奇怪。

王延嗣的建言，也有被王審知採納之時。《王延嗣傳》記載：「初潮卒，審知代立，疑外議有未甚服從者，會僚屬有獻言請以威嚴繩下之不從令者。審知始用其言，乃務以誅戮為事。君言於審知曰：『書云臨下以簡，御眾以寬』；語云『寬則得眾，信則民任焉。敏則有功。』公則說此萬世治國齊家君天下之大法也。小人中無遠慮，乃導王以苛虐為政，不亦悖乎？王緒之失，實本於是，覆轍在前，王所目擊，可不戒哉！審知亦為之改容。君每侍審知左右，覺微有怒色，必怡聲軟語，進說以解釋其意。前後有犯顏垂死復活者，蓋千餘人。識者固已知君陰德之必有後也。」這段文字，透露出一個活生生的王審知，他對手下諸臣，也有不放心和伺機誅殺的時候。按，當時的政治十分殘酷，位尊者過於仁慈，被手下篡殺的事例不少，所以，統治者的鐵腕手段，其實是可以理解的。《宋史·王彬傳》記載：「王彬，光州固始人。祖彥英，父仁偘，從其族人潮入閩。潮有閩土，彥英頗用事，潮惡其逼，陰欲圖之。彥英覺之，挈家浮海奔新羅。新羅長愛其材，用之，父子相繼執國政。」[9] 如其所云，朝鮮的王氏家族，其實也是固始人，但他們受到王潮的排擠，被迫遷到海外的新羅國創業。王潮時代有這種情況，迨至王審知時代，偶爾誅殺一些大臣，並不意外。

王延嗣做的另一件大事是反對王審知稱帝。「時自朱梁篡唐之後，強藩巨鎮，相次僭號改元。審知王閩日久，驕心日滋，屢有效響之意。君極口切諫其不可，曰：『自古帝王之興，莫不皆有大功德著於天下，故天命有歸，人心肯附。然後應天順人，起而君之，固非細事。當紂之時，西伯躬盛德，大業三分，天下已有其二，而服事殷。曹孟德剗平禍亂，威震天下，挾天子以令諸侯，盜弄神器於掌股間，漢之為漢，特位號耳，而猶終於其世，不敢登尊履極，蓋以天命人心之有在耳。今王雖聰明英武，出於萬夫之上，然功未著於中原，威未加於海內，蕞爾之閩地，不大於吳楚，兵不加於梁晉，而輒欲謀此大事，諸鎮聞之，稱兵而南，則師直為壯，我複何辭？是乃操無益之虛名，享必然之實禍。僕嘗諫王，勿臣朱梁。且王以僕言為不知彼己。而

今日不意複為此圖，其可謂知彼己乎？誠於此時檢身修德，唯懷永圖，敦好睦鄰，以大桓文之業，則生享方面之尊，歿存忠義之名，以垂裕後昆，無有窮已，不其韙歟！今乃不此之思，而謀為劉聰、石勒之舉，縱使諸侯未暇致討，得以偷安假息。一旦有真主出，其能赦我哉。審知雖不樂其言，然志之於心，終其身不失臣節，君之力也。」

對王延嗣的政治主張，《十國春秋》也有記載：王延嗣，「太祖族子也。為人慨切好直言，以道義自任，當時目為『唐五經』……是時強藩巨鎮多僭號稱帝，太祖不無心動，延嗣反覆極諫，力言不可。太祖雖不樂其言，然終身不失臣節，延嗣亦與有功云。」[10] 其時與王延嗣一起反對王審知稱帝的還有威武軍節度使推官——黃滔，「梁時強藩多僭位稱帝，太祖據有全閩，而終其身為節將者，滔規正有力焉。」[11]

總之，王延嗣傳揭示的許多史料，足以讓後世的史學家進一步深入探討閩國的歷史，對推動王審知研究具有較高的史料價值。

文獻來源：2011 年固始與閩台淵源關係學術討論會論文，2011 年 11 月。

作者簡介：徐曉望，福建社會科學院歷史研究所所長、研究員，國務院特殊津貼專家，福建師範大學社會歷史學院博士生導師。

注　釋

[1]. 范祖禹：《范太史集》卷三六，《王延嗣傳》。本文未註明出處的史料，皆出於此文，下同。

[2]. 雍正《福建通志》卷六十六雜記，叢談二，福州府。

[3]. 李賢等：《明一統志》卷三十一，汝寧府。

[4]. 《御定佩文齋書畫譜》卷五十，畫家傳六，宋一。

[5]. 黃裳：《演山集》卷十三，《懷遠亭記》。

[6]. 黃公度：《知稼翁集》卷下，《蔔運算元》。

[7]. 劉燾《雲莊集》卷十九，《宋通直範君墓誌銘》。

[8]. 徐寅《廣武王神道碑銘並序》，載《王氏立姓開族百世譜》。按，徐寅之文今不見其文集或《全唐文》等書。唯新加坡海外王氏宗親會編修王秀南主編《王氏立姓開族百世譜》（新加坡刊本）載其文，今從之。

[9]. 脫脫等：《宋史》，第二十九冊，卷三百零五，王彬傳，第 10076 頁。

[10]. 吳任臣《十國春秋》卷九四，王延嗣傳，中華書局 1983 年，第 1367 頁。
[11]. 吳任臣《十國春秋》卷九五，黃滔傳，第 1373 頁。

應該重視宋人對閩人皆稱固始人的評析——兼論陳政、陳元光自粵入閩說

楊際平

■一、宋人對「今閩人皆稱固始人」現象的評析

《資治通鑒》卷二五四、二五六載：唐末黃巢農民起義軍攻長安，江淮農民蜂起回應。中和元年（881年）八月，「壽州屠者王緒與妹夫劉行全聚眾五百，盜據本州，月餘，複陷光州，自稱將軍，有眾萬餘人；秦宗權表為光州刺史。固始縣佐王潮及弟審邽、審知皆以材氣知名，緒以潮為軍正，使典資糧，閱士卒，信用之。」

光啟元年（885年）正月：「秦宗權責租賦於光州刺史王緒，緒不能給；宗權怒，發兵擊之。緒懼，悉舉光、壽兵五千人，驅吏民渡江，以劉行全為前鋒，轉掠江、洪、虔州，是月，陷汀、漳二州，然皆不能守也。」（是年七月）「王緒至漳州，以道險糧少，令軍中『無得以老弱自隨，犯者斬！』唯王潮兄弟扶其母董氏崎嶇從軍，緒召潮等責之曰：『軍皆有法，未有無法之軍。汝違吾令而不誅，是無法也。』三子曰：『人皆有母，未有無母之人；將軍奈何使人棄其母！』緒怒，命斬其母。三子曰：『潮等事母如事將軍，既殺其母，安用其子！請先母死。』將士皆為之請，乃舍之。有望氣者謂緒曰：『軍中有王者氣。』於是緒見將卒有勇略踰己及氣質魁岸者皆殺之。劉行全亦死，眾皆自危，曰：『行全親也，且軍鋒之冠，猶不免，況吾屬乎！』行至南安，王潮說其前鋒將曰：『吾屬違墳墓，捐妻子，羈旅外鄉為群盜，豈所欲哉！乃為緒所迫脅故也。今緒猜刻不仁，妄殺無辜，軍中子子者受誅且盡，子天眉若神，騎射絕倫，又為前鋒，吾竊為子危之！』前鋒將執潮手泣，問計安出。潮為之謀，伏壯士數十人於篁竹中，伺緒至，挺劍大呼躍出，就馬上擒之，反縛以徇，軍中皆呼萬歲。潮推前鋒將為主，前鋒將曰：『吾屬今日不為魚肉，皆王君力也。天以王君為主，誰敢先之！』相推讓數四，卒奉潮為將軍。……潮引兵將還光州，約其屬，所過秋毫無犯。行及沙縣，

泉州人張延魯等以刺史廖彥若貪暴，帥耆老奉牛酒遮道，請潮留為州將，潮乃引兵圍泉州。

（光啟二年，八月）王潮拔泉州，殺廖彥若。潮聞福建觀察陳岩威名，不敢犯福州境，遣使降之，岩表潮為泉州刺史。潮沉勇有智略，既得泉州，招懷離散，均賦繕兵，吏民悅服。幽王緒於別館，緒慚，自殺。」

《新五代史》卷八六《閩世家·王審知》記：「景福元年（892年）岩卒，其婿范暉自稱留後。潮遣審知攻暉，……審知乃親督士卒攻破之，暉見殺。唐即以潮為福建觀察使，潮以審知為副使。……乾寧四年（897年），潮卒，審知代立。唐以福州為威武軍，拜審知節度使，累遷同中書門下平章事，封琅琊王。唐亡，梁太祖加拜審知中書令，封閩王。」

王潮、王審知入閩事是史書明確記載光州固始人集體遷閩的唯一一例。[1]

史書記載，從西晉永嘉之亂起，中原百姓南渡除了唐末外，還有兩個高峰期：一是西晉永嘉之亂後，一是兩宋之際。

史書關於這兩次中原人士的大規模的南遷，有許多記載，但都沒有提到光州固始人如何向福建遷移。但晚出的閩人族譜中，聲稱來自光州固始的卻比比皆是。以至於有「今閩人皆光州固始人」之說。

漢至宋，黃淮以北共有數十個州郡，數百個縣。戰亂時，北方百姓為避戰火大量南遷。以理揆之，百姓的南遷當依情勢的變化（戰爭的進程，生產生活環境的變化），先由黃淮以北，遷至淮南，再從淮南遷到江南，有的則遷至閩、廣。全國各地南遷的移民通常會雜處於南方各地。一個地區的前後幾次移民悉來自北方某一縣的情況為史籍所未見。

對於閩人族譜鹹稱來自光州固始的奇異現象，宋代閩人學者做過許多研究。最早提出質疑的可能是南宋史學家，莆田人鄭樵。方大琮《鐵庵集》卷三二《題跋·跋敘長官遷莆事始》就說：「曩見鄉人凡諸姓志墓者，僉曰自光州固始來，則從王氏入閩似矣。又見舊姓在王氏之前者，亦曰來自固始。詰其說，則曰固始之來有二：唐光啟（885-888）中，王審知兄弟自固始，諸同姓入閩，此光啟之固始也；前此晉永嘉（307-313）亂，林、王、陳、鄭、丘、

黃、胡、何八姓入閩，亦自固始，此永嘉之固始也。非獨莆也，凡閩人之說亦然。且閩之有長材秀民，舊矣。借曰衣冠避地遠來，豈必一處，而必曰固始哉！況永嘉距光啟相望五百四十餘年，而來自固始，前後吻合，心竊疑之。及觀鄭夾漈先生集[2]，謂王緒舉光、壽二州以附秦宗權，王潮兄弟以固始之眾從之，後緒拔二州之眾南走入閩，王審知因其眾以定閩中，以桑梓故獨優固始人，故閩人至今言氏族者皆云固始，以當審知之時尚固始人，其實非也。然後疑始釋，知凡閩人所以牽合固始之由。」

隨後，南宋大藏書家，吳興人陳振孫也力證閩人皆稱光州固始之妄。陳振孫在為《閩中記》作目錄提要時就說：「《閩中記》十卷，唐林諝撰。本朝慶曆中有林世程者重修，其兄世矩作序。諝，郡人，養高不仕，當大中時。世程，亦郡人也。其言永嘉之亂，中原仁族林、黃、陳、鄭四姓先入閩，可以證閩人皆稱光州固始之妄。」[3] 在為《古靈集》作目錄提要時又說：「《古靈集》二十五卷，樞密直學士長樂陳襄述古撰。襄在經筵薦司馬光而下三十三人，皆顯於時。紹興詔旨，布之天下。集序李忠定綱作也。年譜載其世系，出陳夷行之弟夷實，自光州固始從王緒入閩，家於福州。考之唐世系表，有不合者。嘗怪閩之士族推本家世，輒言出自固始。光在唐為下州，固始又其一縣，當時不聞顯人，安得衣冠望族如許。就令有之，王緒以壽春屠者為盜，王潮從之為部曲，轉鬥萬里而後入閩，士大夫何緣隨逐不置？蓋嘗思之。王氏初建，國人不自保。謾言鄉人，幸其不殺。後世子孫承襲其說，世禩綿邈，並與其初而忘之爾。若陳氏尤不應云然。當永嘉之亂，林、黃、陳、鄭四姓先入閩。林諝為《閩中記》明著之矣。尚得以一時脫死賊手之說守之而不變乎？！」[4]

鄭樵、方大琮、陳振孫等論閩人皆稱光州固始之妄，言之成理，持之有故，所以後人多所引用，視為定論。如元人馬端臨《文獻通考》卷二○五《經籍考》就說：「《閩中記》十卷。陳氏曰：唐林諝撰，本朝慶曆中有林世程者重修，其兄世矩作序。諝，郡人，養高不仕，當大中時。世程亦郡人也。其言永嘉之亂，中原仁族林、黃、陳、鄭四姓先入閩，可以證閩人皆稱光州固始之妄。」

又如（清）陳壽祺《左海文集》卷六《家譜序》亦言：「唐林諝《閩中記》言：永嘉之亂，林、黃、陳、鄭四姓先入閩。陳振孫《直齋書錄解題》以是證閩人皆稱光州固始之妄。吾鄉修譜系者蓋未之知也。雖然，忘遠而誣其祖，偵也。[5] 苟遠者不可得詳，則近而已矣。吾族世寒畯，其始來福州，以長子孫者由我高祖文侯君，故譜當斷自是始。」

又如陳汝咸編修的康熙《漳浦縣誌》卷一九《雜誌·叢譚》亦採鄭樵之說，力陳「閩人皆稱光州固始之妄」。

但今人亦有對鄭樵所論不以為然者。戴吉強主編的固始歷史文化叢書之一《固始移民資料簡編》[6] 就提出：「固始一縣，士民流向閩地如此突出，古今也有人提出過疑問，也有人解釋說是因為閩王『王審知固始人貴固始』而造成的冒認，但從歷史事件、地方史志資料和豫閩台三省諸多姓氏族譜資料來看，不以為然。閩台眾多族譜記載先祖於晉末、唐初、唐末、兩宋之季，自光州固始入閩，並且有名諱，有世系，有些還記有出自固始的具體地名，有的族譜甚至還記載從閩地又回遷固始，多少世代還有往來。如此詳實的記載，不能說都是附會，而是客觀歷史事實的反映。」

戴吉強等先生除強調閩台族譜的「詳實」記載外，還提出：「漢武帝遷徙閩越之民處居江淮之間，為後來中原姓氏入居閩地，溝通了聯繫」，「客觀上把相距二三千里的閩南之地與江淮間的廬江之地聯繫了起來，為南北人口事例融合，為中原士族徙居閩地創造了先導條件」[7]。

我以為戴吉強等先生的上述論據都不合歷史真實，礙難成立。先說漢武帝遷閩越（今福建福州、建安一帶）、東越（今浙江溫州與今閩北帶）民至江淮間事。秦漢時期，還沒有福建這一概念。今福建大部分地區尚未開發，社會經濟還很落後，司馬遷說「江南卑濕，丈夫早夭」，「楚越之地，地廣人希，飯稻羹魚，或火耕而水耨，果隋蠃蛤，不待賈而足，地埶饒食，無饑饉之患，以故呰窳偷生，無積聚而多貧」[8]，就包括今福建地區。從居民的族屬關係上看，今福建一帶多為閩越族，亦即屬於百越「蠻」範圍，文化水準遠遠不及中原地區。

一、宋人對「今閩人皆稱固始人」現象的評析

秦始皇統一中國後，在今福建建安、福州一帶設閩中郡（治東冶，今屬福州市）。其相鄰的郡為會稽郡（治吳縣，今屬江蘇蘇州市）、鄣郡（治鄣縣，今浙江安吉西北）、廬江郡（治番陽，今江西鄱陽東北）、南海郡（治番禺，今屬廣東廣州市）。秦末楚漢相爭時期，越王句踐後裔無諸和搖佐漢。漢初便封無諸為閩越王，都東冶，封搖為東海王，都東甌（今浙江溫州一帶）。漢武帝將閩越與東越的越族百姓遷至江淮一帶後，其地遂空，不單設郡縣，而隸屬於會稽郡。至西晉時才設建安郡與晉安郡。從漢武帝遷閩越、東越百姓至江淮間到西晉永嘉之亂，相隔400多年，大約經歷了十代人。[9] 此時，江淮一帶與閩越、東越故地，都發生了很大變化。北遷的少數民族越人，經過長期的民族融合，應該也都已融入當地社會。沒有證據表明，北遷越人的後裔與其故地還長期保持聯繫。也沒有證據表明，永嘉之亂後，北方民眾的南遷，本身就是，或者說本身就包含有漢武時北遷少數民族諸越「蠻」後裔的有意識回歸。

再說，漢武帝將閩越與東越的越族百姓遷至江淮一帶時，遷出地至少包括今福建與浙南兩地，遷入地則至少包括江淮一帶幾十乃至上百個縣。如果說，「漢武帝遷徙閩越之民處居江淮之間，為後來中原姓氏入居閩地，溝通了聯繫」，那麼，與今福建、浙南地區溝通聯繫的，就不僅是固始一縣，而是江淮一帶幾十乃至上百個縣。既然如此，北方戰亂時期，江淮百姓「定向」遷往今福建、浙南的，也就不獨是固始一縣，而是江淮一帶幾十乃至上百個縣。

實際上，永嘉之亂後，北方民眾的南遷是一波一波地逐步向南推進，並不是什麼「定向遷徙」。《晉書》卷一五《地理志·徐州》即記：「永嘉之亂，臨淮、淮陵並淪沒石氏。元帝渡江之後，徐州所得唯半，乃僑置淮陽、陽平、濟陰、北濟陰四郡。又琅邪國人隨帝過江者，遂置懷德縣及琅邪郡以統之。是時，幽、冀、青、并、兗五州及徐州之淮北流人相帥過江淮，帝並僑立郡縣以司牧之。割吳郡之海虞北境，立郯、朐、利城、祝其、厚丘、西隰、襄賁七縣，寄居曲阿，以江乘置南東海、南琅邪、南東平、南蘭陵等郡，分武進立臨淮、淮陵、南彭城等郡，屬南徐州，又置頓丘郡屬北徐州。明帝又立南沛、南清河、南下邳、南東莞、南平昌、南濟陰、南濮陽、南太平、南泰山、

應該重視宋人對閩人皆稱固始人的評析——兼論陳政、陳元光自粵入閩說

南濟陽、南魯等郡以屬徐、兗二州,初或居江南,或居江北,或以兗州領州。郗鑒都督青兗二州諸軍事、兗州刺史,加領徐州刺史,鎮廣陵。」

《晉書》卷一四《地理志·豫州》亦記:「永嘉之亂,豫州淪沒石氏。元帝渡江,以春穀縣僑立襄城郡及繁昌縣。成帝乃僑立豫州於江淮之間,居蕪湖。時淮南入北,乃分丹陽僑立淮南郡,居於湖。又以舊當塗縣流人渡江,僑立為縣,並淮南、廬江、安豐並屬豫州。寧康元年,移鎮姑孰。孝武改蘄春縣為蘄陽縣,因新蔡縣人於漢九江王黥布舊城置南新蔡郡,屬南豫州。又於漢廬江郡之南部置晉熙郡。」

時固始縣即屬豫州的汝陰郡。時汝陰郡「統縣八,戶八千五百」。固始前身的期思縣,屬弋陽郡,「統縣七,戶一萬六千七百」。[10] 固始、期思南遷的民眾,多數應被安置於南豫州。後來,安置在南豫州的一些人又輾轉遷至閩、廣等地。因為永嘉之後時,固始等地的人口不多,南遷人口的總數不大,東晉南朝時,南遷的民眾絕大多數又被「土斷」為沿江各郡縣的編戶齊民,所以進一步南遷入閩、廣等地的比例應該很小。而遷入閩、廣者,自然是包括黃淮以北許多郡縣的移民,而不獨汝陰固始之地。

王緒、王潮、王審知等入閩的情況也是如此。過去常說唐末光啟年間,王潮、王審邽、王審知三兄弟率光州固始人入閩,從上引《資治通鑒》記載可知,這種說法並不準確。實際上,率眾入閩的領導者是壽州人王緒與其妹夫劉行全。王潮只是王緒的一個僚屬,並無決策權。王緒於中和元年(881年)佔領壽州、光州,在那裡待了三年多。至光啟元年(885年)正月,為躲避勢力強大的秦宗權的威逼,才率部南行。王緒率部南行,自始至終並無「定向徙居」福建的目標,而只是想找一個地方立足。所以,他一路打江州、打洪州、打虔州、打汀州、打漳州,只是因為江州、洪州、虔州等地,他「皆不能守」,才未停留下來。王潮取代王緒後,甚至還準備折回光州。實際上他也已經從漳州返回,走到沙縣。只是因為泉州人張延魯等的挽留,他才又從沙縣南下圍泉州,後來才先後佔領泉州、福州,才得以在今福建建立「閩」國政權。從王緒率部入閩,到王審知稱「閩王」,我們始終看不出與漢武時期的遷閩越、東越民於江淮間有什麼關係。

一、宋人對「今閩人皆稱固始人」現象的評析

　　據《新唐書》卷四一《地理志》記載：唐末光州領五縣：定城（州治，上縣）、光山（上縣）、仙居（上縣）、殷城（上縣）、固始（上縣）。壽州亦領五縣：壽春（州治，上縣）、安豐（緊縣）、霍山（緊縣）、盛唐（上縣）、霍丘（上縣）。光州和壽州的戶口數大致相等。因為當時率眾南行的主導者是壽州人王緒及其妹夫劉行全，因而隨王緒南遷者中，壽州人可能多於光州人。[11]而固始又只是光州五縣之一，而光州的州治又不在固始，而是在定城。以此概算，王緒「悉舉光、壽兵五千人，驅吏民渡江」時，光州固始人大致只有其中的十分之一上下。反過來說也就是，唐末隨王緒、王潮、王審知入閩者中，十之八九不是光州固始人。僅此一端亦可見「閩人皆稱光州固始之妄」，而鄭樵、方大綜、陳振孫等所言不虛。

　　戴吉強等先生對鄭樵等所論「不以為然」，還有一個重要理由，這就是「唐閩縣人林諝撰《閩中記》記載：『永嘉之亂，中原士族林、黃、陳、鄭四姓先入閩，今閩人皆稱固始人。』……由此可見，『今閩人皆稱固始人』，唐中後期已然，而非宋人鄭樵言因閩王『王審知固始人貴固始』之由。①」

　　戴吉強等先生這一理由初看似乎對他極為有利。但一經核實資料之後，就反倒變成對他極為不利的資料。《閩中記》，唐大中年間（847-859）閩縣人林諝撰，宋慶歷年間（西元1004-1048年）林世程重修。唐宋以後，學者多所引用。至清朝，《閩中記》已散失。但從歷代學者的引用中，我們仍可窺其大概。

　　戴吉強等先生所引的《閩中記》，出自明嘉靖年間張梯、葛臣等修纂的《固始縣誌》卷七《人物志·隱逸附》。原文如下：「附：陳鈖、宋諫臨貢不應；張綸、賈璜、吳淮、許遂、程賢、朱泰、鄧文，冠帶歸隱。皆忘情進取，耽志《騷》、《選》。臣曰：固始衣冠南渡，大較有三。按《閩中記》：『永嘉之亂，中原士族林、黃、陳、鄭四姓先入閩。』今閩人皆稱固始人，一也。觀福清唐尚書右丞林贄、御史中丞陳崇可見。又，王潮之亂，十八姓入閩，二也。觀方、胡、龔、徐、顧、丘、白可見。又靖康南渡，衣冠文物蕩然一空，三也。觀王荊公誌王深甫自固始遷侯官，朱文公誌黃端明祖膺自固始，邵武

應該重視宋人對閩人皆稱固始人的評析——兼論陳政、陳元光自粵入閩說

張翠屏序本固始人南渡徙閩可見。噫嘻！今雖去國何啻三世。其水木本源之思，當有如周之濂溪，朱之新安，胡、呂之安定、東萊者矣。」

可見，林諝《閩中記》只是講「永嘉之亂，中原士族林、黃、陳、鄭四姓先入閩」，並未說先期入閩的林、黃、陳、鄭四姓來自光州固始。而「今閩人皆稱固始人」一語，明顯是《嘉靖固始縣誌》作者張梯、葛臣的意見，與《閩中記》無關。引者砍頭（隱去「臣曰：固始衣冠南渡，大較有三」一語）、去尾（隱去「一也」、「二也」、「三也」等語），斷章取義，便將《嘉靖固始縣誌》作者張梯、葛臣的話「今閩人皆稱固始人」改造成《閩中記》的話；使原本極不利於「今閩人皆稱固始人」說的《閩中記》和《嘉靖固始縣誌》，變成了「今閩人皆稱固始人」的有力佐證。

歷史是一門實證的科學，地方史亦然。既然是一門科學，就要嚴格遵循科學研究的學術規範，準確揭示歷史的真實情況。其所謂「實證」，就是言必有據，史學研究必需以充分的經過驗證的真實可靠的史料為依據。未經驗證的史料（如晚近新編族譜中鑿空編造的數百年乃至千餘年前的遠祖世系，與地方誌中前志並無，晚近始據晚近族譜增添的遠年內容[12]），即使是數量再多，也不可取，想當然或斷章取義，就更不可取。歷史研究的學術規範要求慎重對待各種不同的資料，不能只挑選於己有利的資料，而對不同的說法置若罔聞。

前面談過，「今閩人皆稱固始人」說的論據只是晚近的族譜與聽信晚近族譜的晚近地方誌。實際上，晚近編成的族譜，其遠祖部分率不可信。這是由晚近族譜的編撰特點所決定的。

我們知道，《世本》是中國最早的譜牒著作，記載了自黃帝至春秋時期帝王、諸侯及卿大夫的世系。司馬遷編寫《史記》，就很注重譜牒資料的搜集和研究。《世本》就成為他編寫《史記》的重要參考資料之一。

魏晉南北朝時期，世家大族崛起，在九品官人法下，門第是政府選官、任官的重要依據之一，而譜牒資料就是甄別門第的主要依據。即如劉知幾《史通》卷三《書志》所言，此類譜牒「用之於官，可以品藻士庶，施之於國，可以甄別華夷」。這就要求族譜資料完整、準確。其時的編修譜牒工作，多

一、宋人對「今閩人皆稱固始人」現象的評析

數仍由官府主持。民間私人修譜的情況也有，但要得到政府的認可[13]，要經得社會的檢驗，不是想怎麼寫就怎麼寫。所以大體上還能比較客觀。

隋唐時期，科舉制取代九品官人法，世家大族趨於沒落，私家修譜更盛。宋代以後，除皇家玉牒外，家譜、族譜等均由私家編修，政府不再過問。這使私家譜牒大為普及。現存不下兩萬種的家譜、族譜、宗譜，絕大多數是明清兩代乃至民國時期編纂的。這些譜牒資料，特別是其中的族規和各種記事（如祠田記、義田記等）對於研究明清時期的社會、經濟、文化，都有很高的參考價值。其所記載的遷到現住地前後的比較晚近的世系，一般都比較樸實，譜中人物很少是達官貴人，而多半是士農工商的普通人，因而比較真實可靠，是今人尋根問祖的不可多得的資料。

但此類族譜也有其不實的一面，即如史學家章學誠《文史通義·外篇》所說：「譜系之法，不掌於官，則家自為書，人自為說，子孫或過譽其祖父，是非或頗謬於國史。其不肖者流，或謬托賢哲，或私鬻宗譜，以偽亂真，悠謬恍惚，不可勝言」；「今大江以南，人文稱盛，習尚或近浮華。私門譜牒，往往附會名賢，侈陳德業，其失則誣」。

晚近族譜其遠祖部分率不可信，其例不勝枚舉。這裡且從宏觀角度舉兩例：其一，如前所述，唐末隨王緒等入閩的壽州、光州人中，來自光州固始的充其量不過十之一二。但晚近族譜中言唐末入閩者幾乎全都說來自光州固始，極少自稱來自壽州各縣或光州定城、光山、仙居、殷城諸縣。僅此一端即可見唐末自光州、壽州入閩者的族譜中，其遠祖部分十之八九有作偽嫌疑。[14] 其二，北方戰亂時期，為避兵災而避入福建者，從數量上講應以普通百姓佔多數[15]，達官貴人佔少數。但縱觀其時從中原地區入閩者的族譜，其遠祖部分（包括入閩始遷祖），基本上都是仁宦為官吏，似未見寫明其遠祖（包括入閩始遷祖）是農、工、商者。由此亦可概算其遠祖（包括入閩始遷祖）部分，率多作偽。

因為晚近族譜其遠祖部分率不可信，所以我們研究地方史志時，就必需下大力氣對家譜、族譜資料的真偽，加以甄別。史學家劉知幾就說過：「夫郡國之記，譜牒之書，務欲矜其州裡，誇其氏族。讀之者安可不練其得失，

明其真偽者乎？至如江東『五俊』，始自《會稽典錄》，郡國記也。潁川『八龍』，出於《荀氏家傳》，譜牒書也。而修晉、漢史者，皆征彼虛譽，定為實錄。苟不別加研核，何以詳其是非？」

甄別的方法其實也很簡單，只要比對相關資料即可。因為私譜的遠祖部分多「謬托賢哲」，而賢哲們又多見載於史籍，只要認真核對，就不難辨出真偽。今人所說的光州固始人曾數次「定向徙居閩地」，雖然引用了「眾多」的晚近族譜，但多數並未對之進行必要的考證、辨析，顯然不合歷史研究的學術規範。

二、史籍與地方誌關於陳元光籍貫的幾種說法

陳元光是唐初今粵閩交界地區的重要歷史人物，他曾平定該地區的「蠻獠」動亂，對於漳州的設置與開發有重大貢獻。關於陳元光的籍貫，地方史志有不同的記載，極需加以辨析。

唐人著作中涉及陳元光者有兩條：一是與陳元光大體同時的張鷟的《朝野僉載》稱陳元光為「嶺南首領」；二是唐人林寶的《元和姓纂》卷三「諸郡陳氏」條載：「司農卿陳思門、左豹韜將軍陳集原、右鷹揚將軍陳元光、河中少尹兼御史中丞陳雄，河東人」。[16] 林寶的《元和姓纂》說的顯然是郡望，不能說明陳元光是否由河東到粵閩。

宋代官修《宋會要輯稿·禮二〇》曾提到陳元光神祠：「陳元光祠。在漳州漳浦縣。神宗熙（年）［寧］八年六月封忠應侯。徽宗政和三年十月賜廟額『威惠』。宣和四年三月封忠澤公。高宗建炎四年八月加封『顯佑』二宇。紹興七年正月又加『英烈』二宇。十二年八月，加封英烈忠澤顯佑康庇公。十六年七月，進封靈著王。二十三年七月，加封『順應』二宇。三十年，又加『昭烈』二宇。王父政、母吐萬氏，紹興二十年六月封父曰胙昌侯：母曰厚德夫人。王妻種氏，建炎四年八月封恭懿夫人，紹興二十年六月加封『肅雝』二宇。王子珦，紹興二十七年四月封昭貺侯。靈著順應昭烈王，孝宗乾道四年九月加封靈著順應昭烈廣濟王。考胙昌侯加封胙昌開祐侯；妣厚德夫人加封厚德流慶夫人；妻恭懿肅雝夫人加封恭懿肅雝善護夫人；子昭貺侯加

二、史籍與地方誌關於陳元光籍貫的幾種說法

封昭貺通感侯；曾孫詠封昭仁侯，謨封昭義侯，訏封昭信侯。」[17] 但未提及其籍貫。

北宋漳州人吳與《漳州圖經序》載：「謹按本州，在《禹貢》為揚州之南境。周為七閩之地，秦漢為東南二粵之地。漢武平粵，為東會稽治縣，並南海揭陽之地。晉宋以來，為晉安、義安二郡之地。皇唐垂拱二年十二月九日，左玉鈐衛翊府左郎將陳元光平潮州寇，奏置州縣。敕割福州西南地置漳州，初在漳浦水北，因水為名。尋以地多瘴癘，吏民苦之，耆壽餘恭訥等乞遷他所。開元四年，敕移就李澳州置郡，故廢綏安縣地也。自初置州，隸福州都督府；開元二十二年四月二十二日，敕割隸廣州；二十八年敕複隸福州。州本二縣：一曰漳浦，即州治也；一曰懷恩。二十九年十一月二十二日，敕以戶口逃亡廢之，併入漳浦，又割泉州龍溪縣隸本州。大曆十一年，福建觀察使皇甫政奏割汀州龍岩縣來屬，十二年五月二十七日，敕從之。天寶元年，改為漳浦郡。乾元元年，複為漳州。興元二年，刺史柳少安請徙治龍溪，福建觀察使盧惎錄奏。貞元元年十一月十六日，敕從之。遂以龍溪城為州定，管龍溪、漳浦、龍岩三縣。」[18] 吳與《漳州圖經序》雖未提及陳元光籍貫，但敘述了漳州其地與嶺南的深厚淵源，敘述了陳元光平定「潮州寇」的經歷，顯然對陳光元來自嶺南說比較有利。

南宋朱熹《晦庵集》卷八〇《漳州守臣題名記》記：「漳以下州領軍事。唐垂拱二年，用左玉鈐衛翊府左郎將陳元光奏置。領漳浦、懷恩二縣，而治漳浦。開元四年徙治李澳川，在舊治南八十里。二十九年廢懷恩入漳浦，而割泉州龍溪縣來屬。天寶元年改漳浦郡。……蓋凡漳之所以為州，其本末之可考者如此。其守將則陳公，歿而為神。今以王封、廟食後乃或見或否，以至於劉侯而後始有紀焉。」亦未提及陳元光籍貫。因為古人為文，常提及所述之人的籍貫[19]（本地人則省略），其未敘陳元光籍貫，似乎也表示陳元光是本地人，而不是來自千里之外的光州固始。

以上說明，唐宋時期尚未出現陳元光來自光州固始說。

到了明朝。明天順五年（1461年）修成《明一統志》，其卷八〇《潮州府》仍未及陳政、陳元光事。

應該重視宋人對閩人皆稱固始人的評析——兼論陳政、陳元光自粵入閩說

《明一統志》卷七八《漳州府》，其《名宦》部分提到「唐陳元光以鷹揚衛將軍隨父政戍閩，父死代為將。永隆初擊降潮州盜，請創置漳州，就命元光鎮撫。久之，以討賊戰歿，因廟食於漳。」亦未及其籍貫。只是在《陵墓》部分提到「陳政墓在南靖縣南新安裡。唐諸衛將軍陳政領兵戍閩。卒，葬於此。政，光州人，元光父也，俗名將軍墓」。

時光州固始屬汝寧府。《明一統志》卷三一《汝寧府》各部分（包括《名宦》、《流寓》、《人物》、《祠廟》、《陵墓》等）皆未及陳政、陳元光。值得注意的是，《明一統志·汝寧府》其《人物》部分，有唐五代的周光元、袁滋、周墀、劉仁安、王潮、王延嗣等，而無陳政、陳元光。說明天順五年（1461年）以前雖已出現陳政、陳元光州說，但尚未為光州史志所採用。

弘治（1488-1505）年間的《八閩通志》卷一《地理志·漳州府》載「唐嗣聖三年廣寇陳謙等連結諸蠻攻潮州。左玉鈐衛翊府左郎將陳元光討平之，請置一州於泉潮之間以抗嶺表，遂析福州西南境置漳州。」此外還多次提到陳元光，但亦皆未言其籍貫。

嘉靖《潮州府志》卷五《官師志》「唐州刺史」條載：「常懷德，高宗儀鳳間刺潮，誅崖山賊，以禮義教民，民皆化之。」雖未及陳政、陳元光事，但隆慶（1567-1572）《潮陽縣誌》卷一《建置沿革紀》引潮州舊志則記：「按潮州舊志載：唐儀鳳間崖山賊陷潮陽，命閩帥陳元光討之。元光刊木通道，大小百餘戰，俘馘萬計，嶺表以平，後潮人以其有功於潮，立廟於州城，名曰威惠，今廢。」隆慶《潮陽縣誌》稱引的潮州舊志雖未提到陳元光籍貫，但既稱陳元光為「閩帥」，似乎表明他不是從北方萬里提兵入閩的。

福建方面至明崇禎（1628-1644）初刊印的何喬遠（1557-1633）《閩書》卷四〇《君長志》，才明確說陳政、陳元光來自光州固始。《閩書》卷四〇《君長志》記載：「陳元光，字廷炬，固始人。祖克耕，從唐太宗攻克臨汾等郡。父政，以從征功，拜玉鈐衛翊府左郎將、歸德將軍。總章二年（669年），泉潮間蠻獠嘯亂，居民苦之，僉乞鎮帥，以靖邊方。高宗敕政統嶺南行軍總管事，出鎮綏安故地。……儀鳳二年（677年）卒。元光通儒術，習韜鈐，年十三則已領鄉薦第一。及代領父眾，會廣寇陳謙連結諸蠻苗自成、雷萬興

二、史籍與地方誌關於陳元光籍貫的幾種說法

年攻陷潮陽，守帥不能制，元光以輕騎討平之。」何喬遠所述與《潁川陳氏開漳族譜》大體相同，可見，何喬遠的陳元光來自光州固始說本於《潁川陳氏開漳族譜》。

但現存最早的固始縣誌——嘉靖《固始縣誌》以及後來的清乾隆《重修固始縣誌》卻仍只字未提陳元光及其先人。尤其值得關注的是，嘉靖《固始縣誌》卷七《人物志·隱逸附》記：「固始衣冠南渡，大較有三。按《閩中記》：『永嘉之亂，中原士族林、黃、陳、鄭四姓先入閩。』今閩人皆稱固始人，一也。……又，王潮之亂，十八姓入閩，二也。……又靖康南渡，衣冠文物蕩然一空，三也。」更是明確地將陳政、陳元光排除在自光州固始入閩者行列之外。這說明明代後期，福建地方史志《閩書》雖已率先大幅採用《潁川陳氏開漳族譜》說，認定陳政、陳元光從光州固始提兵入閩。但此說並未為粵、豫方志（包括《固始縣誌》）所接受。

到了清朝，陳元光來自光州固始說更加盛行，且為閩、豫方志所廣泛引用。但廣東方面仍堅持廣東揭陽說，如清雍正九年（1731年）修成的《廣東通志》卷四四《人物志·忠烈》載：「陳元光，先世家潁川。祖洪，丞義安，因留居為揭陽人。父政，以武功隸廣州揚威府」，明確提出陳政、陳元光為揭陽人。清乾隆廿七年周碩勳《潮州府志》卷廿九《人物·武功》亦記：「陳元光，揭陽人，父政，以武功隸廣州揚威府」。

有趣的是，清乾隆年間（1736-1795）編成的《清一統志》兼取互相矛盾的廣東揭陽說與光州固始說。《大清一統志》卷一七六《光州》載：「陳元光，字廷炬，光州人，博覽經書。總章間，從其父政領將卒五十八姓以戍閩，政卒，元光代領其眾」。《大清一統志》卷三二九《漳州府·名宦》亦載「唐陳元光，固始人，總章二年隨父政領軍入閩，父卒，代領其眾」。而《大清一統志》卷三四四《潮州府》則明確載：「唐陳元光，廣揭陽人。儀鳳中隨父征戍閩中，父死，代為將」。同一本書，同時採用兩種截然相反的說法，十分耐人尋味。

如前所述，陳政、陳元光自光州固始入閩說來源自陳氏族譜。《潁川陳氏開漳族譜》說陳元光之父「世居河南光州固始縣之浮光山」。《潁川陳氏

中原與閩台淵源關係研究三十年（1981～2011）（修訂版）

應該重視宋人對閩人皆稱固始人的評析——兼論陳政、陳元光自粵入閩說

開漳族譜》所錄的《潁川陳氏世系》開列了陳政近五世先人：陳顯遜（字延謙，又字延思，仁梁州刺史）→陳慶之（為武威將軍）→陳霸漢（字興家，號太宗，封汝甯）→陳果仁（諱欲得，字育，隋任大司徒，封忠烈王）→陳克耕（克荊，唐開國元勳，封濟美嘉慶侯）→陳政。現在我們就據此考證一下，陳政、陳元光的近幾世祖是否為光州固始人。

陳顯遜，史書無傳。陳慶之，《梁史》有傳。《梁書》卷三二《陳慶之傳》載：「陳慶之，字子雲，義興國山人也。幼而隨從高祖。……普通中，魏徐州刺史元法僧於彭城求入內附，以慶之為武威將軍」。可見，陳慶之絕非光州固始人，而是義興人。《梁書·陳慶之傳》未言陳慶之父祖為誰，可見其先世不顯。[20]《梁書·陳慶之傳》既未言陳慶之其父為陳顯遜，更未言其有子陳霸漢，而《潁川陳氏開漳族譜》卻說陳慶之上承陳顯遜，下傳陳霸漢[21]。

陳霸漢，正史無傳。然據禎祥本《潁川陳氏開漳族譜》，陳霸漢與南朝陳開國皇帝陳霸先同高祖。[22]《陳書》卷一《高祖紀》載：「高祖武皇帝諱霸先，字興國，小字法生，吳興長城下若裡人，漢太丘長陳寔之後也，世居潁川。寔玄孫准，晉太尉。准生匡，匡生達，永嘉南遷，為丞相掾，歷太子洗馬，出為長城令，悅其山水，遂家焉。……達生康，複為丞相掾，咸和中土斷，故為長城人。康生盱眙太守英，英生尚書郎公弼，公弼生步兵校尉鼎，鼎生散騎侍郎高，高生懷安令詠，詠生安成太守猛，猛生太常卿道巨，道巨生皇考文贊」。據此可見，陳霸先的高祖為陳詠。至陳詠，陳氏已六世定居於吳興長城縣。如果有陳霸漢其人，這就意味著陳霸漢自其九世祖以來就是吳興長城人，與光州固姓毫無瓜葛。如果陳霸漢果為陳顯遜之子，那麼陳顯遜也只能是吳興長城人，而非光州固始人。

陳果仁，《潁川陳氏開漳族譜》說他是隋大司徒，封忠烈王。[23] 司徒為三公之一，品位顯赫。如果陳果仁確為隋司徒，《隋書》定無不載之理。但遍查《隋書》卻完全不見陳果仁的蹤跡。《舊唐書》卷五六《沈法興傳》載：「沈法興，湖州武康人也。……隋大業末為吳興郡守。東郡賊帥樓世幹舉兵圍郡城，煬帝令法興與太僕丞元祐討之。俄而宇文化及弒煬帝於江都，法興自以代居南土，宗族數千家，為遠近所服，乃與祐部將孫士漢、陳果仁執祐

二、史籍與地方誌關於陳元光籍貫的幾種說法

於坐,號令遠近,以誅化及為名。……於是據有江表十餘郡,自署南道總管。複聞越王侗立,乃上表於侗,自稱大司馬、錄尚書事、天門公。承制置百官,以陳果仁為司徒……初,法興以義寧二年起兵,至武德三年而滅」。原來,陳果仁只是隋末割據勢力沈法興的「司徒」,不是隋王朝的司徒。在隋朝,他只是太僕丞元祐的部將。所謂封忠烈王云云,顯然無稽之談。沈法興滅亡後,陳果仁不知所終。《潁川陳氏開漳族譜》編撰者「附會名賢」過於心切,一時「誤會」,找錯人,竟讓隋末割據勢力沈法興的「司徒」入了譜。

《潁川陳氏開漳族譜》說陳果仁之子傳陳政之父陳克耕(或曰克荊)[24]。如前所述,陳果仁於唐武德三年(620年)還是江淮割勢力沈法興的司徒,其子又怎麼可能在此之前的隋大業十三年(617年)參加李淵的太原起兵,並成為開國元勳?查兩《唐書》,唐開國元勳中也絕無陳克耕或陳克荊者。由此可見,《潁川陳氏開漳族譜》與《閩書》說陳政「從父克耕攻克臨汾等郡」等等,也是子虛烏有之事,沒有絲毫的可信度。除此之外,《潁川陳氏開漳族譜》所附的所謂陳元光《龍湖集》(在康熙陳汝箴《漳浦縣誌》稱為《玉鈐集》)等等,作偽之跡也都很明顯。[25]

要言之,《潁川陳氏開漳族譜》開列的陳政、陳元光的近五世先祖,其「附會名賢,侈陳德業」之跡歷歷在目,有力地印證了史學家章學誠所說:「譜系之法,不掌於官,則家自為書,人自為說,子孫或過譽其祖父,是非或頗謬於國史。其不肖者流,或謬托賢哲,或私鬻宗譜,以偽亂真,悠謬恍惚,不可勝言。」

既然《潁川陳氏開漳族譜》開列的陳政、陳元光的近五世先祖,無一人可確證是光州固始人,又有什麼根據說陳政、陳元光必是光州固始人?既不能確定陳政、陳元光是光州固始人,又怎麼能說陳政、陳元光是從光州固始提兵入閩的?再者,無論說隨陳政、陳元光自光州固始舉家入閩,且長期戍守於閩、定居於閩的是府兵,還是募兵,都不符合唐代兵制。唐代府兵只是後備兵,除定期輪番宿衛(或征行)外,都不離本鄉。而且,唐代府兵制的制度是別將以上軍官,例不由本地人擔任。也就是說,如果陳政、陳元光是光州固始人,那麼他所帶的府兵就不可能是本地府兵(實際上唐代光州亦並

303

無府兵軍府），反之，如果陳政、陳元光率領的是光州固始府兵，那麼，陳政、陳元光就絕不是光州固始人。無論哪一種情況，都會使陳政、陳元光率光州府兵入閩說陷於不能自圓其說的困境。或即因此，今人又改府兵說為募兵說。募兵牽涉到更改戶籍與免賦役問題，也只能由地方長官出面招募，而不可能由軍事將領到本人戶籍所在地集中招募。而且唐前期的募兵，也是不隨帶家屬的。[26] 從行軍路線上看，總章二年的「蠻獠嘯亂」既然發生在龍溪以南的沿海地帶，唐中央政府如果要派兵平叛，按理說也應該走便捷的水路[27]，而不會長途跋涉，翻山越嶺，穿越「蠻獠嘯亂」地區到九龍江南佈防，然後再依託潮州往北打。這種捨近求遠戰術，為歷史所未見，極不合情理。總之，陳政、陳元光自光州固始萬里提兵說，除破綻百出的晚近族譜與受其影響的晚近地方誌外，並無任何實據。

反之，說陳政、陳元光是嶺南首領，不僅傳世文獻有跡可尋，也很符合當時泉潮間的時空特點。陳元光其人、其事，與泉潮間的「蠻獠」嘯亂，唐代史書皆不載，說明陳政、陳元光平定粵閩交界處「蠻獠」嘯亂事件只是地方性事件，並未牽動朝廷。既然其時「蠻獠」嘯亂事變只是發生於潮州或靠近潮州的地方，而潮州所屬的廣州都督府又有較強的常備軍[28]，由廣州都督府或其下屬的潮州或派兵平叛，可謂順理成章。[29] 如前所引，廣東方面的方志實際上也一直都這麼說。陳政、陳元光自粵入閩說與早期《固始縣誌》——嘉靖《固始縣誌》只字不提陳政、陳元光，且明確將陳政、陳元光在泉潮交界處作戰事排除在光州固始人「三次」入閩之外，也十分契合。應該說，陳政、陳元光自粵入閩說，「言之成理，持之有故」。

《潁川陳氏開漳族譜》與清朝的一些《光州志》或《固始縣誌》屢屢提到陳政、陳元光曾被授歸化將軍、嶺南行軍總管，又說陳元光子孫世襲漳州刺史，這一切如果屬實，似乎也都無意中印證了陳政、陳元光是嶺南首領這一事實。因為在唐代，歸化將軍這一類銜頭，無論是作為虛銜，還是實職，都只授給少數民族酋長。世襲刺史，也只有少數民族酋長才有可能。

結語

　　唐末，包括光州固始人在內的一批壽州人、光州人，隨王緒、王潮、王審知等入閩，這是光州固始人批量入閩的唯一一次，但其影響卻很深遠。後來因為王審知做了閩王，掀開了福建開發史新的一頁。王審知其人，在福建又政績可嘉，所以頗受閩人尊重。因此，許多從中原入閩者的後裔都自稱是來自光州固始。光州固始因此成為閩人稱羨的中原先進文化的代表。這一特殊的文化心理現象，很值得研究。

文獻來源：2011年固始與閩台淵源關係學術研討會論文，2011年11月。

作者簡介：楊際平，廈門大學歷史系教授。

注　釋

[1]. 除《資治通鑒》、《新五代史》外，《新唐書》、《舊唐書》、《舊五代史》對王潮、王審知入閩事，也都有記載。

[2]. 鄭樵（1104-1162），宇漁仲，南宋興化軍莆田（福建莆田）人，世稱夾漈先生。

[3]. 陳振孫《直齋書錄解題》卷八。

[4]. 陳振孫《直齋書錄解題》卷一七。

[5]. 傎（diān）：顛倒錯亂。

[6]. 《固始移民資料簡編》，河南人民出版社2010年出版。

[7]. 《固始移民資料簡編》，第52頁。

[8]. 《史記》卷一二九《貨殖列傳》。

[9]. 從漢武帝遷閩越、東粵百姓至江淮間，至唐末，更相隔千年，經歷二三十代人。

[10]. 《晉書》卷一四《地理志·豫州》。

[11]. 《新唐書》卷九《僖宗紀》載：中和元年（881年）「霍丘鎮使王緒陷壽、光二州」。說明王緒曾擔任過霍丘鎮使，其所統率的部屬可能以霍丘鎮兵居多。而霍丘乃是壽州的一個屬縣。

[12]. 地方誌的編纂原則是詳今略古。新修地方誌一般都是在舊志基礎上，刪去已經過時的內容（如前朝的土田、賦役等），增補舊志以來的新內容（如土田、賦稅、科第、名宦等等）。對於遠年的各種記事，除非有新出土的遺址、遺物（如碑刻等）等實證資料，都是一仍其舊，或加以簡化。

[13]. 其時私人修譜，都是專門從事譜牒著作與研究的學者。他們寫的多不是本姓、本家的族譜，而是他姓、他家的族譜，也就是說是面向社會的。這與後世的「家自為書，人自為說」大不相同。

[14]. 這還不包括本非隨王緒入閩，而詐稱隨王審知兄弟入閩者。

[15]. 《新五代史》卷六八《閩世家·王審知》載，王審知父輩「世為農」，亦即普通百姓。其兄潮為縣史，也只是縣小吏。

[16]. 《全唐文》所收的陳元光《請建州縣表》、《漳州刺史謝表》等都明顯是偽作，故皆不計。參見謝重光《〈全唐文〉所收陳元光表文兩篇系偽作考》，《中華文史論叢》2008年第3輯。

[17]. 《宋會要輯稿·禮二〇》之835。

[18]. 《全唐文》卷五一三。《全唐文》吳與小傳稱吳與為唐貞元中人，誤。淳熙《三山志》卷八《公廨》提到「皇朝政和二年知懷安縣吳與」，因知吳與為北宋時人。

[19]. 如朱熹同書同卷的《德安府應城縣上蔡謝先生祠記》就談到：「應城縣學上蔡謝公先生之祠，今縣令建安劉炳之所為也」；《邵武軍光澤縣社倉記》談到：「光澤縣社倉者，縣大夫毗陵張侯欣之所為也。」《常州宜興縣學記》談到：「紹熙五年十二月宜興縣新修學成。明年，知縣事承議郎括蒼高君商老以書來請記。」

[20]. 禎祥本《潁川陳氏開漳族譜》稱陳慶之之父為顯遜，山美本《潁川陳氏開漳族譜》稱陳慶之之父為陳景文，顯然都是附會。

[21]. 《潁川陳氏開漳族譜》說陳慶之「為武威將軍，生二子：長昕，次宣」。加上陳霸漢，實際上是生三子。

[22]. 《潁川陳氏開漳族譜》所錄《唐開漳龍湖公宗譜總序》稱：「霸漢，即陳武皇帝霸先之從弟也。為大宗正，封公，加九錫不受。」

[23]. 《潁川陳氏開漳族譜》所錄《唐開漳龍湖公宗譜總序》則另有一說：「祖諱欲得，為守嘉興，請躅逋負，泣諫煬帝不從以死，州人立廟號謂隋司徒。」

[24]. 《潁川陳氏開漳族譜》所錄《唐開漳龍湖公宗譜總序》稱「考諱犢，見隋室之，倡義平紛，率所部詣神堯，有扈蹕功，特賜錦旗，繡宇為『開國元勳』。」

[25]. 參見謝重光《〈龍湖集〉的真偽與陳元光的家世和生平》，《福建論壇》1989年第5期；楊際平《陳政、陳元光史事考辨》，載《陳元光國際學術討論會論文集》，廈門大學出版社，1993年；楊際平《也談〈龍湖集〉真偽》，《福建學刊》1992年第1期；楊際平《從〈潁川陳氏開漳族譜〉看陳元光的籍貫家世——兼談如何利用族譜研究地方史》，《福建史志》1995年第1期。

[26]. 如果隨帶家屬，又會牽涉戶籍遷移、家屬給養等一系列問題，這些問題都不是領兵將所能解決的。

[27]. 元鼎五年（西元前 112 年），漢武帝遣樓船將軍楊僕、伏波將軍路博多破南越呂嘉於番禺，元鼎六年遣橫海將軍韓說、樓船將軍楊僕等破東越餘善（據泉州南）走的就是水路。

[28]. 唐代邊地或衝要地方則設都督府、軍、鎮。都督府、軍、鎮則有常備兵。

[29]. 明隆慶《潮陽縣誌》卷二九《人物·武功》即載：「儀鳳二年（677年），崖山劇賊陳謙陷潮陽。潮州刺史常懷德檄光討之」。何喬遠《閩書》卷四〇《君長志》亦載：「會廣寇陳謙連結諸蠻苗自成、雷萬興年攻陷潮陽，守帥不能制，元光以輕騎討平之」，「永隆二年（681年），盜起，攻南海邊鄙。循州司馬高琔受命專征，令元光提兵入潮，伐山開道，潛襲寇壘，俘獲萬計，嶺表率平」。《廣東通志》卷四四《人物志·忠烈》所記略同。關於高琔受命專征事，唐陳子昂《陳拾遺集》卷六《唐故循州司馬申國公高君墓誌》亦載：「永隆二年，有盜攻南海，廣州邊鄙被其災，皇帝哀洛越之人罹其凶害，以公名家之子，才足理戎，乃命專征，且令招討（慰）」。康熙《漳浦縣誌》卷一九引《白石丁氏古譜》亦言「唐自高宗有曾鎮府者，以將軍鎮閩。……及將軍陳政與曾鎮府更代，而曾遂留寓龍溪。」說明泉潮間原來就有戍兵。《漳浦縣誌》卷一七《藝文志·白石丁氏古譜·懿跡記》還談到當地駐軍於儀鳳年間「乃募眾民，得五十八姓，徙雲霄地，聽自墾田，共為聲援」。則說明所謂「五十八姓」入閩，實際上多是在當地募兵所得。

從開漳聖王探索固始原鄉

林瑤棋

一、前言

對固始這個地名，臺灣人知道的恐怕不多，在臺灣人的心目中，固始是一個縹緲而遙不可及的地方，原因是臺灣人只知道原鄉是在唐山，至於唐山人的原鄉是固始，那就很少人去關心它了，因為從遷徙的歷史來看，固始只能算是唐山人的原鄉之一。

再說，自從清末乙未割台之後，加上半個世紀國共內戰的對峙，實際上兩岸已經隔離了100多年，因兩岸同胞長期不互相往來，現在的臺灣人連原鄉的唐山地名也所知有限，更何況是遙不可及的固始。

儘管固始對臺灣人是陌生的，但是仍然有少數學者或開漳聖王廟的神職人員，尚能知道開漳聖王陳元光的家鄉就是中原光州固始，也許他們不知道固始在哪裡，但起碼他們知道在固始這個地名。

開漳聖王在臺灣是信徒相當眾多的神明，據估計超過800萬人。開漳聖王之所以香火如此鼎盛，是因為信徒不只是那四成的漳州人，連許許多多的泉州人或其他地區的移民也一樣是開漳聖王虔誠的信徒，因為臺灣是一個移墾社會，任何地域來的移民都雜居在一起，經過三、四百年的族群融合，他們早已沒有地域觀念，已融合成為臺灣的新興漢人族群，並且也不再計較自己所膜拜的神明在唐山是什麼地方神明。

在臺灣主祀開漳聖王的廟宇有380多座之多，其他有副祀開漳聖王廟宇更是不計其數。在這300多座主祀開漳聖王廟宇中，他們有的組成聯誼會，這種聯誼會除了互相交流聯絡感情之外，他們亦共同研究開漳聖王文化，使更多的臺灣人能夠進一步地認識開漳聖王開拓漳州的豐功偉績，因而從飲水思源的內心中產生更虔誠的信仰，好讓開漳聖王的香火更為旺盛。

二、臺灣人信仰的開漳聖王

臺灣人從開漳聖王廟的文化傳播，得以了解開漳聖王平定蠻獠、建立漳州的豐功偉績，臺灣人之認識陳元光，開漳聖王廟宇的文化傳播功不可沒。

據傳，開漳聖王姓陳名元光，字廷炬，號龍湖。唐初，光州固始人。出生於唐高宗顯慶二年（657年），逝世於唐睿宗景雲二年（711年），享年55歲。

唐高宗總章二年（669年），陳元光隨父歸德將軍陳政領58姓7600軍民自光州固始入閩，剿伐蠻獠嘯亂。高宗儀鳳二年（677年），其父逝世，弱冠即代父領兵眾，厲兵秣馬，顯統御之才華。

唐垂拱二年（686年），陳請朝廷建漳州府於今漳浦縣綏安。到唐中宗景龍二年（708年）蠻獠佘族苗自成、雷萬興等，聚眾劫舍，蠻橫無比，陳元光率輕騎征討，卻不幸於景雲二年（711年）被佘族軍首領藍奉高所殺，為國殉職[1]。

陳元光死後，朝廷贈豹韜衛鎮軍大將軍，臨江侯，唐玄宗開元四年（716年），追封穎川侯。宋高宗紹興十三年（1143年）又追封為開漳聖王。

最早為陳元光立廟奉祀是在唐開元四年（716年），距他殉職僅僅五年而已，該廟立於今漳浦城西郊約一公里許的西宸嶺，謂之威惠廟，俗稱西廟，是為開漳聖王的開基祖廟[2]。可惜這座一千多年的祖廟，已在「文革」期間被破壞殆盡，直到近20多年來，兩岸人民可互相往來，臺灣的開漳聖王廟跨海到這座祖廟進香者絡繹不絕，臺灣的虔誠信徒們又把它重修，今天的威惠廟祖廟又是一座金碧輝煌、古色古香的大廟宇，只要你走進到這座大廟的山門，內心自然而然對開漳聖王肅然起敬。

三、陳元光對漳州地區的功績

史料記載，潮、漳、泉一帶自古以來，即是蠻獠的動盪地方，在唐人文集中，陳子昂寫的《唐故循州司馬申國公高君墓誌》裡[3]，頗有描述涉及佘族早期歷史的情況，墓主高君就是高琁，是唐朝開國功臣高士廉的孫子，在

朝廷政治鬥爭中被貶為循州司馬（今粵東、閩南），永隆二年（681年）發生了嶺南土著反抗朝廷，高琔受命平定這次反抗事件，在戰事過程中遇疾卒於南海，由這篇墓誌文獻中可知在唐初，粵東、閩南還是一個南蠻的化外之地。

陳元光父子帶領58姓7600人征剿今潮、漳地區，他們也從中原帶來高水準的漢文化及先進的農業技術，使潮、漳地區落後的佘族人因而進入高水準的文明社會，他的功績為後人所歌頌。

陳元光治理漳州時，在政治上，他於軍事鎮壓時，是「落劍唯戎首，遊繩系脅從」，後繼之以撫綏政策，教化為主，對投降者給予安置，對佘族人居住區，規劃為「唐化裡」，給予自治權，禁止漢人侵犯[4]。

在經濟上他獎勵農耕，積糧備荒，對商販活動給予優惠，並興辦陶瓷和煉鐵及各種經濟價值之生產。

在文化方面，他認為教化是安邦治國的根本，軍事鎮壓只是一時的權宜措施。其本是在創州縣，其要則在興庠序，發展倫理法治的社會。他把設立學校看成與建立政權同樣重要。據說，閩南的第一家書院——「松州書院」，就是陳元光開創漳州時期所興建的。

自陳元光開漳後，這本是蠻獠落後之區，其人民的生活水準與文明程度，與中原的距逐漸拉近，到宋元之後已與中原文化水準相等，儼然已成為已開發的漢人地區。

四、有關陳元光幾個值得探討的問題

1. 陳元光真有其人嗎

筆者祖先是來自漳州府漳浦縣，280年前祖先由唐山過臺灣，所以對於自己原鄉的神明特別感興趣，尤其漳州人聚居的地方必有開漳聖王廟，可見我們漳州人非常崇拜陳元光。

陳元光這樣有豐功偉績的歷史大人物，他的英名必留青史，可是為何新、舊《唐書》和《資治通鑑》都沒有陳元光的名字呢？[5]

可是有關陳元光卻有不少文獻留在明、清之後的地方誌或陳氏族譜中，例如：唐高宗李治的《詔陳政鎮故綏定縣地》載於清康熙版《漳州府志》、陳元光的《請建州縣表》載於《全唐文》卷164、唐武則天的《敕陳元光建州縣》載於《陳氏族譜》、唐玄宗李隆基的《賜故將軍陳元光詔》載於民國版的《潁川陳氏開漳族譜》、陳元光的詩集……這些屬於重要文獻為何沒有登載在國史上，而且是出現在近千年後的地方誌或族譜上，無不令人費解。

平亂或建置州縣，任何王朝都會認為是皇帝的豐功偉業，必然會大書特書於史書上歌功頌德一番，為何新、舊《唐書》或《資治通鑑》都只字不提陳元光平定蠻獠？無不讓後世的人對陳元光這個人的真實性感到懷疑。

2. 唐初平定蠻獠，開發漳州的真實性

其一，我們從陳子昂寫的《唐故循州司馬申國公高君墓誌》的文章中，有敘述到永隆二年（681年）發生了南蠻土著人反抗朝廷事件，由這篇墓誌可以證明與陳元光同一時間，唐朝確實在南蠻平亂，也就是說，唐初就已積極在開發漳、潮地區。

其二，在《新唐書‧南蠻傳》有這一段記載：「……大抵劍南諸獠，武德、貞觀間數寇暴州縣者不一。巴州山獠王多馨反，梁州都督龐玉梟其首。又破餘黨符陽、白石二縣獠。其後眉州獠反，益州行台郭行方大破之。未幾又破洪、雅二州獠，俘男女五千口。是歲，益州獠亦反……貞觀七年，東、西玉洞獠反，以右屯衛大將軍張士貴為龔州道行軍總管平之。十二年，巫州獠反，夔州都督齊善行擊破之，俘男女三千口……」，由這段記載文章中，足可證明在唐初就已積極經營南蠻地區。

其三，今天的閩南話還保留大量隋唐時期的中原古漢語，因此常有人說，閩南語是「古漢語的活化石」，例如伊（他）、走（跑）、著（筷）、卵（蛋）、困（睡）、拍（打）……這些古詩文用字還很多保留在閩南語詞彙中，可見南蠻的開發確實是自唐朝即已積極在進行。

從以上幾點的說明，足以證明在1300多年前的唐初，確實有平定蠻獠，開發漳州的歷史紀錄。

3. 舊例無改，新例無設

臺灣人有句俗語：「舊例無改，新例無設」，意思是臺灣人的一切風俗習慣都沿用唐山的舊例，少有創設新例者。我們以墳墓或祖先牌位為例，唐山原鄉的祖先並沒有把中原原鄉地名標示在墓碑或祖先牌位上，他們來到臺灣後就無舊例可循，只好僅標示唐山的原鄉地名。

一般來說，臺灣人都是標示唐山原鄉的縣邑名，例如：同邑（同安）、晉邑（晉江）、詔邑（詔安）、金浦（漳浦）……，他們從來沒有人標示中原原鄉之地名。事實上，在臺灣的閩、粵人後裔家族中，他們的墓碑或祖先牌位，都只標示祖籍地或郡望之名稱，卻從沒有標示中原原鄉縣邑地名，當然更不會出現固始這個地名。

臺灣確有部分的人在墓碑或祖先牌位上標示堂號，例如西河、扶風、清河、濟陽……之類的地名，但那是隋唐時期的郡望名稱，是中古時代的州郡地名，並非中原南渡前的原鄉縣名，其中也沒有固始這個地名。通常臺灣的少數民族漢化後，他們也一樣借用漢人的郡號，例如很多少數民族改姓潘，他們的墓碑就標示滎陽，改姓洪的人就標示敦煌。

4. 閩粵人自稱唐人

閩粵山岳綿延不盡，所以唐人住的地方叫唐山。一直以來，閩粵人喜愛到海外打拚，他們無論走到哪裡（東南亞或歐美），都稱自己是唐人。筆者在七、八年前，曾經到南太平洋的大溪地（Tahiti）觀光，那裡有一座規模不小的關帝爺廟，主持是一位約70歲的華婦，她只會講法語和客家話，是第三代華僑，我問她是哪裡人？她說是唐人，我再問唐人從哪裡來的？她答是唐山來的，我再問唐山是否中國？她答說不知道。

閩粵人何以自稱唐人？吾人認為有兩個可能：一個是朝廷強迫蠻獠人是唐朝的子民，另一可能是自認文化水準低的蠻獠人想高攀文化水準高的唐朝

漢人。不管哪一種可能，從唐人這個稱呼足可說明漳、潮蠻獠地區確實在唐代開發的。

以上四點是我們研究開漳聖王文化值得探討的地方，可是筆者多次到各地開漳聖王廟做田野調查，他們的神職人員多數沒有做過這方面的探討。

五、閩南人有關陳元光的野史傳說

閩南人認為唐初開漳聖王陳元光征剿蠻獠，所指的蠻獠就是以畬族為主的百越族，這些畬族古代都是住在山洞或土寨裡，所以在閩南地區有許多地名仍然沿用「坪」、「寮」、「洞」、「寨」。也因此迄今仍有很多閩南人或客家人還認為自己是漢畬融合族群的後裔，因為他們還保留下許多畬族的殘俗。

根據畬族人世代相傳的一首敘述他們祖先歷史的詩歌叫「高皇歌」，該首歌記載畬族的祖先最早住在潮州（當時潮州屬閩南蠻獠地區），並記載其遷徙經過：「興化古田住久長，三姓開基在西鄉（閩西），西鄉難住三姓子（藍、雷、鐘），又搬羅源過連江。」[6] 這首詩歌可以說明今日的潮州、漳浦、詔安、南靖、平和、華安、閩西等閩南地區都是他們的故鄉。有三個漢姓是他們已經漢化後的畬族人，這首詩歌表示他們漢化後仍然有流離失所的無奈。

他們的無奈從閩南人一則畬俗就能說明。據說閩南人及臺灣人的女人出嫁時，需要穿白布內衣裙，意思是說，當年陳元光所率漢人來到漳潮地區後，不但濫殺畬族無辜，還要霸佔畬婦，畬婦為了對亡夫表示貞節，就穿著白內衣裙勉強嫁給漢人，婚後這套白內衣裙洗淨後妥為保存，作為將來年老臨死時穿用的「返祖衫」。所謂「返祖衫」的意思是穿著白內衣裙到陰間見亡夫，以表示對亡夫守貞節。臺灣人這種「返祖衫」的習俗在三四十年前還可見到，直到 20 世紀 60 年代臺灣由農業社會轉型為工商社會後，一般年輕人已難接受這種古老的風俗習慣，今天的臺灣人可能已經沒有這種習俗了。

結語

　　臺灣人的原鄉是唐山，唐山人的原鄉是固始，所以固始對臺灣人來說，那是祖先的原鄉，是遙不可及的地方，所以臺灣人除了部分學者之外，很少有人知道固始這個地方。

　　一千多年前，固始人陳元光開發漳州，建立州縣，被漳州人奉為開漳聖王，三、四百年來，唐山人東渡來台，也把開漳聖王帶到臺灣來膜拜，其香火之鼎盛少有其他神明能出其右。臺灣人透過開漳聖王文化的傳播，不但認識了開漳聖王，認識了漳州人的原鄉，更漸漸地知道了固始，讓我們知道古時多次的漢人南遷，多數從中原光州固始出發。吾人猜想，古時候的固始，一定是一個人口眾多、工商業繁榮的縣邑。所以臺灣人在虔誠的膜拜開漳聖王之餘，要有飲水思源、慎終追遠的心情來紀念唐人的祖地——固始。

　　很感謝「2008年固始與閩台歷史淵源關係國際研討會」主辦單位的邀請，讓我們有這個機會來到固始，認識固始，更願意把漢人南遷的這個聖地帶回臺灣，讓更多的臺灣人知道固始。

文獻來源：2008年固始與閩台淵源關係學術研討會論文，《固始與閩台淵源關係研究》，人民出版社2009年。

作者簡介：林瑤棋，臺灣姓氏研究學會常務理事長，臺灣姓氏研究學會常務理事，《臺灣源流》雜誌發行人。

注　釋

[1].《佘族與臺灣人》，《獅友雜誌》第3卷第3期，1992年9月，第20頁。

[2]. 林瑤棋：《開漳聖王》，《大雅獅子會特刊》1988年6月，第49頁。

[3]. 謝重光：《佘族與古越族關係》，《福建民族》1994年8月，第27頁。

[4]. 李文章：《閩南靖疆拓土元勳陳元光》，《漳浦文史資料》1986年10月，第4-5頁。

[5]. 陳易洲編：《開漳聖王文化》，海風出版社，2005年版，第5頁。

[6].《佘族與臺灣人》，《獅友雜誌》第3卷第3期，1992年9月，第19-20頁。

論固始移民對閩南文化形成及傳播的影響

何 池

閩南文化是中華文化的重要組成部分，屬於區域文化，它源於中原文化，是中原漢文化與東南海疆古閩越族文化在幾個世紀漫長的歷史進程中相互碰撞與交融而逐漸形成的。隨著閩南人口的遷徙，這一區域文化首先隨著閩南人在明清時期開發臺灣而延伸到了寶島，成為臺灣的主流文化。還隨著閩南人的漂洋過海遠播到東南亞各國的閩南方言區。據有關資料統計，至今全世界使用閩南方言的人口在一億五千萬人以上。那麼，古閩越文化究竟是通過什麼管道與中原文化產生碰撞與交融而形成閩南文化的呢？又怎麼傳播到臺灣呢？本文就此作一探討。

一、歷史上的中原移民入閩

（一）中原地區是中華文明的發源地

現在我們所說的中原，一般指河南省（廣義的中原指黃河中游地區），故河南有「中州」、「中土」之稱。4000多年前，河南就是中國「九州」中心之豫州，現在簡稱為「豫」。史學界普遍認為：河南是中華文明的發源地。這裡是自三皇五帝到北宋中國長期的政治、經濟和文化中心所在地，因此古有「得中原者得天下」之說。

中原地區是華夏民族的搖籃。據有關統計資料表明，僅河南起源的姓氏就佔了中華姓氏的五分之一。尤其是固始，該縣地處江淮之間，自古是中原人口第一大縣。隋末唐初固始縣就有人口 4-5 萬人，[1] 居當時河南地區縣級之冠（現全縣有 160 萬人口，仍是河南人口第一大縣）。這裡有許多諸侯封國，是中華民族許多姓氏的源頭。又因地處古代中原人南行東部大通道的樞紐地帶，從這裡大量輸出人口和姓氏便成為歷史的必然。據固始地方史記載，西漢初年，漢武帝北遷閩越人於江淮間，閩固兩地的血緣紐帶由此搭起。之

論固始移民對閩南文化形成及傳播的影響

後從固始移民入閩便源源不絕，僅從東晉至五代比較大規模的對閩南較有影響的就有三次，一是東晉永嘉之亂，中京八姓衣冠南渡，半數以上從固始入閩；二是總章二年隨陳政、陳元光入閩南平亂及其隨後跟魏媽入閩增援的唐府兵大多為河南固始籍子弟；三是五代的「三王」（王緒、王潮、王審知）入閩。如今來自海內外各姓氏宗親紛紛到固始的「尋根熱」成為全國最獨特的一大景觀。

（二）固始三次較大規模的移民入閩

1. 永嘉之亂，中原士族大量南遷，其中固始人居半

晉武帝於西元290年逝世後，從晉惠帝永興元年（304年）開始，北方匈奴貴族劉淵、羯族石氏、鮮卑族慕容氏、氐族符氏、羌氏姚氏相繼稱帝，分據中原，爭戰不已，史稱「五胡之亂」。光熙元年（306年）晉惠帝死，司馬熾嗣位，是為懷帝，改元永嘉。晉懷帝永嘉年間（307-313）是「五胡之亂」最劇烈的時期，故稱「永嘉之亂」。永興元年，劉淵在左國城（今山西離石）起兵反晉，遣石勒等大舉南侵，屢破晉軍，勢力日益強大，永嘉二年（308年）正式稱帝。劉淵死後，其子劉聰繼位。次年，劉聰遣石勒、王彌等率軍攻晉，在平城（今河南鹿邑西南）殲滅十萬晉軍。永嘉五年（311年），匈奴兵攻陷西晉京師洛陽，俘虜了晉懷帝。縱兵燒掠，殺王公士民三萬餘人。之後，懷帝被匈奴人所殺，其侄湣帝被擁立於長安，西晉王朝名存實亡。西元316年，匈奴兵攻入長安，俘虜了湣帝，西晉至此宣告滅亡。晉元帝司馬睿東渡於建康（今江蘇南京）建立東晉，收輯人心，義安江左，南方荊、揚、江、湘、交、廣之地，比起烽煙四起的中原安靜得多。於是中原士民相率舉族南遷，避難斯土。

「永嘉之亂，衣冠南渡，始入閩者八族」。[2]《三山志》載有林、黃、陳、鄭、詹、邱、何、胡八姓，這八姓是中原大族，入閩後先在閩北（今南平地區）及晉安（今福州）定居，而後逐漸向閩中和閩南沿海擴散。這些南遷的中原士民，有多少人來自固始，有多少人入閩？史料缺乏明確記載，但可以肯定的是，固始移民佔一定數量，也有不少進入閩地。根據是《閩中記》記載：「永嘉之亂，中原士族陳、鄭、林、黃四姓先入閩，今閩人皆稱固始人。」又據

固始《黃氏宗譜》記載：固始黃姓「永嘉之亂，中原板蕩，流閩者百五十餘戶」。[3]

2. 唐初陳政、陳元光奉詔入閩南平亂與開發

唐高宗執政初年，閩南一帶還是中央政府管理的盲區，這裡的「蠻獠」山越族酋長連結漢族中的一些反唐勢力，在福建的泉州（治在今福州）和潮州中間中央政府政令鞭長莫及的雙不管地帶，攻城掠地，嚴重影響了當地群眾的生產生活，給經濟社會帶來很大破壞。唐總章二年（669年），陳政奉詔率領府兵三千六百名，將領一百二十三員，風塵僕僕從中原千里戍閩南安邊，拉開了唐王朝綏靖與開發東南邊陲策略部署的序幕，年方13歲的陳元光隨行。之後，因唐軍「兵困九龍山」，陳政母親魏（篋）太夫人親率3000援軍來援，戍閩唐軍才得以進軍蒲葵關（今盤陀嶺），打開了蒲葵關天險，進軍雲霄地界，屯營火田。從總章二年起，到永隆元年（680年）八月陳元光最後在蒲葵關（今盤陀嶺）消滅「蠻獠」部隊主力，基本肅清動亂根源，前後達11年之久，陳元光也在殘酷的戰爭烽煙中成長起來。

這前後兩次分別由陳政、魏媽率領赴閩南的固始「河洛郎」連同家眷、隨軍能工巧匠共達萬人左右，可考的姓氏有陳、馬、王、沈、李、盧、戴、湯、何、陸、林、楊、方、張、吳等85姓。而當時閩南「泉潮之交」的漳州區域，還是地廣人稀的「炎荒絕域」，當時這片地區才有人口1690戶，[4]以平均每戶5人計算，才有人口8000多人。也就是說，陳政、陳元光所帶來的戍閩將士及其家眷、能工巧匠總人數在當時已超過本地居民數。

3. 唐末五代「三王」（王緒、王潮、王審知）的移民入閩

唐末王潮是光啟元年統兵來閩的。《新唐書·僖宗紀》載：光啟元年正月，「王緒陷汀、漳二州」。王緒起義軍進入福建後，發展很快，「八月，緒率部至漳浦，有眾數萬。」部隊一直活動在漳浦至潮州一帶，因道路崎嶇，籌糧困難等原因，王緒下令，軍中「無得以老弱自隨，犯者斬！」可是，王潮兄弟不忍離棄與自己同甘共苦、千里相隨的老母親，於是，與王緒產生了矛盾。隨著部隊的壯大和發展，王緒忌才多疑的性格也逐漸暴露出來。「見將卒有勇略逾己及氣質偉岸者皆殺之。」瘋狂到連自己的妹婿、前軍先鋒劉

行全也不能倖免，搞得軍中人人自危。結果，王潮聯絡一些將士在南安篁竹中設下伏兵，殺掉王緒，眾奉潮為首領。

　　王潮領軍後一改王緒「所至剽掠」的作風，軍風整肅地過境泉州，給泉州的老百姓留下了良好的印象。那時泉州的百姓正飽受刺史廖彥若貪暴的苦難。耆老張延魯等眾奉牛酒趕到沙縣請求王潮解救泉州百姓於水火之中。王潮順應民心，圍攻泉州，時間長達一年，至唐僖宗光啟二年八月，城破，殺刺史廖彥若，遂有其地。光啟四年十一月，唐王朝正式敕授王潮為泉州刺史、加檢校右散騎常侍；翌年又晉封為工部尚書，唐昭宗大順元年（890 年）加戶部尚書。大順二年，任命王潮為福建觀察使，王審知副之。至此，王潮、王審知完成了對福建省的統轄。

　　跟隨「三王」入閩的將佐、軍校、兵士、眷屬、民眾究竟有多少姓氏，歷來說法不一。明嘉靖《固始縣誌》記載稱 18 姓，清代福建《柘榮溪坪謝氏族譜》裡，有名諱可考的 25 個姓。從連橫的《臺灣通志》又可能查找到 27 個姓。新編《固始縣誌》據現存族譜與其他資料統計後，增為 34 姓。

　　《泉州文庫》楊清江先生從 1996 年起就對這一情況進行細心考核和增補，他先後從新舊《五代史》、《八閩通志》、《閩書》、《福建通志》、《十國春秋》、《泉州府志》、《八閩掌故·姓氏》等史志、史書和族譜中艱苦查尋，共考證出隨「三王入閩」共有王、陳、林、劉、李、吳、郭、謝、鄭、周、張、黃等 67 姓。[5] 而關於「三王」率領入閩的固始人數，清末固始進士何品黎考證「王審知帶領固始鄉民 5000 人入閩。」[6]《新唐書·僖宗紀》載：進入福建後發展很快，許多老百姓加入義軍，「有眾數萬」，可見，該起義軍是進入福建之後，貧苦農民紛紛加入起義軍，才發展到「數萬人」。

二、陳元光開漳活動是閩南文化形成的主要影響源

（一）三次移民入閩對閩南文化形成的不同影響

　　實際上，歷史上中原人民大量南遷還有南宋時期，因北方土地先為金朝所據，後為蒙古族建立的元朝佔領，南宋朝廷偏安江南一隅，於是又一次出

二、陳元光開漳活動是閩南文化形成的主要影響源

現中原人口南遷浪潮，其規模之大，人數之多，超過以前各次南遷的人口。其中當然也包括固始士民，但其遷徙之地以江浙為主，也有一部分進入閩粵地區。

這數次的南下移民都帶去了中原文化，都對閩文化的形成產生深刻的影響，但因以下情況而導致對閩南文化影響的程度各有不同：

1.「永嘉之亂」入閩的中原人士遍佈「江東」各處。當時的「江東」是一個很大的地域概念，因為靠近中原地帶的長江在九江到南京這一江段是從南（偏西）向北（偏東）流向，故當時有「江東」與「江西」之稱。漢初的江東指吳中一帶，中心在今天的蘇州；三國時，孫權乙太湖一帶作為根據地，當時把吳統治下的整個地區稱作江東。從廣義上講，當時的「江東」指整個江南地區，狹義上指太湖一帶；相對而言，當時的「江西」也不是今天的江西，廣義上講是指長江以北直至中原一帶，而狹義上是指淮河以南長江以北地區。唐開元年間，江南道分為東西二道，簡稱江東道、江西道，由此出現了具有行政建制意義的「江西」，原來以長江為標誌，與江東對稱的「江西」便逐漸被歷史所淘汰。由此可見，中原士民南遷「江東」的地點十分廣泛，包括今天的安徽東南部、江蘇、浙江、江西、湖南、廣東和福建等省。在福建則多集中在閩北、福州、莆田等較早開發的地區，有一些人也到達今泉州地區，中原文化對這些地區的影響比較顯著，現在這些地方還有（福州）晉安區、（泉州）晉江縣、晉江等地名可以佐證。因此，《福建省志》載：「相傳中州八姓（林、黃、陳、鄭、詹、邱、何、胡）入閩，主要聚居在閩北建溪、富屯溪、閩江下游以及晉江沿岸，交通方便、土地肥沃的地方」。[7] 漳州地區其時尚未開闢，屬「化外之地」，是刀耕火種、以漁獵為主的剽悍的山越人聚居之處，地理上又有戴雲山山脈阻擋，故能夠進入漳州地區的中原士族極少。所以這次的中原移民帶來的中原文化對這片土地影響微乎其微。

2. 唐末至五代的「三王」入閩，雖然帶來的起義部隊基本上都是固始士民，也有五千多人，但這些人被安置到全省各地，其時福建有漳州已創建220多年，全省有福、建、泉、汀、漳五個府級建制。大部分的固始移民集中到生活環境較好的福州，對閩文化的形成有較大影響。而當時漳州、汀州

論固始移民對閩南文化形成及傳播的影響

相對於福州而言生活環境較差,又被列為下州。因此到漳州定居的固始人士也就相對少一些,來自中原文化的影響自然就比較弱。

3. 唐高宗總章二年（669年）,陳政、魏（箴）太夫人相繼率領的固始軍眷入閩南平亂與開發,這是歷史上進入閩南人數最多的一次中原移民。這次移民因朝廷指示的平亂和開發雙重任務,地點也指定在「泉潮之間」的閩南地區。於是,這片號稱炎荒絕域的「化外之地」首次有近萬名中原固始移民（比當地土著居民人數還多）集中在這裡進行戰爭、生產和生活,而且戰爭結束後就在這片土地上定居生活、世代繁衍,成為這裡的永久居民,其所帶來的中原文化影響力理所當然也就達到最大化,效果也最為顯著。

（二）陳元光卓著的開漳功績

1. 實施剿撫結合、區分首惡脅從的平亂政策

陳元光自幼飽讀經書,深受儒家忠君報國、王道仁政的影響,當乃父陳政在奉詔入閩南平亂八載,憊極勞瘁而逝之後,在平亂戰爭中長大的他承父職代領戍閩唐軍,總結了父親過度殺戮的平亂政策帶來了消極的後果:「元兇既誅,餘凶複起,法隨出而奸隨生,功愈勞而效愈寡,……誅之則不可勝誅……」[8]。實行了剿撫結合、恩威並施的新政策,區別首惡與脅從,重點打擊首惡,即「落劍唯戎首,遊繩系脅從」[9],對參與動亂的廣大「蠻獠」山民,則以撫綏為主。通過多種管道,下力氣招撫流亡。這一政策的實施贏得了人心,緩和了民族矛盾,很快擊潰了「蠻獠」主力,取得了平亂戰爭的勝利,結束了閩南一帶從總章二年開始長達十多年的動盪局面。土著群眾「負耒耜皆望九龍江而耒」[10],荒涼的九龍江兩岸「漸成村落,拓地千里」,為創建漳州奠定了社會基礎。

2. 實行「畿荒一德,胡越和同」的民族融合政策

對歸附的「蠻獠」山民,陳元光「撫而籍之」,免除其賦稅徭役,促進了生產。為了進一步促使當地山越民族改變陋習,融入主流社會,促進「胡越百家,愈無罅隙」,陳元光提倡民族通婚,鼓勵部將與當地女子結為秦晉

之好。這些政策的施行,極大促使漢族和當地土著民族的融合,並推進了還處於部落時期山越土著的封建化進程。

3. 用中原先進生產技術取代刀耕火耨的落後生產方式

唐初,生活於泉、潮之間的山民仍處於氏族社會末期,其生產方式十分落後,他們「伐山而營,依山而獵」,「火田佘種無耕犢」[11]。針對這一現狀,陳元光則積極推廣中原先進的生產工具與技術,如鐵器農具,牛耕和曲轅犁,大力提倡精耕細作,興修水利,使用筒車提灌農田,實行雙季稻生產方式。

正是由於這些來自中原先進生產工具與技術的應用,漳州地區農業生產得到初步發展,生產力水準第一次得到提高,沿襲數千年的刀耕火種生產方式至此畫上了句號。

4. 創辦學校,傳播中原文化藝術,化蒙昧為敦倫

作為一代儒將的陳元光,深知「兵革徒威其外,禮讓乃格其心」,「其本在創州縣,其要在興庠序」[12]的道理,因此,當戰亂甫定,他就向朝廷上了《請建州縣表》的奏章,朝廷批准了這一奏章。垂拱二年,漳州得到正式創建,由此唐王朝各種制度法令和中原文化在這裡得以推行和傳播。「化蠻貊之俗為冠帶之倫」,使「荒陬蠻獠盡沐皇恩」。他在州郡職官中設專司教育的「文學」一職,主持鄉校事宜,還讓其子陳珦在新創辦的松州書院主持講授,聚生徒40人,成為漳州學校教育的源頭。學校的創辦,不僅達到「民風移醜陋,士俗轉醞醇」[13]之目的,而且使漳州邁進封建科舉制度的軌道。他還與部將詩賦唱和,其留下的《龍湖集》成為福建現存最早最完整的一部古詩集。他「教民祭臘」,成為閩南除夕過大年習俗的最早源頭。另外,固始軍民帶來的中原戲劇藝術、飲茶文化、歲時風俗、宗教、祭祀文化都開始在這裡紮下了根,並與這裡閩越族文化相互交融與碰撞,成為今天閩南民俗的發端。而他們帶來的中原古音與這裡的土著方言相互交融,成為今天閩南方言形成的最初源頭。至今閩南方言所保存的諸多中原漢唐古音,仍讓許多語言學者如獲至寶,激動不已。

5. 通商惠工,發展經濟

建置漳州之後，陳元光十分重視發展經濟，他勸農通商惠工，教育兒子和部屬要「日閱書開士，星言駕勸農」（陳元光《龍湖集》）。在他政策的感召下，官民開荒墾田，種稻種茶養蠶，發展多種經營，形成熱潮，處處是「較斧開林驅虎豹，施罟截港捕魚蝦」[14]。在漳州大地上，呈現出「火田黃稻俱甘旨，綱水金魚洽醉釃」[15]、「農郊卜歲豐，帥閫和民悅」[16]的喜人景象。此外，曬鹽，造船，制瓷，製陶，冶鐵，織染，農機具製造等中原手工業技術也在這裡得以傳播。「海船近通鹽」[17]，既道出了當時船舶製造技術的進步，也反映了製鹽業的發展和海上貿易的初步繁榮。

由此可見，正是唐初陳元光及其部將和固始移民的開漳活動促成了閩南文化的產生，成為閩南文化的最初源頭。

三、閩南文化是聯結海峽兩岸的重要精神紐帶

（一）閩南文化的基本內涵

閩南文化產生於晉唐，成熟於南宋，並在明清時期隨著閩南經濟社會的發展得到進一步發展。閩南文化的內涵博大精深，十分豐富，以至於至今許多學者對什麼是閩南文化，閩南文化的內涵等問題仍沒有統一的定論。我粗淺的看法是：閩南文化是所有閩南人在社會活動中所創造的物質財富與精神財富的總和，就其外延來說，閩南地域是閩南文化的載體和發祥地，它隨著閩南人向臺灣和海外的遷徙而傳播到臺灣，傳播到海外各國閩南人聚居之地。就其內涵來說，閩南文化離不開閩南的人、事、物。「人」即閩南人物，主要是歷史人物，包括僑居海外的閩南人物；「事」即發生於閩南地域、閩南人當中的事，包括歷史事件、歷史故事以及語言、著述、藝術、制度、組織、民風民俗、思想思維、人文性格、宗教信仰、民間故事等等。「事」又可分為實事、虛事（即精神方面的事）；「物」即閩南實物，包括自然存在物和人工製造物等。它包括了產生於閩南人中、閩南地域上的一切，涵蓋了政治、經濟、軍事、文化等方方面面。既有物質的，又有精神的；既有古代的，又有現代的。我覺得它雖然還比較粗糙，但大體能圈出閩南文化的本質內涵。

（二）閩南文化隨著臺灣的開發傳播入島

　　明清時期，隨著閩南人大量進入臺灣開發墾殖，具有地域特色的閩南文化就傳播延伸到了寶島，成為今天臺灣的主流文化。其中僅陳元光後裔「開漳聖王派」的陳姓，在明末清初開發臺灣的熱潮中也大舉遷台，就有霞葛派（以詔安陳為主）、溪南派、赤湖派（均以漳浦陳為主）、大溪派、蘆溪派（均以平和陳為主）等 20-30 個宗支，他們雖分居臺灣各地，但世代相傳的族譜都寫著「固始衍派」，以陳元光為「唐山祖」。據 1953 年臺灣戶籍統計資料稱：當年臺灣全省戶數在 500 戶以上的 100 個大姓中，有 63 個姓氏的族譜上均記載其先祖來自河南固始。這 63 個姓氏共有 670512 戶，佔當年臺灣總戶數 828804 戶的 80.9%，[18] 他們當中，絕大部分的開台祖來自閩南漳州，而這些開台祖的先祖就是唐初跟隨陳政、陳元光入閩南平亂和開發的中原將士。正因為如此，今天的許多臺灣同胞不僅回漳州謁祖，甚至不辭辛苦，千里迢迢到河南固始尋根。

（三）閩南文化成為今天臺灣的主流文化

1. 國學儒家文化傳入臺灣，深深影響了臺灣一代代人

　　在明末清初臺灣的大開發過程中，國學儒學思想文化和科舉制度隨著大陸移民傳入臺灣，儒學的核心要義「修身、齊家、治國、平天下」的人生價值，既與清政府管理臺灣社會、促使安定的需要相適應，又與移民社會族群建功立業、光宗耀祖的倫理規範相吻合，於是，儒家文化很快被臺灣社會所接受，儒家思想成為臺灣文化的精神核心與人們的道德規範。它最先由漳籍的陳永華在台南建立第一座文廟，並首次把大陸的科舉制度推廣到臺灣。臺灣歸清後，儒學教育得到清政府仁台官員的鼓勵和引導，所教內容更為全面深入。另外，社學的普遍設立，「番社」子女得到教育機會更多。這些措施使得儒學得以在臺灣全面而普遍地傳播開來。

2. 閩南民間宗教文化的傳播

　　臺灣的民間宗教信仰非常盛行，這是由於臺灣艱難的自然條件和社會條件等原因使然。大陸民眾到臺灣要渡過波濤洶湧的海峽黑水溝，古時臺灣又

是一個瘴癘肆虐之地,加上地震、颱風等自然災害頻繁,大陸群眾到臺灣真正能活下來留下來的不多。入台開發的墾民面對著不可抗拒的自然力、瘟疫等自然災害,只能祈求冥冥之中各種神祇的庇佑,宗教信仰應運而生。

開台王漳人顏思齊最早在臺灣傳播了家鄉的媽祖崇拜,他們在在笨港所創建的媽祖廟,今天已成為臺灣的開台媽祖,成為全臺灣所有媽祖廟的分香祖廟。如今全臺灣共有媽祖廟1000多座,信眾達1700多萬,佔臺灣總人口70%以上。

除了媽祖崇拜之外,臺灣還是多神崇拜的地區,擁有信眾比較多的還有「開漳聖王」(陳元光)以及「保生大帝」(吳夲)和關帝崇拜。陳元光去世後在歷代朝廷的敕封中升級為「開漳聖王」,陳元光也從人演變為神,之後,「聖王」香火隨著開發臺灣的漳籍鄉親傳播到了臺灣,如今臺灣島內有祭祀陳元光的廟宇300多座,信眾800多萬人,在臺灣民間四大宗教崇拜(媽祖、開漳聖王、關帝、保生大帝)中居第二位。

此外,從漳州傳入臺灣的神祇還有「保生大帝」和關帝信仰等。現在,媽祖、開漳聖王、保生大帝、關帝四大神祇崇拜已成為臺灣民眾最主要的宗教信仰。

3. 漳州腔閩南話成為臺灣的主流方言

現臺灣島內佔80%多的人口講閩南話,而其中約佔全島總人口的一半左右的人口是講漳州腔的閩南話。有專家記錄了臺灣同胞講的閩南話單詞,發現常用的單詞有4000個左右,而其中竟然有3500個單詞與漳州話的腔韻相同。這就是今天臺灣主流方言的腔調最接近漳州話的原因。

4. 中華文明及閩南民俗文化在臺灣扎根

明清時期大量閩南移民促使了中華傳統文化及閩南區域民俗文化在臺灣的傳播與扎根,這方面內容豐富,現僅介紹如下四個方面。

一是婚姻儀式:臺灣民眾締結婚姻嚴格遵循「父母之命,媒妁之言」,並按照如下程式進行,即:問吉(互送甲庚卜吉)、探家風、訂盟、納采、請期、迎親、拜堂。這不僅是漳州一帶的傳統婚嫁習俗,而且是中華民族的

婚嫁禮俗，即「六禮」。「六禮」是從西周開始形成的婚姻成立的必經程式，這一締結婚姻的程式因其相對的合理性而受到廣泛的接受，至今仍在海峽兩岸的民間得以流傳；

二是喪葬儀式：基本上與閩南漳州一樣，人死後要搬鋪、請水、洗淨、飯祭、守靈、哭棺、停柩、入葬、七七轉紅收魂、七七之後親友畢至止吊，百日卒哭除靈謝吊，分胙於吊者，謂之答紙。這些喪儀基本與閩漳無異；

三是歲時民俗：康熙三十四年台廈道兼理學政高拱乾編纂的《臺灣府志》「風俗」對當時臺灣的歲時民俗作了詳細記載：

「除夕祀先，禮神，爆竹之聲不絕，謂之『辭歲』，老少圍爐坐以待曙，謂之『守歲』。正月元日早起，少長鹹集，禮神，祭先，飯後，詣所親及朋友故舊賀歲，俗謂之『賀正』，至五日乃止，謂之『隔開』。」

至今，除夕日，臺灣民眾家家戶戶在操辦「圍爐飯」之前，都要先煮一桌酒菜祭拜祖先。這與漳州民俗完全一樣。

此外，歲時的端午節門懸蒲艾，吃粽子，劃龍船；六月一日（農曆）吃「半年圓」；七月七日「乞巧節」；七月十五，「中元節」做「普度」；中秋節，制大餅，進行「博餅」活動；冬至吃湯圓；臘月二十四「送神上天」；正月初四「迎神」下地，等等。與漳州歲時民俗毫無二致，在漳台兩地代代相傳，完整地保留至今。

綜上所述，經過大陸移台墾民及其後裔近四百年的代代傳承、薰陶與發展，中華民族傳統文化及其子文化——閩南文化已經完全在臺灣紮下了根，成為了如今臺灣的主流文化。而它的源頭，正是起於明末清初以漳籍人士為主力軍的大規模開發活動，如若再往前追溯，則是唐初開漳活動中從固始傳播過來的中原文化。

文獻來源：2009 年固始與閩台淵源關係學術研討會論文，《固始移民與閩台文化研究》，九州出版社 2010 年版。

作者簡介：何池，福建漳州市人漳州市委黨校歷史學教授。

注　釋

[1]. 固始縣史志研究室編：《歷史姓氏》，1999 年版，第 85 頁。

[2]. ［宋］梁克家：《三山志》。

[3]. 固始縣史志研究室編：《歷史姓氏》，1999 年版，第 84 頁。

[4].《漳州市志》卷三《人口》，中國社會科學出版社，1999 年版，第 231 頁。

[5]. 許夥弩、楊清江：《隨「三王」入閩諸姓考》，宋效忠主編：《根在信陽》，湖北教育出版社，2006 年版，第 50 頁。

[6]. 固始縣誌研究室編：《歷史姓氏》，1999 年版，第 88 頁。

[7].《福建省志》·大事記·永嘉（307-312）末年，方志出版社，2000 年版。

[8]. 陳元光《請建州縣表》。載《全唐文》卷 164，華文書局 1961 年版。

[9]. 許天正《和陳元光平潮寇詩》，載《全唐詩》第 2 冊，卷四十五，中華書局 1960 年 4 月版。

[10].《白石丁氏古譜》。

[11]. 陳元光：《龍湖集》。

[12]. 陳元光：《請建州縣表》。載《全唐文》卷 164，華文書局，1961 年版。

[13]. 陳元光：《龍湖集》。

[14]. 陳元光：《龍湖集》。

[15]. 陳元光：《龍湖集》。

[16]. 陳元光：《龍湖集》。

[17]. 陳元光：《龍湖集》。

[18]. 劉懷廉：《光州固始與閩台淵源》，載《根在信陽》，湖北出版社，2006 年版，第 4 頁。

「光州固始」的歷史文化解讀

張新斌

「光州固始」，一個將豫、閩、台三地永遠聯結在一起的歷史地名，一個閩台人心目中的聖地，一個南北文化交流的永遠的歷史印記。

一、從歷史地理的角度看「光州固始」

1.「光州固始」與地理沿革

「光州固始」聯稱，始於唐代。固始，為光州的屬縣，這種關係一直延續到民國建立。

關於固始之名，《括地志輯校》卷二云：「光州固始縣，本春秋時蓼縣，偃姓，皋陶之後也。《左傳》云：子燮滅蓼。《太康地志》云：蓼國先在南陽，故縣今豫州郾城縣界，故胡城是也。」又：「光州固始縣，古蓼國，南蓼也。春秋時蓼國，偃姓，皋陶之後。」皋陶，為傳說中的東夷族首領，舜時為掌管刑法之官，他的後人受封於蓼。《左傳·文公五年》：「冬，楚子燮滅蓼。」蓼，即廖姓，可見固始縣也是廖姓的一個重要源頭。

固始之名，始於東漢。《後漢書·郡國志》載：固始，「侯國，故寖也。光武中興更名」。該書《李通傳》：「建武二年（26年），封固始侯，拜大司農。」可見，東漢時不僅有固始縣，也有固始侯。在此之前，秦與西漢時固始為寖丘邑。自東漢之後直到唐代，除梁時固始改稱蓼縣外，均以固始名縣。但是早期的固始縣治，在今固始東北，隋開皇年間正式移治今縣。

固始之屬光州，時間較晚。固始位於三省交界之地，隸屬變化極為複雜。秦時屬九江郡；西漢時分屬於汝南郡、六安國、廬江郡；東漢時分屬於汝南、廬江二郡；三國時，域地內分置6個縣，分屬於汝陰、弋陽、安豐、廬江四郡；兩晉時，分置6縣，分屬於4郡；南北朝時，政區變化頻繁，亦分屬於新蔡郡、安豐郡、弋陽郡、邊城郡等；隋朝建立後，固始縣屬弋陽郡；唐代時，光州與弋陽郡互有替代，但《舊唐書·地理志》云：武德三年（620年），

改弋陽郡置光州。光州治所，早期在光城縣（今河南光山縣），太極元年（712年）移治定城縣（今河南潢川）後，直到明清沒有變化。

2.「光州固始」與地理環境

固始縣，位於河南省東南部，屬信陽市管轄。總面積2946平方公里，人口達163萬。固始縣有如下特點：一是人口多。固始縣為河南第一人口大縣，也是全國人口數量較多的縣之一。二是面積大。固始縣域總面積，甚至超過了河南的某些省轄市面積，如鶴壁、濟源等，因此固始也是河南面積較大的縣之一。三是地形多樣。固始境內丘陵、平原窪地分別佔全境面積的40%以上，山地面積佔全境面積的1/10。全縣最高峰位於縣南的曹家寨山，主峰海拔1025.6米，最低的地點則在縣域北部淮河之濱的三河尖，海拔高度僅有23米，也是河南最低的地點。四是三省交界。固始東部與安徽西部的六安市金寨縣接壤，南部隔商城與湖北省黃岡麻城市相望，為三省交界之地與結合部。五是中原水鄉。固始地處江淮之間，屬亞熱帶向暖溫帶過渡的季風濕潤性氣候，氣候濕潤，雨量豐沛，四季分明，年降雨量達1066毫米。固始縣物產豐富，有「固始雞」、「固始鴨」、「固始笨蛋」，有水牛、茶葉、板栗、臘味等名優特產，境內水渠縱橫，鴨鵝成群，稻穀飄香，可以稱為「中原江南」，有「南方人見了親，北方人見了新」之感覺。

從以上的論述中可知，「光州固始」儘管在唐代以後，已成為習慣性聯稱，但以唐代開端最具意義，尤其是該概念中的核心詞「固始」，最具意義。固始人口多，面積大，過渡特徵明顯，區位優勢突出，無疑應為南方與北方的結合點。

二、從史料文獻的角度看「光州固始」

1. 唐高宗時期固始人陳政、陳元光父子開漳入閩，使閩南發展步入新階段。

唐高宗總章二年（669年）詔命玉鈐左郎將、歸德將軍陳政為統領嶺南行軍總管，率府兵3600人，到閩粵交界處平定「蠻獠嘯亂」，其子元光隨

二、從史料文獻的角度看「光州固始」

父出征。陳政大軍入閩後，勢如破竹，但在與「蠻獠」酋領苗自成的決戰中受挫，後退守九華山。陳政母親魏太母，以及陳政的兩位兄長中郎將懷遠將軍陳敏、右郎將雲麾將軍陳敷率中原 58 姓將士前往增援。陳政的兩位兄長，在前往閩南途中相繼因病身亡，魏太母代為掛帥領兵，在九華山與陳政會師。陳政大軍，在當地邊墾種邊休整，使兵力得以恢復。爾後南下奪取陀嶺，揮師雲霄，並對這裡的清澈江水感歎而發：「此水如上黨之清漳也。」（見《閩書》卷 28）漳水實則在今河南的林州一帶，由中原之水，而形成了閩南的漳江、漳州。

儀鳳二年（677 年），陳政在討伐陳謙之亂時，不幸病故。陳元光正式接掌父印，經過數百戰，徹底平定了東南蠻獠之亂。永淳二年，詔命元光為正議大夫、嶺南行軍總管。陳元光以閩南為大本營，正式向皇帝奏請建州立縣，從根本上對閩南地區進行治理。垂拱二年（686 年），正式設置漳州，及漳浦、懷恩兩縣，陳元光為漳州刺史兼漳浦縣令，晉升為中郎將、右鷹揚衛府懷化大將軍。陳元光在當地不僅設置行台與堡所，以保障行政的推行；還將隨行而來的中原將士，量才而用，使當地得以政通人和。他對當地蠻民採取了安撫與感化政策，以唐朝廷的「恩惠」感化蠻民，以中原的先進文化開化蠻民，提倡漢蠻通婚，促進了族群間的融合。陳元光還以軍墾強化軍隊的實力，發展農業，鼓勵工商業的發展，首創了松州書院，教化民眾，使當地的社會風氣，在元光主政漳州的 26 年間有了明顯的變化。

陳元光之後，自開元十三年（715 年）至元和四年（819 年），元光之子陳響、元光之孫陳豐、陳豐次子陳謨均接任漳州刺史，為漳州的發展作出了貢獻。

陳氏家族在閩南的事蹟，幾乎不見於正史，但陳元光的《請建州縣表》一文，收錄在《全唐文》卷一六四，陳元光的詩文則輯錄在《龍湖集》中。在地方文獻，如《閩書》、《福建通志》、《廣東通志》、《漳州府志》、《雲霄縣誌》中，對陳氏家族的事蹟均有較多的保留。從《光州志》中可知，陳氏家族與祖籍地固始還保持著較多聯繫。《光州志》卷六載，陳元光的孫子陳泳已被稱為閩人，曾受命為「光州司馬」與「光州團練使」。陳泳的兒

子陳章甫，後代稱之為「光州司馬」，陳泳死後，「章甫扶柩歸葬於漳」。可知在當時，陳氏家族已將漳州作為故里。該志卷之八亦載，陳元光的孫子陳酆（豐），為辰州寧元令，到京師（今西安）進見權貴李林甫、楊國忠時，專程「訪弋陽舊第，川原壯麗，再新而居之數年」。他不僅回到了祖籍地，而且將舊居翻新後居住了一段時間，後又到閩南任漳州刺史，為當地民眾所愛戴。

陳元光的故鄉固始，至今還有在舊居基礎上建造的「陳將軍祠」、陳氏祖塋，以及敬奉魏太母的太山奶奶廟。陳元光被福建人奉為神祇，明初封為「威惠開漳聖王」。因此，雲霄縣的威惠廟被稱為「開漳聖王祖廟」，漳州也有保存完好的「陳元光墓」。開漳聖王廟不僅在福建有較多的分佈，在臺灣亦有70餘座遍佈全島。每年農曆二月十五日的陳元光誕辰日，閩台兩地居民，同祀開漳聖王，以表達對陳氏父子的崇敬之情。

2. 唐末王潮、王審知兄弟建立閩國，為福建的發展奠定了基礎。

唐末黃巢起義後，中原陷入了一片混亂。中和元年（881年），壽州屠夫王緒聚眾而起，先後攻下了壽、光二州。光州之民回應者甚眾，固始農民王潮、王審邽、王審知三兄弟，亦加入到義軍之中，因才幹舉為「軍校」。在義軍南下江、洪、吉諸州的過程中，王緒因猜疑殺戮而遭拋棄，王潮因才幹出眾，以「拜劍選帥」的儀式而成為「將軍」。王潮義軍入閩後，攻克泉州，勇克福州，風卷建州和汀州。乾寧二年（895年），唐廷封王潮為武威軍節度使、檢校尚書左僕射。

乾寧四年（897年），王潮病故，王審知自稱「節度使留後」。光化元年（898年），唐廷正式任命王審知為武威軍節度觀察留後、刑部尚書，後為節度使兼三司發運使。王審知主政後，採取了一系列措施，穩定局勢，發展經濟。首先，王審知採取與周鄰的楊行密的吳國、錢鏐的吳越、劉隱的南漢交好的方略，積極向中原王朝納貢，以取得正統王朝的認可。當時的唐廷名存實亡，無論從政治上與經濟上都看重王審知的納貢。後樑建立後，對王審知的進貢更為看重。開平四年（910年），朱全忠正式晉封王審知為閩王，並專門派大臣赴閩主持冊封儀式。其次，選拔人才，興辦教育。王審知招撫

流亡的儒士，如韓偓、李洵、王滌、楊贊圖等，均委以重任。他還重視本地人才的選拔，浦城章仔鈞，被委任為高州刺史、檢校太傅；仙游鄭良士，被授予四門學士、御史中丞。王審知十分注重吏治的整肅，興辦儒學，強化禮制，使偏居東南的閩地，文化上有了大的發展。再次，發展農業，穩定民心。王審知在任時，招撫流民，安置他們開荒墾地，興修水利，因而糧衣豐足，民心穩定，將中原動盪之時，變為福建發展的黃金時機。最後，外貿繁榮，國庫充盈。王審知利用福建的沿海優勢，發展海外貿易，使泉州港成為當時對外貿易的重要口岸。尤其是鑄行鐵錢後，市場更加繁榮，財源充足。可以說，閩國建立的數十年間經濟文化的發展，為福建後來的崛起，創造了較好的條件。

王潮、王審知兄弟的事蹟，見於正史。如《資治通鑒·唐紀》中，提到了光、壽二州舉義之事等。《新唐書·僖宗皇帝紀》亦有簡述。《新五代史》與《舊五代史》有《王審知傳》、《閩世家》。《全唐文》中，收錄有相關碑文。在地方文獻中，《十國春秋》成書較早，記述的史實較為豐富。《福建通志》、《福州府志》等方志，亦多有記載。王潮、王審知的墓園，至今在福建還有保留。1991年在《文物》雜誌上公佈了王審知夫婦合葬墓的清理情況的報告，出土的《大唐故扶天匡國翊佐功臣、威武節度使、觀察處置三發運等使、開府儀同三司、守太師兼中書令、福建王都督府長史、食邑一萬五千戶、實封一千戶閩王墓誌並序》中，專門記載王審知曾祖王友則，居家於光州固始的情況。

從以上的記述可知，以陳政、陳元光父子，王潮、王審知兄弟為代表的兩次固始移民活動，在正史上有所記載，但以地方文獻記載為主。他們為發展當地的經濟和社會作出了較多貢獻，他們所帶來的中原文化，對於當地的文化提升、族群融合，均具有積極意義。他們都經歷了由人到神的轉化過程，在閩台都有以他們為神祇的廟宇，成為當地民間文化的重要組成部分。陳氏父子與王氏兄弟所代表的「光州固始」，實際上亦是中原文化的象徵，是福建文化發達的代名詞。

三、從家乘譜牒的角度看「光州固始」

家乘譜牒，是家族歷史的反映。在閩台的家譜中，保留了較多「光州固始」的印痕。據研究，隨陳氏父子入閩的固始姓氏為84姓，隨王氏兄弟入閩的固始姓氏為83姓，去掉重複的姓氏，入閩的固始姓氏達116個。而據我們查證家譜及方志資料，入閩的固始姓氏，至少有王、陳、楊、郭、葉、廖、何、蕭、羅、高、詹、魏、孫、曹、傅、蔣、姚、唐、石、湯、歐、鄒、丁、韓、錢、柳、劉、黃、李、鄭、許、方、曾、吳、謝、尤、沈、施、餘、顏、呂、龔、柯、蔡、彭、宋、潘、康、塗、蘇、賴、盧、董、洪、戴、莊、張、侯、林等60個。

家譜中可見隨陳氏父子入閩的姓氏。如《浯陽陳氏族譜》：「太始祖諱政公，原系汝寧府光州固始縣籍也。」《太平康陳氏公譜》：今晉江東石鎮平坑陳氏始祖陳九郎，為光州固始人。也就是說，入閩的固始陳氏，有的屬陳政的直系後代，有的僅為固始陳氏。《臺灣通志》引《楊姓大族譜》：始祖楊胄，亦為隨陳元光入閩的固始人。《臺灣通志》引《何姓族譜》：固始人何嗣韓，從陳元光入閩，因家焉。《雲陽方氏族譜》：始祖方子重，系光州固始人，隨陳氏父子入閩，僑居漳州。《桃源潘氏族譜》記載，在永春西達埔一帶的潘氏先祖，亦為隨陳元光入閩的光州固始籍人。另外，《漳浦縣誌》（康熙本）卷19，在談及隨陳氏父子入閩的將校時，涉及姓氏20餘個。如「婿盧伯道、戴君胄，醫士李始，前鋒將許天正，分營將馬仁、李伯瑤、歐哲、張伯紀、沈世紀等五人，軍謀祭酒等官黃世紀、林孔著、鄭時中、魏有人、朱秉英等五人，府兵校尉盧如金、劉舉、塗本順、歐真、沈天學、張光達、廖公遠、湯智、鄭平仲、塗光彥、吳貴、林章、李牛、周廣德、戴仁、柳彥深等一十六人」。以上這些人物，不但在其他方志中得到印證，也為某些家譜所認可。

家譜資料中更多的姓氏與唐末三氏兄弟入閩有關。如，《晉江風頭王氏族譜》載晉江城東鎮風嶺村的王氏為王審知之後。《福清陳氏宗譜》云：唐僖宗光啟二年，祖隨王潮入閩，開漳，而家福清之南陽村。《塘濱劉氏九耀公派斯譜》載：今晉江英林鎮的塘濱劉氏，先祖劉存及侄劉昌，於唐末自光

州率部入閩，開基福州風崗一帶，後又分居長東、福清，其裔孫於宋末元初由福清徙居晉江塔頭，歷經十世後又分居塘濱。《東石檗各氏族譜》：今晉江東石鎮黃氏的開基祖為黃龍，黃龍的祖父黃岸的祖先，系唐末由光州固始避亂居閩。《芙蓉李氏族譜》云：今南安梅山鎮芙蓉李氏，先祖為光州固始人，於五代從王潮入閩，其子孫因家於武榮（南安）芙蓉鄉。《銘山周氏族譜》云：今德化（銘山）赤水鎮銘愛村周氏先祖周梅林，於唐中和三年自固始從王潮入閩，居於仙溪之東鄉，後遷居延平郡之周田（今大田）。《詩山古宅吳氏族譜》云：今南安詩山古宅嶺兜吳氏先祖，唐僖宗時隨王審知由光州固始入閩，宋代吳氏定居今泉州鯉城浮橋鎮一帶（古武榮黃龍江），稱「黃龍吳氏」。明初吳大冶遷居南安古宅，遂稱「古宅吳氏」。《顏氏續修族譜》載：今永春達埔鎮中村的「蓬萊顏氏」，先祖顏泊，於唐末由固始入閩，居德化顧傑泗濱，又徙居今永春達埔。《沙堤蓬萊龔氏家譜》云：今石獅永寧鎮沙堤村龔氏因王潮自固始入閩，遂卜居於龔山。《虹山彭氏族譜》云：今泉州市鯉城區虹山鄉彭氏，又稱「山頂彭」，先祖於唐僖宗廣明元年，由河南光州固始遷閩之泉州，複遷城西之南安，宋初移居鯉城虹山，虹山開基祖為彭棍。《雙翰蘇氏族譜》云：今德化縣春美鄉、大銘鄉等地分佈的蘇氏，先祖蘇益以都統職隨王潮入閩，宋初蘇奉禮肇居於德化石城，其族人出洋者達200餘人。從目前收集到的家譜資料看，隨王氏兄弟入閩的姓氏較隨陳氏父子入閩者要多，也有的姓氏分別記述了這兩次遷徙，或者說與這兩次有關。

　　家譜資料中，也有的記載西晉末年的入閩活動與固始有關。如，《金墩黃氏族譜序》云：「晉永嘉中，中州板蕩，衣冠入閩，而我黃遷自光州之固始，居於侯官。」《崇正同人系譜》卷二云：「林氏，系出比干之後……秦漢以降，聚族於河南光州。東晉永和三年，林世蔭守晉安，因家焉。晉安，今閩侯也，是為入閩之始。」從目前見到的方志資料可知，西晉末年中原姓氏入閩者有八姓，林、黃、丘、何等，均為入閩的早期姓氏，但從正史及其他資料中，還找不到這次入閩與固始的關係，家譜所記，則另當別論。

　　從以上的情況可以看出，福建的族群對「光州固始」是十分認可的。一方面說明，唐代的兩次移民活動，對福建的影響非常大。閩台家譜，實際上最早的先祖為入閩始祖，入閩之前的世系，則有更多的虛構成分，但入閩始

「光州固始」的歷史文化解讀

祖之後的族系，應該說是基本可信的。另一方面，「光州固始」之移民，在當時均處於上層社會，社會的認知度也高，不排除當地的一部分居民，包括西晉末年的「入閩八姓」，甚至土著，攀附而上。這種風氣，其實由來已久，宋代史學家鄭樵在《家譜》後序中云：「吾祖出滎陽，過江入閩，皆有沿流，孰謂固始人哉？閩人稱祖皆曰自光州固始來，實由王潮兄弟，以固始之眾，從王緒入閩，王審知因其眾克定閩中，以桑梓故，獨優固始人，故閩人至今言氏族者皆曰固始，其實濫謬。」當然，鄭樵的話不無道理，但有些言重了。中國傳統的家族文化，有棄惡揚善、攀附名人之風，但所體現的更多的是文化認同，「光州固始」實則是中原文化的化身，也是中國正統文化的代表，這可能是族譜認同的本質所在。

「光州固始」作為一個較長時段的行政建置，尤其是唐代始有聯稱之名，因兩次大規模的入閩活動，因而對閩台族譜文化與方志文化，有著深深的印痕。直到今天，「光州固始」已成為豫閩台一脈相連的紐帶。它所體現的象徵性、根親性與神聖性，已深深地植根於豫閩台三地地域文化之中。毫無疑問，在閩台人的心中，「光州固始」就是唐山，就是原鄉，就是中原，是他們永遠的根。

文獻來源：2008固始與閩台淵源關係學術研討會論文，《固始與閩台淵源關係研究》，人民出版社2009年。

分蘖與聚合——閩南對中原文化的歷史記憶與族群認同

鄭 鏞

美國著名人類學家菲力浦·漢·博克在《多元文化與社會進步》一書中，論及人類社區的增長時認為有三種選擇方式：穩定、分裂和聚合。至於選擇何種方案取決於自然和文化力量的影響。[1] 以其理論研究漢晉以降中原地區向閩粵邊地的移民，以及明清時期閩粵向臺灣和東南亞地區的移民，當有啟發意義。

與其採用「分裂」表述人類社區變化，筆者以為不如用「分蘖」一詞更為確切。由此地向彼地進行規模性的人口移徙，可認定為族群分蘖。分蘖一詞源於生物學，指禾本科植物在地下或近地面處發生的分枝，通常在稍膨大而貯有養料的分蘖節上產生。中古時期中原地區向東南沿海地區尤其是今閩南地區的人口移徙可視為典型意義的分蘖。在漫長的歷史長河中，由分蘖——穩定——分蘖在不同的空間中往復發生，但文化上的族群認同卻一步步地走向聚合，並在聚合中產生了富有標示意義的文化符號——光州固始。

一、分蘖——在移徙中完成

就整個中國傳統文化的淵源及結構考察，中原文化一直具有特殊重要的地位和作用。

中原或稱中州尤其是其間的河洛地區在歷史上被稱為「天下之中」。李學勤先生在為《河洛文化與殷商文明》一書所作的序言《河洛文化與中原文化》中指出：「中原地區在中國歷史上之所以重要，一個重要原因就是它在地理位置上佔全國的中心，從文化內涵上能吸收和容納周圍甚至邊遠地區的文化因素。」從文化學意義上可以這樣理解：吸收、容納和凝聚各種文化因素是一種「聚合」，而文化的向外傳播輻射和影響則為「分蘖」。換言之，

中原與閩台淵源關係研究三十年（1981～2011）（修訂版）
分蘗與聚合——閩南對中原文化的歷史記憶與族群認同

分蘗是文化的有效擴散，聚合是文化的群體性認識。當然，在傳統社會中文化的「分蘗」與「聚合」主要還是由移民的規模運動來完成的。

今福建地區原為西漢王朝藩屬閩越國的領地，居住著「百越」中的一支——閩越族。漢武帝元封元年（西元前110年），統治閩越的餘善起兵反漢失敗後，漢武帝以「東越狹多阻，閩越悍，數反覆，詔軍吏皆將民徙處江淮間，東越地遂虛」。這一地曠人稀的空間氣候溫濕，四季常青，溪河縱橫，沖積平原土地肥沃，海岸線綿長，富有海鹽之利，是人類理想的生存之所。因此，遂有北方漢人陸續南下。

西晉末年，中州發生「永嘉之亂」，此後兵連禍接，動盪不安。許多門閥士族紛紛舉族南下至今蘇、浙、皖、鄂、湘、贛等地散居。有一部分先至浙江後再遷閩北，然後由閩江上游、中游而到達下游的侯官，再由侯官往南遷至木蘭溪流域、晉江流域和九龍江流域；其中可能也有一部分是從江西直接進入閩西，然後再到達閩西、閩南九龍江流域。[2] 誠如路振的《九國志》所說：「晉永嘉二年（308年），中州板蕩，衣冠始入閩者八族：林、黃、陳、鄭、詹、邱、何、胡是也。以中原多事，畏難懷居，無複北向，故六朝間仕宦名跡，鮮有聞者。」宋代陳振孫《直齋書錄解題》所引的唐代林諝《閩中記》也說：「永嘉之亂，中原士族，林、黃、陳、鄭四姓先入閩。」

2002年春，漳州市漳浦縣博物館搶救發掘了五座墓葬，出土了數十件隨葬品並發現了具有典型風格的兩晉南朝墓磚。其中有「泰元十一年」、「泰元十九年」、「泰元二十一年」三種紀年磚，應為東晉孝武帝之「太元」年。故可推斷墓群的修建不遲於東晉太元二十一年（396年）。這一墓群為家族墓地，應是南下避亂的北方人一路遷徙進入閩南的鹿溪流域定居後而選擇的安息處。這一家族的背景資訊現不明晰，但從他們隨葬的金銀器、鐵劍、瓷硯、銅鏡等判斷，絕非籍籍無名之普通流民，更可能是中原士族。而從墓磚的數量和紀年的種類看，附近應有專營的磚廠，有相當數量的熟練技術工人，說明鹿溪流域已聚居一群自成社區的漢人，有一個穩定的生活空間和商業網絡。與歷史文獻相印證，永嘉年間，確有一波中原移民潮。至義熙九年（413年）在今漳浦一帶，根據人口增長狀況設置了綏安縣也就在情理之中。①

一、分蘖——在移徙中完成

　　至唐代前期，九龍江流域已聚居了相當數量的漢人，但留居、出沒於丘陵山野間尚有為數不少的原土著閩越族的後裔和從嶺南一帶湧進的「蠻獠」民族。在這一區域的早期開發中，漢族移民和土著居民、「蠻獠」居民有較多接觸，同時也產生許多矛盾。南朝時，土著居民與漢族移民的矛盾、土著居民與官府的矛盾已經呈現。唐初，矛盾激化，爆發所謂「蠻獠嘯亂」。其時，中央政府已經在龍溪及閩西的新羅設立縣級政權機構。為了確立唐王朝在九龍江流域的統治，唐高宗麟德年間（664-665），朝廷派曾鎮府領諸衛將軍銜由中原率部鎮閩，駐紮九龍江東岸。總章二年（669年），朝廷複派歸德將軍陳政與曾鎮府更代，統嶺南行軍總管事，出鎮泉、潮二州之間的故綏安縣地（今漳浦、雲霄一帶）。當時，陳政率府兵3600多名、從征將士自副將許天正以下123員入閩。陳元光以鷹揚衛將軍的身分，隨同父親陳政領軍赴閩。

　　儀鳳二年（677年），陳政病故於軍中。其子元光以玉鈐衛翊府左郎將銜代領兵眾，時年21歲。同年，元光率輕騎收復為「潮寇」、「土蠻」所攻陷的潮陽。永隆二年（681年），元光潛師入潮州突襲「蠻獠」營壘，「俘獲萬計」，後又在盤陀嶺打敗「蠻獠」主力，泉潮間的「嘯亂」日趨平定。[3]

　　陳政、陳元光的率兵入閩，是一次具有移民性質的進軍，對漢民在閩南地區的開發作用甚巨。根據近人的統計，先後兩批府兵共約7000餘人，可考姓氏計有60餘。[4] 這些姓氏是否全部都是來自北方的漢民，還有待於進一步的探討。如有的族譜記載稱陳政入閩後，「乃募眾民的五十八姓，徙雲霄地，聽自墾田，共為聲援」[5]。但就整體情況而言，以上所統計當時開發九龍江流域的近90種姓氏，大部分應是從北方隨軍移民而來的。這數十姓府兵將士及其家眷，繁衍生息，形成了唐代開發九龍江流域的骨幹力量。

　　為了更有效地開發和統治閩南地區，陳元光上書朝廷，請求在泉、潮之間設置一州。垂拱二年（686年），朝廷准元光之請，在泉、潮之間置漳州，並以漳浦、懷恩（今雲霄一帶）二縣歸隸之，委陳元光任漳州刺史。漳州建立之後，為進一步穩定局勢，陳元光「奏立行台於四境，四時親自巡邏，命將分戍」，把所屬軍隊分佈於閩南各地。這四境是：「一在泉之遊仙鄉松州

保，上游至苦草鎮；一在漳之安仁鄉南召堡，下游至潮之揭陽縣；一在常樂裡佛潭橋，直至沙澳裡太武山而止；一在新安裡大峰山回入清甯裡盧溪保，上游至太平鎮而止」。[6] 於是，北至泉州、興化，南逾潮州、惠州，西抵汀州、贛州，東接沿海各島嶼，均為陳元光部屬的守戍地和開發地。陳軍將士所到之處，且守且耕，招徠流亡，就地墾殖，建立村落。從漳州建州到唐末的 200 餘年間，雖然中原地區有過不少戰亂，但福建一帶尚屬安定，這給陳元光及其部屬的後裔們在漳州各地繁衍生息提供了良好的社會環境。因此到了唐代後期，漢民在漳州的開發取得了很大的成效，逐漸縮小了與泉州等地社會經濟發展上的差距。

唐代前期陳政、陳元光父子率領府兵入閩守戍開漳，是北方漢民遷移福建的一個高潮。但並不是說唐代的其他時期就沒有北方漢人入遷閩中。事實上，從唐初直到唐代後期，北方漢人入閩幾乎是不間斷的。隨著福建與北方地區聯繫的加強，唐代其他各個時期都有不少漢民遷移而來，只是數量有多有少，規模不如唐前期陳政、陳元光率眾入戍那樣集中，遷居的地點比較分散而已。[7]

唐代後期，中原戰亂加劇，軍閥各據一方，民不聊生，北方士民再次南遷，形成了漢人入閩的又一次高潮。其中尤以王潮、王審知兄弟率部入閩的數量為巨。

王潮、王審知原為河南光州固始縣的農民，王氏兄弟乘黃巢起義之機組織鄉兵渡江南下，轉戰於江西、廣東。光啟元年（885 年），王氏部隊進入閩西、閩南，次年八月佔領泉州。景福二年（893 年），王氏部隊攻進福州，閩中各地紛紛降服。當時的唐朝中央政府實際上已經失去了對各地的有效控制，唐昭宗李曄只得任命王潮為福建觀察使，盡領閩中五州之地。王潮死後，其弟審知繼任。西元 907 年，唐朝滅亡，王審知被後樑太祖朱晃封為閩王。審知死後，其子延鈞於 933 年正式稱帝，改國號為閩。

閩國是中原移民在福建建立的第一個地方性割據政權，對於促進北方漢民的入閩影響很大。

一、分蘖——在移徙中完成

　　閩國建立後，王潮、王審知的部屬絕大部分都定居於福建。宋人陸游撰《傅正議墓誌銘》云：「唐廣明（880-881年）之亂，光（州）人相保聚，南徙閩中，今多為士家。」[8] 楊時在《龜山集》中便記載了閩北的一些追隨王氏兄弟入閩的家族。如建州的鄭氏，「諱縠，宇致剛，姓鄭氏，其先光州固始人，唐僖宗時避亂，從王潮入閩，居建城南鄉之龍池，故今為建州人」。[9] 又如浦城的章氏，「仔鈞仁王氏官至太傅，仔釗為泉州團練副使，兄弟俱有功於閩」。[10] 一些地方誌和族譜中也有這類記載。《崇安縣新志·氏族志》記述：丘氏，唐僖宗時有丘禎、丘祥、丘福兄弟三人由固始隨王潮入閩，居崇安之黎陽。張氏，「唐廣平（明）間，張威偕兄感、弟咸由固始入閩，威居建陽，感居三山，咸居浦城。威孫義贅於本邑會仙裡……遂留居於此。其子孫散處於下梅吳屯及大渾之西山」。[11] 福州一帶尤多原屬王審知部下的後裔。如：陳姓，「隨王氏入閩……陳岩觀察福州，居閩」；詹氏，「唐光啟年間……有詹敦仁者亦隨王氏來閩」；張氏，「唐季張睦自固始隨王氏入閩」；吳氏，「唐末有吳文卿者，自固始隨王氏入閩，卜居井關外」；郭氏，「其裔於鹹通中從王氏入閩」。[12] 再如福州閩縣的李、王二姓，也是王氏入閩之時部屬的後裔，《福建通志》載云：「李相，本壽州人……王緒未起時，為媼貰酒，數負責，又醉毀媼酒舍，相怒欲毆之，媼躩之曰：『天下方亂，此壯士也。』遂與為刎頸交。王緒起兵，相從之。王潮殺緒，相匿其孤建齊於山中，以其少子與建齊易名而呼。居三日，潮果索建齊，其少子應曰諾，遂見殺。卒與建齊俱從軍，居福州閩縣，冒姓李。至其曾孫榮，乃複故姓，兩家以兄弟數。宋時子孫鹹至大官矣。」[13] 這班追隨王氏兄弟入閩的部屬，因王氏在福建的得勢，大多也成了一方新貴。他們利用政治上的優勢，各自在福建尋找合適的地點定居下來，從而成為地方上的顯姓。

　　眾多北方的政客、士子、文人也隨之入閩。閩國作為五代十國時期一個獨立割據的政治群體，為了與鄰國對抗，取得生存的權利，王潮、王審知兄弟在福建建立了比較完善的政治體制。這不僅需要軍隊作為地方政權統治的支柱，同時也需要政治、文化等多方面的人才。因此，他們十分注重延攬其他各方面的人才，禮賢下士，發展文化。於是，當時隨王氏兄弟入閩的中原人士，除了軍隊之外，還有眾多落難的政客、士子、文人等。而另一方面，

中原與閩台淵源關係研究三十年（1981～2011）（修訂版）
分蘗與聚合——閩南對中原文化的歷史記憶與族群認同

中原朱晃篡後梁政權濫殺世家縉紳，士子、文人四處逃散，遠離中原的福建便成了戰亂中較為理想的避亂場所。當時中原有名的文人、學者，如李洵、王滌、崔道融、王溧、夏侯激、王拯、楊承休、楊贊圖、王倜、歸傳懿等，「皆以文學之奧比偃、商，侍從之聲齊袁、白，甲乙升第，岩廊軺望，東浮荊襄，南游吳楚，謂安莫安於閩越，誠莫誠於我公（指王審知）」。[14]《新五代史》亦記載：王審知「好禮下士。王淡，唐相溥之子（王溥為朱晃所害），楊沂豐，唐相涉從弟，徐寅，唐時知名進士，皆依審知仁宦」。[15] 再如唐末著名詩人韓偓，字致光，京兆萬年人，仁至翰林承旨、兵部侍郎，也曾觸忌於後梁太祖朱晃，險些喪命，於是挈族入閩，依傍王審知。這班文人才子相聚於福建，有了安身之地和發揮才能的空間，故五代是福建文教發展的一個重要時期，清末陳衍曾評這一時期福建的文化事業說：「文教之開興，吾閩最晚，至唐始有詩人，至唐末五代，中土詩人時有流寓入閩者，詩教乃漸昌，至宋而日益盛。」[16] 這一評述反映了福建地區的正統封建文化教育發軔於唐代前期，至唐末「中土」士人大量南來，漸成規模，至宋而興盛的基本史實。

由於王審知父子所建立的閩國在福建全境設立了比較完整的政治體制，因此，這一時期入閩的北方漢民，在福建地域上的分佈要比以往幾次更為廣泛，可以說基本上遍及福建各地。同時，在漢晉以來的移民大多佔據自然條件比較優越的閩江下游流域、九龍江流域、晉江流域等沿海地帶的情況下，這一時期入閩的漢民，有逐漸向偏僻山區拓展的趨向。

至趙宋全國性政權建立的 960 年，北方漢人，特別是人口較稠密的中原地區漢人已完成較有規模的向福建的移民，這一移民過程也是中原文化向中國東南沿海的傳播過程。東晉南遷漢人帶來的中原文化與生產技術可從出土文物得到證實。陳政、陳元光率軍平亂更是注重恩威並施，特別是「創州縣，興庠序」，建置了中國最早的書院之一——松州書院，聚生徒而教之，此後「民風移醜陋，士俗轉醞醇」。至唐貞元八年（792 年）龍溪周匡業明經及第，唐元和十一年（816 年）其弟周匡物進士及第，越二年，漳浦潘存實又登科時距漳州建州已有 130 年，實現了當年陳元光「縵胡之纓化為青衿」的預定目標。

二、聚合——在認同中強化

　　唐末五代閩國建立後,除大量文人士子來附外,一大批僧侶也慕閩國主好佛之名紛至遝來,佛教在閩地廣為傳播,至南宋人稱泉漳二州為「佛國」,謂「此地人稱佛國,滿街皆是聖人」。

　　以上史實說明族群文化分蘗後,離開母本的分株異地植根、生長、開花、結果需要一個較長的週期,然後再衍發為一種既保留母本的若干文化基因又有別於母本的新的文化生態。

二、聚合——在認同中強化

　　其實,自東晉到唐末五代時期,遷徙入閩的北方漢人雖以中州士民為主體,但並非全都是中原人士,更不是全來自光州固始,還混雜了北方其他各地的士民百姓:「王彥昌,其先琅邪人,自東晉肅侯彬遷於閩,居龍溪後析龍溪置漳浦,遂為漳浦人。」[17] 琅邪為西晉時山東膠南縣名,可知王氏的一支是由山東入閩。陳政入閩後,也在泉、潮之間「乃募眾民得五十八姓,徙雲霄地,聽自墾田,共為聲援」[18]。這五十八姓應是唐代前期之前陸續入閩定居的各地漢人,甚至可能含有被同化的當地土著。唐末五代亦複如是:「自五代亂離,江北士大夫、豪商、巨賈,多避亂於此,故建州備五方之俗。」[19] 宋人楊時在《龜山集》中記載了閩北的漢族居民,其中便有不少是在唐末五代時入遷而並非河南籍者。如在《翁行簡墓誌銘》中稱:崇安翁氏,來自中原京兆,「其先京兆人,唐末避地,子孫散居七閩。公之六世祖,徙家建州之崇安白水鄉,故今為崇安人」。邵武泰甯鄒氏,「先生諱某,宇堯叟,姓鄒氏,其先出於魯國之郏,唐季之亂,避地閩中,故今為邵武軍泰寧人」。福州陸氏,「其先吳郡人,六世祖權,唐末為建安縣丞,值中原亂,不克歸,因家福州之侯官,故今為侯官人」。邵武李氏即南宋宰輔李綱的祖先,原籍江南,《李修撰墓誌銘》云:李綱之父,「宇斯和,其先江南人,唐末避亂,徙家邵武,故今為邵武人。曾祖諱待,仕閩以武力顯」。浦城周氏,其先為遂昌人,《周憲之墓誌銘》云:「公之遠祖,避唐亂,自遂昌徙浦城,故今為浦成人。」沙縣張氏,「高祖照仁南唐,攝汀州幕官,遭亂退居沙縣,故今為南劍沙縣人」。當時甚至連李唐宗室,也有避亂入閩者。如李撰,「宇

子約，姓李氏，本唐諸王苗裔，其先恭王明乙太宗子國於曹。……子孫蕃延與唐始終，今班班可紀。世居陳留，至公之七世祖澄為溫州永嘉令」，始遷福州之連江[20]。其他如安溪周氏，「周樸，宇太朴，吳興人，唐季避亂，初隱於安溪縣小溪場南山下，所居有塘，因名周塘」。廈門陳氏，「陳黯，宇希孺，穎川人，十歲能詩，早孤，事母至孝……黃巢之亂，黯奔遁終南山，後隱同安之嘉禾嶼」。建陽江氏，「江文蔚，宇君章……其先濟陽考城人也，徙籍建安，世為大姓」[21]。以上這些姓氏，均非來自河南固始。[22]

至於陳政、陳元光的籍貫，學界爭論不休，究其原因，自有其史料上的稀缺不全，也有認識的各執一端。目前，有三說。

一是「嶺南首領」說，導源於唐人張 的筆記小說《朝野僉載》和明人黃佐的《廣東通志》。前者云「周嶺南首領陳元光設客……」[23]，後者直稱陳元光為廣東「揭陽人」，但後面一句是「先世家穎川」，[24] 值得治史者玩味。

二是「河東說」。最早、也較可靠的史料見諸唐人林寶的《元和姓纂》，該書「諸郡陳氏」曰：「司農卿陳思問、左豹韜將軍陳集原、右鷹揚將軍陳元光、河中少尹兼御史中丞陳雄，河東人。」[25] 宋人王象之《輿地紀勝》「循州威惠廟」條載：「朱翌《威惠廟記》云：陳元光，河東人，家於漳之溪口。」[26] 明人林魁等所纂修的《龍溪縣誌》中也沿用「河東說」云：威惠廟「在城北門外，祀唐將軍陳西元光。公河東人。父政，以諸衛將軍戍閩」。[27] 同一時期的蕭廷宣所撰《長泰縣誌》也云「威惠廟，勅靈著順應昭烈廣濟王，姓陳氏，諱元光，系出河東」[28]。崇禎初梁兆陽主修的《海澄縣誌》「儒山廟」更引宋本《淳祐清漳志》曰：「靈著順應昭烈廣濟王，姓陳氏，諱元光，系出河東。」[29]

三是「光州固始說」。明末何喬遠《閩書》卷 41「君長志」記陳元光為光州固始人。魏荔彤康熙間主修的《漳州府志》載：「陳政，宇一民，光州固始人。父克耕從唐太宗攻克臨汾等郡，政以從征功，拜玉鈐衛翊府左郎將，歸德將軍。」[30] 嘉慶間董浩總裁的《全唐文》曰：「元光宇廷炬，光州人。」[31] 明清間的諸多姓氏宗族譜也都認為陳氏一脈來自河南光州，穎州為其郡望，

如漳州地區的《穎川開漳陳氏族譜》、廣東海陽宋朝人許君輔所編《韓山許氏族譜》皆載陳元光為「光州固始」人。

南遷漢人為抬高門第附會冒籍的做法由來已久，五代北宋時出於功利的需要，相當一部分姓氏攀附王潮、王審知光州固始籍，這一現象被南宋的福建莆田人方大琮所詬病，說：「王氏初建國，武夫悍卒，氣焰逼人。閩人戰慄自危，謾稱鄉人，冀其憐憫，或猶冀其拔用。後世承襲其說，世（祀）邈綿，遂與其初而忘之爾，此閩人譜牒，所以多稱固始也。」[32] 著名史學家鄭樵亦說：「今閩人稱祖者，皆光州固始。實由王緒舉光、壽二州，以附秦宗權。王潮兄弟以固始之眾從之。後緒與宗權有隙，遂拔二州之眾入閩。王審知因其眾以定閩中，以桑梓故，獨優固始。故閩人至今言氏譜者，皆云固始。其實謬濫云。」[33] 至明代同安洪受甚至還寫了篇頗有影響的文章《光州固始辨》[34]，力議閩南族群並非來自光州固始。說明南宋末起，這種否定性的觀點甚有影響。

其實陳政、陳元光一脈的陳氏家族並不屑於攀附王氏。陳氏軍功世家，自陳政起，後陳元光、陳珦、陳酆、陳謨五代守漳，自總章二年（669年）到元和十四年（819年）經營閩南達150年之久，家族、部眾勢力之強，門第之顯赫眾所周知，入漳時間又遠早於王審知家族。陳氏子孫完全沒有理由去攀附王氏而改其籍貫。

根據陳政、陳元光家族唐初的移徙變遷，陳氏籍貫的三說均有可採信的理由，可綜而析之。據《元和姓纂》陳政一脈「系出河東」應無歧義。此為祖籍地，而光州固始則為陳政父陳克耕從唐太宗平天下後奉命率部駐紮之地，並由此出鎮潮泉之間。嶺南首領說也不能輕易否定。這是幾乎與陳元光同一時代的文人對其南下後身分的認定。據《唐書·地理志》和《元和郡縣誌》以及宋人吳輿的《漳州圖經序》載因陳元光奏請建置的漳州很長一段時間劃歸嶺南道，漳州自初建至天寶元年的50多年間隸於嶺南道。天寶十載，漳、潮二州又從福州都督府治下分出，劃歸嶺南道。張將陳元光當做「嶺南首領」——漢人軍事集團的領袖人物也是可以理解的。筆者贊同清代康熙年間學者莊亨陽等所纂《龍溪縣誌》對祖籍、出生地、生活區域的處理方法。該

志「唐列傳」首列「陳珦」曰:「陳珦,宇朝佩,先固始人,祖政,父元光,開漳因家焉,遂為漳州人。」[35] 陳珦既可稱「漳州人」,陳元光長年率軍赴潮平寇稱為「嶺南首領」也無不可,但「嶺南首領」絕不能誤認為是「嶺南土著」。

概言之,筆者認為陳氏家族的籍貫三說可以並存統合:河東是其祖籍地,光州固始是其駐紮家居、奉詔出征地,嶺南為其征戰戍守地。

唐以來陳元光的後人為何在自家宗族譜上認定是光州固始人?陳氏隨行部將後裔亦大都認光州固始籍,如漳州龍海洪岱蔡氏祠堂楹聯曰:「濟陽衍派,上溯周姬分固始;鴻山發跡,邐思祖澤啟清漳。」漳州方姓奉隨陳政入閩的隊正方子重為肇基始祖。雲霄縣陽霞村建有「昭德將軍方子重祠」楹聯曰:「輔王師,出固始,萬里戎機安閩粵;傳衍派,播漳州,千秋業績啟雲陽。」誠如清乾隆《龍溪縣誌》所指出的:「陳元光,光州固始人,王審知,亦光州固始人,而漳人多祖元光與泉人多祖審知,皆稱固始。」[36] 甚至漸被同化的閩越土著後裔也追隨入閩漢人改稱自己的祖先來自光州固始,即所謂「閩自漢武遷其民於江淮之間,盡墟其地,故後世氏族半屬中州,然《路史》謂閩乃蛇種,若黃、林是其土著,餘考二氏譜牒,又似不儘然……皆曰光州固始」[37]。這是值得關注的社會文化現象,其中蘊藏著族群遷徙、文化傳播若干密碼。

通常情況下,由分蘖而遷徙的族群習慣於對先輩遺傳下的歷史文化資訊進行篩選,而後進行重新組合和認同。閩南的陳氏家族以及其他相當一部分氏族不論是否為唐初隨陳政、陳元光入閩,大都在族譜上鄭重標明是來自中原(中州),來自光州固始,並非全然受唐末王潮、王審知入閩建國的時尚影響,而更重要的是反映一種典型的族群認同,更確切地說是對中原文化的認同。造成這一認同的原因有三:

其一,中原在中國的特殊地位。中原在很長時間裡一直是中國的政治經濟中心。漢代班固說:「崤、函有帝王之宅,河、洛為王者之裡。」從中國文明形成的唐虞,到夏、商、周三代王朝,都城大都在這一地區。其實司馬遷在《史記‧貨殖列傳》中已經比較細緻地講過:「昔唐人都河東,殷人都

河內,周人都河南。夫三河在天下之中若鼎足,王者所更居也,建國各數百千歲。」現代考古學的田野工作對此作出了證明,經發掘研究有可能屬於唐虞的山西襄汾陶寺,可能屬於夏初的河南登封王城崗,夏代的偃師二里頭,商代的偃師屍鄉溝、鄭州商城等遺址,都在晉南豫北,環繞河洛地區。周人本立都於陝西關中,灃水沿岸的豐鎬,伐商後在今洛陽建立東都,形成宗周、成周兩都相峙的局面,以及橫貫中原的王畿區域,為此後漢、唐的長安與洛陽兩京奠立了基礎。中原也是北宋以前中國經濟的中心。中州素為「天下之大湊」,是貿易往來、通達四方的樞紐。同時,中原地區是文化的中心。洛陽、開封等均是中古時期文化薈萃之地,河圖、洛書,學術、巫術,交融激蕩,輻射八方,蔚為大觀。

其二,程朱理學的價值取向。明清時期的家譜、族譜多為族中的文人士子所編纂,在有關族源史料稀缺的情況下,其文化價值取向關乎氏族來源。中華文化主幹儒家學說至宋演化為理學,廣義上說有濂、洛、關、朔、蜀、閩和陸九淵的心學。源於河南洛陽的二程的洛學代表理學正脈。朱熹在系統整理二程遺說的基礎上,加以創造性闡發,同時又博采周敦頤、張載、邵雍等部分思想精華,建立了完整的閩學體系。閩學,或確切地說是朱子學,在閩南學人中被尊為正統。朱子曾任職過同安主簿、漳州知州,被稱為「大儒過化之地」並漸為「海濱鄒魯」,從學緣上看,從洛學到閩學是中原文化播遷、演進的結果。學術上的道統經知識份子的傳播,轉型成為閩南族群的「族統」認同。族統是一個或多個族群對其族源的共同認知和集體記憶,在閩南具體表現為:在修纂族譜、家譜時有意識地如實記載或「矯正」族源出處,並集中地指向中州大地。明清時期這種情況普遍發生。族統在某種程度上往往超越血統,成為族群的共同歷史記憶,成為族群的精神紐帶,並長期、廣泛地產生影響。

其三,陳元光將軍的神化。北宋慶歷年間曾任漳浦縣令的呂璹《威惠廟》詩云:「當年平賊立殊勳,時不旌賢事忍聞?唐史無人修列傳,漳江有廟祀將軍。亂螢夜雜陰兵火,殺氣朝參古徑雲。靈貺賽祈多回應,居民行客日云云。」[38] 傳遞出唐代漳江畔已有廟祀陳元光將軍的訊息。北宋餘靖《武溪集》中《宋故殿中丞知梅為陳公墓碣》文中載陳坦然曾於天聖年間(1023-1031

中原與閩台淵源關係研究三十年（1981～2011）（修訂版）
分蘖與聚合——閩南對中原文化的歷史記憶與族群認同

年）任漳浦縣令，「邑西有陳將軍祠者，郡圖云：儀鳳中勳府中郎將陳元光也，年少強魂，邦人立廟享祠甚謹，日奉牲幣無算。歲大旱，遍走群（郡）望弗雨。公（陳坦然）乃齋潔詣祠下，禱云：『政不修者令之負，禱無驗者神之羞。國家崇祀典所以祈民福也。祀苟不應，何用神為。』即鑰扉與神約曰，七日不雨，此門不復開，縱祠為燼矣。行未百步，颶風拔巨樹，僕於道。俗素信鬼，及是，吏民股戰神之怒。公徐曰，民方嗷，何怒之為？乃援轡截樹而去。果大雨，田收皆倍。邑人刻詞以紀其異。」[39] 這一史料的發現說明北宋初漳浦即有陳將軍祠，且香火鼎盛，信眾甚多。可與南宋紹熙元年（1190年）知漳的章大任所撰《威惠廟記》相印證。該記曰：「靈著順應昭烈廣濟王廟食於漳，歷年數百，祭皿未嘗一日干也……」[40] 自宋代起，被當地土著酋首襲殺而歿的陳元光將軍，屢屢「顯靈」並很快轉化為一尊官民共祀的保境安民之神。所以素信神鬼的漳人「多以為祖」，祈求庇佑。這一閩南民間習俗至明清還衍化為男性嬰幼兒認神明為義父求其護佑的民俗。民間信仰的最大特點是禳災祈福。與神明的同族、同源當是百姓的精神慰藉的需求，是重血緣、亞血緣關係的生動體現。由敬仰陳元光的開漳之功，進而崇拜陳將軍神靈，再到攀附陳元光的族源出處，便成為文化聚合的一種消除地域差異、實現天地神人和諧的獨特景觀。

　　經歷了1300多年的風霜雪雨的磨洗，許多歷史資訊在傳遞中消隱、失真，而一些具象徵意義的文化符碼卻逐漸浮現、凸顯。至遲到明清時期，光州固始在閩南族群中已成為了無可替代的文化符碼。文化符碼的浮顯與確認在某種程度上比局部的歷史真實更為重要，因為有了符碼，族群的文化基因方可遺傳，歷史記憶才不會在歲月長河中流失。特別需要指出的是，隨著閩南族群向臺灣的遷徙，「光州固始」的文化符碼被進一步放大，可以說，當今約1800萬祖籍閩南的臺灣同胞，原鄉為福建閩南，祖地則是河南光州固始。正因為族統觀的影響與作用，中華民族的文化聚合也在族群認同中得到不斷強化，並轉化為生生不息的民族凝聚力。

文獻來源：2008固始與閩台淵源關係學術研討會論文，《固始與閩台淵源關係研究》，人民出版社2009年。

二、聚合——在認同中強化

作者簡介：鄭鏞，《漳州師範學院學報》編輯部主任，教授，福建省漳州市歷史學會會長。

注　釋

[1]. 菲力浦·漢·博克：《多元文化與社會進步》，遼寧人民出版社，1988 年版，第 118 頁。

[2]. 林國平主編：《福建移民史》，方志出版社，2005 年版，第 30 頁。

[3]. 參見何喬遠：《閩書》卷 41；光緒《漳州府志》卷 22。

[4]. 參見民國《雲霄縣誌》，《臺灣省通志·氏族》；又參見陳嘉音：《漳州開發史考辨》，《唐初戍閩府兵的來歷》（未刊稿）。

[5].《白石丁氏古譜》卷上。

[6]. 光緒《漳州府志》卷 23。

[7]. 林國平主編：《福建移民史》，方志出版社，2005 年版，第 32 頁。

[8]. 陸遊：《渭南文集》卷 33。

[9]. 楊時：《龜山集》卷 37。

[10]. 楊時：《龜山集》卷 35。

[11]. 民國《崇安縣新志》卷 4。

[12]. 光緒《侯官縣鄉土志》卷 5。

[13]. 道光《重纂福建通志》卷 170。

[14]. 黃滔：《黃御史集》卷 5。

[15].《新五代史》卷 68。

[16]. 陳衍：《補訂閩詩錄敘》。

[17]. 道光《重纂福建通志》卷 170。

[18].《白石丁氏古譜》卷上。

[19]. 陳支平：《福建六大民系》，福建人民出版社，2001 年版，第 47-48 頁。

[20]. 以上均見楊時：《龜山集》卷 30、卷 31、卷 32、卷 34、卷 36、卷 37。

[21]. 道光《重纂福建通志》卷 170。

[22]. 黃仲昭：《八閩通志》卷 3「風俗」。

[23]. 張：《朝野僉載》卷 2，唐宋史料筆記叢書本，中華書局，1979 年版，第 78 頁。

[24]. 嘉靖《廣東通志》卷 515。

[25].嘉靖《長泰縣誌》卷下。

[26].王象之：《輿地紀勝》卷 91。

[27].嘉靖《龍溪縣誌》卷 3。

[28].林寶：《元和姓纂》卷 3。

[29].崇禎《海澄縣誌》。

[30].康熙《漳州府志》卷 19。

[31].《全唐文》卷 164。

[32].鄭嶽：《莆陽文獻》卷 7。

[33].鄭樵：莆田《南湖鄭氏家乘·滎陽鄭氏家譜序》。

[34].《同安縣誌》「藝文志」。

[35].康熙丁酉版《龍溪縣誌》卷 7。

[36].乾隆《龍溪縣誌》卷 21。

[37].惠安《峰城劉氏族譜》卷首。

[38].康熙《漳浦縣誌》卷 18。

[39].餘靖：《武溪集》卷 20，《四庫全書》集部。

[40].嘉靖《龍溪縣誌》卷 3。

從歷史向文化的演進——閩台家族溯源與中原意識

陳支平

在當今的閩台民間社會，人們在談論自己家族的演變歷史時，大都認同祖先源自於中原地區，特別是中原的光州固始縣一帶。光州固始成了閩台民間社會的一個家族溯源的永久性記號。豈止閩台，在華南的珠江三角洲一帶，以及散佈於南中國各地的「客家」民系，也都有其各自的家族溯源的永久性記號，譬如珠現巷、石壁村、山西洪洞縣大槐樹下、河洛等等。那麼，我們應該如何來認識和理解這一家族以及族群歷史演變的「集體記憶」呢？

一、核心與邊陲的心態交織

上古時期的中國南方地區，是所謂的「百越紋身地」。秦漢時期，逐漸有中原的人民遷入。唐宋以後，中原南遷的漢民後來居上，成了中國南方地區的主要居民，原先的百越土著反而成了「少數民族」。從中原政治文化中心的漢民看來，「百越紋身地」無疑就是十足的邊緣區域或者說是邊陲區域。

北方漢民族的南遷，一方面給東南地區帶來了先進的社會形態與生產方式，促進了南方地區的開發；另一方面，也在這一代代的漢民後裔的文化意識中，積累了嚮往北方漢民族核心的牢固心態。再加上長期以來北方南遷漢民在東南地區的繁衍生息、興衰存亡的艱難延續，促使這裡的漢民形成了攀附中原世家望族的社會風氣[1]。於是，嚮往中原核心的文化邊緣心態便在東南地區的民族意識中世代相傳、牢不可破。

這種邊緣文化心態反映在福建地區以及後來延伸的臺灣地區，同樣也是十分顯著的。遠古閩地，人文之進步，遠不及中原地區。福建的社會經濟與文化開發史，無不與北方移民的入閩緊密聯繫在一起。從漢武帝時滅閩越國設冶縣、三國時孫吳設建安郡以來，經歷晉代與南北朝的所謂八姓入閩、唐代前期陳元光進漳、唐末五代王審知建閩國。這些帶有福建歷史進程里程碑

性質的事件，無不由於北方中原強勢力量的南遷而形成的，閩中的原有居民似乎始終處於一種比較被動的境地。從福建文化傳承史的角度來考察，無論是鄉族社會的建構，道德價值觀的承繼，還是國家核心主導地位認同等等諸多方面，都在不同程度上顯露出中原核心與福建邊陲的矛盾複雜心態。

事實上，我們縱觀中國古代歷史的傳統闡述，從總體上看，是以北方中原地區的歷史發展為主要闡述脈絡的，甚至可以表達為一種「北方中心論」或「中原中心論」。南方地區上古史的研究，文獻既少，且不足憑靠；傳統文獻中有關南方歷史的記載，大約只可作為印證、闡釋或附會之用。總的說來，北宋中期以前，有關南方地區歷史的記載，可以說主要出自北方士人或持華夏正統觀念的南方士人之手，他們對南方地區的描述，主要是立基於華夏正統觀念以及中原士人觀念的，並且在這種觀念之下衍伸出對於南方地區的看法，而並非南方社會經濟文化乃至環境的客觀實際。正史中的記載尤其如此。我們曾仔細分析了自《後漢書·蠻傳》以來有關「蠻」的記載，說明這些記載所反映的所謂「南方蠻」，只是華夏士人的看法。其他的許多著述，也都帶有濃郁的華夏士人風格，有明顯的偏見。[2]

宋以來，中國南方的士子們在繼承和補強中國正統的倫理文化規範上作出了傑出的貢獻，以朱熹為代表的南方理學家群體對於中國後世的文化貢獻成為眾所周知的事實。然而我們在閱讀早期南方士子們求道為學的著述時，不難從中看出他們津津樂道於自己已經成為一名「正統文化者」的心態。而這種「正統文化者」的表述中，自己已經不知不覺地演化成為一名亦步亦趨的北方文化中心標識的追隨者。我們在福建楊龜山的家鄉，看到了他立願逝世後葬身於墓門朝北遠望北方師門的墳塋；我們在遊酢的鄉里，到處可以聽到和看到關於他們「程門立雪」的傳說記述。老實說，對於這樣的傳說和記述，我一直心存疑問：程氏作為宋代儒學的代表性人物，為何會如此不合情理而有悖於孔聖人誨人不倦的教訓、苛待南方學子？這種帶有明顯矯情意味的傳說，其背後似乎隱藏著一個難於言喻的文化心態，即把自己變成一名北方式的「士子」為榮耀。正因為如此，我們所看到唐宋時期許多南方人所留給我們的文獻，與其說是「南方人的著述」，倒還不如說是「南方人替北方人著述」，恐怕更為妥切。

當然，隨著南方地區社會經濟以及文化的繁榮並且出現了超越北方的趨向的時候，南方士子的文化心態也會出現許多微妙的進化。這一點，我認為宋代依然是一個極為關鍵的時代。眾所周知，北宋時期，許多著名的北方士子，對於南方的變化及士子的湧現，很不以為然，甚至出現了某些鄙視謾罵的文字。然而自從「朱子學」以及「閩學」形成之後，這種局面發生了根本性的變化。因此，我們對於「朱子學」的研究，僅僅著眼於理學的層面是遠遠不夠的。朱子學的形成，對於南方文化的自覺，可以說有著承先啟後的偉大貢獻。也許可以這麼說，朱熹以及同時代的南方知識份子們，一方面依然如他們的前輩一樣，不斷反覆地闡述著來自北方的正統意識，而另一方面，又不能不在南方與北方文化分野的夾縫中表現自己的某些意志。這種兩難的行進，需要幾代人的努力。我認為，一直到了明代中後期，像李贄、陳白沙等南方士子，才能夠比較明顯地表露了南方文化的某些價值意願。

中國北方與南方文化發展史的進程及其差異，對於南方民族史文化意識的形成與演變的影響是毋庸置疑的。雖然說自唐宋以來，北方遷移而來的漢民已經成為南中國特別是福建等區域的居民主體，但是在文化核心與邊陲觀念的長期薰陶下，家族制度及其組織的每一步發展，無不冠上追溯中原的輝煌帽子。這種歷史文化的慣性，直至今天依然如此。

二、演進中的歷史與文化

在中國文化發展史的籠罩之下，中國南方的家族源流史也就出現了從歷史事實向文化意識的方向演進的趨勢。

秦漢以來，中國北方各地的民眾遷移到南方各地，這是不爭的歷史事實。但是他們在北方的祖籍地，並不是僅限在有數的幾個區域之內，而是幾乎遍佈於中國北方的各個郡縣。然而也就是在這個時代，中國南方的家族溯源史，開始逐漸地合流到有數的幾個中原地域之內。就閩台區域而言，比較集中的祖籍地就是所謂的「中原固始」了。

宋代之前，中國民間撰寫族譜的風氣尚未全面形成，故各個漢民家族對於先祖的追溯，或許主要停留在世代的口傳之中。入宋之後，特別是在理學

從歷史向文化的演進——閩台家族溯源與中原意識

家的宣導之下，民間修撰族譜的風氣開始蔓延，先祖的追溯便成了撰寫族譜的一項重要內容。於是，先祖的典籍化就不可避免了。根據各自家族的族譜的記載，大家可以非常自豪地對外聲稱自己的家族具有中國最純正的中原漢民族並且是世家望族的嫡傳血統。

北方漢民自秦漢以來遷移閩中，早先雖然也經歷了西晉的永嘉年間動亂、唐初高宗時期府兵入閩的兩次高潮，但是這兩次漢民入閩畢竟距離宋代已經有好幾百年的時間，對於先祖的追溯比較模糊。而在唐末五代時期的河南光州固始縣的王潮、王審知兄弟的率部入閩，不僅時間接近，而且王審知第一次在閩中建立了閩國，建立了比較完備的政治統治體制。因此，作為北方漢民入閩的第三次高潮，光州固始縣人王審知政權，對宋代福建區域的人文格局及民間社會，產生了直接而且深刻的影響。[3]

正如前面所述，宋代，特別是南宋時期，是中國南方文化既追溯「中原正統」而又進化自覺的轉型時期。民間家族組織的重構與族譜的編撰，成了這一時期南方文化轉型的一個重要標誌。人們在塑造自己先祖的時候，首先把眼光注視在帝王之胄的王審知兄弟子侄，以及與王氏集團有著某種政治關聯的姓氏上面，並且以此來炫耀自己家族的輝煌歷史與顯赫地位。久而久之，許多家族逐漸忘卻了自己真正的祖先，張冠李戴，模糊難辨，最終出現了祖先淵源合流的整體趨勢，即許多家族都成了王審知及其部屬的後裔。宋代福建民間族譜修撰攀附顯貴這一風氣的形成和流行，當時福建籍著名的史學家、譜學家鄭樵在為自家族譜撰寫的序言中已經看得十分清楚：

今閩人稱祖者，皆曰光州固始，實由王緒舉光、壽二州以附秦宗權，王潮兄弟以固始眾從之。後緒與宗權有隙，遂拔二州之眾入閩。王審知因其眾以定閩中，以桑梓故，獨優固始。故閩人至今言氏譜者，皆云固始，其實謬濫云。[4]

其實，對於宋代福建民間族譜攀附王氏固始縣的這一習氣，一部分文化修養較高的福建修譜者們也是相當清楚的。如泉州《鑒湖張氏族譜》明嘉靖十九年張繼明序云：「宗之有譜，所以紀世系、明族類、示仁孝也。……蓋五季之末而宋之始歟？然世遠文宇湮廢，自一世至十三世名宇世數已不可得

而詳，又云來自光州固始。蓋泉（州）敘譜之通說也。」[5] 安溪《陳氏族譜》亦云：「譜閩族者類皆出自光州固始，蓋以五代之季王審知實自固始中來也。……而必謂閩中族氏皆來自固始者，誕甚！」[6] 在這樣的社會習氣之下，不用說一般的貧窮族姓，即使是早先入閩的一些名門大族，其後裔也在不知不覺中被引入其中。唐初率領府兵入閩開發漳州被後世尊稱為「開漳聖王」的陳元光子孫，從宋明以來也逐漸把自家原屬於河東的籍貫，改稱為河南光州固始縣了。[7] 再如與陳姓同稱為「閩台半天下」的林姓，至少從唐代開始就號稱是商紂王時期的名臣比干的後代。中原的郡望為「博陵」、「下邳」等，本與河南固始不相干。但是到了宋代以後，不少福建的林姓，其祖籍也變成了河南固始。陳、林二著姓尚且如此，則其他的姓氏之攀附河南固始的世家望族由此可知。

不僅僅漢民家族的族譜修撰如此附會合流，即使是早先屬於閩中土著的一些族群的後裔，也在宋代的這一風氣中變更其初，把越人變成十足的漢民姓氏。南宋時人王象元曾在《輿地紀勝》中說：「閩州越地，……今建州亦其地。皆蛇種，有王姓，謂林、黃等是其裔。」[8] 現存於福建及東南地區的許多少數民族家族，從明代以來開始仿效漢民家族修撰族譜，也存在類似的情況。隨著北方南遷的漢民在東南地區迅速蔓延並且取得主控權之後，殘留在這些地區的少數民族如佘族、蛋民，以及唐宋以後從波斯海地區東來的阿拉伯人的後裔，逐漸受到漢民族的影響，也因其生活環境的需求，不得不也把自己的祖先，攀附在中原漢民的世家望族之上。我們現在所閱讀到的東南地區佘族、回族的族譜，雖然其中或多或少保存了他們自己族源追溯的某些特徵，但是從始祖的塑造上，則是毫無例外地變成了與漢族相關聯的共同的祖先，其中有一部分自然而然地也成了光州固始縣人的後裔。[9]

由此可見，至少從宋代以來，福建地區乃至於整個南中國，在民間家族的溯源過程中，其歷史的真實性與文本的顯示表像之間是存在著較大的差距的。我們在研究福建地區乃至於整個南中國的家族發展史的時候，假如過於執著於歷史文獻的記述和所謂的「歷史的集體記憶」的真實性，恐怕都將不知不覺地被引入到比較偏頗的學術困境。

從宋代以迄近現代閩台民間家族溯源史的演變歷程看，後代的福建以及臺灣的民間社會，更關注的是文本的顯示表像，而對於其先祖的真實歷史，倒是比較無關緊要。因此，我們今天無論是家族史的學術探索，還是現實中的家族聯誼與根親深情，更重要的是需要觀察其中所隱藏的文化意識。而一味地試圖要探索本家族的所謂純正血統及其源流細脈的「真實歷史」，我想是既無必要而又永遠不可得到。因為家族遷移史以及民族遷移史的真實狀況，已經逐漸向文化意識的認知方向演進轉化，甚至於為文化意識所掩蓋。在這種情況之下，所謂的歷史真實性就越來越撲朔迷離了。

三、歷史與文化演進的永久意義

我們既然瞭解到閩臺地區民間家族的溯源過程中，其歷史的真實性與文本的顯示表像之間存在著較大的差距，歷史的真實性最終為文化的意識所掩蓋乃至取代，那麼，我們應該如何評價這種歷史與文化演進的深層意義呢？

研究中國漢族史的學者都知道，中國的所謂漢族，即使是中原的漢族，也早已不存在所謂純正的血統了。中國的漢民族是經過多民族的長期融合而形成的。更不用說中國東南地區的漢民族，除了其北方先祖的融合血統之外，來到南方之後，與當地土著、阿拉伯人後裔以及其他少數民族的血緣融合也不在少數。所謂的「最純正的漢民族血統」，顯然極為不符合中國民族發展的真實歷史。

中國民族史的這一發展歷程，處處體現了歷史與文化演進的巨大足跡。正是這種超越歷史真實感的文化意識的自我追尋與文化的自我認同，才促成了中華多民族國家的形成與延續。試想，現在的中國漢民族，甚至包括一部分少數民族，都篤信自己是「炎黃子孫」，顯然，黃帝和炎帝二人是生不出這十幾億「炎黃子孫」的。這十幾億「炎黃子孫」是由無數的族群、部落、姓氏所衍生出來的。但是這種文化意識的超越力量，把不同血緣的中國人連接在一起。假如沒有中國民族歷史上「歷史與文化」的演進，這種大融合的「文化認同」是不可能出現的。

三、歷史與文化演進的永久意義

　　同樣的道理，我們今天探討閩台家族與中原固始的淵源關係，假如非要一意孤行地尋找什麼純正的「中原血統」，其結果必然是恰得其反而又糾纏不清。我們只有在文化認同的基礎上一道認識中華文化的多樣性及其包容性，才能從無限廣闊的空間來繼承和弘揚我們祖國傳統的優秀文化。正是中華傳統文化中的多樣性和包容性特徵，造就了多民族統一的國家的形成與延續，造就了中華民族較少含有種族歧視與民族血統論的偏見。我們完全可以說，文化的超越與文化的認同，是中華民族凝聚與發展的基本要素之一，任何過分強調或刻意彰顯不同民族特殊性的做法，都是與中華民族的發展潮流不相吻合的。

文獻來源：2011 年固始與閩台淵源關係學術研討會論文，2011 年 11 月。

作者簡介：陳支平，廈門大學教授，博士生導師。

注　釋

[1]. 參見陳支平：《福建族譜》，福建人民出版社 1997 年出版。

[2]. 以上參見魯西奇：《人群·聚落·地域社會：中古南方史地新探》第一章，廈門大學出版社 2011 年出版。

[3]. 參見陳支平：《近五百年來福建的家族社會與文化》，三聯書店上海分店 1991 年出版。

[4]. 莆田《南湖鄭氏家乘》，鄭樵：《滎陽鄭氏家譜序》。

[5]. 泉州《鑒湖張氏族譜》卷首。

[6]. 安溪《清溪陳氏族譜》，康熙二十一年陳時夏《重修族譜序》。

[7]. 參見楊際平：《從〈潁川陳氏開漳族譜〉看陳元光籍貫、家世，兼談如何使用族譜資料》，載《福建史志》1995 年第 1 期。

[8]. 王象元：《輿地紀勝》卷 128，《福州景物（上）》。

[9]. 參見陳支平：《福建族譜》，福建人民出版社 1997 年出版。

從信仰文化論中原與閩台淵源——以詹敦仁信仰為例

高致華 [1]

一、前言

《左傳》謂「國之大事，在祀與戎」。[2] 自古以來，祭祀素為中國社會中上下皆行的「全民運動」。中國本土宗教的道教，長期以來與民間信仰相互滲透、影響；尚未正式被納入道教體系的民間信仰，則俗稱為民間道教。因而道教神仙體系中，民間不斷產生之新神也是一個重要的來源。

閩台的信仰文化，一方面是對中原漢民信仰的繼承，另一方面是民系形成過程中發展起來特殊的信仰體系 [3]，列如開漳聖王信仰 [4]、開台聖王信仰 [5] 與本文所探討的詹敦仁信仰大致屬於後者。針對民系繁衍過程中形成或發展起來特殊的信仰體系，論及其向外延伸發展，則又以血緣與地緣關係為兩大基礎。

本文所討論的詹敦仁信仰更是血緣性質極高的一項案例。著名社會學家瞿海源先生在《宗教信仰與家庭觀念》一文中即指出：「傳統的中國宗教信仰常常難以和家庭制度分離，其中最重要的現象就是祖先崇拜。」[6] 詹敦仁信仰可以視為是一項中原向閩台遷徙的移民神信仰的案例，相較於前舉之開漳聖王信仰以及開台聖王信仰，詹敦仁信仰於宗族勢力發展的意義上尤其顯著。

二、移民神的定義與發展

華人觀念中，多認為活人為「魂」與「魄」之結合，「魂」為靈魂，「魄」為肉體，死亡乃是「魂」與「魄」的分離。因此，人死亡之後「魂」依然存在，而亡者之魂通稱為「鬼」。也就是說：既已為人，則一般在某個時候便必然地會變成「鬼」。其中極少的一部分，才會死後變成「神」。

二、移民神的定義與發展

「移民神」為「地方神」的一個類別,而所謂的「地方神」,乃是指相對於「關聖帝君」等「全國神」的一種神明屬性。日本學者濱島敦俊將「地方神」定義為:「形成於某個地區,且具備該地區特有的靈異傳說,因此主要為該地區所信仰的神靈。」[7] 閩南安溪地區的「詹敦仁信仰」經過千年發展,今日已然成為安溪所特有的本土文化,次節中,將依循濱島敦俊教授所提出的由「人鬼」轉化為「神明」之三大要件,也就是「生前的義行」、「死後的顯靈」與「主政者的封爵」,來探討「詹敦仁信仰」在安溪發展的情形。

唐末黃巢之亂後,光壽移民入閩,據估達數萬人。閩王王審知之祖王潮,相傳率眾由光州固始入閩。而明代嘉靖年間的《固始縣誌》則說固始縣的宗族南渡入閩,至少有三個時期,分別是西晉、唐末和南北宋之交。先後各波移民均自稱是固始後裔。由於郡望觀念的盛行,因此固始應該只是一個具有特殊含意的鄉貫和文化符號[8]。移民為了追求在社會上的生存,血緣性的親族關係會相對增加,而自宋元以來福建民間家族制度和家族組織發展亦比中原地區更加嚴密與完善[9]。社會的構成過程與基礎亦反映在宗教的場域裡,在福建一帶宗族與廟宇的結合性較強,而且福建因為開發的時間較晚,許多在移民的過程中有功者亦多被供奉為神,如開閩聖王王審知在福州,開漳聖王陳元光在漳州沿海五縣如雲霄、漳浦一帶是為居民所奉祀,並視為開基始祖,而陳元光手下部將許多亦被其子孫奉為神靈,如元光部將李伯瑤等[10]。前舉陳元光等,為「移民神」的特質,安溪縣內如靈著廟、顯應廟等也都是和移民有關的部將轉化成神,為裡民所奉祀[11]。另外,臺灣學者范純武也提出:「安溪大坪集應廟和三姓的移民有關,是歷來中國境內移民保護神祇的一種轉換。」[12] 陳支平教授《500年來福建的家族社會與文化》一書中亦指出:「大型而正統的佛、道寺觀,素來與士大夫和封建官府的關聯比較密切,關於一般的民間家族來說,關係則比較疏遠。這一方面是因為這類大型的寺院是超家族、超地域的;另一方面,這些較正統的佛、道偶像,不可能偏袒於某一個家族,而家族宗教信仰的目的,是希望某些神靈偶像能夠對於本家族提供比較特殊的護佑。因此,在福建民間的宗教信仰中,那些比較正統的佛、道、儒三教及其比較大型的寺院,人們對它的態度大多是敬而遠之,或是拜奉有節。相反,那些屬於家族、鄉族所有的寺廟,包括佛、道教正規寺廟,

以及許多莫名其妙的旁門左道、神魔鬼怪的偶像，卻受到族人、鄉人的倍加崇拜，香火繚繞，盛典不絕。」[13] 文中精湛點出了庶民熱衷奉祀佛道等正統宗教以外神祇的祭祀動機，以及此類民間廟宇存在的社會功能；而實用性與功利性在庶民的思維中，往往遠比宗教教義或官府政策來得更為重要[14]。另外，臺灣人類學家許木柱也曾提出類似的論點，認為移民企圖以拜神許願來影響超自然因素，而神祇被「人格化」，成為可請托和賄賂的對象[15]。「移民神」的信仰文化，便是在此中國禮教傳統思想與功利主義的思維之下，逐漸發展成熟。

三、詹敦仁信仰

安溪得名於宛轉澄碧的藍溪，唐代稱為「小溪場」，五代末置縣，當時取名「清溪」，宋宣和年間方臘在浙江清溪起義被鎮壓後，「清溪」便更名「安溪」。五代開先縣令詹敦仁率先負起佈施教化重任，勸勉誘導後人讀書，對安溪早期文化的開拓、發展，貢獻更大。據《清溪詹氏族譜》所載：「及卒，邑人思之，立祠以祀者三：一在縣治之東，蔭佑黎元，累昭靈貺，宋咸淳年間封『靖惠侯』，賜廟額曰『靈惠』，夫人子婦皆膺封爵；一在侯洋；一在清禪院。」[16] 詹公祠是紀念詹敦仁的廟宇，建於1265年，1272年敕賜號為「靈惠」，並封敦仁為「靖惠侯」。新中國成立後，1981年安溪縣人民政府定「靈惠廟」為第一批縣級文物保護單位，如今已成為到當地（祥華）遊客必定參觀的歷史文化古跡。

本節中，依循前舉濱島氏之研究，由「人鬼」轉化為「神明」之三大要件，也就是「義行」、「顯靈」與「封爵」，來探討詹敦仁這位「移民神」在安溪發展的情形。《安溪縣誌》[17]對詹敦仁有如下之記載：

詹敦仁本為固始人，五代末年從王審知入閩，隱仙遊縣植德山下。上書閩王昶，勸其入貢，昶令參決軍事，敦仁惡昶殺父奪其位，乃去官辭去，遂避居泉山，杜門不出。而後從效受南唐節度使之命，知泉郡事，復辟為屬，敦仁力辭，從效不許，乃求監小溪場。既至，見其山川人物之美，請郡太守置縣，太守報可，遂為清溪令。而後詹敦仁以農隙召便近戶與番休戍卒，立

三、詹敦仁信仰

門樓,廊廡宇,開邸肆,不逾年,畢工。召民誨諭之,德惠居多。舉王直道以自代。敦仁愛佛耳山峭絕高大,可耕可廬,葡築其上,號所居曰:「清隱」,有《清隱堂記》。留鄂公遺之書,稱曰清隱先生。後人取鄂公書中有「崇待篤信」之語,名其曰「崇信」。詹去,邑人思之,為立生祠。宋鹹淳三年,父老林濟川等狀其事,請賜廟號,封靖惠侯。

根據前舉史料,論及詹敦仁之「義行」,可知「敦仁惡昶殺父奪其位,辭去」,顯而易見,是其忠義思想之體現。另一方面,詹敦仁出仁之後,「農隙召便近戶與番休戍卒」、「召民誨諭之,德惠居多」則是其德政愛民之實例。而後「詹去,邑人思之,為立生祠。」然而,論及祭祀之正統性,則「宋鹹淳三年,父老林濟川等狀其事,請賜廟號,封靖惠侯」,則無疑是符合了前舉濱島氏研究的「封爵」一項。綜合前述,可以瞭解詹敦仁之「死後成神」其實並非偶然,而是在華人禮教思維下的必然現象。

另外,「靈異傳說」之專案,則是民間信仰中攸關香火是否興旺的關鍵,「詹敦仁信仰」的發展中,亦無可避免地有其靈異傳說,本節中,試舉四例如下。

其一,「為求理想縣址而遇神仙」。論及「安溪鳳城的來歷」,《中國民間故事集成‧福建卷‧安溪縣分卷》[18]中,有著如下所述的一段傳說:

五代後周的時候,一個中過進士的人叫詹敦仁,厭惡官場的黑暗,不受官職,想找個僻靜的地方隱居,就從中原來到泉州做南安小溪場的長官。他看到這裡的百姓生活雖然貧苦,卻勤勞忠厚,山水也真美,就愛上了,決定在此隱居。詹敦仁鼓勵民眾開荒種植,大力傳播中原的文化。到了後周顯德二年(955年),小溪場已較繁榮熱鬧了。他認為可以建縣,就報請清源節度使留從效,准許建立清溪縣。留從效對他就:「小溪場要建縣可以,但有一條,首任縣令一定要你詹敦仁去當。」詹敦仁本不想做官,但是為了小溪場今後的發展,就只好接受了。詹敦仁不僅譜熟當官治政,而且很懂得地理風水。他認為建縣是一件大事,首先,應選一塊風水寶地做縣城。他上任後,就動身到全縣各地去選建縣城的地址。起先,他來到湖頭,看到這裡平洋曠土,水源充足,四面環山,風景秀麗,就想在這裡建縣城。可是,當他斟酌

相看山形時，發現東面有一座山，山形象只猴公。按照風水的說法，猴是作孽的動物，便認為縣城不宜建在這裡，只好另外尋找。沒幾天，他來到內園（今光德、仙苑一帶），眼前視野開闊，土地平坦，西北面有一座秀麗明媚的水湖山，山坡上有一個「飛天白鶴穴」。照地理書的解說，「飛天白鶴」象徵飛騰萬里，是一個好穴，但詹敦仁卻又顧慮，認為西南面那一條小溪水流太小，與湖山的風水無法相配。不過，他想到幾天來走過的那麼多所在，這個所在還是比較中意的，而且清溪水又在眼前，只要日後把它引過來，風水就會改觀，就決定把縣城定在這裡。當晚，他歇在一座破廟內，也顧不得休息，點上松明火，取出筆硯，就擬寫建縣城的文書，以便早日交清源節度使審定。由於幾天來奔波辛苦，不知不覺地趴在木板上睡著了。他做了一個夢，夢見一位白髮老頭向他走來，對他說：「詹賢人啊，我是三道聖賢，你為找縣址日夜奔波，廢寢忘食，令人欽佩。『飛天白鶴』雖好，卻照不到朝陽。你既有此番苦心，就在落鳳的所在去建縣城吧！」詹敦仁驚醒，想到剛才夢中的情景，就借著星光繼續趕路。第二天早上，他來到了長泰裡的參內岩嶺，看見山上的芊草全部倒向東南，詹敦仁心中暗喜，他想這可能是一條龍脈，就沿著芊草的走向從參嶺攀登險峻的向天羅山（今鳳髻山）。從山上往下看，一條龍脈從岩嶺那條山脈延伸下來，像一對鳳翅；一條鳳尾往北翹起，鳳嘴伸入藍溪鴿子瀨，像在喝水。詹敦仁站在「向天羅」鳳髻頭上，歡喜得大叫：「好一隻活鳳！『飛鳳朝天協祥瑞』。此地建縣城，必定富庶繁榮，果然蒼天不負我也！」詹敦仁決定在這鳳髻山腳建立縣署，他率領民眾在這片荒地上開闢了近一年的時間，縣署就初具規模了。這天，詹敦仁的同窗書友、同科進士曹武中巡撫帶著皇帝敕封詹敦仁為「清溪七品正堂」的聖旨，前來巡視清溪縣。曹欽差看到新落成的縣署雖談不上雄偉壯觀，但造型工巧，另有一番景致，心中暗暗欽服。詹敦仁把選縣址的事一五一十地向這位老朋友講述起來。曹欽差就走進大廳，提筆寫下「落鳳縣址」四個大字，還題了一對聯：「閩山無難天下志，敢叫荒地變玉衙」。此後，安溪縣城便叫「鳳城」。[19]

其二，《東南早報》亦有「千年古杉」之報載：

安溪縣祥華多卿村佛耳山麓，現存千年古杉一棵，莖粗盈米，杆高十餘丈。據當地老者詹氏稱，該樹系其始祖安溪開先縣令詹敦仁住在佛耳時親手

三、詹敦仁信仰

種下的。千餘年前,此地常有老虎出沒傷害人畜。自敦仁先生種下此樹,山村似有將軍護守,自此老虎遠遁,村民安居樂業。千年古杉還有一奇:若其再長新枝,當年詹氏家族必出一人才;若折一枝幹,則必有一族人仙逝。曾有商人出高價,想要買此杉做船的桅杆,但族中老少都不為所動。如今,千年古杉依然鬱鬱蒼蒼,枝繁葉茂,成為安溪一大人文景觀。[20]

該杉樹今日尚存,筆者田野之際,村人亦熱切地介紹,並且對此說法深信不疑。前述傳說,則無異是再度增添了「詹敦仁信仰」靈驗的神奇性。

其三,據《清溪詹氏族譜》卷二十三所載,「宋鹹淳中,邑民以災旱禳祈故神,公靈響。請於朝,得封『靖惠侯』,賜廟額曰『靈惠』。」[21]更是明白指出了詹敦仁成神之後,對人民有其消災止旱的靈驗德澤。

其四,詹敦仁紀念館籌建理事會副會長詹柳金提供了籌建過程中的靈異現象,詳述如下:

重建之中,每每柳暗花明,處處旗開得勝。現略舉如下:

(一) 1998年5月8日,理事會成立。未幾,便著手擇地選址,是年12月31日安溪縣政府正式下文批復,同意提供詹敦仁紀念館建設用地4666.7 m2,然理事會先後擇地三處,先後受困,處處受阻,一時無措,無可奈何。於是,急告敦仁公,公扶乩聖示找「臺灣詹記德!」,後經記德宗賢周旋,果然奏效。1999年3月31日,政府劃定選址於鳳冠山大石垵,並具公文通告。

(二) 擇寶地難,征寶地更難。丈量面積,圈劃「紅線」[22]圖紙之時,節外生枝,一波三折。緊要關頭,公託夢於記德宗賢:「明日征地,爾若到場,旗開得勝,馬到成功!」果然,宗賢如期而至,征地如願以償。1999年5月21日,縣建設局到實地就「詹敦仁紀念館」建設用地劃定紅線圈。

(三) 1999年7月31日紀念館破土動工,敦仁公金身駕臨指導。凌晨2時許,儀式畢。神轎卻大蕩不已,敦仁公意欲立軸定向(定風水)。眾宗親懇求道:剛征之地,尚未平整,溝壑不少,雜地陡峭,旱地層層,況天色正暗,平整後再定最宜。公不允,詹萬法理事長當即執香請示:「今晚若定(風

水），明日當以羅盤校對。」話音一落，神轎飛身上高草叢生之坡地，爾後，神轎搖盪翻轉，倒懸，以轎頂角點地。點了第一點後，神轎沿山坡斜繞至下丘的旱地上點了第二點，再跨過溝壑，連下三丘旱地，點了第三點。定完三點，扶乩於空地上寫道：「定出子孫福……」[23] 翌日，理事長請來風水先生，率領理事會一班人馬，至場校對。紅線一拉，驚訝不已，三點竟成一直線（當時地形崎嶇，於第一點之位，看不見第三點，於第三點之位，瞧不見第一點與第二點），羅盤一按，座向乾巽兼亥巳，水出乙口，完全順應山勢，合乎地形。該向依鳳山傍藍水，面筆架擁鳳城，左環右接，如抱如懷，前拱後植，若揖若拜。

（四）2000年8月，工地三通一平完成，主殿建設在即。9月23日，主殿動土開工，敦仁公金身親臨主持。首先，點兵點將。扶乩（神轎翻轉，轎頂角在桌上書寫）寫道：「萬法、記德、春金……」。第二，指導安奉福德正神。扶乩道：「土地、土地……土地……」，「春金，口」（當時，在場之人，一時未會聖意，故敦仁公連書幾遍「土地」字樣。領悟後，副理事長澤西宗親點香插於廳地之東，安奉福德正神位畢，春金副理事長開口拜謝福德正神）。第三，動土開工。扶乩寫道：「石榴，動土」，理事會監委主任石榴宗親領命掄起銀鋤，前前後後動起土來。第四，激勵子孫。扶乩寫道：「子孫福，全家福……好子孫，日進金……」（共寫有幾十字）。第五，落款簽名。扶乩寫道：「敦仁」二字，以示慎重。整場儀式，井井有條，活龍活現，完善至極，令在場所有之人，瞠目結的。

（五）2001年11月24日，理事會就紀念館大門頂石匾匾額、大廳中神明金身規格及籌集資金辦法諸事，請示敦仁公，公上壇（扶乩），逐一指示：1.匾額「開先縣令詹公祠」；2.金身規格為：（1）高祖公（世隆公）、祖公（敦仁公）、二世祖公（玭公）金身高160 cm，寬78 cm，厚80 cm；（2）高祖媽、祖媽、二世祖媽金身高140 cm，寬67 cm，厚70 cm；（3）文蘇、武鄭金身高180 cm，寬60 cm，厚67 cm；3.籌集資金問題，扶乩聖示：「人，記德口，人口款要的，大人出。敦仁。」（時在場13人，均簽名作證）。理事會謹依聖意，一一照辦，並於2002年元月1日第五次全體理、監事會，提出「全面發動，重點突破」之籌資口號，以落實第四次全體會議（2001年

6月23日召開），記德宗親倡議、各村落代表簽字承諾每人增捐100元（合160元/人）之任務。

依據詹柳金副會長所提供之資料，紀念館重建至今，凡求敦仁公指點者，達十餘次之多，屢求屢靈。眾人因而對詹敦仁之神力更加篤信，而供奉愈盛。

「神話」是人類通過語言符號表達自己內心深層結構最生動的方式，列維‧斯特勞斯指出「神話」乃是人類集體地、無意識地創造出來的「夢」[24]。民間的歷史文化傳承，往往以「神話」或「傳說」的形式來表現[25]。本論寫作過程中，亦發現不只是「詹敦仁信仰」，其實許多民間信仰經常都是以神話與傳說的形式，方得在民間廣泛地傳播。然而國家體制「大傳統」給我們留下的「文本」資料，遠不能反映社會的全貌，尤其是庶民階層的實際生活與思維。因為此類文化現象，由於文化的弱勢與社會政治的種種原因，造成文字史料的空缺[26]。因而除了史料的探究以外，稗官野史、私人筆記、族譜、傳說等，都是研究庶民文化時，不可忽略的珍貴資料。也唯有透過回歸民間的社會調查研究，方能有較為深入而完整的文化解讀。

所謂「有功於民者，祀之，所以報功也，亦以勸功也」。詹敦仁有功於民，死後邑民為其立祠，又得到主政者的封爵，加上靈驗傳說的附會，經過千年流傳而成為安溪當地的一位代表性的「移民神」，造就了所謂的「詹敦仁信仰」。

▍四、田野調查

2004年11月「詹敦仁學術研討會」於福建安溪召開，筆者與會之際亦進行實地田野調查，以詳其內容，探究現況。此次會議由廈門大學人文學院、安溪縣文學藝術界聯合會、詹敦仁紀念館籌建理事會聯合舉辦，活動內容主要分為揭匾儀式、學術討論、參觀訪問三項。自此觀之，可以發現該研討會系因詹敦仁紀念館落成而舉辦的，故由揭匾儀式隆重開始，會場高官雲集[27]，由泉州市副市長李天乙與廈門大學人文學院院長陳支平共同揭匾；而學術一方的陳支平教授致開幕詞，則無疑為此次活動的文化水準作了保證。參與研討會的專家學者來自四面八方，臺灣、北京、上海、武漢、閩中、閩南都有，

然而廈門大學人文學院哲學系則佔了最大的比例,因為當時的哲學系主任詹石窗教授同時也是詹敦仁紀念館籌建理事會名譽會長,詹石窗主任以詹氏後人的身分登高一呼,學界亦熱情響應,踴躍參與論文發表。另一方面,安溪當地的統籌為詹柳金先生,其為詹敦仁第 36 世孫,安溪縣祥華鄉多卿人(即詹敦仁故居人),不但是安溪縣政協第八屆常委會常委,也是安溪職業中專學校副校長。詹氏宗親組織與政治勢力的介入,加上學術之清譽,使得此次活動隆重而成果非凡。據聞此次詹敦仁紀念館落成典禮暨詹敦仁學術研討會活動,經費約 25 萬元人民幣(尚不包括論文集的出版費用),而籌畫更是歷經六年的長期規劃。

召開學術研討會之會場「詹敦仁紀念堂」,前身為「清溪縣開縣先令詹公祠」(俗稱「開先祠」),論其歷史沿革,據安溪開先縣令詹敦仁紀念館籌建理事會之整理[28],可分為以下幾個重要階段。

一、後周顯德年間(約 956 年),立「生祠」於縣廳事之東。

後周顯德二年(955 年),詹敦仁開疆置縣,取名曰「清溪」……未幾,敦仁謝事隱佛耳。吏民偉(敦仁)公之功,立生祠於廳事之東。《泉州府志》亦載:敦仁去,邑人思之,為立生祠。

二、宋太平興國四年(980 年),建「開先祠」於縣廳事之外東界。

宋太平興國三年,敦仁仙逝。(敦仁)公傾世,吏民如喪所親……後一年(980 年),士民以公祠在縣廳之東,歲時祝祭似有不便,狀乞改廳事之外東界……官從之,乃改新廟。……並取「新廟」名為「清溪開縣先令詹公祠」。

三、遷「開先祠」於城隍廟內。

厥後,(清溪開縣先令詹公祠)祠遷於城隍廟,後享祀之禮遂廢……義士憤之。祠之故地,靈享猶在,為令者迄今不敢居焉,非特為詹氏之始祖,實為一縣之開先。(本次遷址,時間不詳,有待考證)。

四、複「開先祠」於縣治東偏。

（敦仁）公之待民以清，民之事（敦仁）公以敬。未幾，士民又相率於縣治東偏重建「清溪開縣先令詹公祠」。

　　五、宋鹹淳四年（1268年），敕賜「靈惠」之額。

　　宋鹹淳三年，鄉紳林濟川等，具狀乞封廟額。鹹淳四年，朝廷賜額「靈惠」，八年，敕封開先祠神詹敦仁為「靖惠侯」；敕封神之子詹琲為「靖貞侯」（史稱「父子封侯」）。

　　六、明嘉靖戊戌（1538年），「開先祠」就地撤舊擴建。

　　至明嘉靖年間，「開先祠」已逾六百載，破舊不堪。戊戌年就地撤舊擴建，使之「廟貌絢美，規制大備」。

　　七、明萬曆辛醜（1601年），「開先祠」重修。

　　嘉靖之季，邑遭寇亂，祠遂毀於兵燹。萬曆辛醜，諏吉鳩工，扶傾葺圮，堂宇一新，奕然壯觀。

　　八、西元1941年，蔣介石委員長下令保護「開先祠」。

　　臺灣《同源一脈》載：「民國三十年，安溪縣警察局局長陳岫祥明目張膽，企圖強行毀沒開先祠，改建警察局……鄉親父老立狀投書國民黨行營蔣委員長……後覆信批示：『查安溪詹敦仁氏確系開先縣令，有功於民，於縣署前東偏立生祠一座，每逢春秋二祭，該祠堂被警察局欲毀沒原基，令飭安溪縣查明，核辦此批。』」

　　九、西元1998年，重建「安溪開先縣令詹敦仁紀念館」於鳳冠山麓。

　　「文革」期間，「開先祠」被毀。改革開放以來，僑臺胞返鄉謁廟不遇，原址複建之聲日盛。西元1998年安溪縣人民政府批復擇地重建於鳳冠山麓，並易今名。

　　試觀今日「詹敦仁紀念堂」的性質，顯然為「詹氏祖廟」，筆者造訪當日有許多外地的詹氏後人特地前來上香。比較特別的是捐獻者一律為詹姓，據說並不接受他姓人士的捐款，而捐款者不但擴及福建以外其他省份，而且尚有來自臺灣、馬來西亞等地僑胞之捐獻[29]。重建紀念堂無疑再次彙集世界

各地詹姓人士出錢出力，成為團結詹姓氏族的一種動力。然而，參與盛會者尚擴及他姓人士（如筆者等），因而也不排除今後有再度改變其目前以血緣為基礎的宗祠性質而成為區域性民間信仰之趨勢。

　　第三項的「參觀訪問」，乃筆者此次田野的主要重心以及最大收穫。參觀訪問的內容依序如下：詹敦仁陵墓、詹琲（詹敦仁子嗣）故居、詹仰庇（詹敦仁 21 世孫，官至刑部尚書）故居、台建工程（鳳形祖宇、上厝祖宇，均為臺灣人詹記德[30]獨資）、白玉衡[31]落成揭匾（臺灣人詹錫富獨資）、靈惠廟（詹敦仁故居）。參觀白玉衡時，當地人無分老少，皆前來迎接，白玉衡祖宇所在地的新寨小學更出動了部分學生約 300 人在老師們的帶領下，手拿旗幟隊伍整齊，高喊著「歡迎、歡迎……」，而自動前來看熱鬧的村民更是幾乎擠爆了現場。然而，當地人士有相當比例的人並不知道「詹敦仁」、沒去過就在附近的「靈惠廟」[32]。相反，外地來的與會者卻是對詹敦仁的傑出事蹟與高尚情操瞭若指掌。對於此一現象，筆者推論，或許是受了「文化大革命」破除迷信的影響，消減了當地人進廟上香的習慣；而受邀而來的外地賓客，則是受到邀請文宣之感化。另一方面，主要出資者的台籍人士，無可諱言應是本著中國人落葉歸根想要衣錦還鄉的傳統觀念，加上近年兩岸熱絡交流下所出現的必然舉動。

五、結語

　　眾所周知，總括地探討某個傳統文明或社會的時候，分析該地區所存在的信仰文化，是一項重要的課題。自唐宋以來，道教與民間諸神崇拜的結合，使之與基層社會生活的關係越來越密切[33]。素為移民原鄉祖籍地之安溪地區，千年以來的「詹敦仁信仰」隨著移民的海外發展，與中國人傳統的落葉歸根思想，加上詹敦仁的愛國主義情操今日又被當地政府塑造為一面永遠召喚國家統一的旗幟，「詹敦仁信仰」今後的發展與隆盛應是毋庸置疑的。

　　據安溪縣祥華鄉人民政府之資料，目前詹氏人口（包括移居臺灣者[34]）已逾四萬[35]。由於詹敦仁具備移民神特質之「開基祖」身分，勢必彙集血緣與地緣之向心力，成為海外詹氏宗族以及安溪人士之精神依歸，也必然會帶

五、結語

來原鄉經濟效益之繁榮。詹敦仁以其無比的人格魅力，造就了深厚的信仰力量。因而，論及「詹敦仁信仰」的社會功能性，首推團結宗族、繁榮鄉里與促進經濟，而其彙集海外詹氏宗族與安溪人士向心力之功能，亦對兩岸之和平交流有顯著的正面作用。

信仰文化雖然屬於意識形態，然而意識形態卻也是建立在經濟基礎之上的。而且，如果能夠充分利用民間信仰，則必能鞏固其世俗的地位與利益，像這樣的「功利」性質，其實放諸官方與民間皆然。「詹敦仁信仰」吸引臺胞的慷慨解囊，以及「詹敦仁紀念堂」之興建得到地方政府的支援，都是這個道理。透過本文的研究，發現宗族與信仰文化的發展有著相當密切的關聯，而神話與傳說為信仰傳播時的重要催化劑，經濟效應則是伴隨而來的成果。

其實，像這樣的「移民神」，推論在閩南應是不勝枚舉，然而為外人所熟知尚僅是數中取一罷了。中國人千年以來，因政治等因素，曾有數度大舉南遷的移民潮。移民為了追求在社會上的生存，血緣性的親族關係相對強勢，因而，自宋元以來，福建民間家族制度和家族組織的發展，相對之下，也比中原地區來得更為嚴密且完善。這種社會的構成過程與基礎，同時也反映在信仰文化的場域裡。在福建一帶，宗族與廟宇的結合性較強，而且福建因為開發的時間較晚，許多在移民過程中有功的人，往往也被供奉為神，因而造就福建等地區無數移民神信仰的發展，如「開閩聖王」、「開漳聖王」等比比皆是。甚至沿襲閩俗的臺灣，也在當地發展出隆盛的「開台聖王信仰（鄭成功信仰）」。「詹敦仁信仰」的例子，就今日之發展現況而言，實則是透過宗族（宗親會）的推動而傳播的。在中國人傳統的「落葉歸根」思想下，「詹敦仁」或許僅是世界詹姓人士精神層面上的代表性先祖，這個情形就有點像是陳支平教授在《福建六大民系》[36]大作中所提的「蔡襄與蔡京」的例子，中國人素來在追本溯源的時候，總有「把好人歸自家」的習慣。其實安溪當地的村民尚有相當比例並不清楚詹敦仁的年代、也不知道詹敦仁的相關事蹟，然而經過學術的鼓吹，「詹敦仁」在外地聲名大噪，成為詹姓人士光宗耀祖的代表人物，而吸引大批詹姓後人前往安溪朝聖謁祖。終將詹敦仁這一位歷史人物，神化為該地之「移民神」。本論僅以臺灣人較為陌生的「詹敦仁信仰」作為閩南地區「移民神信仰」研究的一個開端與實例導入，從信仰文化串聯

中原與閩台淵源關係研究三十年（1981～2011）（修訂版）

從信仰文化論中原與閩台淵源——以詹敦仁信仰為例

中原語閩台的淵源，借由庶民信仰文化的研究，讓全世界的中國人共同體會同是炎黃子孫的感動。

參考文獻

一、史料

《左傳·成公十三年》。

《清溪詹氏族譜》卷二十三。

弘治《八閩通志》卷五十八《祠廟》。

安溪縣誌編委會編，《安溪縣誌》（據乾隆二十二年重修之刊本重印），臺北：臺北市安溪同鄉會，1967 年。

二、論著

丁荷生、鄭振滿，《閩台道教與民間諸神崇拜》，《中研院民族學研究所集刊》73，臺北：中研院民族學研究所，1992 年。

中國民間文學集成福建卷編輯委員會編，《中國民間故事集成·福建卷·安溪縣分卷》，北京：中國民間文學集成福建卷編輯委員會，1998 年。

石奕龍、郭志超，《文化理論與族群研究》，合肥：黃山書社，2004 年。

林煉金：2001 年 11 月 24 日《東南早報》。

范純武，《雙忠崇祀與中國民間信仰》，臺北：台師範博論，2003 年。

卿希泰、詹石窗，《道教文化新典》，上海：上海文藝出版社，1999 年。

徐曉望，《福建民間信仰源流》，福建：福建教育出版社，1993 年。

徐曉望，《閩國史》，臺北：五南圖書公司，1997 年。

陳支平，《民間文書與臺灣社會經濟史》，長沙：嶽麓書社，2004 年。

陳支平，《近 500 年來福建的家族社會與文化》，上海：三聯書店，1991 年。

陳支平，《福建六大民系》，福州：福建人民出版社，2000 年。

陳支平，《歷史學的困惑》，北京：中華書局，2004 年。

高致華，《明清淫祠淺論》，《第九屆明史國際學術討論會暨傅衣凌教授誕辰九十周年紀念論文集》，廈門：廈門大學出版社，2003 年。

高致華，《鄭成功信仰研究》，廈門：廈門大學博士論文，2004 年。

高致華，《臺灣文化「鬼」跡》，臺北：三民書局，2001 年。

詹柳金，《緬懷開先令 開創新業績》，《詹敦仁學術研討會2004年安溪會議論文集》，2005年。

濱島敦俊，《總管信仰》，東京：研文出版，2001年。

瞿海源，《宗教信仰與家庭觀念》，《中央研究院民族學研究所集刊》59，臺北：中央研究院民族學研究所，1985年，第111頁。

文獻來源：2011年固始與閩台淵源關係學術研討會論文，2011年11月。

作者簡介：高致華，廈門大學宗教學研究所副教授、臺灣宗教研究通訊編輯委員。

注　釋

[1]. 臺灣「中央研究院」民族所訪問學人、臺灣「教育部」第二外語課程委員、廈門大學國學院研究員。

[2]. 《左傳·成公十三年》。

[3]. 蔡登秋，《多元開放與一元整合的民間信仰——以閩台開漳聖王信仰與閩王信仰研究為例》，收錄至張新斌、金平、崔振儉主編《固始與閩台淵源關係研究》，北京：人民出版社，2009年，第144-150頁。

[4]. 關於開漳聖王信仰，本會有許多專門研究該領域的學者，故筆者將本次會議論文重點置於學界較少關注的詹敦仁信仰，至於本人對於開漳聖王的相關研究，亦曾發表於專書《一統多元文化的宗教學闡釋：閩台民間信仰論叢》，以及期刊《閩台文化交流》2011年第1期、《臺北文獻》直宇第176期等，尚請各位先進不吝賜教指正。

[5]. 相關研究筆者已出版專書《鄭成功信仰》，合肥：黃山書社，2006年。

[6]. 瞿海源，《宗教信仰與家庭觀念》，《中央研究院民族學研究所集刊》59，臺北：「中央研究院」民族學研究所，1985年，第111頁。

[7]. 濱島敦俊，《總管信仰》，東京：研文出版，2001年，序章。

[8]. 徐曉望，《閩國史》，臺北：五南圖書公司，1997年，第187-197頁。

[9]. 陳支平，《近500年來福建的家族社會與文化》，上海：三聯書店，1991年，第一章與第二章的討論。

[10]. 徐曉望，《福建民間信仰源流》，福建：福建教育出版社，1993年，第380-384頁。

[11]. 高致華，《明清淫祠淺論》，《第九屆明史國際學術討論會暨傅衣凌教授誕辰九十周年紀念論文集》，廈門：廈門大學出版社，2003年，第113-122頁。

[12]. 范純武，《雙忠崇祀與中國民間信仰》，臺北：台師範博論，2003年，第137頁。

[13]. 陳支平，《500年來福建的家族社會與文化》，上海：三聯書店，1991年，第187頁。

[14]. 《安溪縣誌》卷10，《寺觀》，第234-235頁。

[15]. 許木柱，《岩村的宗教活動》，《中研院民族學研究所集刊》42，臺北：中研院民族學研究所，第73-95頁。

[16]. 《清溪詹氏族譜》卷二十三，第10-13頁。

[17]. 安溪縣誌編委會編，《安溪縣誌》（據乾隆二十二年重修之刊本重印），臺北：臺北市安溪同鄉會，1967年。

[18]. 同書另有「龍袍變袈裟」、「向天蠟燭」等多項有關詹敦仁的靈驗傳說，此處因篇幅的制約，不一一載述。詳參中國民間文學集成福建卷編輯委員會編，《中國民間故事集成·福建卷·安溪縣分卷》，北京：中國民間文學集成福建卷編輯委員會，1998年。

[19]. 中國民間文學集成福建卷編輯委員會編，《中國民間故事集成·福建卷·安溪縣分卷》，北京，中國民間文學集成福建卷編輯委員會，1998年，第267頁。（講述者：劉德州，50歲，福建安溪城廂鄉人，個體戶，初小文化程度。整理者：唐建平，26歲，福建安溪蓬萊鎮人，幹部，大專畢業）

[20]. 林煉金：2001年11月24日《東南早報》。

[21]. 《清溪詹氏族譜》卷二十三，第10-13頁。

[22]. 「紅線」圖是指政府在轄區內，對已經批准（即立項）的工程用地進行標記的一種正式方式，一般是在地圖上用「紅線」準確圈出並標注清楚，圈定紅線圖後，政府、社會從此承認該地使用的合法性和合理性了，業主也才能在所圈範圍內施工建設。

[23]. 據聞該點所講的是凌晨2時許的事，事先根本沒有立中軸定方向的議程，所以沒有當時活動情境照片，但是有原地形之照片，有當時在場的10多個人可以作證。

[24]. 石奕龍，郭志超，《文化理論與族群研究》，合肥：黃山書社，2004年，第25頁。

[25]. 陳支平，《歷史學的困惑》，北京：中華書局，2004年，第106頁。

[26]. 陳支平，《歷史學的困惑》，北京：中華書局，2004年，第104-105頁。

[27]. 李天乙（泉州市人民政府副市長）、陳水潮（安溪縣委副書記）、陳曉玉（安溪縣委常委）、陳炯仁（泉州市直党工委常委、部長）等。

[28]. 所據為2004年7月之資料。感謝詹柳金先生惠賜資料，謹此致謝。

[29]. 100萬元人民幣以上者1人；30-100萬元人民幣者15人；6-30萬元人民幣者13人；1-6萬元人民幣者69人；0.5-1萬元人民幣者79人。

五、結語

[30]. 1932 年生，臺灣臺北市「北投工程股份有限公司」董事長，安溪詹氏始祖敦仁公的第 33 世孫，隸屬旅台詹氏始祖士樹公（敦仁公的第 28 世孫）派下。1990 年乘著祖國大陸改革開放的東風，踏歸故里，追根尋源，多次召集在台宗親，組團回鄉謁祖。親自率團到安溪多卿、安溪西坪鎮馬石村，拜祭始祖敦仁公和列祖列宗，探望故鄉親人。1990 年，捐建馬石村村址 8.6 萬元；1990 年，捐建馬石小學 55 萬元；1990 年，捐建西坪幼稚園 15 萬元；1991 年春節慰問馬石村 60 歲以上老人，60 元/人；1991 年，捐建姑婆坑小學教學樓 12.3 萬元；1991 年，捐修靈惠廟 2.36 萬元；1991 年，捐修多卿鳳池派上厝祖宇 2.01 萬元；1991 年，捐建西坪——赤水公路 46 萬元；1991 年，捐建梨山小學教學樓 9.5 萬元；1991 年，捐建西坪鄉電視差轉檯 2 萬元；1992 年，捐獻西坪鄉僑聯 2 萬元；1992 年，捐建馬石祖宇（兩座）合 44.4 萬元；1992 年，捐修多卿美侖小學 7 萬元；1992 年，捐建馬石的代格公路 47.3 萬元；1992 年，捐建赤水——馬石公路 114 萬元；1993 年，捐建馬石涼亭 11.875 萬元；1993 年，捐建多卿電視差轉檯 2.5 萬元；1993 年，捐建赤水小學 2 萬元；1993 年，捐建赤水涼亭 4.5 萬元；1994 年，捐建多卿蛇子墓 9 萬元；1994 年，捐建虎邱——西坪公路 10 萬元；1994 年，捐獻安溪鄉親聯誼會 20 萬元；1995 年，捐修安溪中旅社 10 萬元；1996 年，捐獻安溪一中 23 萬元；1999 年，捐修靈惠廟 5 萬元；1999 年以來，已捐建「安溪開先縣令詹敦仁紀念館」455 萬元。

[31]. 白玉衡是一座詹氏祖宇，為詹敦仁的第 18 世孫的祖宇，副會長詹柳金和臺灣詹錫富都是該祖宇的子孫。詹敦仁於西元 956-957 年到佛耳山麓隱居後，在此繁衍生息，後來子孫便在此附近發展下來。

[32].「靈惠廟」即為史料所載之「清隱堂」，因 1272 年受封為「靖惠侯」、並獲敕賜廟號「靈惠」，故沿用至今。

[33]. 丁荷生、鄭振滿，《閩台道教與民間諸神崇拜》，《中研院民族學研究所集刊》73，臺北：「中研院」民族學研究所，1992 年，第 47 頁。

[34]. 福建居民向臺灣遷移，是明清以來中國內部移民的主要趨向之一。（陳支平，《民間文書與臺灣社會經濟史》，長沙：嶽麓書社，2004 年，第 289 頁。）

[35]. 關於此點，詹柳金校長補充如下：安溪縣目前總人口約 110 萬人，安溪境內姓詹人口僅 2 萬人左右；詹敦仁派下子孫分佈在臺灣、南洋等地約有 10 萬人。

[36]. 陳支平，《福建六大民系》，福州：福建人民出版社，2000 年，第 304 頁。

開漳聖王與臺灣文化地理

潘朝陽

一、祭法規範的崇祀神祇標準

當代新儒家唐君毅先生論及中國人傳統宗教有「三敬」，即敬天地、敬祖先、敬君師聖賢。此三種敬拜形成了中國傳統的「天地君親師」之教。敬天地就是「敬天地乾坤之德」、「敬天地造生承載萬物之德」；敬祖先就是「敬自然生命的本源」；敬君即「敬人的群體生活的表現」；敬師與聖賢就是「敬人格、人文世界」。[1]

唐先生此三敬所祭祀者包含自然世界的天地、生生代代左昭右穆的先祖、人文教化世界中的文明本身以及創制人文教化世界的聖賢先師。當然，這聖賢先師實亦含容有大義功勳的歷代英雄豪傑。

民間宗教祭祀的對象有三，即天神、地祇、人鬼，前兩者屬於自然崇拜，譬如太陽月亮星辰為天；五嶽大江巨澤為地；而石頭大木等為自然庶物，皆屬之。後者則屬靈魂崇拜，是人死後而成神的宗教推思和信念。三敬崇祀中的天地是生命賴以存養發展的大自然空間和環境，這方面表現為天神地祇。崇祀中的祖先則象徵生命的生態延續不已，是時間的拓深；而崇祀聖賢先師與英雄豪傑，則是世人虔誠崇拜歷代於國家社會和文明有大功大德的人物，列祖列宗和聖師英傑皆屬人鬼，祖先是家族之神，從天子的太廟至百姓的宗祠，是中國人祖先崇祀的顯明景觀，而有大功德於國家社會和文明的「人鬼」卻不是孤魂野鬼、魑魅魍魎，乃是仁愛忠義貫日月的精魂，此種鬼魂恆往上升揚成為重要神祇，在中國歷代廣受崇敬。

上述的聖賢先師英雄豪傑之祀，早在漢時已經確立了規範，《祭法》曰：

夫聖王之制祭祀也：法（按：法者功也。）施於民，則祀之；以死勤事，則祀之；以勞定國，則祀之；能禦大災，則祀之；能捍大患，則祀之。[2]

一、祭法規範的崇祀神祇標準

古代的統治者規定了五項規範,合於此規範的人鬼才能成為崇祀立廟的對象:一是有功德於民;二是為公義而死;三是有安邦定國的大功勳;四是為庶民防患了大災難;五是保衛庶民使其不受苦楚。換言之,中國自漢以來,民間廣泛崇拜的神祇,並非漫無標準,而是必需有非常偉大不朽的功德,甚至犧牲了性命,這樣的人物,方能成為萬民馨香崇祀的神明。

學者王夢鷗指出《祭法》的內容大多節錄《國語‧魯語》的文句而予以顛倒其次序。清代崔述疑是《國語》抄錄此文,而姚際恆則認為正好相反。也有人認為《祭法》出自漢儒之手,而西漢成哀之世,已有人徵引本篇,可證此漢儒,亦是早於成哀之經師。王氏認為此篇文句顛倒《魯語》的原文,可能是有意為之,因為《魯語》強調的是上古各氏族崇拜有功於人的神祇,其主旨是崇功報德,而《禮記‧祭法》則但引以為事例,列敘古代有這種祭禮,蓋欲借為大一統的漢帝國管制宗教之規範。[3]

上述有兩個重點,一是五項成神的標準,很早就已存在,早在周封建時代或更早的氏族時代就發展出這樣的祀神規範;一是漢朝是大一統的帝國,統治者管制民間的宗教神祇崇拜,是非常重要的,所以《祭法》並非一篇簡單的反映時代的文獻,它其實亦是漢朝官方的重大文教憲章和法規。在此宗教憲章管制下,民間宗教給予鬼魂立廟崇祀,必需合乎上言的五項標準,往往氾濫於歷代民間的雜七雜八的神祇,一概視之為「淫祀」,其廟被視之為「淫祠」,正直的嚴守儒家禮教的地方首長一定會「禁淫祀」、「毀淫祠」。

這種宗教崇祀的原則,一直延續到清朝均遵循不替,《嘉慶會典》就規定了五項祭法:社稷神祇則以祀;崇功報德則以祀;護國佑民則以祀;忠義節孝則以祀;名宦鄉賢則以祀。如果有任何人物死後欲納入祀典,需由地方長官或士紳耆老層層往上提報申請,最後由皇帝批准方可成神。[4]

這五個清朝時期的原則,除了第一點屬於自然神崇拜之外,另四點均屬聖賢先師英雄豪傑型崇拜,時至當代,清朝會典上的規範,起碼在臺灣的民間宗教崇祀現象中,亦以此型神祇最多,筆者在一篇論文中稱之為「聖賢型神祇」,包括關公、天後、保生大帝、岳王、朱子等皆屬之,而被筆者歸類於「鄉土型神祇」者,其實亦有甚多合乎聖賢英傑事蹟者,如清水祖師、開

漳聖王等，換言之，鄉土守護神所以被地方居民歷代馨香敬拜，乃是由於此神在該地方曾有一番造福於地方的重大功德，亦即合乎《祭法》或《大清會典》的標準。[5]

二、神祇與神廟是地區的神聖中心

　　神祇及其廟宇還有一個與地方空間非常有結構性關聯的內涵，中國亦不例外。宗教現象學家麥西亞伊里亞德（Mircea Eliade，1907 -1986）提出一個重要觀點，即世人借神祇崇拜而達到「聖顯」（hierophany）的作用，此所謂聖顯是讓俗世的某物、某區、某空間轉升成為帶有神聖性的狀態，這轉升為神聖性的某物可能是自然物的神山崑崙、神聖泰山石、神樹建木，亦可能是人文物的神殿、聖城、火塘、寶劍、佛塔；這轉升為神聖性的某區則往往是宗教教主成道的地區，譬如耶路撒冷、麥加、湄洲等；這轉升為神聖性的某空間，則多屬神祇坐於其上而接受香火供奉之所在，譬如神龕、廟庭、聖墓等及其氣氛所及的周圍空間。[6]

　　在大地上聖顯會有一個空間性現象，即神祇的聖顯於大地，必有一個聚焦作用，也就是會以神聖物的神祇本身以及神廟、聖物為空間中心，圍繞著這個神聖中心而在大地上產生聖化、淨化的作用和現象。譬如臺灣的媽祖娘娘（或稱為媽祖婆、天後、天上聖母）每一年的出巡和繞境，就是典型的動態的神聖中心對其周圍的空間之聖化、淨化的宗教現象。宗教神祇崇祀的聚焦形成大地上的神聖空間以及神聖中心，在中國的大地上是非常明顯的，城市鄉村等大小聚落中的神廟、宗祠其實就是神之聖顯，此聖顯建構了聚落空間之神聖中心，有此神聖中心，世人居住其中方有屬於他們自己的世界之安全感和歸屬感。[7]

　　重要崇祀的神祇廟宇成為一個聚落的神聖中心的實例甚多，大陸大多數的血緣家族村落均以宗祠為村的神聖中心。在臺灣，具有一定規模的血緣家族村落甚少，以同鄉共同開發建立的雜姓地緣村落則是主要的形式，它是以大家共同崇祀的神祇之廟宇為神聖中心，譬如筆者曾經研究的臺灣苗栗縣公

館鄉石圍牆莊,是一個典型的客家人共同防禦、建置、生活、耕作的集村,它就是以關帝廟為神聖中心。[8]

三、宗教是文化散傳播的重要現象

　　文化地理學指出一個重要的文化觀念和現象,稱為「文化散」或「文化傳播」。茲簡單闡明之。古代文化中心是文化成長、壯大、創造以及革新的地方,學者稱此為「文化發祥地」或「文化起源地」。文化是會運動的,在文化中心形成的觀念、知識、技能、器具等,會從這個中心或源地向外進行散傳播,於向外散傳播的過程中,這些觀念、知識、技能、器具等,有些在散傳播達到的地區或被改進或被消滅,兩種狀態皆有,而有些或在散傳播達到的地區發揚光大卻在發祥地消滅掉。且還有一個現象,就是在散傳播達到的地區,不必然是所有的人都接受這個遠從發祥地傳過來的文化,極可能只是部分人受其影響而已。再者,文化散傳播亦不限於古代文化中心向四周世界之散傳播,在現代化浪潮下,許多新事物和新知識紛紛從歐美工業先進國挾其強大武力而向廣大的亞非拉美國家和區域散傳播。[9]

　　上述文化散傳播現象的例子極多,譬如佛教源發於印度恆河,向外散傳播,現在印度已沒有佛教而在東亞和東南亞卻廣為流行;又如中國禪宗傳到日本,日本禪僧發展出深富禪味的花道、茶道以及了脫塵凡的禪院庭園,但在中國有禪與淨土雙修的佛寺但根本沒有日本式禪文化的庭園設計。

　　中國民間宗教在中國大地上的動態存在是最典型的文化散傳播現象。眾神譜系中的大多數神祇均具有文化散傳播的情形,以關帝崇拜言,從其祖籍的山西運城的祖廟可以普及於全國許多地方,包括中國最後一個納入版圖的臺灣,乃是可能分佈關帝廟最為密集的地區,且早於明鄭就已立廟。[10] 又譬如媽祖信仰,從林默娘成神的福建莆田湄州之祖廟出發,天後宮(或媽祖廟)竟可播殖到日本,而中國南方的澳門,葡萄牙人稱其為 Macau 就是「媽閣」的廣府話語之音譯,而媽閣也者即媽祖廟是也。臺灣是媽祖崇拜最興盛之島,可以說臺灣人的最偉大守護神就是媽祖婆,澎湖首府馬公之地名其實是「媽宮」一詞的轉字,而媽宮也者,就是媽祖宮,其廟庭始建於明,距今

375

已四百多年，據史籍所言此廟始建於明神宗萬曆二十年（1592年），在民國八年（1919年）重修時，掘得「沈有容諭退紅毛番韋麻郎」古碑。由此觀之，澎湖天後宮的創建是在荷蘭韋麻郎據澎湖之萬曆三十二年（1604年）之前所建。[11] 上述旨在說明供奉神祇的廟宇是乃文化散傳播的明證，早於明萬歷朝或明鄭時代，中國人就已在臺灣海峽的彭湖列島或在臺灣本島立足，他們在大陸恭請媽祖和關帝隨船庇佑，自然在彭湖或臺灣島上成了這批最早來住的中國人的守護神。

四、開漳聖王在閩南漳州

與臺灣文化地理甚有關係的開漳聖王，是怎樣的一位神祇？《維琪百科》的有關敘述如下：

陳元光（唐高宗顯慶二年，657年 - 睿宗景雲二年，711年），唐光州人（今河南固始），福建漳州人和臺灣的漳州籍移民後裔，都崇祀陳元光，尊其為「開漳聖王」。

據聞陳元光十三歲時隨其父「嶺南行軍總管」陳政出征福建。唐高宗儀鳳二年（677年）四月，陳政死，陳元光襲父之職，代父領軍，朝廷封其為「玉鈐衛翊府左郎將」，平定了廣東陳謙以及閩南閩西一帶「蠻獠」苗自成、雷萬興等部族的「寇亂」，陳元光因功晉為「正義大夫」，詔封為「嶺南行軍總管」。

唐初的閩南一帶，特別是今漳州地區，屬於「地極七閩，連境百粵」，是從中原南來的漢族與當地少數民族混居的文化地理區。陳元光認識到「兵革徒威於外，禮讓乃格其心」，且「誅之不可勝誅，徙之則難以盡徙」，「功愈勞而效愈寡」，於是奏請朝廷在此區域設郡立縣，唐垂拱二年（686年），武則天下詔，准奏於該地區創設漳州，轄漳浦、懷恩兩縣，漳浦附州為縣，任命陳元光為「漳州刺史」兼「漳浦縣令」。

四、開漳聖王在閩南漳州

此後陳元光文武兼治，平定閩粵三十六寨，建堡屯兵，安定邊陲。大體北至泉州，西至汀州，南至潮州這一大片閩南閩西以及粵東地區，進入文治安定的社會，百姓獲得平和的生活。

唐睿宗景雲二年（711年）年尾，苗自成、雷萬興之子複於潮州聚眾反，陳元光率輕騎出戰，為敵將藍奉高殺死。陳元光死後，因其有功於地方，漳民崇祀之而成為漳州的守護神，尊稱為「開漳聖王」，清時，漳州人大批移民臺灣，所以臺灣的漳籍人士亦在其開墾地區廣設開漳聖王廟予以崇祀，因而成為臺灣漳籍聚落的神聖中心。[12]

如上所述，唐初時代的閩南閩西粵東一帶，少數民族被稱為「蠻獠」。而北方漢族卻亦已不斷南遷進入此區，與當地少數民族相混居，難免由於種族差異的矛盾以及生活方式和文化內容的不同，而產生衝突，陳政和陳元光父子以中原政權的唐朝名義和武力，從北方率領軍隊部曲前來這個福建邊陲荒野地理區征剿平定少數民族進而保護從外移入的漢族，此種現象乃是典型的文化散傳播。換言之，我們可以在心中勾畫出一張文化散傳播的地圖，此地圖表示中原文化從河南固始延伸到福建漳州，它顯示的意義是中華文化由中原人士早自唐朝初期，也就是第七世紀和第八世紀之際，已經從黃河流域散傳播到大陸東南沿海的閩南。

清光緒年間增修的《漳州府志》敘及漳州建置有曰：

（漳州）唐初隸嶺南道，總章二年（高宗年號，669年），泉潮間，民苦「蠻獠」之亂，僉乞鎮師以靖邊方。乃以左玉鈐衛翊府左郎將陳政統嶺南行軍總管事，出鎮綏安。儀鳳二年（高宗年號，時武後已經擅權，676年），政卒，子元光代領其眾。會廣寇陳謙等結連諸蠻攻潮州，守帥不能制，元光以輕騎討平之，開屯於漳水之北（即今雲霄），且耕且守。嗣聖三年（684年），[13] 元光請於泉潮間建一州以抗嶺表。朝廷以元光父子久牧茲土，令其兼秩領州，並給告身郎，屯所建漳州郡，並置漳浦縣屬焉。漳為州自此始。[14]

此段所言與前面引用的《維琪百科》所述者出入不大，但我們可以從《漳州府志》的《建置篇》看到，大體於高宗武後時期，以政治穩定考慮，放手讓陳政、陳元光父子在閩南閩西粵東一帶，全權治理地方，儼然是當地的小

皇帝一般，具有實質統治的大權。我們也可以發現陳元光採取的方式是打擊地方少數民族維護移民邊陲的漢族，而他運用的方式就是寓農於軍、寓軍於農的屯制。看起來是有實效的，故可進一步設州置縣而使該地區漸從蠻荒邁入文治。

在同一本《漳州府志》中如此敘述與開漳聖王陳元光有關的威惠廟：

威惠廟，祀唐侯也。先在漳浦之雲霄，今廟在郡城北門外，歲春秋二仲祀社稷山川竣事，乃致祭焉。儀禮與社稷同。唐將軍陳元光廟嗣聖間建於雲霄①，宋建炎四年（南宋高宗年號，1130年）始建今所。自五代暨宋累封「靈著順應昭烈廣濟王」，淳祐間（南宋理宗年號，1241-1251），春秋致祭，明正祀典，改封為「昭烈侯」，春秋致祭，……文云：「某年月日某官敢昭告於昭烈侯唐將軍陳公：唯公開創漳邦，功載有唐，州民允賴，廟食無疆。唯茲仲春（秋），謹以牲醴庶品，用伸常祭，尚饗。」……

漳浦縣威惠廟在縣治西門外。

按屬邑皆有威惠廟，獨載漳浦，志開漳之所自始也。[15]

依此，開漳聖王的祖廟始置於漳浦雲霄，清時祖廟在漳州府的郡城北門外，也就是在龍溪。換言之，自陳元光領導中原漢族在漳州地區開墾並且建立城邑聚落之後，開漳聖王就順理成章成為漳州人的聖賢英傑之神祇，是最重要的鄉土守護神，同時，在漳浦的祖庭威惠廟也就成為漳州區域的神聖中心。而更重要的記錄表現了漳州府所有城市鄉莊等大小聚落皆崇祀開漳聖王，皆有威惠廟；換言之，在漳州除了祖廟是大的漳州府空間的神聖中心之外，於漳州府轄的許多大小聚落也有其小空間範圍的神聖中心，那就是在大小聚落中的威惠廟。

筆者索閱清光緒年間增修的《泉州府志》，只得一座「威武陳王廟」，在縣治東，崇祀陳元光。除此之外，並無另外的陳元光神廟。[16] 再索閱明朝修纂的《八閩通志》，則漳州府的龍溪縣有一威惠廟，漳浦縣有一威惠廟之外，而在非漳州府轄而是興化府的仙遊縣亦得一威惠廟。除此之外，八閩其它城邑均無陳元光的廟祀。[17]

由此證知開漳聖王崇祀與福建其它區域沒有關係，此神祇僅僅屬於漳州地緣之鄉土性非常明顯。此神祇可以說是以合乎《禮記‧祭法》的標準而成為漳州的地區保護神，也是漳州的神聖中心，亦是漳州文化歷史與中原文化歷史連結的最重要節點。換言之，在歷史長河中，中原的固始以陳元光而與沿海邊區的閩南漳州之間存在了一條文化之系帶，而陳元光在漳州的文化意義就是以其功德而將中原文化播殖在這個沿海邊陲地區，使此地區亦納入中國文化的系統中。

五、臺灣的開漳聖王及其文化地理

臺灣自古以來本屬於主要航線之外的西太平洋海島，越洋航路發達之後，臺灣才逐漸納入東亞海運的輻輳點位置。明中葉後漸有閩粵人民越洋來墾，明鄭更有大批軍民隨延平王鄭成功泛舟來台。清朝時期，大量閩粵人民源源抵台拓殖。移民以閩南、閩西、粵東為主，以行政籍言，則是福建的泉州府、漳州府、汀州府，廣東的嘉應州、惠州府、潮州府。

明清航海來台移民，橫渡臺灣海峽是一個充滿危險之旅；登陸之後在陌生荒野之地拓殖，也充斥疾疫、械鬥、「番害」、水旱天災等急難，因此，移民多於家鄉求取家鄉守護神的神牌、神像或香袋隨身攜帶，漂洋過海及荒野開墾時，祈請神祇以其無邊神力予以庇佑。在臺灣一旦墾辟有成建屋安棲之後，遂正式築建廟宇，而在廟殿中莊重供奉他們從原鄉帶來的守護神。以泉人而言，他們多有保生大帝、清水祖師、王爺等主要神祇崇祀；以汀州客人而言，則以定光古佛為主祀神；以粵東客人而言，則以三山國王、三官大帝的崇拜為其標誌；而漳人就是以開漳聖王的信仰為主。因此，在臺灣，我們只要發現某種神祇的廟宇所在，就大體可以判斷該所在就是哪一個地緣籍貫的移民來此拓墾落戶建莊。譬如淡水鎮有一座鄞光寺，供奉定光古佛，此寺始建於道光二年（1822年），是汀州客家人從閩西武平的祖廟分香來台的守護神，當年由淡水汀州客家羅可斌、可榮兄弟捐地，大戶張鳴岡、胡焯猷等人募款而建造者，此座廟宇其實就是汀州會館，是汀州客家人移墾淡水一帶的證明，也是汀州客家在淡水地區的神聖中心。[18]

開漳聖王與臺灣文化地理

同樣的道理，開漳聖王的崇祀所在就是漳州來台開發的移民聚居的地區之證明。謹以兩座開漳聖王廟略加明之：

其一是臺北市士林區芝山岩惠濟宮，《淡水廳志》只寥寥幾字說：「在芝蘭堡，芝山獨峙，上祀開漳聖王。」[19] 按清時臺北盆地八芝蘭（即芝蘭堡，今臺北市士林區）屬漳人墾闢居住之區，其中有一海拔約 50 公尺的小山丘，後稱芝山岩，由於臺北盆地漳泉兩籍移民發生激烈的分類械鬥，此區漳人遂在芝山岩上建築了兩座寺廟，一為佛教的觀音佛寺，一為崇祀開漳聖王的惠濟宮，其時是乾隆十七年（1752 年）。[20] 位於這個芝山岩頂上的惠濟宮遂成為臺北盆地漳人非常重要的神聖中心，是他們的鄉土守護的象徵，也是他們與祖籍漳州相聯繫的一個文化結絡點。

另一佳例，則是漳州籍人群在宜蘭開墾帶出來的開漳聖王崇拜現象。

漳人開發宜蘭，宜從吳沙事蹟說起。姚瑩曰：

吳沙者，漳浦人，久居三貂（今臺北縣貢寮鄉三貂角），好俠、通番市有信，番悅之。民窮蹙往投者，人給米一斗、斧一柄，使入山伐薪抽藤自給。人多歸附。……沙既通番久，嘗深入蛤仔難（筆者按：即噶瑪蘭，今之宜蘭），知其地平廣而腴，思入墾，與番割許天送、朱合、洪掌謀，招三籍（筆者按：即漳、泉、粵）流民入墾；並率鄉勇二百餘人，善番語者二十三人，以嘉慶元年（1796 年）九月十六日進至烏石港（筆者按：位於今宜蘭縣頭城鎮海邊）南，築土圍墾之，即頭圍也。沙雖首糾眾入山，而助之資糧者，實淡水人柯有成、何繪、趙隆盛也。沙所召多漳籍，約千餘。泉人漸乃稍入。粵人則不過數十，為鄉勇而已。初入，與番日鬥，彼此殺傷日眾。沙使人紿番曰：「我奉官令，以海賊將據蛤仔難盡滅諸番，特來堵賊；且護番墾田，足眾糧而已，非有他也。」番性愚，不事耕鑿；間有耕者，用力苦而成功少，故視地不甚惜。得沙言，疑信者半；鬥又屢敗，以為漢人有神助，稍置之。番社患痘，沙出方施藥，全活甚眾，德之。

二年（1797 年），沙死，子光裔無能，侄吳化代理其事。複有吳養、劉胎先、蔡添福附之，漸開地至二圍、湯圍（筆者按：今宜蘭縣礁溪鄉），亦時有鬥爭。四年（1799 年），乃與番和。沙與化皆能約束其眾。番既聽墾，

亦不復侵擾。番喜，益進墾至四圍。是時，漳人益眾，分地得頭圍至四圍辛仔罕罕溪；泉籍初不及二百人，僅分以二圍菜園地，人一丈二尺；粵人未有分地，民壯工食，仰給於漳。……[21]

依上所述，我們瞭解嘉慶之初年，由活躍於臺北縣貢寮地區的漳浦人吳沙領導，以漳人為主群體再加上少數泉人以及更少數的客家人，組成了開墾集團，從三貂角順著東北海岸進入蘭陽平原的北端之烏石港，展開了蛤仔難的開墾，第一個聚落即頭圍（今宜蘭縣頭城鎮）。數年內就開拓到今宜蘭市的北邊郊區。可以說，這個拓墾運動是今臺北縣地區的漳人往東臺灣的拓進，是漳人從臺北出發進展到蘭陽平原的文化散傳播。

前已述論，中國人的文化散傳播之重要象徵即其崇祀的鄉土守護神，所及之處往往建立其神廟而馨香祭拜。吳沙以及其吳氏宗族和廣大的漳人開發宜蘭，當然也不例外。

吳沙開拓頭圍始於嘉慶元年，可是次年他就病逝，事業由姪子吳化承繼。開漳聖王廟在頭圍隨漳人的集聚，而在楊古在、林仁、蔡光明、沈秀福等耆老的領導下，創建起來，稱威惠廟，俗稱王公廟。[22]

可以說頭城威惠廟正是漳人在宜蘭開發的第一個神聖中心，是他們在宜蘭拓殖運動中的最重要守護神。此神祇的進駐噶瑪蘭，不但讓開蘭的漳人強烈依靠崇祀守護神之心靈與臺北原鄉連上了線，也由於聖王的「開漳」之性質而與大陸原鄉的漳州連上了線。

臺灣開漳聖王廟，如果依據仇德哉的統計，[23] 我們可以大體上進行一個空間分佈的分析。

首先我們發現全台最多開漳聖王廟的縣（含市）份是宜蘭縣，其境內有 20 座聖王之廟，佔全臺灣 56 座聖王廟的 35.71%，顯示蛤仔難的開拓者是開漳聖王守護的漳人及其子孫。而比率次之的縣（含市）份則是臺灣北部的桃園縣，有 10 座聖王廟，佔 17.9%，此資料亦顯示了桃園縣區域實為漳人及其子孫在臺灣西部或北部開拓發展的主要地方。除了上舉宜蘭和桃園之

外，較多聖王廟的縣份則是臺灣北端的臺北縣（含臺北市），有9座，佔16.07%，此資料近於桃園，顯示臺北縣也是漳人及其子孫重要的居棲地區。

臺北縣和桃園縣是接連為一塊的臺灣北部區域，其開漳聖王廟合計佔全台的33.97%，此比率已與宜蘭的比率十分接近了，而事實上，臺灣島的頭部就是由臺北縣、宜蘭縣、桃園縣整合為一的，其開漳聖王廟合佔全台的69.68%，換言之，漳人當年渡海來台開發其新天地時，根本是以北部臺灣，也就是臺灣島的頭部為其主要地理區。除此之外的臺灣各地，則基本上僅有極少數或沒有開漳聖王廟，也就是漳人拓殖的色彩非常淡薄。

審視臺北縣的開漳聖王廟的分佈，則臺北市內的內湖區、士林區各有一座；新店市、中和市、雙溪鄉、貢寮鄉、金山鄉各有一座，而萬里鄉有三座。它們的區位明顯地屬於周緣較靠山地或丘陵的位置。此現象告訴我們漳人在臺北區域的發展地理條件，實比不上泉人，後者早佔有河口以及下游平原地帶，而漳人只有在較崎嶇邊陲的地理區發展。

審視桃園縣的開漳聖王廟的分佈，則桃園市、八德市較平坦的地區各有一座，而在山地的復興鄉有一座，另外則集中在近山地的臺地區域的大溪鎮有五座，另外則是靠海的大園鄉有兩座。基本上，我們也可以發現桃園縣區位較優的區域，是泉人已經先佔，漳人則只能在條件較差的區域開拓墾闢；大溪舊稱大姑崁或大嵙崁，是大漢溪的上游河階面，近少數民族泰雅族出沒的地理區，因此，只有漳人或客家人的移民才可能因為生計而深入此區發展，泉籍人群早於通都大邑立下根基，因此相對之下，內山的大溪鎮是漳籍人群立足地帶，開漳聖王廟自然較為興盛。

宜蘭縣市開漳聖王廟則分佈均勻，宜蘭市有四座，頭城鎮有一座，礁溪鄉有三座，壯圍鄉有六座，五結鄉有三座，而以上這些鄉鎮市的區位，其實是連接成一個大區域，也就是大體上是蘭陽平原的「溪北區」，是整個噶瑪蘭開發階段的前半段歷史地理區，如此密集的開漳聖王廟顯示這個北半部的溪北之蘭陽平原，的確屬於漳人的大本營，所以開漳聖王在這個地區香火鼎盛的崇拜，正好證明了漳人對開漳聖王的深沉宗教情感，同時也說明他們的神聖中心是這些分佈在城市和鄉村中的開漳聖王廟。

六、結論

　　中國大地上流行數千年的民間宗教崇拜現象，正如本文所述，有聖賢先師英雄豪傑的尊崇追思的含義，亦因為此崇拜的意義，其神廟所在遂成為中國人聚落所在的神聖中心，其神祇成為聚落得以淨化安寧的守護神，而隨著中國人的移民之足跡，他們原鄉的守護神亦隨之而成為文化散傳播的重要象徵。

　　開漳聖王陳元光，早於初唐即從中原率領軍隊部曲南遷開漳，成為中原文化散傳播到閩南的重要神聖代表。由於他在漳州區域的深化關係，因此不僅是漳州區域色彩極濃的地方性守護神，更成為漳州人群移墾臺灣的最主要神聖護衛者，臺灣漳人與開漳聖王廟有高度的地理區位相關性，開漳聖王廟主要分佈在臺灣島頭部的臺北縣、宜蘭縣、桃園縣，換言之，這個地理區也就是臺灣漳州人群及其子孫最主要的拓墾、生活以及安身立命的區域。

文獻來源：2010年固始與閩台淵源關係學術研討會論文，《固始移民與兩岸文化認同研究》，河南人民出版社2011年10月。

作者簡介：潘朝陽，臺灣師範大學國際與僑教學院院長，臺灣師範大學東亞文化系、地理系合聘教授，地理學博士。

注　釋

[1]. 唐君毅：《中國之宗教精神與形上信仰——悠久世界》，《中國文化之精神價值》，正中書局1972年版，第310-344頁。

[2].《禮記‧祭法》（《小戴禮記》）。

[3]. 王夢鷗：《禮記今注今譯》，臺灣商務印書館，1992年版，第737頁。

[4]. 李添春（原修）、王世慶（整修）：《臺灣省通志‧人民志‧宗教篇》，臺灣省文獻委員會，1971年版，第281頁。

[5]. 潘朝陽：《臺灣民俗宗教分佈的意義》，《臺灣漢人通俗宗教的空間與環境詮釋》，廈門大學出版社，2008年版，第17-62頁。

[6]. 伊利亞德（Eliade，M.），楊素娥譯：《聖與俗——宗教的本質》，桂冠圖書公司，2001年版，第61-64頁。

[7]. 關於神聖中心的相關論述，可參考下列文獻：Eliade，M.，「Sacred Places：Temple，Palace，CenterofTheworld」，Patternsin ComparativeReligion，

Lincoln and London：UniversityofNebraskaPress，1996，pp.367-387.Yi-Fu，Tuan：Spaceand Place，Edward Amold Press，1977，pp.85-100.

[8]. 潘朝陽：《石圍牆莊的建莊及其神聖空間》，最早發表於「第一屆臺灣本土文化學術研討會」，臺灣師大人文教育研究中心，1995年，後收入其著《臺灣漢人通俗宗教的空間與環規詮釋》，廈門大學出版社，2008年版，第156-172頁。

[9]. 請參閱 H.J. 德伯裡著，王民等譯：《人文地理——文化社會與空間》北京師範大學出版社，1988年版，第108-110頁。

[10]. 以省區為範圍，海峽兩岸省區內最多關帝廟分佈者，應屬臺灣，多達356座。（據仇德哉：《臺灣廟神傳》信通書局，1981筆版，第6頁）

[11]. 王幹同監修，蔡平立纂撰：《馬公市志》，馬公市政府，1984年版，第697頁。

[12]. 此段敘述大體見：維琪百科·陳元光條，http://zh.wikipedia.org/zh-tw/E9%99%B3%E5%85%83%E5%85%89。

[13]. 按西元683年唐高宗崩，太子哲即位，年號弘道，尊武後為太後，684年改年號為嗣聖，但武後於二月廢這個新皇帝為廬陵王，立皇弟旦（就是以後的睿宗），改元文明，武後旋視朝，改年號為光宅。這一連串的事都發生在西元684年，而685年的年號是垂拱元年。因此《漳州府志》所言「嗣聖三年」似乎有誤。姑且置於西元684年。

[14].（清）沈定均、陳鴻翊纂修《（增修）漳州府志·卷之一 建置》（朱商羊影印版），登文印刷局，1965年版。

[15]. 《（增修）漳州府志》卷之八，《祀典·威惠廟條》。

[16].（清）章倬等人纂修：《（增修）泉州府志》卷之十六，《壇廟寺觀》（朱商羊影印版），登文印刷局，1965年版。

[17].（明）黃仲昭修纂：《八閩通志》（下）·《祠廟》，福建人民出版社，1991年版，第365-418頁。

[18]. 此段內容取材自淡水二級古跡鄞山寺。

[19].（清）陳培桂：《淡水廳志·祠廟》：大通書局，出版時間不詳，第153頁。

[20]. 引自維琪百科·芝山岩惠濟宮，http://zh.wikipedia.org/zh/。

[21].（清）姚瑩：《噶瑪蘭原始》，陳淑均：《噶瑪蘭廳志》，大通書局印刷，出版時間不詳，第371-372頁。

[22]. 引自：《臺灣寺廟專欄·宜蘭威惠廟》，http://tw.myblog.yahoo.com/rex-3600/article？mid=1066。據該網頁資料說修築北宜高速公路（蔣渭水高速公路）

時，工作人員多會來此威惠廟祭拜開漳聖王，求神祇庇佑；而近年復興起來的頭城搶孤的宗教活動，亦是在頭城威惠廟舉行的。

[23]. 仇德哉《前揭書》，第 93-98 頁。

論中原閩營人及其媽祖信仰

張富春

　　中原閩營人是指康熙初年由福建沿海移駐河南屯墾的明鄭降清官兵。經歷明末清初連年兵燹，中原地區人口銳減，昔日良田多化作榛莽之墟，成為閩南將士重要的屯墾地。閩營人在原籍信奉媽祖，來河南後較長一段時期內此信仰仍得以秉持，媽祖文化因而在該地區流布。任崇岳《中原移民簡史》[1]第五章第二節《清代進入中原的移民》論及中原閩營人，然過於簡單；杜世偉《河南鄧州高山族「閩營」背景初探》[2]則僅對鄧州閩營人作了探究，張振傑《洛甯「閩營人」》[3]、《中原的「閩營人」》[4]僅介紹了洛甯閩營人的來歷。本文擬在全面梳理中原閩營人分佈的基礎上，研究其媽祖信仰。

一、中原閩營人

　　順治十八年（1661年），鄭成功舊將蔡祿在福建銅山島降清。「祿，海澄（今福建龍海市海澄鎮）人，自海道來降。順治十八年九月，授左都督，予三等男世爵。康熙三年（1664年）十一月，授河南河北鎮總兵官。」[5]清代兵制河南總鎮分河北、南陽二鎮，河北鎮駐懷慶府。康熙四年蔡祿率舊部四千餘人駐懷慶府，十三年（1674年）因回應吳三桂反清被阿密達俘獲。「即將蔡祿父子並其侄蔡鼎席及同謀人等俱行正法；其餘投誠墾荒弁兵事無干涉者，概不株連。」[6]「投誠墾荒弁兵」見出蔡部屯墾性質。蔡祿所率閩南漳浦籍將士有蔡、田、江、康、聶、湯、孫七姓落籍懷慶府濟源縣（今河南濟源市）。[7]

　　康熙三年明鄭將領林順、黃廷等相繼降清，鄭經棄銅山退守臺灣。四年施琅率兵進攻臺灣。「四月，施琅見船隻已備，遂會藩、院，調諸投誠官兵鄭鳴駿、黃廷、鄭纘緒、何義、陳輝、楊來嘉、陳蟒、林順、楊富等兵分配，飛題報出師日期，將大隊舟師出銅山。十五日，開洋。」[8]結果是日三更遭遇颶風，施琅等無功返回廈門，清廷與明鄭戰事暫告結束。之後，黃廷屯福建長樂，林順移駐河南府（今洛陽市）。康熙六年（1667年），湖廣道御史

一、中原閩營人

蕭震疏言投誠開荒之策，遂為清廷採納。是年，「部議分撥海上投誠兵移駐外省。先撥慕義伯黃廷駐河南鄧州」。[9]

康熙七年黃廷部移駐南陽府屯墾。黃廷率五營親兵屯鄧州，副將餘伯益屯方城，都督僉事塗孝臣屯唐河，左都督楊正及都督僉事張旻屯新野，翁求屯南陽，陳顯屯鎮平。

乾隆《鄧州志》卷十三《武胄·武功》云：「黃廷，宇華明，福建人。明末聚兵海上，唐王封為永安伯。投誠本朝，封慕義伯，屯長樂。康熙七年，遷廷於鄧，帶領本標兵丁墾荒因家焉。」[10] 黃廷在鄧州城裡設武衙門，府第則建於州城西十八裡（今文渠鄉伯府宅村）。其本標兵丁屯墾地在州城西北至冠軍故城沿刁、湍二河間官道兩側。鄧州閩營人主要分佈在今文渠鄉、張村鎮、九龍鄉一帶。

餘伯益定居裕州（今河南方城縣）潘河沿岸。雍正十一年（1733年）《鎮國將軍餘公墓碑》云：「公諱添，宇伯益，原籍福建漳州府漳蒲（浦）縣銅山所（今東山縣銅陵鎮）人。由行伍受劄副總。於康熙七年奉旨同慕義伯黃公帶領官兵移駐河南南陽府裕州督墾。」[11] 餘伯益本人定居離縣城二裡的今券橋鄉營坊村，附近大營、小營、沈營等村均為屯墾地。清時置增福裡。乾隆《裕州志》卷三《賦役志·裡甲》云：「增福裡，系閩人奉旨安插墾荒者，戶少無甲。」[12]

乾隆《唐縣誌》卷八《人物志下·流寓》云：「塗孝臣，福建漳霞人，明末因寇亂，聚鄉勇立營寨以禦摽掠。國朝定鼎，孝臣率眾歸命。康熙七年，移駐唐縣（今河南唐河縣），督所屬士卒屯田。」[13] 漳霞即漳州市詔安縣霞葛鎮。隨黃廷由福建至南陽後，孝臣率參將六員、正兵二百四十名分屯今唐河縣昝崗鄉閩營村，包括閩營西街、閩營老街、中營、前營、東小莊五個村落。

總兵官左都督楊正率部屯墾新野。乾隆《新野縣誌》卷三《秩官·武胄》云：「楊正，總兵官，左都督，奉召帶兵移駐，督墾新邑。後奉旨南征。張旻，都督僉事。張德，副將。張遜，左都督，世襲拖沙喇哈番，授浙江黃岩鎮右營。」[14] 今城郊鄉盧莊村、孟營村委會閩營村（亦名北閩營）、五星鎮閩營村委會南閩營村、王莊鎮趙廟村委會江營村等為閩營人屯墾地。

清時南陽縣設有閩營保。光緒《新修南陽縣誌》卷三《建置》云：「東界淯水、包豐紫，循梅溪南抵城為保一十四。」[15] 閩營保即其一。陳卦原籍漳州府龍溪縣城東關，弟兄三人，兄樸居原籍，卦及弟外隨黃廷至南陽。陳卦與郭、蘇、翁、許、馬、黃、林、蔡諸姓至南陽府北八裡（今南陽臥龍區七裡園鄉大寨村）一帶屯墾，此處後設閩營保。陳外則到了今鎮平縣柳泉鋪鄉溫崗村。[16] 至鎮平屯墾者還有原籍福建泉州同安縣的總騎陳顯、騎尉陳非。[17]

林順七年由駐地洛陽至今河南魯山縣馬樓鄉、讓河鄉一帶屯墾，設立閩興屯。林順卜居馬樓鄉沙渚汪村，其侄元建居張良鎮老莊村、元燦居馬樓鄉丁樓村，副將陳樞居馬樓鄉老將莊、陳參居馬樓鄉倉房莊。[18] 陳樞墓在老將莊南，墓碑立於乾隆三十八年（1773年）。碑文云：「公諱樞，宇拱薇，昭勇將軍，振軒公長子也。先世河南光州固始，唐末從征至閩，居泉州府同安縣浯洲鬥營。簪纓世系，代有傳人。康熙初年間，敕授公為昭勇將軍。五年（1666年）移居河南府，七年，督墾魯山東南參將莊。」陳參墓及墓表在倉房莊東南。該村陳興柱與族眾1995年所修《陳氏宗譜》錄有陳參墓碑文，其中亦有居泉州府同安縣浯洲鬥營的表述。[19] 浯州乃金門古稱，陳樞、陳參先世均為河南固始人，唐末從征至閩，康熙五年複移駐河南府，七年至魯山督墾。現今魯山縣仍保存有老莊村林氏祠堂、沙渚汪村林順古宅、老將莊老將院三處清代閩營人建築。

康熙八年（1669年），張梅率部移駐洛寧縣，在洛河南岸屯墾。民國《洛寧縣誌》卷四《武略》云：「張梅，宇開，原本福建漳州詔安縣民籍，初官福建延平府副總兵。康熙八年，移駐永甯（今河南洛寧縣）永安裡張營村而屯田焉。」[20] 張梅駐今趙村鄉張營村，其部下分駐今趙村鄉、山底鄉、底張鄉等。鄰近洛甯的宜陽縣亦安插有閩營人，置閩合裡。康熙《宜陽縣誌》卷二《賦稅·分裡》云：「康熙八年，安插福建投誠官軍三百七十二員名，每名給荒地五十畝，令之墾種，另立一裡，曰閩合裡。」[21]

閩營人屯墾，初時仍屬軍籍，錢糧只納正供，差徭則盡皆蠲免。在中原閩營人歷經征吳三桂、平台澎、剿羅剎、鎮古北口、征噶爾丹等戰事。隨著

時間流逝，其軍人身分漸失，安於農桑，與當地農民無二致。乾隆《魯山縣誌》云：「奉旨駐魯山縣屯墾，迄今七十餘年，老者沒，少者老，新齒森森，耕讀樂業，服徭役庠序，與土著者無異矣。」

二、閩營人與媽祖文化傳播

閩營人在原籍信仰媽祖，來河南後也建廟供奉媽祖。

黃廷於鄧州城內花園口向東一百米處創建閩營家祠，祠堂內供奉媽祖。乾隆四十四年（1779年）閩營人在家祠東北方修建天後宮：「天後宮，又名天妃宮，在花園街東。建於清乾隆四十四年。原建有山門、祭壇，前後殿、左右陪殿共45間。院內有石碑5通，現為城關第二小學校址。屬市（縣）級文物保護單位。」[22] 天後宮坐北面南，沿中軸線依次為山門、祭壇、前殿、後殿及左右廂房。南北長約一百三十米，東西寬近七十米，佔地九千餘平方米。宮門為石質牌坊，門楣上書「天後宮」三宇。前殿即正殿，面南，有楹聯，上聯為「向四海顯神通千秋不朽」，下聯為「歷數朝受封典萬古流芳」，橫批「踏海浪平」。天後塑像立於正殿中央，高丈餘，銅鑄鎏金。東山牆內壁書一「濟」宇，西山牆內壁書一「康」宇，為清末鄧州人王德貴所書。後殿高於前殿。宮殿左側是營房，右側是閩營會館。會館大廳楹聯為「開宗閩台雪恥恨，作祖花洲報國恩」。[23]

天後宮又名福建會館，昔日香火旺盛。前揭《重修鄧縣誌稿》附建國後劉燃撰《革新建設》篇，云：「天後宮是福建居民創修，會館內塑天後娘娘之像，面積廣大，人民多稱靈驗，抽籤問卜，香火很盛，廡口棚內掛滿匾額，幾不能容。」[24] 民國時改作完小，建國後易名城區第二小學。20世紀80年代以來，天後宮漸為新建教學樓房取代。現存唯有仍保留在學校鐫刻「天後宮」三宇的石門楣和數通埋在地下的碑刻。周慶選[25]說，民國初媽祖神像被毀，「文革」後期，大約1973年左右，蓋小學毀了後殿。朱文顯[26]說，家就在天後宮附近，小時候常在裡面玩。天後宮大門兩旁有一對非常威風的石獅子，兩面扇形牆，門前有臺階。大門是木制的。天後宮正殿為三間瓦房，中間是天後高大的神像。五六年前還有兩間偏房。

論中原閩營人及其媽祖信仰

閩營人居住地也曾建有媽祖廟。周慶選說，1951年進城時，鄧州城裡三初中對門也有一座媽祖廟，不過要小得多，就是一個小院，院裡有一間房子，房子中間是一尊泥塑媽祖像，比普通人略大。聽長輩說閩營人常去敬，媽祖生日時各家都去祭祀。張永芳[27]說，在張許村和南邊的下營村中間，以前有一座媽祖廟，但早就毀掉了。陳相富[28]說，媽祖廟確實有，不過是在下營村南邊，而不是在張許和下營之間。村南邊有一個小院，院裡上房三間，還有幾間偏房，媽祖像就供在上房當中。林茂恩[29]說，聽說廟溝村扒魚河邊有一座媽祖廟，與祖師爺廟隔河相對，但自記事以來就沒了。塗征[30]也說，廟溝村河北邊，依那思羅墓向南約三百米處，有一娘娘廟，規模不大，是一進獨家小院。閩營人所在的南陽七縣都有媽祖廟，但不一定在縣城。塗征所言娘娘廟與林茂恩所言媽祖廟實則為一。

閩營人在南陽建的媽祖廟，至少也有二三十座。[31] 今南陽臥龍區七裡園鄉大寨村以前即有一座供奉媽祖的廟宇。陳卦在今大寨村東建廟一座，分前後殿，前殿供奉火星爺，後殿即其家廟供奉媽祖。

前揭張振傑《洛甯「閩營人」》云，洛甯縣趙村鄉張營村以前也有其先祖留下的媽祖廟，現今一些閩營人家裡乃保留著先輩們祭祀用的木雕媽祖像。張治周[32]說，在張營村西北邊，以前曾有一座媽祖廟。陳志[33]說，我們老將莊以前祠堂邊有一座媽祖廟。在張營村×××（男，1946-）和魯山縣張良鎮老莊村×××（女，1935-）家，我們見到了張文所說其先祖由閩南帶到中原的木雕媽祖像。

建國後，作為一種邊緣文化，中原閩營人媽祖信仰發生了斷裂。在閩營村調研中，我們發現多數老年人，對其先祖信奉的媽祖已遺忘殆盡，記憶中所殘留的僅僅是模糊的媽祖廟和天後宮。魯山老莊村稱木雕媽祖像為娘娘，或是出於安全考慮，×××將之隱祕地供在一間堆滿雜物、黑乎乎的小屋裡。洛甯張村×××家雖將木雕媽祖像塗上金粉供在正屋，但他對媽祖所知甚少，亦是當做北方常見的娘娘來供奉。部分老人則和年輕人一樣，對於媽祖的瞭解並非來自代代相傳，而是源於當前社會上大量關於媽祖的介紹。林永昌[34]說，聽說媽祖是福建那邊水上的神，是我們林家的姑娘，保護水上安

的。作為營裡人，都特別想信媽祖，但沒錢，蓋不起媽祖廟，也沒見過媽祖神像，只能是心裡有這樣的想法。林成偉[35]妻子還給我們出示了2005年7月28日《尹窪村關於建立媽祖廟的申請報告》。但尹窪林氏沒能建起媽祖廟，即使鄧州臺灣村規劃中的媽祖廟、黃廷陵園等也成了一紙空文。

閩營高山族人則方便行事，把媽祖供在祠堂或家裡，儘管多數時候媽祖還屈尊於下位。在鄧州線上網上我們看到一幅鄧州高山族陳氏祠堂供奉媽祖的照片。陳氏諸祖先牌位上方有「高山族陳氏家譜」七字，牌位兩邊有一副對聯。上聯為「宗承媽祖創新業」，下聯「祖隨閩營棲□□」。牌位前供三尊神像，中間為祖師爺，媽祖居左首。相比之下媽祖像最小。[36]張村鎮下營村林茂忠家所供神像與之相似。林茂恩帶領我們來到茂忠家。其家正房條桌中間供奉祖師爺，右邊有一尊與祖師爺相比稍小的媽祖坐像——鳳冠霞帔，身著朱紅披風，神情安詳，像底座綴有「天後聖母」四字，紅底黃字。林茂恩說本村周慶順家也供有類似媽祖像。但當時周家沒人，我們未能目睹其所供媽祖像。不過此憾在鄧州城裡周慶選家稍得彌補。周慶選家正房同樣位置也供有媽祖像。不同的是該像居中間正位，而且較旁邊諸神像要大得多。這或許表示出媽祖在其家地位要高些。周慶選說，他們幾家媽祖神像都是從鄧州城裡朱文顯家香火鋪裡請來的。朱文顯妻子張氏說，下營村周師傅（慶選）說有人想請媽祖像。大約在2000年到2003年間，她從南陽市里一家香火批發部請了十一尊媽祖像，其中十尊小的，一尊大的。基本上都是閩營人請走的，本地人不大信。

三、閩營人媽祖信仰的思考

神明信仰是整合、穩定民間社會的重要力量源。背負媽祖神像初到中原，閩營人即建造家祠或小型廟宇供奉媽祖，希冀借媽祖信仰強化其族群意識，以之作為彼此認同的力量源，標誌其不同於本地人的信仰特徵，並通過定期或不定期的共同儀式來加強此集體記憶，強調其共同起源，化解身處異鄉有可能出現的族群認同危機。雖來自遙遠的閩南，但其軍事建制本身就較普通民眾更具凝聚力，加之清廷對之採取屯墾政策，所以與當地人相比，閩營人

中原與閩台淵源關係研究三十年（1981～2011）（修訂版）
論中原閩營人及其媽祖信仰

明顯屬於強勢群體。這使他們較易保持族群特徵，媽祖信仰得以順利地在處於異鄉的閩營人中延續、發展，甚至乾隆時鄧州閩營人還創建了規模宏大的天後宮。繁衍數代後，作為強勢地位標誌的「營」已隨其安於農桑漸昧軍旅而喪失了軍人身分的涵義，「閩營」實際上僅剩下了地域性標誌的「閩」。同時其信仰也逐步「在地化」。鄧州天後宮被稱作福建會館，已顯示出閩營的淡化。不過，由於民間信仰旺盛的生命力，媽祖信仰仍得到秉持，而且香火還非常旺盛。在民國時期廟宇被大量移作他用的風潮中，鄧州天後宮亦難倖免，先是媽祖神像被毀，繼而宮宇被易作學校。建國後多次政治運動則直接導致閩營人媽祖信仰出現結構性失憶。迨至20世紀七八十年代初，鄧州天後宮建築全部夷為平地，為新修的教學樓房所取代，維持閩營人族群邊界的媽祖信仰最終喪失。這標誌著閩營人「在地化」進程基本完成。

1981年國務院人口普查領導小組、公安部、國家民族事務委員會發佈《關於恢復或改正民族成份的處理原則的通知》，云：「凡屬少數民族，不論其在何時出於何種原因未能正確表達本人的民族成份，而申請恢復其民族成份的，都應當予以恢復。」[37] 1983年第三次全國人口普查時鄧州張村鎮上營村陳朝虎在民族成分欄上填報高山族，成為鄧州首位將民族成分由漢族改為高山族的人。1990年第四次全國人口普查時鄧州高山族由1989年的36人增加到100人，2000年第五次全國人口普查時更達到830人。截至2005年8月底，鄧州全市又有321人改為高山族成份，還有一些人自報高山族但尚未變更。[38] 已更改民族成分、渴望更改而未能如願的高山族人及林姓漢人構成了當今鄧州閩營人媽祖信仰的重要人群。

在鄧州臺灣村調研中，我們聽到最多的就是部分閩營人渴望恢復高山族的訴求。這和此前一直從屬於閩營漢人大相徑庭。工具性和現實性是族群認同最基本的特質。在不受重視甚至遭受歧視的時代，作為弱勢亞群體的鄧州高山族人必需依附於閩營漢人，在大的閩營背景下求得各種物質資源（包括土地、房屋、通婚等）和感情的認同（包括信奉和祭祀媽祖）。現實的期望、憂懼使他們掩飾或扭曲了對自身起源的記憶，強調與閩營漢人的共同記憶。十一屆三中全會後，新的民族政策和兩岸交流政策喚醒了鄧州高山族人的集體記憶，刺激了他們的亞族群意識。法國學者莫里斯·哈布瓦赫認為「集體

記憶在本質上是立足現在而對過去的一種建構」[39]。鄧州閩營人的地方精英及關注高山族和閩營人的學者，借助族群口頭記憶、碑刻、家譜等文化碎片重構了高山族和閩營人的歷史。在此重構中，增添了想像和虛構的成分，附加了現實的意義，隱去了降清的尷尬。族群史因此成為當代人的敘事，成為當代事件的一部分。現實利益的驅動，使鄧州閩營高山族人不斷強化臺灣高山族這一族源表述。於是，作為信仰認同的媽祖信仰首先在此部分人群中復蘇。閩是地域標誌，營是身分標誌，高山族是民族標誌，媽祖是信仰標誌。如此，閩營高山族人在鄧州乃至在中原地區就成了一個完整的具有異於包括閩營漢人在內其他群體特徵的族群。借集體起源記憶的重新闡釋將共有此記憶的人群聯繫起來，以最小的共同認同來增進彼此最大的認同，並獲取更多的生存資源（兩岸交流及民族優惠政策）。而這實際上是經歷「在地化」以後向初至鄧州時閩營人狀態的一種回歸，與其先祖依附於閩營漢人修建家祠和媽祖廟的動機相類——即「特定環境中的資源競爭與分配關係」[40]。

鄧州高山族人歷史記憶的復蘇刺激了當地閩營漢人的記憶，加之以閩南為主要策源地的媽祖信仰熱潮一浪高過一浪，閩營漢人認祖歸宗的熱情也被激發起來。魯山金門陳氏積極與金門同族溝通，鄧州文渠鄉尹窪村林姓漢人的媽祖信仰訴求等等，即是其表現。能夠標誌祖源認同的媽祖信仰在閩營人集體記憶中慢慢恢復。這種恢復主要是為了培育其族群認同意識。與崇拜不一樣，媽祖信仰具有跨宗族的功能，因此再次成為整合、彰顯閩營人族群特徵的內聚力。這是其族群意識「在地化」完成後的再次凸顯、彰揚，實際上是閩營人的一種隱喻——權力關係的變化使身分認同由原來的直喻變成了隱喻。這種隱喻維持著閩營人的內部認同。

文獻來源：2010 年固始與閩台淵源關係學術研討會論文，《固始移民與兩岸文化認同研究》，河南人民出版社 2011 年 10 月。

作者簡介：河南師範大學文學院教授，歷史學博士後。

注　釋

[1]. 河南人民出版社，2006 年。
[2]. 載《民族研究》2005 年第 5 期。

[3]. 載《中州統戰》1999 年第 6 期。

[4]. 載《閩南日報》2010 年 3 月 25 日。

[5]. 王鐘翰點校：《清史列傳》，中華書局，1987 年第 6651 頁。

[6].《清聖祖實錄選輯》，《臺灣文獻叢刊》第 165 種，臺灣銀行經濟研究室編，第 43 頁。

[7]. 林殿閣：《漳州姓氏》，中國文史出版社，2007 年版，第 2210 頁。

[8]. 江日升：《臺灣外紀》卷六，臺灣文獻叢刊，第 60 種第 234 頁。

[9]. 彭孫貽撰、李延罡補：《靖海志》，《續修四庫全書》第 390 冊，上海古籍出版社，第 511 頁。

[10].《中國方志叢書》華北地方第 450 號，成文出版社有限公司，1976 年版，第 429-430 頁。

[11]. 馮金生等：《從鎮國將軍墓碑看康熙年間清廷屯墾》，《方城春秋》1985 年第 1 期，第 38 頁。按：「銅山所人」之「人」字當為衍文。

[12].《中國方志叢書》華北地方號第 482 號，成文出版社有限公司，1976 年版，第 165 頁。

[13]. 參見 20 世紀 90 年代大寨村重修陳氏家譜。河南師範大學文學院研究生季豔茹 2009 年 12 月 10 日中午在南陽市臥龍區七裡園鄉大寨村陳書臻（1939-）家拍攝了此家譜部分內容。此據季豔茹所拍照片。

[14].《中國方志叢書》華北地方號第 479 號，成文出版社有限公司，1976 年版，第 275-276 頁。

[15].《中國方志叢書》華北地方號第 457 號，成文出版社有限公司，1976 年版，第 284 頁。

[16].《中國方志叢書》華北地方號第 488 號，成文出版社有限公司，1976 年版，第 396 頁。

[17]. 王時晰：《建國前鎮平糧食購銷情況見聞錄》，中國人民政治協商會議鎮平縣委員會文史資料委員會：《鎮平文史資料》第 11 輯，1993 年版，第 53 頁。

[18]. 參見魯山縣地方史志編纂委員會：《魯山縣誌》，中州古籍出版社，1994 年版，第 32-33 頁。

[19]. 參見魯漢、陳志：《老將莊客家金門陳氏記略》，中國人民政治協商會議魯山縣委員會文史資料工作委員會：《魯山文史資料》第 23 輯，2005 年版，第 210 頁。

[20].《中國方志叢書》華北地方第 118 號，成文出版有限公司，1968 年版，第 498 頁。

[21]. 中國國家圖書館藏本。

[22]. 鄧州市地方史志編纂委員會：《鄧州市志》，中州古籍出版社，1996 年版，第 608 頁。

[23]. 參見政協鄧州市委員會《鄧州與臺灣》編輯組：《鄧州與臺灣》內部資料，2005 年版，第 24-46，47-70 頁。

[24]. 郭習敬：《重修鄧縣誌》鄧州市檔案館藏抄本。此據河南師範大學文學院學生劉閃 2009 年 2 月 11 日於鄧州檔案館抄文。

[25]. 周慶選（1936-），男，原籍張村鎮上營村，原縣供銷社主任，現住鄧州城裡。訪談時間：2008 年 10 月 2 日傍晚。地點：周慶選家。

[26]. 朱文顯（1943-），男，和妻子張氏（1952-）在鄧州城裡開一香火鋪，同時還在路旁擺攤賣煙、飲料等。訪談時間：2008 年 10 月 3 日中午。地點：朱家香火鋪和朱文顯擺攤處。

[27]. 張永芳（1940-），男，鄧州張村鎮張許村人，農民。訪談時間：2008 年 10 月 1 日上午。地點：張許村張許家祠。

[28]. 陳相富（1939-），男，鄧州張村鎮下營村人，農民。訪談時間：2008 年 10 月 1 日中午。地點：下營村陳相富家。

[29]. 林茂恩（1942-），男，鄧州張村鎮上營村人，退休前為小學教師。訪談時間：2008 年 10 月 1 日下午。地點：上營村林茂恩家。

[30]. 塗征（1948-），男，宇凝公，鄧州高集鄉塗灣村人，現任鄧州市政協委員，曾以「凝公」之名與其子塗重航先後發表數篇文章介紹鄧州高山族。訪談時間：2009 年 2 月 11 日下午。地點：鄧州城裡塗征家。

[31]. 肖華鍀：尋訪南陽媽祖廟［N］．大河報，2006-12-12（06）．

[32]. 張治周（1948-）男，洛寧縣審計局退休職工，原籍洛寧縣趙村鄉張營村。訪談時間：2010 年 5 月 2 日中午。訪談地點：洛寧縣趙村鄉張營村。

[33]. 陳志（1948-）男，魯山縣馬樓鄉老將莊村人，訪談時間：2010 年 5 月 8 日中午。訪談地點：魯山縣馬樓鄉沙渚汪村林三甲（男，1934-）宅。按：因藏家叮囑不要透露其藏有媽祖木雕神像，故此處隱去其姓名。

[34]. 林永昌（1934-），男，文渠鄉尹窪村人。訪談時間：2008 年 10 月 2 日上午。地點：尹窪村林成彥茶館。

[35]. 林成偉（1964-），男，鄧州文渠鄉尹窪村人。訪談時間：2008 年 10 月 2 日中午。地點：尹窪村林成偉家。

[36]. http://www.dzol.cn/travel/1/20080531/156.html。

[37]. 國家民委政策研究室：《國家民委民族政策檔選編 1979-1984》，中央民族學院出版社，1988 年版，第 257-258 頁。

[38]. 此處所引鄧州高山族人數參見前揭鄧州市地方史志編纂委員會編《鄧州市志》第 117 頁、陳建樾《「臺灣村」：一個移民村落的想像、構建與認同——河南鄧州高山族村落田野調查報告》（載《民族研究》2005 年第 5 期）。

[39]. 莫里斯·哈布瓦赫著，畢然、郭金華譯：《論集體記憶》，上海人民出版社，2002 年版，第 59 頁。

[40]. 王明珂：《華夏邊緣——歷史記憶與族群認同》，社會科學文獻出版社，2006 年版，第 249 頁。

固始移民與兩岸三地尋根資源之整合

尹全海

　　世俗的而非學術的緣故，特別是歷史學在其中的邊緣化趨勢，使閩台移民之原鄉被模糊或弱化，河洛、中原、固始之地域關係及其內涵界定出現了亂相——三源並出。原本獨具特色的移民景觀變得含糊不清，尋根資源之整合缺乏主線，豫閩台三地都根據現存資源，採取各盡所有、各取所需之態度加以開發與利用，造成混亂和浪費。有鑒於此，本文從歷史學出發，以歷史上固始移民入閩遷台為主線，將豫閩台三地尋根資源初步整合為移民資源、姓氏資源、信仰資源三類，在此基礎上探討其當代價值。

一、問題之提出

　　福建和臺灣一樣，歷史上是移民社會，最具典型意義者如唐代光州固始人陳元光父子「開漳」、王審知兄弟「王閩」，幾乎是固始族群及其社會文化的整體「遷移」，故「今閩人稱祖者，皆曰光州固始」。宋、元以後，部分固始移民整體「遷移」，故「今閩人稱祖者，皆曰光州固始」。宋、元以後，部分固始移民離開已世居之閩南，渡海遷台，並最終成為臺灣移民社會的主體，「固始族群」亦隨之落地生根，於是有「臺灣尋根到漳泉，漳泉尋根在固始」之說。所不同的是此次移民遷台，時間更長，範圍更廣，原因也更複雜。也許固始移民入閩遷台是歷史上北方士民南遷的一分支，因其移出地為「光州固始」，且有固定的移民方向，由此形成固始—福建—臺灣三地頗具特色的移民景觀，奠定了當今豫閩台三地尋根活動的歷史前提和文化基礎，並由此產生或保存了豐富的尋根資源。所以，固始移民入閩遷台，應視為一個獨立的歷史單元加以研究[1]。

　　若視固始移民入閩遷台為獨立的歷史單元，需首先對中原、河洛、固始三者之地域關係及其內涵作出界定。河洛有廣義狹義之分，廣義的河洛是指今日豫西地區，狹義的河洛就是古代的洛陽一帶。無論是廣義還是狹義，河洛是中原之中心是沒有疑義的[2]。儘管河洛文化圈有時超越河洛區域範圍進

入中原文化圈,甚至一定時期可能會出現交匯融合,但河洛文化並不能因此代替中原文化;在文化積累和演進進程上兩者有著本質的區別。如此,地域上的河洛是以洛陽為中心中原的核心,狹於中原;文化上的河洛是中原文化的源頭,先於中原文化。而中原之民與東南越閩地區的往來,最早可追溯至西漢武帝將閩越之民遷往江淮,以及魏晉時期中原之民第一次南下。顯然此時的河洛文化不能完全涵蓋中原文化,江淮區域也超出了廣義河洛的地域空間。在此意義上,僅就閩台移民之尋根而言,稱其根在中原是成立的,若謂根在河洛,以中原替代河洛,似言之籠統。

厘清中原與河洛的異同之後,還需進一步區隔中原與固始之地域及其文化關係。閩台移民,甚至更為廣泛的周邊地區對中原的認知,是一個相對、動態的寬泛概念。其相對性表現為中原與邊疆、中央與四周的關係。其動態性表現為空間與時間兩個向度,時間意義上的中原並非前後重合,如先秦之中原與隋唐之中原、明清之中原與近代之中原均存在較大差異,甚至有邊疆變中原之滄海桑田;空間意義上的中原呈現為一種向四周擴散之趨勢。意味著閩台移民觀念深處的「中原」是相對福建而言,這裡的「中原」是對邊疆的否定,即福建或臺灣與「光州固始」之相對關係,當然還蘊涵有祖上自中原,並非生為蠻夷之意。換言之,這裡的「中原」具體所指就是移出地「光州固始」;「在閩台人的心目中『光州固始』就是原鄉,就是中原,就是他們永遠的根」[3]。明乎此,便知閩台移民根在「光州固始」,而不是河洛,至於根在中原則是一個相對模糊的稱謂。事實上全球華人根都在中原——不僅閩台移民根在中原。當然,厘清或強調閩台移民根在固始,並不否認閩台文化與河洛文化、中原文化的淵源關係。

二、移民資源

移民資源,主要是移民史資源。歷史上固始移民入閩遷台形成的移民資源,應包括以下幾個方面:其一,固始移民出發地,即移民集散地的實物遺存;其二,遷移線路及其保存至今的歷史遺跡或民間傳說;其三,固始移民對閩

二、移民資源

台經濟社會發展的貢獻,特別是移民領袖的歷史功績;其四,移民群體融入當地社會生活形成的新的文化景觀。

固始移民入閩遷台史,在空間上,特指以固始為起點沿固定方向的外向型移民,即固始移民之入閩遷台,而不包括遷入或者其他零星移民;在時間上,以陳元光父子率部入閩為起點,包括固始移民入閩及其後裔渡海遷台的全部過程,當然,其間可能會追溯到早期零星移民以及固始移民後裔遷台後的情況,但這不會成為研究主體。當下我們所能看到的移民史著作中,固始移民史被劃定在不同的時空背景下進行割裂式描述,如在葛劍雄《中國移民史》、任崇岳《中原移民簡史》中,固始移民史變成斷代移民史;林國平《福建移民史》,雖然涵蓋了「人口在不同地區空間移動」的全部內涵,即有漢唐以來北方漢族入閩,也有福建向臺灣和海外移民的歷史,包括了固始移民史之應有內容,但並非應有主題。總之,固始移民史是一部移民通史,只不過它由兩個明顯的階段組成,即唐代固始移民入閩,以及此後固始移民渡海遷台或遠播海外。

固始移民對閩台經濟社會發展的貢獻,包括所有固始移民及其後裔為開發福建、臺灣作出的重大貢獻,因受現有史料所限,我們暫以陳元光父子及其部將屬下開漳建漳的歷史功績、王審知兄弟王閩治閩的歷史功績為主要考察對象。

陳元光在閩42年,任漳州刺史26年,其開漳建漳之豐功偉業可概括為以下三個方面:「募民障海為田,瀉鹵成淡」,圍海造田,入閩將士們在火田溪段築堰開渠,留下了至今依稀可見的「埭」和「火田軍陂」等遺跡[4]。傳承中原漢族農耕技術,種麥、蘭草,養蜂取蜜,甚至還掌握了麥田中種藍的套種技術[5]。鼓勵通商,引進中原工匠來閩從事陶瓷和冶煉。與此同時,陳元光還依照中原傳統發展文教,移風易俗,興庠序,廣教化,造福福建。龍溪鄉學和松州書院,即為陳元光之子陳珦主持和開辦[6]。陳元光之後,其子陳珦繼承父業,任漳州刺史27年;陳元光之孫、陳珦之子陳酆掌漳州刺史達29年。陳氏五代及其部屬為閩南開發與建設鞠躬盡瘁。

王審知於唐昭宗光化元年（898年）三月被唐朝封為福州武威軍節度留後、刑部尚書，十月，被正式任命為福州威武軍節度使，直到後唐莊宗同光三年（925年）故世，統治福建28年。福州威武軍下轄的泉州、建州、汀州、漳州刺史一般都由固始王氏擔任。如王潮、王彥複、王審邽、王延彬、王延鈞、王繼宗、王延美等先後擔任泉州刺史；王延稟、王繼雄、王延紅、王繼休、王繼瓊等擔任漳州刺史。即使偶有異姓刺史，也是與王氏有姻親關係或固始鄉里。總之，自王審知繼任威武軍節度使後，積極爭取土著居民支援，使王閩政權本土化，同時整頓吏治，輕徭薄賦；外交上貢中原王朝，奉行睦鄰政策，保境安民。據史載王審知兄弟及其子孫治閩期間，福建四周烽火連天，民不聊生，而福建境內則「時平年豐，家給人足」[7]，經濟文化長足發展，逐步趕上中原發展水準。

至於移民集散地之實物遺存、移民線路遺跡及民間傳說，以及移民群體融入當地社會生活形成新的文化景觀，是當今固始移民和閩台尋根研究中的薄弱環節。就現有資料來看，固始移民第一個集散地當然是固始，至少包括陳元光故里和王審知故里兩個集散地。另一移民集散地為福建的漳州和泉州，因為「臺灣的開發經營，幾乎全為閩南漳泉人與粵省客家人之功」[8] 大部分臺灣人來自福建漳泉。移民線路也應分為三條，一是陳元光父子入閩平叛時的線路，另一是王審知兄弟的入閩線路，然後是固始移民後裔由福建渡海遷台的線路。移民期間發生的民間傳說，如王潮兵變誅殺王緒後「拜劍選帥」、福州閩王廟的「拜命台」等流傳至今。固始移民群體融入當地社會生活形成新的移民景觀，分散在社會生活的各個方面，如族群信仰、經濟社會活動、衣食住行、歌舞圖畫、民俗方言等，茲不贅述。

三、姓氏資源

因姓氏遷移而發生的族源地、祖先居住地、祖籍紀念地、郡望、堂號、祠堂、家廟、墓葬遺跡（含墓誌）、族譜、族規和契約，以姓氏命名的村莊、集市，以及溝、塘、陂、湖、堰、壩、港等水利工程，成為姓氏資源的主要內容。雖然姓氏遷移與移民相伴生，移民線路是姓氏遷移的主要方向，但移

三、姓氏資源

民融入地方之後必然孕育新的族群和分支，因此姓氏資源的挖掘和整理，需更多依據族譜從移入地反向追溯。所以，固始移民入閩遷台之姓氏資源，主要從閩台族譜中得到體現。

據今人統計，固始入閩之姓氏有：蔡、曹、陳、程、戴、鄧、丁、董、范、方、馮、傅、高、龔、顧、郭、韓、何、和、洪、侯、胡、黃、江、金、康、柯、賴、雷、李、連、梁、廖、林、柳、劉、盧、呂、羅、駱、馬、茅、倪、潘、彭、邱、商、邵、沈、施、宋、蘇、孫、湯、唐、田、塗、汪、王、魏、翁、吳、蕭、謝、許、薛、嚴、楊、姚、葉、應、尤、游、俞、餘、袁、曾、詹、張、鄭、周、危、朱、莊、桌、鄒，共 86 姓。其中，據《開漳世譜》（檳城刊印）記載，唐初隨陳元光父子入閩者有：許、馬、李、朱、歐、張、沈、林、盧、劉、塗、廖、湯、鄭、吳、周、戴、柳、陸、蘇、歐陽、傅、司馬、楊、詹、仲、蕭、胡、趙、蔡、葉、顏、潘、錢、孫、魏、韓、王、梁、何、方、莊、唐、鄒、丘、馮、江、石、郭、曹、高、鐘、徐、汪、洪、章、宋、陳 58 姓，另有妻眷姓氏：司空、種、甯、翟、甘、姚、邵、尹、尤、陰、狐、金 12 姓，共計 70 姓（《雲霄志書》之記載為 84 姓）。唐末隨王審知兄弟入閩者有：王、陳、林、劉、郭、謝、吳、張、黃、周、許、楊、蘇、鄒、詹、薛、姚、朱、李、鄭、程、嚴、董、呂、孟、連、湛、虞、庾、戴、蔡、莊、鄧、柯、沈、蕭、卓、何、孫、繆、趙、高、施、曾、盧、廖、馬、傅、韓、釋 50 姓（福建王氏族譜一般記載為「18 姓隨閩三王入閩」。）

據《臺灣省通志·氏族篇》所列臺灣之姓氏，多至 724 姓，其中「族大支繁，較為常見之姓」，如陳、林、黃、張、李、王、吳、蔡、劉、楊、許、鄭、謝、郭、賴、曾、洪、邱（丘）、周、葉、廖、徐、莊、蘇、江、何、蕭、羅、呂、高、彭、朱、詹、胡、簡、沈、施、柯、盧、餘、翁、潘、游、魏、顏、梁、趙、范、方、孫、鐘（種）、戴、杜、連、宋、鄧、曹、侯、溫、傅、藍、姜、馮、白、塗、蔣、姚、卓、唐、石、湯、馬、巫、汪、紀、董、田、歐（歐陽）、康、鄒、尤、古、薛、嚴、程、龍、丁、童、黎、金、韓、錢、夏、袁、倪、阮、柳、毛、駱、甘等 63 姓之姓源在光州固始。

401

上舉福建之86姓，臺灣之63姓（含與福建重複之姓氏），均由固始遷出，根在固始。其中絕大多數姓氏仍保存有自己的族譜和族規[9]。由於時代久遠的關係或其他社會因素之干擾，固始境內的族源地、祖先居住地、祖籍紀念地已十分少見了，甚至許多姓氏根本就不明白本姓之郡望和堂號；遺存更多的是以姓氏命名的村莊、集市，以及溝、塘、陂、湖、堰、壩、港等水利工程。[10]

為祭祀而專設的祠堂、廟宇也是主要姓氏資源。根據《禮記·祭法》記載，祭祀可分為三：自然祭祀、偉人祭祀和祖先祭祀。對陳元光、王審知等移民領袖的祭祀顯然屬於祖先祭祀[11]。此類姓氏資源，就固始、福建、臺灣三地而言，河南對陳元光的奉祀集中在潢川、固始兩地。如始建於明萬曆年間的潢川廣濟王祠、固始陳集鄉的將軍祠；固始縣城東大山主峰浮光頂上的大山奶奶廟，主祀陳元光祖母魏敬。福建留下的奉祀廟宇就比較多，所謂「唐史無人修列傳，漳江有廟祭將軍」。唐睿宗景雲二年（771年）十一月五日，陳元光被襲殉職，葬於綏安大峙原，「百姓聞之，如喪考妣，相與制服哭之，畫像祀之」。唐玄宗先天元年，詔令漳江建立祠廟，賜樂器、祭器。四年詔漳浦建陳將軍祠，御書「盛德世祀坊」，明正祀典，派地方官春秋二祭。明清時期，福建奉祀陳元光的廟宇，以雲霄、漳浦、漳州三地之威惠廟最為著名，也最久遠。雲霄縣境內就有開漳聖王廟一百多座，其中，威惠廟為閩台兩地保存最久的開漳祠廟，有「開漳聖王第一廟」之譽。漳浦境內之綏安、盤陀、赤湖、金塘等鄉鎮分佈開漳聖王廟宇近百座[12]。此外，龍溪、龍海、漳浦、長泰、平和、詔安、安溪、南靖、龍岩、海澄等縣都建有威惠廟；惠安、仙遊交界處建有靈著王廟；詔安縣有九洛廟、將軍廟、功臣祠、靈侯廟、海澄縣有儒山廟、西峰廟、靈著王廟。臺灣地區的陳元光祭祀祠堂或廟宇，因漳籍移民渡台時隨身攜帶香火，落地奉祀；開漳聖王祖像渡海來台，各地建廟供奉。在臺灣凡有漳州人的地方就有開漳聖王廟。周璽《彰化縣誌》卷5《祀曲志·祠廟》「威惠王廟」記曰：「漳人禮之，渡台悉奉香火。乾隆二十六年，建廟與縣城西。」[13]據統計，臺灣現有祭祀或主祭開漳聖王的祠堂和廟宇71處，居豫閩台三地之冠。

祭祀閩王王審知的祠堂、廟宇在閩台兩地也很多。如位於福州市慶城路的閩王祠及恩賜琅琊郡王德政碑，系後晉開運三年（946年），福建地方為紀念王審知治閩德政，將其故居改為祠廟，永久奉祀。祠內恩賜琅琊郡王德政碑一座，為唐天祐三年（906年）於克撰文，王倜書寫，碑文記述王審知家世及其治閩政績。另有「重修中懿王廟碑」、「乞土勝地」碑等，均為北宋開寶年間立。始建於唐天祐元年（904）的報恩定光多寶塔，系王審知為其父母所建，傳說開墓之時有珠寶一顆霞光萬道，取名定光塔，時人黃滔作《報恩定光多寶塔碑記》，明嘉靖十三年（1534年）被雷電擊毀，二十七年（1548年）重建。清光緒三十八年（1892年）再修。解放後1957、1963年曾兩度修建，1991年列為福建省文物保護單位，俗稱白塔。

　　此外，在福建至今仍保存完整，有史可考的71座名祠、28姓氏之祠堂、家廟或紀念祠中，供奉著由「光州固始」入閩始祖50人。如陳姓祠14座，供奉入閩始祖9人；黃姓祠9座，祀始祖4人；張姓祠8座，祀始祖2人；吳姓祠6座，祀始祖4人；許姓祠3座，祀始祖3人；林姓祠4座，祀始祖2人；莊姓祠3座，祀始祖2人；王姓祠3座，祀始祖1人；劉、鄭、何姓祀2座，祠始祖各2人，其他則一姓一祠，祀始祖1人[14]。臺灣同樣也有眾多祭祀始祖來自「光州固始」的祠堂、家廟，與原鄉固始現存祠堂、家廟共同形成獨特的姓氏資源。

四、信仰資源

　　信仰資源，指移民後裔記載或流傳的對移民始祖的敬仰與追思及其相關載體。一般表現為各種各樣的祭祀活動和習慣傳承等無形資源，如皇家封贈，民間祭祀活動（儀式、祭文），以及民間傳說、方言等。它傳達的是歷史上尋根活動資訊之積累及其影響。

　　皇家敕封，以陳元光為例，唐宋元明清五朝一千多年，皇家封贈21次，其中，唐玄宗先天元年（712年）賜「豹韜衛鎮軍大將軍」、「臨漳侯」。開元四年（716年）封陳元光為「穎川侯」。宋神宗寧熙八年（1075年）封「忠應侯」，徽宗政和三年封「忠澤公」，賜廟額「威惠」，此後陳元光廟通稱「威

惠廟」。南宋高宗以後，歷代續有封贈或加封，如「英烈」、「英烈忠澤顯佑康庇公」、「靈著王」、「順應」、「昭烈」。孝宗乾道四年（1168年）加封「靈著順應昭烈廣濟王」。明太祖洪武二年（1169年）封「昭烈侯」，神宗萬曆七年（1579年）封「威惠開漳陳聖王」。清高宗乾隆四年（1739年）封「開漳聖王、高封祀典」，陳元光父母、子嗣亦得追封。陳元光之父封「胙昌侯」、母封「厚德夫人」、妻封「恭懿夫人」、子封「昭貝兄侯」，曾孫以後一一封侯，可惜有些廟額沒能流傳。

歷代祠聯，如宋漳浦知縣書題「威惠廟」，明翰林提學林偕春之「唐將軍廟用韻」，明四川按察使戴景之「陳集將軍西廟樓」，以及各地威惠廟主殿、配殿和分殿之楹聯等。當代兩岸知名人士為開漳聖王史跡題詞，如連戰先生為祖廟威惠廟的題詞為「威靈惠民」，還為將軍山公園「御碑樓」題名。

民間祭祀較有影響者為聖王巡安和聖王文化節。聖王金身巡安，是閩臺地區普遍流行的祭祀活動。漳浦一帶，每逢陳元光誕辰（農曆二月十五日）、封王日（農曆四月初十日）和忌辰（農曆十月初五日）及上元節、中秋節等，老百姓都要舉行隆重祭典，迎神賽會，請戲班演出，或輪流祭祀，或家家請客，熱鬧非凡。[15] 2006年3月15日，漳州藍田檀林威惠廟的「開漳聖王」神像，應高雄道教協會之邀，入島巡安53天，雲霄威惠廟的「開漳聖王」神像也曾三次入島巡安。2008年1月9日，閩王王審知金身首度通過「三通」巡安金門，4天之中巡行13個王氏宗祠，臺灣「立法院長」王金平及金門王氏族人盛大迎駕。

各類聖王文化節是近30年湧現的祭祀和尋根形式，閩臺地區以「開漳聖王文化節」和「閩王文化節」最為紅火。如2007年3月29日，「首屆中國雲霄國際『開漳聖王』文化節暨批杷節」在雲霄將軍山公園舉行，臺灣開漳聖王廟19家宮廟100多位嘉賓和新加坡漳籍人士組成的進香團前來祭拜聖王。2008年3月28日，由福建省文化廳、福建省閩台交流協會主辦的第二屆中國雲霄海峽兩岸「開漳聖王」文化節在雲霄縣將軍山公園隆重開幕。2008年4月18日，「首屆閩王文化節」在福州晉安開幕，臺灣王氏宗親

130 人、閩南王氏宗親代表 200 人、福州王氏宗親代表 500 人共祭閩王王審知。

五、結論

　　上述三種尋根資源，是歷史上固始移民在豫閩台三地遺存的最重要的歷史文化資源。其中，移民資源是固始移民入閩遷台的歷史見證，是豫閩台三地尋根活動的存在基礎與認知前提，簡言之，沒有固始移民便沒有今日豐富多彩的尋根資源和尋根活動。姓氏資源是一種歷史傳承，是豫閩台三地尋根活動的特殊特號，它所呈現的是固始移民景觀及其與其他移民景觀的區別。信仰資源則是尋根資源中最生動、最直接的表現形式，也是豫閩台三地尋根活動持續至今、永續發展的內在動力。

　　當然，整合移民資源之目的在於開新，那麼如何才能開新呢？對固始而言，首先要明確提出固始移民概念，如同固始尋根一樣，突出其特殊內涵和獨立存在的歷史空間，以免與時下流行的中原移民或河洛尋根相混淆。為此，需鼓勵和支持歷史學者、民族學者、文化學者、民俗學者對歷史上固始移民進行整體性、精細化研究，通過學術地位之確立，鞏固和擴大固始移民在社會各界的影響。其次，移民原鄉固始要有根可尋。所謂有根可尋，是指真實可現的移民遺跡或尋根標誌。洛陽王城公園的「根在河洛」碑，1989 至 1995 年接待閩台尋根團體 120 多個，人數達 2 萬人次，為成功之例。新落成的固始尋根博物館也將成為閩台移民心目中的原鄉祖根，前來祭祀朝拜。其三，閩台尋根反哺固始。固始可以修建閩臺地區普遍存在的祠廟或祭祀場所，開展尋根活動。總之，通過豫閩台三地合作開發尋根資源，實現共用共贏，體現尋根資源的當代價值和文化意義。

文獻來源：2008 年固始與閩台淵源關係學術研討會論文，《固始與閩台淵源關係研究》，人民出版社 2009 年 9 月。

注 釋

[1]. 在一些學者的移民史著作中，往往把固始移民視為中原移民史之斷代或區域，如葛劍雄、安介生：《四海同根——移民與中國傳統文化》，山西人民出版社，2004年版。

[2]. 孟令俊：《河洛文化的幾個問題》、《河洛文化與漢民族散論》，河南人民出版社，2006年版，第8頁。

[3]. 張新武：《「光州固始」的歷史文化解讀》，《黃河文化》2008年第3期。

[4]. 謝重光：《陳元光與漳州早期開發史研究》，文史哲出版社，1994年版，第110-112頁。

[5]. 傅宗文：《丁儒龍溪詩篇的年代、作者及歷史價值》，《陳元光國際學術討論會論文集》，廈門大學出版社，1993年版，第257頁。

[6]. 陳元光之子陳珦於通天元年舉明經第，奉旨主管漳州文學，見陳元光：《示珦詩》。

[7]. 吳任臣：《十國春秋》，《四庫全書·史部·地理類》卷90。

[8]. 郭廷以：《臺灣史事概說》，臺灣正中書局，1969年版，第1頁。

[9]. 莊為現、王連茂：《閩台關係族譜資料選編》，福建人民出版社，1985年版。

[10]. 固始縣史志研究室編：《根在固始》，第70-71頁。

[11]. 徐曉望：《祖建民間信仰源流》，福建教育出版社，1993年版，第594頁。

[12]. 陳秀惠：《臺灣傳統寺廟區聯研究——以桃源地區開漳聖王信仰為例》（新竹師範學院碩士論文）2004年。

[13]. 周璽：《彰化縣誌》，《臺灣文獻叢刊》第156種，1962年，第157頁。

[14]. 胡仁甫：《福建名祠供奉的「固始人」及其後裔》，《尋根文化》2007年第7期。

[15]. 林國平：《閩台民間信仰源流》，幼獅文化，1996年版，第99頁。

豫閩台兩岸三地尋根文化品牌建設研究

劉國旭

一、尋根旅遊的興起

隨著旅遊業的蓬勃發展，中國的尋根旅遊也悄然興起。近年來，各種各樣的尋根活動風起雲湧，各地以自己的優勢所在，不斷宣導和推出形式多樣、內容豐富的尋根活動，藉以提高知名度，發展旅遊以及區域經濟。

自 1980 年代以來，許多港澳臺同胞和海外僑胞在其特有的「根祖情結」的激發下，來大陸開展尋根旅遊活動者絡繹不絕，尋根旅遊內容多樣，大致有中華人文始祖尋根、各門類文化（包括藝術）尋根、家族尋根、姓氏尋根、民系尋根等。這類旅遊是中國入境旅遊的初級階段，為進一步發展入境旅遊起到了宣傳、協調、促進等作用，也對中國遊客走出國門產生了巨大的推動作用，可以說尋根旅遊在現代中國旅遊業的發展過程中扮演過重要的角色。和眾多的文化研究一樣，學者對尋根旅遊的關注和研究是伴隨著尋根旅遊的持續發展而逐步推進的。如張新斌先生以方志與譜牒資料，對閩台 58 個姓氏源於「光州固始」進行研究，提出了「固始尋根」這個在海內外華人中具有深遠影響的概念。在對歷史上中原士民南遷的歷史背景進行研究和分析的基礎上，他提出了建尋根基地的建議，這對中原尋根文化的開發和振興具有重要的現實意義。除此之外，在尋根旅遊的開發策略上，李喬先生對河南省姓氏尋根存在的問題以及開發對策也提出了自己獨到的看法（李喬，2006）；田迎芳等運用 SwOT 對河南尋根旅遊的綜合分析，提出了一些開發的建議（田迎芳等，2006）；蔡禮彬對尋根旅遊進行了嚴謹的學術界定和分析，並指出了發展尋根旅遊經濟存在的問題，同時對如何發展豫南「古光州」地區尋根旅遊提出了應注意的一些策略。

蔡禮彬對尋根旅遊進行的界定是：發生在與旅遊者之間存在宗親、血緣、人生經歷、文化傳承等特殊淵源關係的旅遊地並且以探求尋訪這些淵源為旅遊目的的旅遊現象及關係總和。這種旅遊形式，一般發生在較大的時空跨度內，是發生在與旅遊者之間存在特殊淵源關係的旅遊地，並以探求尋訪這些淵源為目的的旅遊現象及關係總和。所謂的特殊淵源關係，包括宗親、血緣、民族、民系、人生經歷、文化傳承等具有尋訪探求的意義的關係。按照旅遊者的動機對旅遊活動進行分類，一般來說，祖先、前輩的活動地域、本人早先活動過的地域、個人身心成長過程中有特殊意義的地域都可以成為尋根旅遊地，在這些地方的旅遊都可稱之為尋根旅遊。

筆者認為，不管何種類型的尋根，旅遊目的地旅遊資源能夠形成對旅遊者的吸引力要素和認同是第一位的。尋根旅遊活動的類型可以簡單分為血緣尋根（包括姓氏尋根、宗族尋根等）、地緣尋根（包括各種移民遷出地、中轉站等及其尋根活動）、文化尋根（包括中華人文始祖尋根活動、文學藝術尋根等）、宗教尋根（佛道名山尋根、媽祖信仰尋根、朝聖等）。

二、尋根旅遊開發的意義

「根」的意義更多地應該是體現為時空和心靈多維度的組合。從這個意義上來看，「根」是多維度的，是對某段歷史、某種感覺、某種文化、某個地方的懷舊和嚮往的情感。正如故鄉，不僅僅是一個地方，更多的是一段歷程。因此尋根旅遊是多維的事物，時間、空間、心靈的遠近變化，激發、維繫並推動著它的發展。

（一）激發民族自尊感和愛國心

尋根旅遊有著其客戶群的特殊性。尋根謁祖旅遊的開發能夠激發民族自尊感和愛國心，中國是世界上人口最多的文明古國，在尋根謁祖旅遊開發中，遊客可以感受到祖國悠久的歷史、燦爛的文化，可以感受到中華民族一脈相承的歷史淵源，可以感受到中華民族子孫身上流淌著的相同的血液，從而產生對這一方土地的懷念，對祖國的熱愛之情，加強海內外華人與祖國的感情。

二、尋根旅遊開發的意義

尋根謁祖旅遊的開發能夠弘揚中華民族優秀的傳統文化。海外尋根謁祖旅遊團常常在祖地舉行隆重、莊嚴的祭祖儀式，這其中包含著對祖先的懷念，也包含著對祖先智慧的敬仰。華僑攜子弟返回故土，常常讓孩子們領略祖居地人們在祠堂、祖墳近乎宗教儀式的敬祖尊親活動氛圍，更真實地體味當地家族的傳統文化。他們追尋祖先走過的路，感悟祖先創造的輝煌文化與經歷的種種磨難，從而更真切地體味中國悠久的歷史文化。尋根謁祖旅遊開發所帶來的經濟效益，遠非一般旅遊所產生的經濟效益可比。

河南在歷史上長期作為政治、經濟、文化中心，更加具有尋根旅遊的優勢。「參天之木，必有其根；懷山之水，必有其源。」張新斌先生認為，物化的姓氏文化資源是吸引海外華人前來尋根謁祖的最重要因素。這方面，我省獨具優勢：一、眾多的人文始祖遺跡。新鄭有黃帝故里、淮陽有太昊陵等；二、豐富的古都資源。夏、商、周三代的政治、經濟、文化中心都在河南；三、眾多的姓氏郡望地，如滎陽鄭氏、潁川陳氏；四、許多歷史名人的祖籍地及生活地。如老子、樂聖朱載堉、宇聖許慎；五、歷史上移民的重要集散地。唐代固始人陳元光、王審知兄弟兩次率眾入閩，使得固始成了中國東南地區許多居民乃至東南亞華人的祖根地。

近年來，海內外華人不斷來河南尋根拜祖，掀起一輪輪尋根熱潮。這種熱潮直接推動了河南的文化旅遊熱，提升了河南在海內外的影響力。「姓氏尋根」已發展成為河南省獨具魅力的文化旅遊產業。

（二）巨大的帶動作用

尋根謁祖旅遊者懷著對故土的熱戀，往往會在祖居地進行大量的投資。尋根謁祖旅遊者中，頗多是在經濟、政治、社會、學術上有影響、有實力的人物，他們對地方經濟的發展將會起到巨大的推動作用。

2010年8月22日下午，鄭州新鄭國際機場迎來了港澳深地區閩籍企業家考察團一千餘人，這標誌著第六屆中國河南國際投資貿易洽談會拉開序幕。組委會副祕書長、省商務廳副廳長宋國卿接受記者採訪時表示，該代表團的規模之大、區域針對性之強都是我省歷史上空前的。據介紹，此次港澳深地

區閩籍企業家訪豫活動於 2010 年 8 月 23 日至 26 日舉行。這次訪豫活動，共邀請閩籍企業家 1006 人。宋國卿透露，為了促成這一次合作交流，前期我省有關省領導曾經三次與閩籍企業家見面交流。福建客商此次前來，身攜「厚禮」。這些閩籍企業家中，港澳深地區閩籍企業家代表團 448 家企業共 468 人，港澳深地區不隨團閩籍企業家 538 人。據宋國卿介紹，港澳深地區閩籍企業家代表團 448 家企業 468 人個個都帶著項目來或者懷著意向，借此機會深入瞭解河南。

　　河南尋根旅遊的招牌之一，新鄭拜祖大典拓展了新鄭市旅遊市場。2006 年 4 月，新鄭接待遊客達 110 萬人次，實現旅遊總收入 5000 多萬元，分別比 2005 年同期增長了 12 倍和 15 倍。2007 年、2008 年、2009 年的拜祖大典，引發的旅遊效應更明顯，遊人由以前一波一波的流動參觀，演變成平穩的高密度到訪。

　　此外，在開發發展尋根旅遊的同時，旅遊目的地各項基礎設施和景觀的建設同樣是對當地經濟的促進和帶動，如一些大型文化景觀建設、高速公路、機場、賓館等配套設施。2007 年，建成的魯山大佛號稱「世界第一高雕塑」，對宗教朝聖、尋根旅遊形成巨大的吸引力，2007 年 4 月 18 日，為迎接將於當年舉行的炎黃二帝像落成大典和丁亥年黃帝故里拜祖大典修造的炎黃二帝巨塑已吸引海內外遊客 300 多萬人蔘觀拜謁。

三、尋根旅遊開發存在的問題

（一）產業運作模式單一

　　只要人口流動存在，就會有尋根旅遊活動的持續。歷史時期的遷出地是這樣，現代農村勞動力鄉村與城市的轉移是這樣，中西部地區持續的東部打工熱潮所引起的地區性移民也將會是如此。可以說，許多地區具備尋根旅遊資源，社會各界也非常重視，在政府的主導下，共同參與這一現象的研究與旅遊產品的開發。但是存在諸多問題：從旅遊內容上看，祭拜、參觀紀念景觀、旅遊紀念品是旅遊者主要的參觀內容和旅遊活動組成，且產品單調，內涵貧

乏，雜亂無章，和當地其他旅遊資源結合鬆散，產業鏈條水準低，難以產生具有強大吸引力的亮點；從運作的主體看，政府的主導和投入居於首要地位，尋根旅遊對政府的依賴過多，未能真正走向自主與個性化的發展道路；從經濟發展水準看，經濟發展水準落後在有些地區成為尋根經濟發展的限制性因素，食、宿、行、遊、娛、購的大產業格局在一些地方並未能形成，或者雖已成型但不規範，檔次低，可選擇性差。

（二）文化淡化經濟過重

發展尋根旅遊必需對其準確定位。歸根到底，尋根旅遊是一種文化旅遊，是中華民族在長期歷史中醞釀形成的宗族與根祖文化給今人留下的一筆重要的文化資本。從這個角度來認識尋根旅遊的開發，才能以文化的視野，做到規劃、開發、經營、保護等各個環節都能符合規律，使文化資本轉變為經濟資本，並且衍生出更高的價值。但實際上長期以來，「文化搭台、經濟唱戲」的口號和宣導使得一些地區在發展經濟的過程中不能對文化產業、文化產品、文化旅遊進行確切地定位。許多地區的決策者和規劃者對宗族與根祖文化瞭解不多，對尋根者的文化背景所知不足，對尋根旅遊資源的文化特質感知缺乏，導致在整個研發過程中經濟掛帥，急功近利，使許多寶貴的資源面臨喪失文化吸引力和信任的局面。比如有的尋根旅遊區甚至成了購物一條街。另外，新興的建設專案，造型和內涵嚴重脫離尋根地固有文化，甚至與歷史事實相左，許多現代氣息濃厚的建築充斥著本應該以古老淳樸風貌吸引八方遊客的尋根旅遊地，造成四不像的旅遊地。這些都重蹈了其他旅遊項目的覆轍，破壞了不可再生的文化資源。必需明確，文化也是一種生產力，對文化的保護和發展本身就是經濟發展的重要組成部分和支撐。

（三）目光短淺，缺乏策略

以河南省為例，近些年開發了平頂山劉氏尋根、鄧州鄧姓尋根、固始的福佬人尋根、洛陽的客家民系尋根、開封的廣府人尋根、鄭州的黃帝故里尋根、淮陽始祖尋根、滎陽鄭氏尋根等等。由於沒有找到整合資源的平台，也缺乏領頭羊，基礎建設難以統籌利用，最終很多項目上馬後實效不高。另外，

就是內部競爭，重複投資，比如對鄭姓的開發，榮陽、新鄭、新密甚至開封都在爭論自己是鄭姓的祖源地；在林姓的祖源地上，淇縣和衛輝兩個縣市聚訟紛壇；謝姓在唐河縣和南陽宛城區之間也是不可開交。目前中國的尋根旅遊開發比較混亂，單打獨鬥、互相拆台、惡意競爭等現象時有發生，結果導致很多區域的尋根旅遊沒有亮點，集體平庸，不少學者對此多有關注。古有遠交近攻的策略，是站在對天下大勢爛熟於心的基礎上，今者白眼鄰居的做法，是不知自己的優勢所在，不明省內外尋根旅遊情況，更不論國際、海外尋根旅遊的大勢，而僅僅是在局部、左鄰右舍進行低水準的競爭，欲求事達，無異於鼠目寸光。這種毫無計畫、一擁而上的瓜分式開發，不僅不能像決策者臆想中的那樣帶來到處開花的效果，反而會使全省的尋根旅遊資源在雜亂、低端、分散的力量作用下低起點運作，在成熟的開發模式尚未成型時就已經枯竭。尋根旅遊是關係遊客情感的旅遊，如果一開始就令人失望，而且是大批量的專案令人失望，那麼其前景是可想而知的了。

四、尋根旅遊發展策略研究——豫閩台三地尋根品牌建設

在尋根旅遊發展的策略上，必需有整體的眼光，縱覽天下，明己之長、人之短；做好區域性尋根旅遊資源的整合和品牌建設。在尋根旅遊發展策略上，學界的研究和結論目前卓有成效，大致集中在：1. 堅持文化帶動地方經濟發展的策略；2. 堅持保護文化旅遊資源的策略；3. 堅持以「政府為主導、民間為主體」的開發策略；4. 挖掘尋根文化深度，開發系列尋根旅遊產品等等。

為更好地發展河南省的尋根旅遊，進一步帶動河南的各項事業的快速良好發展，必需在關注尋根旅遊整體大勢、瞭解海內外尋根旅遊態勢的前提下，在充分挖掘省內尋根旅遊資源的基礎上，重點做好以下工作：

（一）以整體眼光建設尋根旅遊品牌

品牌的意義巨大，一個良好的品牌膾炙人口，一呼百應。正如「羲皇故里」之於天水，「黃帝祭拜大典」之於新鄭，「大槐樹」之於洪洞縣。以固始為例，在品牌建設方面，「古光州」、「唐人故里、閩台祖地、客家之根」等都是響噹噹的尋根旅遊文化品牌，但相比前述的尋根旅遊品牌，似乎在精煉、簡潔上還不是很到位。如何在基礎上提煉品牌，在對比省內外、區域內外尋根旅遊發展優勢的基礎上，在整合融入河南省尋根旅遊資源的基礎上，唱響固始品牌仍有相當長的路要走。固始自東漢設縣得名迄今已近 2000 年的歷史。固始作為歷史上中原地區向皖、蘇、閩、粵、浙、贛，尤其閩台一帶移民的肇始地和集散地，在上自秦漢、下至明清的漫長歲月裡，徙民南方不計其次，難以計數。因為有了歷代移民南國之舉，故閩、台一帶對固始多懷「祖地」之尊，「今閩人皆稱固始人」。鬥轉星移，移民後裔遍播海內外，固始便有了僑鄉的稱謂，名揚天下，被譽為「中原第一僑鄉」。立足這一優勢，要打造尋根文化品牌作為增強軟實力、提高競爭力的重要途徑，實現經濟與文化的同頻共振、同步發展。

首先是科學規劃，準確定位。要樹立融入大中原，聯繫豫閩台的整體思路。固始縣要發展尋根旅遊，必需要有整體意識和全域意識，在全國尋根旅遊大發展的宏觀背景下，要樹立融入大中原、聯繫豫閩台的整體思路。例如，近年來對鄧州高山族群體的關注和研究為進一步研究鄧州高山族社會變遷提供了廣泛而日益豐富的證據和論點，對海峽兩岸的互動和對閩臺地區交往鋪設了更加貼切的話語背景。但應該看到，河南省類似「光州固始」和「鄧州高山族」這樣獨一無二的移民現象是河南省發展尋根旅遊的最大優勢，也是得天獨厚的獨享資源。但是，僅僅如此還遠遠不夠，我們需要有整體的眼光，把這些優勢的資源全方位通盤考慮，進行多視角深入的分析，加強我省與福建、臺灣關係大背景下的人口流動和民族關係研究。才能把這種隱形的優勢變成顯性的優勢。

其次是整體推介，樹立形象。對外宣傳推介固始文化品牌，需要精心策劃，採取多種形式，將固始文化、旅遊、教育、經濟、社會等一併宣傳推介。政府牽頭，多方參與，舉辦特色文化活動，是打造文化品牌的有效途徑。

（二）構建區域尋根旅遊支援系統

尋根旅遊資源向旅遊產品的轉化需要一個嶄新的思路，從旅遊發展系統的角度看，必需構建一個區域性的尋根旅遊發展系統，以尋根旅遊產品為中心，動力系統和支援系統為兩翼。將市場開拓和針對市場需求開發的尋根旅遊產品納為動力系統，拉動區域尋根旅遊的發展；旅遊目的地形象重建、交通系統的優化以及對區域根文化的系統研究歸為支援系統，為其提供力量後盾。與河南旅遊資源相似的旅遊目的地，如陝西和北京，與河南的旅遊產品存在著明顯的替代效應，而且北京和陝西知名度更高，觀賞性更強，河南省的旅遊形象被這些更為知名的旅遊目的地遮罩掉了，在旅遊者的意識中處於灰度狀態。必需走差異化發展策略。差異化發展策略又稱別具一格策略、差別化策略，是將區域提供的旅遊產品或服務差異化，形成一些在全產業範圍中具有獨特性的東西。河南省以及固始縣尋根旅遊發展完全有這樣的優勢。

（三）注重實效，放大文化品牌效應

地處中原的河南省，尋根文化只是其燦爛悠久歷史文化的一部分，在宣導發展尋根旅遊的同時，要注重實效，以尋根旅遊為契機和龍頭，不僅要做好尋根文化的實體化，更要加強區域內其他歷史文化、自然景觀的開發和整合，發掘並保護好珍貴的涉閩台文物古跡。在固始，有著眾多體現豫閩台「同宗共祖」並具歷史、藝術、科學價值的宗祠、石刻石碑、始祖墓葬、廟宇神宮、古建築以及紀念性建築物等文物古跡，這是閩台同胞尋根問祖的重要物化體，是認祖歸宗不可缺少的物質遺產，應予發掘與妥善保護。有關部門應為之劃定保護範圍、設置標誌、立碑說明，建立檔案。若因城市建設確有必要遷移的文物古跡，也應遵照「不改變文物古跡原狀」的原則，或原拆原遷，或修舊如舊。鼓勵因年久失修而破爛不堪的宗祠、祖墓或其他重要文物古跡自行集資修葺修繕，重點是閩台政要及知名人士祖籍地的宗祠、祖墓等。

一個地區發展何種形式的旅遊，歸根結底還是發展當地的經濟，是為當地百姓和民眾提供舒適的文化、經濟、娛樂環境；尋根文化品牌的成功打造，並不意味著群眾求新、求樂、求知的文化需求就得到了充分滿足。在推進品牌策略的同時，應放大文化品牌的輻射帶動效應，推動文化強縣向縱深推進。一是加強公共文化服務體系建設，結合城市改造，重點建設尋根旅遊相關的主題公園重點文化設施，改造提升圖書館、文化館、博物館、文體中心等基礎設施，實現城市形象和城市文化品位質的提升；二是依託當地著名風景名勝區的建設，打造既適合外來遊客生態休閒度假，又滿足本地本區域內旅遊休閒需求的旅遊勝地，形成區域特色鮮明的尋根旅遊產業新格局。

文獻來源：2010 年固始與閩台淵源關係學術研討會論文，《固始移民與兩岸文化認同研究》，河南人民出版社 2011 年 10 月。

作者簡介：劉國旭，南陽師範學院城市與環境科學學院副教授，博士。

河南涉台文化遺產保護與開發利用

唐金培

　　凝結豫閩台三地人民血緣親情的涉台文化遺產，既是中華民族文化遺產的重要組成部分，也是聯繫海峽兩岸同胞情感的重要紐帶。自 2008 年 12 月涉及福建、廣東、浙江、江蘇、河南等十多個省市的「涉台文物保護工程」正式啟動以來，河南在涉台文化遺產保護與開發利用方面做了大量工作並取得了較大成績，但有的地方在不同程度上還存在一些亟待克服的困難和問題。積極開展涉台文化遺產的保護與開發利月，深入發掘、展示和宣傳其豐富的歷史文化內涵，對傳承中華民族優秀傳統文化，增進豫閩台三地人民相互瞭解，深化豫閩台三地文化交流與合作等，都具有深遠歷史意義和重要現實意義。

一、河南涉台文化遺產概況及其特點

　　河南是絕大多數閩台姓氏的祖根地。河南涉台文化遺產雖然沒有福建那麼豐富，但福建不少涉台文化遺產跟河南有著千絲萬縷的關係。這裡僅對河南的涉台文化遺產作些簡單介紹。

1. 陳星聚陵園

　　陳星聚（1817-1895），宇耀堂，河南臨潁人。清道光二十九年（1849 年）中舉，自同治三年（1864 年）起，歷任福建順昌、建安（建甌）、閩縣（福州）、仙遊、古田等縣知縣。同治十年（1871 年）調任臺灣淡水同知，五年後又調任鹿港同知。光緒四年（1878 年）升任臺北知府。據《臨潁縣誌》記載，他「性沈毅，讀書務窮理，遇人厚而待己嚴」。他一生熱愛祖國，體恤民情，政績顯著。中法戰爭中，積極備戰，奮勇抗敵，取得了臺北保衛戰的勝利。不久，陳星聚積勞成疾，背上生疽，因病去世。陳星聚在外做官二十多年但時刻不忘家鄉父老。據《臨潁縣誌》記載，「光緒三年大饑，道饉相望，星聚捐谷千石，又賑本鄉數百石」。家鄉的人民親切稱呼他為「陳官」。

因他在臺北為官,死後又被追封為「道台」,後來就把他的家鄉陳村改為「台陳」。百年歲月滄桑,陳星聚墓今猶在。臨潁縣政府曾一度撥款加以修繕保護。

2. 曹謹故居與曹謹墓

曹謹(1787-1849),宇懷樸,號定庵,河南河內(今沁陽市)人。嘉慶十二年(1807年)「即以第一人舉於鄉」,後以大挑一等分發直隸。曾歷任平山、曲陽、饒陽、寧津、豐潤等縣知縣。道光十三年(1833年)揀發福建,署將樂,改閩縣兼福州海防同知。道光十七年(1837年)調任臺灣鳳山知縣,道光二十一年(1841年)任淡水廳同知,道光二十五年(1845年)辭官歸裡,道光二十九年(1849年)病逝於河內縣城。曹謹一生為官三十年,所到之處,興利除弊,除暴安良,「吏畏民懷,頌聲大起」。尤其是在臺灣八年,開渠圳,修水利,興文教,崇實學,禦外侮,抗英夷,為開發臺灣、保衛臺灣作出了傑出貢獻。曹謹故居舊址位於沁陽市城區北門大街中段西路,坐西朝東,佔地4800平方米,並排三個院落,中有倉庫,後為馬房及磨房,東南角為曹家花園。正院為面闊五間的兩進院落,後有繡樓。南北側院均為面闊三間的四合院。1937年日軍曾佔領曹宅並在此設過軍營。新中國成立後,曹家房產歸公,分別被黃委會沁河段和沁陽市糧食局第二供應站佔用。後來房屋不斷遭到改造和拆毀,現僅存房屋基礎(磚砌)及大量柱礎、條石等房屋建築構件。曹謹墓位於沁陽市南關村曹氏祖塋內。墓塚直徑約6米,高1.3米。墓前神道長約100米,寬4米。神道兩側排列有望柱、石羊、石馬等。神道南端為一座四柱三樓式石坊。「文革」時期,石坊和石刻被毀,石構件散落。為加強對曹謹墓的保護,上世紀90年代末,沁陽市政府曾撥款對其進行了整修和綠化,砌築了墓塚,刻立了墓碑,修砌了圍牆,安裝了大門。[1]

3. 張璽墓及墓碑

張璽(1725-?),號冀南,河南河內縣(今沁陽市)校尉營人。乾隆壬申(1752年)科舉人,曾任陝州教諭、福建南靖知縣,乾隆五十三年(1788年)升臺灣府分府加同知銜,在臺灣理農桑,頗有貢獻,深受臺灣人民愛戴,

曾被「送萬人衣傘」。後卒於臺灣,年月不詳。同治十一年(1872年)二月,沁陽學人和張璽的後代赴台將其遷葬於沁陽校尉營。張璽墓位於沁陽市北12公里西萬鎮校尉營村西張氏祖塋內。墓塚呈橢圓形饅頭狀,南北長3.5米,東西寬2.5米,塚高1.2米。塚前立墓碑一通,由首、身、座三部分組成,通高2.83米。碑首雕盤龍,中刻「聖旨」二字。碑身正中楷書「皇清誥授奉直大夫臺灣府冀南張公配安人邵楊王趙氏合葬之墓」。右邊刻有張璽生平簡介,邑庠生劉建議撰文,任洛圖書丹,共四行,足行57字。左側款書立碑人,立碑時間為同治十一年(1872年)二月清明。為加強對該碑的保護,上世紀80年代初將該碑調入沁陽市博物館收藏。後張氏後代又篆刻新碑立於墓前。[2]

4. 鄭成功墓

鄭成功(1624-1662),福建南安石井鎮人,祖籍河南固始,明末清初軍事家,民族英雄。20世紀70年代初『農業學大寨』運動中,在河南固始汪棚鄉鄧廟村「莽牛地」平整土地時挖出了一座比較氣派的古墓。該墓佔地60多平方米,六七尺高。墳墓還有神道,石人、石馬等則分立兩旁。代代相傳的說法,這是老鄭家的祖墳,埋葬的是個反朝人物。墳墓有石灰殼、青石板、木板三層。紅木棺材兩邊各有一對與棺材差不多齊高的木制龍虎牌。棺中的屍體用白綾裹著。屍體面目還可辨清,頭戴金屬頭盔,身穿黃色絲綢衣袍,胸口有一塊白色圓形的護心鏡。在護心鏡的位置,還有一塊四方形的布寫著「土部豐府鄭成功」字樣。見了空氣,本來完整的屍體的面目立刻就變了形,衣服也開始成碎片掉落下來。屍體已經從頭部、腰部被分成三段,手腕的地方則用白布做成的手套連在一起,以保證屍體的完整。屍體的下面鋪著一床絲棉褥子,還壓著許多帶有血跡的棉被、衣服。棺底的木板上,則呈北斗狀雕刻著七顆星。據稱,當時還出土了一塊刻有「鄭成功之墓」的青石碑,但已經不知去向。那塊護心鏡則被村裡人拿到附近的地方換了粉條。現在的「鄭成功墓」是個一人多高的普通土堆,除墳前三個墓碑上刻著「鄭成功」等字樣外,與其他鄉間土墳並無特別之處。[3]

二、河南涉台文化遺產保護利用及其存在問題與困難

改革開放以來，河南在查明本省涉台文化遺產的分佈，編制涉台文物保護總體規劃並對重點文物實施保護維修，收集整理有關文物檔案資料編輯出版研究成果，以及對年久失修、瀕臨損毀、不可再生的涉台文物加緊搶救維修和開發利用等方面取得了較大成績，但也還存在一些亟待解決的困難和問題。

1. 河南涉台文化遺產的開發利用現狀

在涉台文化遺產開發利用方面，漯河臨潁縣作了有益的嘗試，並取得了比較明顯的社會效益和經濟效益。陳星聚紀念館開發建設專案一期工程於2008年6月動工興建，佔地面積17360平方米，總投資1500萬元。修建了牌坊、正門、掖門、西配殿、石橋、饗堂等主體工程及停車場等配套專案，於2009年3月31日成功舉行了落成典禮，並取得了較大的社會效應。二期工程總投資800萬元，於2009年10月動工，臨潁縣委、縣政府把陳星聚紀念館二期工程作為全縣重點工程，並將豐富紀念館文化內涵、提升紀念館文化品位作為建設的重中之重。陳星聚紀念館二期工程新建了貴賓接待室、東配殿、東西碑廊，設置了陳星聚主題雕塑、青史林、「岩疆鎖鑰」石匾，在此基礎上還增添了臺北歷史文化展室。2010年5月20日陳星聚紀念館正式揭牌，標誌著河南首家對台交流基地的建成。這就為我們瞭解臺北歷史和風土人情，感受濃厚的豫閩台情緣，弘揚陳星聚愛國主義精神，促進豫閩台三地合作交流，搭建了一個嶄新的平台。臺灣鳳邑赤山文史工作室、臺灣中山大學等部門與沁陽市曹謹研究會、河南省社會科學院等單位，就曹謹的生平、家世、業績，尤其是在台八年，修水利、興文教、平械鬥、抗英夷等事蹟進行了深入的研究和交流。曹謹墓園不僅已成為接待臺胞及社會各界祭拜曹謹的場所，更重要的是已成為對廣大遊客、尤其是青少年進行愛國主義教育的基地。[4]

2. 河南涉台文化遺產保護的大致情況

在對涉台文物的保護方面，焦作沁陽市對曹謹故居、曹謹墓和張璽墓等不可移動的涉台文物加大了資金投入，提高了保護檔次，完善了「四有」（即有保護範圍、有保護標誌、有記錄檔案和有保管機構）工作。20 世紀 80—90 年代，沁陽市人民政府先後將曹謹墓、曹謹故居和張璽墓公佈為市級重點文物保護單位。2000 年 6 月 25 日，曹謹墓又被河南省人民政府公佈為第三批重點文物保護單位。與此同時，沁陽市文物部門還投入大量的人力和財力，相繼完成了曹謹墓、曹謹故居和張璽墓保護範圍和建設控制地帶的調查、劃定工作，完成了曹謹墓、曹謹故居和張璽墓保護標誌碑的刻立，組建了曹謹墓、曹謹故居和張璽墓保護組織，建立了曹謹墓、曹謹故居和張璽墓保護檔案。沁陽市財政還先後投資十多萬元，對曹謹墓進行了整修和綠化。對於流散在社會上的涉台文物，文物部門發現一件徵集一件，並盡可能做到入館收藏。已徵集入館的涉台文物曹謹墓誌銘（一套三塊）和張璽墓碑兩件（套），目前沁陽市博物館已將其作為該館石刻陳列的主要內容長期對外展出。廣大遊客在參觀後，不僅對曹謹和張璽的生平事蹟有了一定瞭解，更重要的是對臺灣和大陸同屬一個中國的事實有了進一步認識。

3. 河南涉台文化遺產保護利用面臨的困難和問題

一是河南涉台文化遺產損毀比較嚴重，保護利用難度較大。無論是鄭成功還是曹瑾等人的墳墓在「文革」期間都遭到毀滅性破壞，由於當時嚴重缺乏出土文物的相關保護設施和保管手段，也嚴重缺乏基本的歷史知識和最起碼的保護意識，出土的相關文物幾乎都沒有能夠很好地保存下來。在沒有遺存和相關資料的情況下，即便想復舊如舊都非常困難。二是涉台文化遺產保護資金不足，開發利用困難較多。由於資金不足，河南各地的涉台文化遺產普遍存在保護技術落後、開發利用後勁缺乏等問題。與沿海發達地區及河南博物院相比，河南相關市縣的涉台文物陳列展示條件還比較簡陋，展示手段相對落後，不能很好地展示和說明文物的文化內涵。三是涉台文化遺產保護與城市化建設矛盾比較突出。隨著經濟的發展，舊城區不斷改造升級，農村城鎮化建設日新月異，城鄉面貌煥然一新。特別是以村莊改造、中心村建設

及社區建設為內容的《城鄉一體化行動綱要》的發表及穩步推進，使文物古跡的生存環境日益惡化。如果加強文物保護工作不能引起每個普通老百姓的高度重視，很有可能給包括涉台文化遺產在內的文物古跡造成滅頂之災，給文物保護工作造成無法挽回的損失。

三、河南涉台文化遺產保護利用的對策與建議

近年來，國家發展和改革委員會、財政部、文化部、國務院臺灣事務辦公室和國家文物局對涉台文化遺產的保護工作非常重視，中央財政加大了涉台文物保護的資金投入。河南在涉台文化遺產保護工作方面也做了大量工作。然而，涉台文化遺產的保護利用是一項長期的系統工程，需要發揮政府和社會兩個方面的積極性，儘量做到投資與參與主體多元化，保護方式現代化，利用途徑多樣化。

1. 進一步加大涉台文化遺產保護與開發利用的政策支援與資金扶持

發揮政府投入主管道的作用，是做好涉台文化遺產保護工作的關鍵和物質保障。對那些可以取得收益的涉台文物保護項目，在維護國家權益和文物安全的前提下，可按照誰投資誰受益的原則，宣導一些部門和企事業單位以資金投入或技術設備投入等形式直接參與涉台文物的保護與開發利用。鼓勵境內外各界捐資保護文物，有條件的地方，可以設立文物保護專項基金。在文化遺產保護的決策上要加大對涉台文化遺產保護與開發利用的政策支持力度和財政扶持力度。保護經費應隨著財政收入的增長而不斷增加。在文物保護規劃編制和實施過程中，要充分認識涉台文化遺產保護工作的重要性和深遠意義，給涉台文化遺產保護工作以全方位的支援。要儘快改善館藏文物的保管和陳列展示條件，城鄉建設規劃中要充分考慮涉台文物保護，盡可能多地保留一些具有歷史、藝術、科學價值的文化遺存，在建設用地指標上給予置換或追加。啟動涉台文物保護利用專項工程，相關地方政府每年撥出專項資金，用於當地涉台文物史跡的維護修繕和開發利用。設立豫閩台文化交流基金，鼓勵開展豫閩台文化交流。注意重點保護一批祖籍在河南的閩台民眾

的祖祠、祖居和整體風貌保存完好的古村落，加緊建設反映豫閩台三地關係的專題博物館，不斷深化豫閩台三地在文化遺產保護方面的合作與交流，組織相關涉台文物展覽赴閩台展出。

2. 進一步做好涉台文化遺產的調查研究和保護利用規劃的編制實施工作

文物部門要結合全國文物普查工作，對我省境內的涉台文化遺存進行全面系統的普查，在摸清底數的基礎上，制定河南省涉台文物保護規劃，有計劃地實施涉台文化遺產保護維修工程。對具有一定歷史、藝術、科學價值的文化遺存，具備文保單位條件的，省市縣三級政府應及時公佈，相關部門要制定相應的保護規劃。對符合國保單位的文化遺產應積極申報國家文物保護單位。對具有相應歷史、藝術、科學價值的文化遺存，目前尚不具備公佈文保單位條件的，相關部門應做好保護工作。今後一個時期內，文物部門要根據古建築的殘損狀況，分年度和輕重緩急制定修繕計畫。在涉台文物的保護過程中，要切實貫徹落實科學發展觀，要極力避免因保護方案與保護措施不科學給文物造成破壞。對古建築的修復與保護不僅應注重自身的保護，即建築本身梁架、構件、石質、磚質、木質文物和整體的保護，還要注意保存好古建築周圍原有的歷史風貌，切忌畫蛇添足，憑空臆造不倫不類的景觀，以免給古建築的歷史、藝術、科學研究價值帶來不必要的副作用，確保文化遺存保護的原真性和延續性，最大限度地保存和延續文物建築的真實歷史資訊。

3. 進一步完善對涉台文化遺產保護工作的領導與責任機制

要將文化遺產保護列入重要議事日程，列入對有關領導的考核責任制。要按照「五納入」的要求，把涉台文化遺產保護與開發利用納入當地經濟和社會發展規劃，納入當地財政預算，納入當地城鄉建設規劃，納入經濟文化體制改革目標，納入各級領導責任制。要建立相應的文化遺產保護協調機構，徹底改變一直以來存在的機構虛設、多頭管理、關係不順的狀況，要成立涉台文化遺產保護專門機構，落實人員編制，落實辦公經費，專門負責涉台文化遺產保護規劃的制定和實施工作。要建立文化遺產保護定期通報制度、專

家諮詢制度以及公眾和輿論監督機制。要做好在職人員的培訓工作，提高涉台文物工作者的業務水準和管理能力。要建立健全涉台文物管理資料庫，建立健全安全保衛、防火、防盜等制度，做好文物的安全防範和保衛工作，文物主管部門要與文物保護單位的管理組織或使用者簽訂安全協定，明確職責，防患於未然。

4. 正確處理好有效保護與合理開發利用的關係

　　利用博物館的優勢，發揮涉台文物在進行歷史、藝術、科學和愛國主義教育中的作用，通過陳列展覽，宣傳普及有關文物知識，豐富人民群眾的精神生活，擴大影響，提高品位。特別要配合學校教育，針對中小學生的特點，引進和組織有關展覽，使之成為學生的第二課堂。儘快建立涉台文物藏品資料庫，完善文物藏品管理體系。重視文物修復工作，強調以考古研究修復為主，陳列修復為次，避免用商業修復的方法來實施博物館文物藏品的保護。整合河南省現有涉台文物保護相關的民間組織力量，加強涉台文物保護的公益性廣告宣傳工作，營造良好的涉台文物保護的濃厚氣氛和文化氛圍。各類新聞媒體要介紹涉台文化遺產保護知識，大力宣傳保護涉台文化遺產的先進典型，及時曝光破壞涉台文化遺產的違法行為，發揮輿論監督作用，切實提高人民群眾對涉台文化遺產保護重要性的認識，增強全社會的涉台文化遺產保護意識。使涉台文物在保護中得到合理開發利用，在開發利用中得到進一步保護。

文獻來源：2010年固始與閩台淵源關係學術研討會論文，《固始移民與兩岸文化認同研究》，河南人民出版社2011年10月。

作者簡介：唐金培，河南省社會科學院歷史與考古研究所助理研究員。

注　釋

[1]. 張紅軍：《沁陽涉台文物及其保護和利用》，http://www.jzwhj.gov.cn/index.htm.2008-7-8.

[2]. 張紅軍：《沁陽涉台文物及其保護和利用》，http://www.jzwhj.gov.cn/index.htm.2008-7-8.

[3]. 林加華、焦海濤：《鄭成功究竟葬在何處》，《東南早報》，2004年9月26日。

[4]. 河南省台辦、漯河市台辦：《首家「河南省對台交流基地」陳星聚紀念館揭牌》，http://www.huaxia.com/index.html.2010-05-21。

附：中原與閩台淵源關係研究大事記

尹全海 整理

1971年，彭桂芳《臺灣姓氏之研究》出版

彭桂芳《臺灣姓氏之研究》（省立新竹社教館主編，聯亞出版社出版，1971年初版，1981年再版）。

蘆永汶在《臺灣姓氏之研究》作序時稱：「為慶祝中華民國建國六十年暨弘揚中華文化源遠流長，本館特將臺灣主要姓氏的源流研究考證，一方面使得本省同胞能夠瞭解自身與大陸的淵源，另一方面希望提高民間普遍研究姓氏譜系之興趣。」

陳憲生在《臺灣姓氏之研究·再版序》中說：「本叢書前後共編印四冊，收錄臺灣地區較大姓氏共一百個，第一冊在民國六十年出版，民國六十三、六十四年續行出版第二、三冊，共收八十五姓，為達成原計劃百姓之願望，於民國六十五年續編印十五姓為第四冊，作為結束。」

「全書編印完成，未幾即為各界索閱一空，今又逢建國七十年，舉國開展以闡揚民族文化為主題之各項慶祝活動，各界紛紛函索該項資料，故決定再版，並委託聯亞出版社發行，將四冊合為一冊，加列姓氏筆劃索引。」

「臺灣姓氏之研究，系本館研究叢書之一，為慶祝建國六十周年紀念，先行選擇本省同胞姓氏中較大者，人口較多者，加以研究考證，追根究源，由姓氏之源流繁衍，以證明臺灣與大陸同胞血脈一體之事實，並在每一個姓氏族譜家乘中，對我民族文化源遠流長，得到具體的證明。」

彭桂芳《臺灣姓氏之研究·前言》中稱：「長期以來，每個臺灣的老百姓，都相信自己的祖先來自「唐山」，也就是隔著臺灣海峽的中國大陸，是最為榮耀的炎黃子孫。」「從唐山渡海而來的臺灣居民，不但人到了臺灣，也把大陸上的一切文物制度帶到了臺灣，一直到今天，臺灣人的飲食起居，乃至喜慶婚喪的習慣，幾乎跟大陸上一般無二。」「除了表現在生活上的一應習

慣之外，從家家戶戶世代相沿相襲的姓氏，更足以覺察發表灣島上濃郁的中國大陸風味——只要是中國大陸上有的姓氏，臺灣幾乎都不少。」

1974年彭桂芳《五百年前是一家》出版

1979年臺灣黎明文化事業公司出版彭桂芳《五百年前是一家》（共四冊，黎明文化事業股份有限公司，1974年初版，1980年再版），張其昀為序。

彭桂芳在《五百年前是一家·引言》中稱：「為了這股幾乎自然的民族維繫力量能夠歷久而長新，不致被現代化機械化的工業浪潮沖刷得越來越淡薄，本文將以（宋本）《百家姓》為範圍，有系統地介紹一些比較常見的中國姓，內容包括每個姓的出處、來源、播遷繁衍的經過，以及每個家族在歷史上的貢獻，和個人的卓越表現等等。希望透過本文，使國人在重新認識自己的出處之後，能夠激起心底深處的那一股至情，跟所有的『本家』更加緊密地團結，為了維護歷代祖先所掙得的榮譽，而日益親密友愛，然後，進一步把這份屬於一家一姓的愛擴大到整個中華民族的大家族的之愛，大家都幾乎至情地，把國家民族的事，當作每一個人家裡的事。」

1977年，臺灣省各姓淵源研究學會成立

1977年，臺灣省各姓淵源研究學會成立，並出版「會刊」（一年一期，共十二期），協助各縣市文化中心舉辦族譜展覽、家祠尋根、文獻採集以及田野調查等項工作。

自1996年該「會刊」為《臺灣源流》，季刊，臺灣省各姓淵源研究學會主辦。姓氏與譜牒原本為該會的主要研究專案；為因應時代環境之變遷，改刊後，擴大到對所有與臺灣息息相關的人、地、事、物、俗等等的來源與流向之研究，即研究領域逐漸漫延至閩台兩岸有關之歷史文化範圍。涉及臺灣各項血緣、地緣、文緣、神緣、人緣等史跡源流。

《臺灣源流》刊載以研究專文、論著為主，以報導文化活動為輔。論文側重臺灣姓氏、族譜、鄉土、民俗、信仰、方言、古跡等，活動報導集中於臺灣各姓氏宗親會、兩岸文化交流、姓氏族譜編印之資訊。

改刊後的《臺灣源流》（第一期，1996年春季刊），設有：改刊詞、社論、姓氏、譜牒、尋根、族群、原住民、民俗、信仰、史跡、祭祀公業，以及宗親會、譜訊、文化交流資訊，封底為首屆閩台姓氏源流研討會照片。至2011年，共出版57期。

1978年10月，彭桂芳《唐山過臺灣的故事》出版

1978年10月16日《青年戰士報》，連續刊載青年記者彭桂芳《唐山過臺灣的故事》。

《唐山過臺灣的故事·代序一》說：「彭記者從姓氏源流、堂號郡望、族譜墓碑，乃至古老傳說，分別替本省同胞尋根究底，木本水源，條分縷析。」

《唐山過臺灣的故事·代序二》稱：「自從本報陸續發表記者彭桂芳專欄《唐山過臺灣的故事》之後，本省同胞都熱心於尋根工作。」

彭桂芳《唐山過臺灣的故事》第一章「我們的祖先是從唐山來的」，茲錄於後。

一、根在唐山：有一句話在臺灣民間父子相告，一代叮嚀一代，直到今天，從來沒有一個人忘記：自己的根是深埋在臺灣海峽彼岸，那一片五千年來綿延不絕孕育著炎黃子孫的芬芳泥土中。

唐山並不是一個專屬的固定地名，而是泛指地勢多山的福建和廣東。

根在唐山的證據：

臺灣人的姓氏、名字的排行，乃至家族世代相襲的堂號和郡望，無一不是大陸各地的延續，臺灣有的，大陸必定會有；

臺灣各地的開發，是三百年來大陸移民流血流汗的成果，從各地的地名以及建設，臺灣與大陸的地緣關係，清晰可見；

臺灣的方言，可追溯至兩千年前的秦漢時期，近年來有人細心研究，相互印證，已經證明無訛；

臺灣民間的風俗習慣，幾乎全是閩粵各地的翻版，只要稍微用心觀察，不計其數的證據就會隨時隨地源源出現在自己眼前。

生活在臺灣島上的炎黃子孫，要想尋找自己在唐山老家的根，毫無疑問上述的姓名、堂號、郡望，以及地名、方言、風俗習慣等，也都應該是最具體、最可靠的線索。

二、由祖籍與譜系中尋根：本省人的先祖，都是由唐山渡海而來的，這已是不爭的事實，所謂的唐山，指的也主要是閩粵兩地，可是，這兩個省份的範圍那麼大，本省人的老家，究竟是在這個區域裡的那個地方？

根據臺灣省文獻會所提供的資料，本省人的祖籍，主要不外前清時期福建的泉州、漳州、汀州、福州、永春、龍岩、興化等州府，以及廣東的嘉慶、惠州、潮州等州府，這十個舊府屬之下，又可以細分為下列諸縣：

泉州：今晉江、安南、惠安、安溪、同安五縣；

漳州：今龍溪、漳浦、南靖、長泰、平和、詔安、海澄七縣；

汀州：今長汀、寧化、上杭、武平、清流、連城、歸化、永定八縣；

福州：今閩縣、侯官、古田、屏南、蜀清、長樂、連江、羅源、永福、福清十縣；

永春：今永春、德化、大田三縣；

龍岩：今龍岩、漳平、寧洋三縣；

興化：今莆田、仙遊二縣。

嘉慶：今梅縣、興甯、長榮、平遠、鎮平五縣；

惠州：今歸善、博羅、長寧、永安、海豐、陸豐、龍川、河源、和平九縣；

潮州：今潮安、豐順、潮陽、揭陽、饒平、惠來、大埔、澄海、普寧九縣。

以上可謂本省人尋根的第一條線索。

三、河南涉台文化遺產保護利用的對策與建議

僅把自己的根追溯到來台開基始祖在唐山的祖籍，顯然是絕對不夠的。事實上，每一個人也確還可以從福建或廣東的祖籍，把自己的來處一步步追溯到中原地區的民族發源地。只是這一分的尋根工作，就更複雜、困難得多，必需靠每一個家族世代相襲的姓氏、堂號、郡望，更必需有完整的譜牒作依據。

目前有關姓氏、堂號、郡望的文獻，還勉強可以搜集得到，至於各家族的譜牒資料，便相當缺乏了。

三、黏氏先人返籍尋譜（略）

四、伍德功尋根記（略）

五、譜牒究竟是什麼

族譜之稱謂多多：宗譜、族譜、家譜、世譜，或單稱為譜，也有稱之為家乘、家志、家傳、或家記，不一而足。一般的譜牒，還是以宗譜、族譜、家譜者居多。

族譜製作的目的：一使族人確認，凡是譜上有名的，便是出自同一位始祖，後代子孫飲水思源；二加強族人的血緣觀念；三族人互相幫助；四尊重祖先的功業和聲望；五家規相傳；六教化族人。

族譜的具體內容包括：序文、凡例、目錄、世系與世表，源流與宗派，誥勅與像贊，別傳與墓誌，祠堂記與祠規，家規和宗約，家訓和家范，義田記和義莊記，墓紀與墓圖，藝文與著作等十三個大項。

六、堂號和郡望是尋根的第二條線索。郡望是以兩千年前秦漢時期的郡名，作為整個家族追溯發祥之地的表記。是跟著姓氏俱來的宗譜標記，代表著整個宗譜最早的發祥地和得姓源流；堂號，則是家族中某一支派，能夠追溯的時間和血統淵源範圍比郡望小得多。所以，要尋找自己的根，除了祖籍、堂號應該算是「短程」線索，郡望則是「長程」的線索，兩者同樣重要。

郡望，絕大多數是距今兩千年前秦漢時期的地名，其地不外黃河流域的中原地區，每一個家族只要擁有世代相傳的郡望，便可以明確知道自己家族

附：中原與閩台淵源關係研究大事記

最初在中原的發祥之地。至於每一個郡望所包括的領域,將留待以後本專欄逐姓討論。

　　七、臺灣姓氏知多少（以下略之）

　　八、臺灣山胞也是來自唐山

　　九、河洛人與客家人

　　十、冠姓地名——血緣的結合

　　十一、冠籍地名——地緣的結合

　　十二、從民間宗教信仰尋根

　　十三、古廟與舊地名都是鐵證

　　十四、流露先民情懷的舊地名

　　十五、大陸移民如何開發臺灣中部

　　十六、先民以血汗灌溉出錦繡大地

　　十七、念祖、歸宗、揀骨

　　十八、臺灣人民的心永遠向著祖國

　　十九、大家一起來編譜。本欄目已經分別從血緣和地緣兩個方面,為今天繁衍在臺灣島上的炎黃子孫找到了共同的根源——遠在千里之外的中原地區。有了這個確實的大目標,如何循著每一條能夠掌握的線索,像家裡的祖先牌位、墓碑、堂號、郡望,乃至過去祖先所居住地方的舊地名、世代相襲的習俗、語言,等等,先把自己的根推溯到臺灣海峽彼岸來台始祖的祖籍,然後再進一步追溯到中原的家族發祥地。

　　彭桂芳《唐山過臺灣的故事·後記》強調:「四十七個姓氏,兩百三十六篇,將近一年的時間,《唐山過臺灣的故事》專欄,已經告一段落。」「這個專欄在連載期間,讀者的反應非常熱烈,雪片般的讀者來函,不但令執筆的記者和本報的其他工作同仁深深感動,更具體地反應出了一個事實:

那就是這一代的中國人，是何等地重視自己的根源，更何等地要尋找到自己的根源。」

1981年4月22日，河南日報發表《尋根母語到中原》（見本書26頁）

1991年12月，陳元光國際學術研討會在福建漳州召開

陳元光國際學術研討會於1991年12月4日至7日在漳州賓館舉行，參會者有漳州各界負責人，東南亞、香港、臺灣和大陸等地陳氏後裔和友人，以及中外社會科學專家學者等約二百人。會議收到論文90篇，討論了開漳聖王陳元光的家世及其開發漳州的偉大功績，以及此後漳州的發展及其與海外關係等。會後經過編委會仔細考慮，選取論文57篇，編成《陳元光國際學術討論會論文集》。論文編者稱本集各篇論文，文字體例不盡一致，學術觀點迥異，編輯時，除因篇幅限制，個別地方文字稍加刪節外，均保持各文原貌。

《陳元光國際學術討論會論文集》目錄

韓國盤　　序言

朱天順　　談陳元光身世的幾個問題

林祥瑞 劉祖陛　論陳元光的歷史功績

張啟琛　　略論陳元光「文治」的歷史貢獻

陳元煦　　唐初的福建與陳元光的治漳政績

貝聞喜　　潮汕歷史文化的主要開拓者陳元光

郭啟熹　　陳元光與閩西的開發

何萬年　　從唐初北方用兵看陳元光開漳之得失

王定璋　　陳元光刺漳淺析

周建昌　　南下漢人與北上畬人的衝突——試論陳元光祖籍及其對漳州的開發

附：中原與閩台淵源關係研究大事記

　　許寶華　謝建中　關於陳元光入閩的幾點看法

　　周濟　林梅馨　試論漳州初創與技術開發

　　鄭鏞　　漳州的建置在江南開發史上的地位

　　陳自強　　略論陳元光開漳之功與唐宋時期漳州的開發

　　湯漳平　劉重一　初唐詩風與嶺南詩人——兼論《龍湖集》的真偽問題

　　瀏海峰　　唐建中之前「閩人未知學」說辨證

　　葉國慶　　論陳元光「畿荒一德」的政績——唐「貞觀之治」與陳元光的策略

　　林瑞峰　　陳元光對促進漢畬關係的貢獻

　　王天杞　　試論陳元光所執行的民族政策

　　陳桂炳　　從陳元光平「蠻子嘯亂」看唐朝前期的民族政策

　　藍達居　　論漳州地區畬漢文化調整

　　盧美松　歐潭生　試論陳元光開漳前後的閩南土著民族——蠻獠源流初探

　　張輝煌　　初唐閩南少數民族族源鉤沉——兼與越族說商榷

　　〔美〕柯胡　　羈縻與混合體制——唐代邊境政策的個案研究

　　陳國全　周立方　陳元光與閩南民俗

　　蔡永茂　蔡德江　方群達　　開漳史事與雲霄節慶

　　張兆基　　閩南「陳元光神系」廟宇及祭祀習俗考

　　郭志超　　漳浦赤嶺畬族奉祀陳元光部將馬仁述論

　　鄧孔昭　　臺灣的漳籍移民與開漳聖王崇拜

　　張文綺　　宜蘭開發與開漳聖王

　　〔美〕丁荷生　鄧振滿　閩台道教與開漳聖王崇拜初考

　　吳幼雄　　泉州人祀奉陳元光考

林其泉　　移民與移神——開漳聖王與臺灣的開發

莊義青　　修威惠廟題記石刻與陳元光籍貫考辨

趙智海　　陳元光將軍故里祠堂考

陳香白　　評《唐宣威將軍許天正公事功考》

婁曾泉　　陳元光《龍湖集》校讀瑣議——兼論《龍湖集》之真偽問題

傅宗文　　丁儒龍溪詩篇的年代、作者及歷史價值

楊際平　　陳政、陳元光史事考辨

謝重光　　　《唐全文》所收二篇陳元光文真偽考

何池　　　也談陳元光籍貫生平——兼與謝重光先生商榷

蘇炳堃　　唐初泉潮駐軍的性質及其歷史功績考述

柯兆利　　開漳數事考論

陳嘉音　　漳州開發史考辨

肖林　　　陳元光籍貫窺探

曾五嶽　　唐初漳州蠻獠諸說質疑

張耀堂　　始建漳州州址考

方群達　　陳元光夫人種氏的民族與籍貫考辨

陳在正　　陳元光後裔遷台族譜資料及其初步考察

王大良　　陳元光及其相關問題研究三題

陳永安　　陳元光入漳的人口播遷活動初探

王賡武　　元帝國後裔的商人——記海外福建僑商組織

楊國宜　　南宋漳州士人的愛國傳統

〔日〕土肥佑子　宋代的漳州商人：黃瓊與林昭慶

433

［日］片山誠二郎　明代私人海上貿易的發展與漳州月港

［日］石川重雄　宋元時代漳州的開發與寺僧

［日］相田洋　閩南的擲石戲與東亞石戰戲

［日］掘敏一　日本對福建史、特別是漳州史的研究

1995 年 11 月，「首屆閩台姓氏源流研討會」在福州召開

　　1989 年，福建省姓氏源流研究會成立。該會系大陸首家順應海外返鄉尋根熱潮，開展姓氏、文化源流研究，而由福建各界專家學者熱心人士創立的省級姓氏源流研究會。至 1995 年，先後與港澳臺及日本、美國、英國、法國、加拿大、新加坡、馬來西亞、菲律賓、泰國、印尼等國家和地區廣泛開展交流；同時成立了林、陳、黃、鄭、盧、蔡、王、謝、董、楊、郭、張、朱、曾、劉、歐、戴等十七姓氏專門研究會。並於 1995 年召開首屆閩台姓氏源流研討會。

　　1995 年 11 月，「首屆閩台姓氏源流研討會」在福州召開。此次研討會系閩台間首次針對姓氏族譜為主題的文化交流活動。自 1987 年臺灣開放大陸探親以來，臺灣人返鄉探親祭祖，赴大陸投資設廠的文化與經濟性活動日趨活絡，尤其是回到閩南漳泉祖籍地尋根謁祖、探本溯源等更成為閩台民間交往的熱點。

　　會議內容包括論文發表、交流會談、分組座談與族譜展覽等四項。會議印發有「會議指南」、「代表通訊錄」、「論文目錄」三個小冊子。

論文發表（11 月 14-15 日）

主持人：孫新峰、陳在正、盧美松、林偉功

報告人：

謝鈞祥（河南代表）：河南省姓氏源流研究

陳在正（福建代表）：同安兌山李氏宗族的發展及向台移民

林瑤棋（台中代表）：從族譜探討臺灣移民史對本土文化的影響

何羅文（菲律賓代表）：何氏祖先入閩及遷台初考

陳國強（廈門代表）：福建佘族源流考

戴學稷（福建代表）：略論族譜資料的學術價值

陳錦谷（福州代表）：福建陳氏源流及名人

游鶴樓（福建代表）：福建遊氏源流

劉翔南（河南代表）：濟陽蔡氏

連均文（龍岩代表）：閩粵台三省上党連氏及源流初考

任崇岳（河南代表）：河南省少數民族的來源與姓氏

林樹丹（泉州代表）：閩台林姓血緣親

高志彬（臺北代表）：晉江龍嶼張族的遷台與發展

薩本珪（福州代表）：福建薩氏家族的源流及繁衍

王天杞（福建代表）：中國少數民族姓氏芻議

黏國民（福建代表）：臺灣女真後裔完顏黏氏源流

李吉（山西代表）：李氏源流探析

楊誠（福建代表）：臺灣楊姓淵源研究

分組討論

討論主題：林、李姓氏源流；謝、黃姓氏源流；薩、劉姓氏源流；陳、楊姓氏源流

族譜展覽

內容包括：各姓譜牒、姓氏研究資料彙編、論文集、圖片，如《桃園陳氏族譜》、《蔡氏宗譜》、《永春鵬翔鄭氏族譜》、《閩清張氏宗譜》。

參會論文目錄

李亮祺　　閩中李氏裔出唐江王李元詳考

劉青泉　　蘇頌世系源流之綜合研究與黃帝誕生年代之初步探討

435

鄭金洪	閩南移民開發臺灣的鬥爭
鄭金洪	南湖三先生何時代人
鄭金洪	惠安移民臺灣族譜資料
鄭金洪	鄭氏淵源及其在莆仙繁衍
李厚威	鄭孝胥世系研究
藍炯喜	佘族姓氏和家族活動
盧繼定 陳翔	中原移民入閩的三個中轉站
熊寒江	閩西客家人口與姓氏探論
蘇祿煊 熊寒江	正確認識宗譜現象發揮譜牒社會效應
周日生	北宋科學家蘇頌籍貫之爭論
陳詩忠	永春鳴琴陳姓源流及永春諸姓分支臺灣、星馬各地
陳詩忠	謝氏源流及永春謝氏遷徙臺灣、南洋及外地
連均文	閩粵台三省上党連氏派系及源流
張景元	肇閩始祖——睦公
王大良	從中原人口南遷看閩台姓氏源流
黃拔灼	虎丘黃之主流與發展
陳在正	同安兌山李氏宗族的發展及向台移民
林樹丹	閩台林姓血緣親
黃榮春	朱熹與《鄭氏族譜》
蘆日滇	范陽、麻田祖先世系考
謝亞榆	興化謝氏淵源尋流錄
阮文火	中國姓氏源流淺談

黏國民	閩台女真後裔完顏黏氏源流考
游鶴樓	福建遊氏源流
周日生	陳嘉庚祖先遷居集美的時間初探
劉翔南	濟陽蔡氏
謝家興	《撰征賦》和謝靈運的愛國思想情操
鄭國珍	論明清時期琉球的閩人姓氏源流
唐仁德	福州文儒坊平陽陳氏
林祖韓	六桂堂論證
郭養發	汾陽王郭子儀生卒日辨析
郭義福	論郭氏始祖虢仲虢叔的始封地
方彥壽	《青林餘氏族譜》與《餘氏總譜志》
蔡幹豪	濟陽蔡氏源流淺考
黃新憲	琉球的閩人三十六姓後裔在華留學考述
楊其河 楊秉綸	試談福建楊姓源流
楊秉綸	姓氏源流研究
楊誠 楊建文	遷徙臺灣楊姓淵源研究
連玉文	福建連氏源流考
林瑞豐 柳雲燕	略談林氏族人遷台與分佈
柳雲燕	伊氏開閩始祖及入閩時間之我見
周瑞光	二省三山閩浙佘族五姓（雷、藍、鐘、吳、李）淵源錄
陳國強	福建佘族源流考
陳國強	寧化石壁客家祖地張氏上祠《清河郡張氏十修族譜》

中原與閩台淵源關係研究三十年（1981～2011）（修訂版）
附：中原與閩台淵源關係研究大事記

李吉	隴西李氏源流探析
林友華	中國姓氏學入門的必讀之書《通志氏族略》
林友華	中國古代姓氏書舉要
陳百才	陳氏源流考
陳松田	福峰蕭氏與泉台蕭氏世系關係考
陳松田	元坑真秀水村吳氏世系源流初考
鄭元森	滎陽鄭氏第二祖籍地南湖的歷史淵源
蘆程隆	長樂浮岐村蘆姓源流
戴金生 戴學稷	莆仙戴姓源流初探——兼論閩台戴姓淵源關係
楊青	姓氏文化的歷史定義和當今價值
陳容明	莆田陳氏源流小考
歐潭生	台閩豫祖根淵源考
郭聯志	漳州回族穆斯林的來源及後裔
葉翔	三山葉氏支祠規儀述略
盧美松	盧氏淵源及入閩始祖
王天杞	中國少數民族姓氏初議
戴學稷	略論譜牒的學術研究價值
黃宗科	黃巷潘胡一家親
遊恆派	築巢引鳳嘉迎台親
謝奇銓	謝金鑾與《哈子難紀略》
謝宗楷	謝氏源流及入閩派系
陳烏亮	臺灣「青鯤鯓」陳姓祖籍集美後尾角

許竟成	固始臨泉王氏
何鵬	廬江郡何氏遠祖述略
王啟	廣東民系源流初探
蔡安定	建陽蔡氏九儒與柯蔡宗親淵源
石奕龍	臺灣鹿港郭厝郭順直派的淵源關係
鄧發祥	略論郭氏源流
薩本珪	福建薩氏家族的源流及繁衍
陳名寶 陳錦谷	福建陳氏源流及名人
任崇岳 謝超 謝純靈	河南省少數民族的來源及姓氏
劉祖陛	福建劉氏源流初探
林生	姓氏觀念利弊淺析
何羅文	何氏祖先入閩及遷台初考
黃大受	黃帝遺族宗系姓氏淵源概論
田哲益	臺灣原住民布農氏族組織及功能初探
林瑤棋	從族譜探討臺灣移民史對本土文化的影響
廖慶六	在臺灣民俗文物館中設置家族文獻陳列室之我見
廖慶六	從臺灣姓氏族譜探索族群融合的真諦
林再複	臺灣移民開發過程中的族群衝突、對立與融合
簡榮聰	開放大陸探親以來海峽兩岸族譜文獻之概觀
高志彬	晉江龍嶼張氏的遷台與發展
謝鈞翔	河南省姓氏源流研究

1996 年 9 月，首屆豫閩台姓氏源流國際研討會在河南鄭州召開

中原與閩台淵源關係研究三十年（1981～2011）（修訂版）

附：中原與閩台淵源關係研究大事記

　　河南是中華姓氏的主要發祥地之一。為開發利用河南省姓氏歷史文化的豐富資源，加強河南同福建、臺灣及海外華僑、華人的文化交流、聯繫，經中共河南省委、省政府領導同意，河南省中原姓氏歷史文化研究會於1996年9月18日至20日在鄭州召開了首屆豫閩台姓氏源流國際研討會。出席會議的有韓國林氏宗親會顧問、韓國大覺寺祖室佛心道文大師林允華等10人，菲律賓盧江何氏宗親會祕書長何羅文，臺灣省各姓淵源研究學會名譽理事長蔡金章、理事長林瑤棋等6人和臺灣省宜蘭縣河南同鄉會理事長高雙印，福建省姓氏源流研究會副會長盧美松、林偉功等11人及廣東、廣西、江西、湖北、河南的專家學者共計88人。

　　河南省政協主席、中原姓氏歷史文化研究會會長林英海出席會議並作了重要講話。中共河南省委副書記范欽臣，省委常委、宣傳部長林炎志，河南省副省長張世英、李志斌會見了與會全體代表並一起合影留念。河南省有關部門負責人及河南省中原姓氏歷史文化研究會副會長林雪梅、葛紀謙、劉春華、常有功、楊鳳閣、楊洪綬、魯德政、張放濤、李振華、楊靜琦、許還平出席了會議。

　　會議的中心議題是探討華夏姓氏的起源、發展、播遷以及河南姓氏與福建、臺灣及海外華人姓氏的歷史淵源關係。會議收到（含郵寄）論文60篇，內容豐富、涉及面廣，有一定深度。從不同角度論述了華夏姓氏的發展、演變，確認了閩、台、粵、桂姓氏，以及韓國、菲律賓等地華僑、華裔同河南姓氏的歷史淵源關係。這些文章不僅對豫閩台三省姓氏文化研究有一定促進作用，也對中華姓氏文化研究有著重要意義。

參會論文目錄：

領導講話

　　政協河南省第七屆主席、河南省中原姓氏歷史文化研究會會長林英海「在首屆豫閩台姓氏源流國際研討會上的講話」

　　中共河南省委宣傳部常務副部長、河南省中原姓氏歷史文化研究會常務副會長葛紀謙「在首屆豫閩台姓氏源流國際研討會上的講話」

綜合性文章

林英海	河南，華夏姓氏的主要發祥地
林瑤棋	臺灣原住民姓氏探討
夏志剛 王大良	從中原人口南遷看閩台姓氏源流
歐潭生	三探台閩豫祖根淵源——方言民俗探微
文匯	淺談豫南與閩台的脈源關係
許竟成	固始姓氏連閩台緣由淺述
許夥努 楊清江	隨三王入閩諸姓考
沙旭升	臺灣陳李吳蔡四大姓與開封的歷史淵源
張明正	姓氏宗親會活動現狀
宋全忠	臺胞尋根河南態勢
蔡萬進	中原文明與華夏姓氏

各姓氏源流研究

林允華	海東韓國林氏與韓國氏族源流
林樹丹	韓國林氏根在中國泉州
林樹丹	豫閩台血緣親
林凱山	世界林氏源流和豫閩台親緣關係
林富保	「柴林」源流考辨
劉蓬春 王大良	張姓源於濮陽考
劉翔南	江姓及濟陽江氏
王春德 袁家山	試論濟陽考城江氏名人與遷徙
周顯才	鄭氏族史述略

范金中　　追本溯源話鄭氏

劉心健 龐應水　　鄭氏族源與開封

劉翔南　　濟陽蔡氏，光耀史冊

王春德　　陳留考城蔡氏與閩台蔡氏源流

張新河 郭成智　　劉姓遍天下祖根在魯山

文匯　　源遠流長的中華黃姓

潢川縣黃姓研究會　　黃姓根在潢川

盧美松　　從福建盧氏源流看豫閩台的人緣

高路加　　閩粵高姓源流述略

楊曉宇　　葉姓源流淺考

戴金英　　賴姓源於息縣包信

程有為　　程姓起源地望考辨

楊靜琦 姚仲傑 石小生　　姚姓起源與遠祖事蹟

何羅文　　何姓起源初考

吳豔紅　　封建家族的典範——江州義門陳氏

楊洪綬 楊靜琦　　論楊姓對中華民族的貢獻

老子、莊子、墨子研究

張景志　　老子與李姓

楊子建　　莊子故里考辨

張久德 王浩延　　莊子故里在民權縣青蓮寺

潘民中　　墨子裡籍姓氏考辨

郭成智　　墨子為魯山人十證

譜牒研究與尋根

林少川　　略論族譜與海外華人尋根

揚大剛　　族譜在歷史研究中的作用

盧繼定　　論潮汕舊存族譜的文化價值

移民問題

洪敏麟　　探討臺灣農業移民的一個類型

高雙印　　漳人吳沙開拓臺灣宜蘭探微

陳炎正　　清代臺灣墾務糾紛初探

覃芝馨　　廣西友愛村白馬移民考

張方和　　民族交匯融合見證

其他方面文章

宋國楨　　鄭文化淺說

辛田　　　楊堅建立隋朝及統一全國

林瑤棋　　從族譜探討清代臺灣社會的納妾狀況

田哲益　　臺灣布農族的原始宗教信仰

2008 年 9 月 22 日至 24 日，第七屆河洛文化國際研討會在河南鞏義市召開

研討會主題是「河洛文化與閩台文化」，會後出版《河洛文化與閩台文化》（河南人民出版社，2008 年），收錄其中之論文如下：

張履端　　河洛文化與閩台文化

高百之　　分子人類學亦證明閩南及客家人源自河洛

程有為　　永嘉南渡與河洛文化的南傳

李立新　　試論從中原到閩台的人神異化

附：中原與閩台淵源關係研究大事記

吳碧英　　閩台文化的共同本質與地域特徵

李喬　　　古代河南移民福建史略

廖開順　　論客家河洛姓氏尋根對客家文化重構的意義

黃英湖　　中州姓氏入閩及其發展演變

呂清玉　　閩台姓氏大多數來自中原

許竟成 許步超　豫閩台姓氏一脈相承

李龍海　　中原陳姓的起源及其向閩臺地區的遷徙

陳建奎　　中原林姓的南遷及其在閩台的興盛

郭勝強 李雪山　從宇形演變看河洛文化的南遷軌跡

李玲玲　　河洛地區三代青銅文明與福建青銅文明的比較研究

盧廣森　　洛學向東南沿海傳播的管道

陳榕三　　從閩台交通工具看河洛文明影響

徐金星　　對客家人「根在河洛」若干問題的探討

張留見　　淺論河洛文化與客家文化的關係

任崇嶽　　論客家人與臺灣暨海外的關係

張新斌　　試論客家先民首次大規模南遷紀念地的確定

林作堯　　試論客家人的遷徙俐落居

康洪雷　　論客家民系的形成發展及特點

常巧章 王援朝　從客家土樓建築看河洛文化印記

雷彎山 鐘美英　客家話是河洛話與佘語互動的產物

趙曉芬　　佘族文化中的河洛意識

李雄之　　根系河洛的馬來西亞血緣性組織

三、河南涉台文化遺產保護利用的對策與建議

房漢佳 林韶華　砂拉越古晉的客家族群與客家公會

薛瑞澤　　周代河洛地區與亞南地區的交流

張良軍　　河洛文化與楚文化之比較

晏春蓮　　從道教透視河洛文化與楚文化的關係

陳紹輝　　試論河洛文化對楚文化的主源性影響

賈海燕　　河洛文化與荊楚兩地中醫學的交流與發展

孫君恆 孫平　荊楚文化與河洛文化差異論

施由明　　試論中原移民對廬陵文化的歷史形成

龔國光　　河洛農耕文明與贛地客家農耕文明

何祥榮　　從建安詩賦看鄴都的藝術意象與鄴下文人的主體意識

廖江　　　河洛文化的南遷與影響——以江頭洲村愛蓮文化為例

李龍　　　湖湘地區客家人與客家文化淺探

李紹連　　河洛文化與中華傳統文明

楊祥麟　　河洛文化之延播

謝魁源　　從閩南語語彙見證河洛漢語之古老

盧博文　　河洛文化無遠弗屆

章秀霞　　商朝甲骨文記載中的「河」與「洛」

葛建業　　炎黃文化與中國道統

林國雄　　自然概念的歷史解讀與新儒學的自然論

曹尚斌　　中華文化道統嬗變與臺灣文化興替

孫興徹　　儒學的人文精神和領導力

呂繼增　　論河洛文化與祖國信念的認同

中原與閩台淵源關係研究三十年（1981～2011）（修訂版）
附：中原與閩台淵源關係研究大事記

胡日光　　河洛文化與客家精神之養成和影響

唐金培　　河洛民俗文化根源性及其當代價值

郭豔　　河洛文化創新與新時期河南精神

高雙印　　略論岳飛「民族英雄」的定位

傅允中　　執兩用中話一統

田華麗　　河洛文化與祖國統一大業

劉保亮　　河洛文化研究的現狀反思及文化取向

張仁傑　　河圖洛書與先後天八卦探源

胡譚光　　《洪範》釋義

任炳潭 楊懿楠　《太極圖》索源

劉玉娥　　「河圖」、「洛書」與《周易》

陳奧菲　　略論河洛源生性道治文化

黃黎星　　兩漢時期的河洛《易》學

崔波　　易學家荀爽的哲學思想

張乾元　　《河圖》中的象數義理探析

衛紹生　　《河圖》《洛書》與兩宋易圖論略

楊翰卿　　邵雍與宋代象數易學

李德方 王華珍　從黃帝「洛汭祭天」追尋黃帝蹤跡

劉學文　　黃帝在河洛地區所建中國歷史上第一個王朝——黃帝王朝

馬世之　　河洛地區的伏羲女媧史跡

岡本光生　古代河南的牧野

蔡運章 朱鄭惠　漢魏洛陽故城早期城址的營建及其數理意義

李彩霞 郭康松　論河洛詩歌對《詩經》的貢獻

陳習剛　　古代河洛地區的葡萄文化

王保國 邵宗波　賈誼與西漢正統文化的建構

黃宛峰　　魏晉南北朝的「洛中人」上南北文化衝突

張富春　　論佛教信仰的中土化與世俗化

王永寬　　洛口倉及歷代倉廩述要

毛陽光　　中亞移民與唐代洛陽城市生活

葛景春　　杜甫、韓愈對河洛文化精神的傳承與發揚

王甦　　　濂洛三子詩賞析

徐春燕　　從《歧路燈》看 18 世紀河洛地區的商人

王玉德　　河洛孝道第一人呂維祺

湯漳平 許晶　簡論閩南文化與客家文化

黃瑩　　　客家民俗的楚文化因數

陳文華　　河洛文化的內涵與傳承

王士祥　　王者都洛與河洛文化的盛衰

歐廣遠　　河洛非物質文化遺產的保護

曹尚斌　　臺灣與河洛文化之淵源

尹全海　　豫閩台兩岸三地尋根文化的認同基礎與地域特徵

陳隆文　　西晉客家河洛先祖南遷線路考

趙振　　　二程語錄與宋代洛學的傳播

王記錄　　湯斌《洛學篇》研究

2008 年 10 月，第一屆「固始與閩台淵源關係學術研討會」在河南固始舉行

中原與閩台淵源關係研究三十年（1981～2011）（修訂版）

附：中原與閩台淵源關係研究大事記

2008年10月20-22日，由河南海外聯誼會、河南省人民政府臺灣事務辦公室、河南省歸國華僑聯合會、中國河洛文化研究會、信陽市人民政府主辦，黃河文化研究會、河南省中原姓氏歷史文化研究會、河南省社會科學院歷史與考古研究所協辦，信陽市人民政府臺灣事務辦公室、信陽市歸國華僑聯合會、固始縣人民政府承辦的「固始與閩台淵源關係研討會」在河南固始隆重召開。

參會論文目錄：

固始與閩台文化研究

張新斌　　光州固始的歷史文化解讀

馬世之　　高墩子與北山口——固始古都文化淺議

何光嶽　　光州固始：蔣國古都

程有為　　光州固始與中原漢人的南遷入閩

陳朝雲　　光州固始人南遷略考

顧濤　　　中原士族與客家文化的形成

宋豫秦 常磊　「閩人稱祖皆曰自光州固始來」之人地關係分析

唐金培　　從民間信仰看閩台文化的光州固始印跡

李喬　　　閩祖光州並非相傳之謬

湯漳平　　再論唐初中原移民入閩與閩南文化之形成

呂清玉　　臺灣傳統文化之源在光州固始

林永安　　淺論臺灣人與固始的淵源關係

陳寬城　　開漳聖王文化與僑民社會

陳桂炳　　從《恭陳臺灣去留書》看施琅的地緣策略卓識

張待德 西林　陳元光始建漳州的州址

陳隆文 王琳　陳元光《龍湖集》真偽考

448

蔡登秋　　多餘開放與一元整合的民間信仰：以閩台開漳聖王信仰與開閩信仰為例

學瑞澤　　閩國建立與河洛文化南傳

李志堅　　王潮、王審知兄弟治閩與中原文化的南傳

廖開順　　唐五代光州固始軍事移民對開發福建的歷史作用

龔國光　　光州固始的儒學精神與客家民系傳承

孫煒　　中國古代社會移民觀念探析

陳習剛　　唐五代時期的固始

鄭鏞　　閩南對中原文化的歷史記憶與族群認同

施由明　　廬陵文化與中原移民

固始與閩台人物研究

任崇嶽　　關於開漳聖王研究的幾個問題

陳昌遠 陳隆文　陳元光籍貫考辨

何池　　論陳元光安邊治政思想

王維宜　　開閩「三王」流徽八閩

王大良　　王審知入閩與閩台人光州固始之根

陳榕三　　王審知與閩台關係的研究

孫繼民 陳豔　唐末王審知與范暉福州之戰考

何綿山　　王審知創建的福州鼓山湧泉寺與臺灣佛教

陳洋　　藍色海洋的驕子

徐勇　　談施琅與鄭成功的關係及其歷史評價問題

施性山　　連接中州與臺灣紐帶的歷史英雄人物——施琅大將軍

陳學文　　陳元光家族和王審知兄弟的偉大功績和歷史影響

中原與閩台淵源關係研究三十年（1981～2011）（修訂版）
附：中原與閩台淵源關係研究大事記

施偉青　　施琅與閩台關係

固始與固始姓氏研究

袁義達　　中國姓氏的歷史和文化尋根現象

劉翔南　　豫閩台姓氏源流概述

許明鎮　　臺灣百家姓固始探源

楊靜琦 楊暍　三地族姓淵源

陳建奎　　陳黃林鄭四姓的入閩及其在閩台的興盛

林學勤　　陳林兩姓人口在閩台「半天下」的歷史成因初探

楊清江　　隨「三王」入閩諸姓考

林偉功　　唐末隨王由光州固始入閩各姓氏中的名門望族

穆朝天　　隨王審知入閩固始將士姓氏補遺

許竟成　　王審知入閩從眾屬籍

蔣利人　　閩台蔣姓的根與緣

陳及霖 陳大明　絕大多數閩台陳氏族人的根在固始

廖慶六　　福客本是同根生：以陳元光裔孫族譜文獻為證

高志超　　源於固始的閩粵台高姓

李龍海　　李姓的起源及其向閩臺地區播遷與壯大

黃英湖　　黃敦、黃鷹兄弟移民南下個案研究

黃意華　　固始入閩黃氏對開發閩疆的貢獻

固始尋根資源開發與研究

歐潭生　　一千年前是一家——台閩豫祖根淵源初探

尹全海　　固始移民與兩岸三地尋根資源之整合

蔡幹豪	科學運用姓氏文化資源
李立新	姓氏尋根中的祖地認同
林瑤棋	從開漳聖王探索固始原鄉
王津平	河洛文化與祖國統一
陳瑞松	固始騰飛加油助威
吳英明	從閩台民間信仰看中原文化的傳承
王人墨	「兩招」與「兩引」
遊嘉瑞	弘揚「五緣文化」，促進海外聯誼
盧美松	從「固始情結」看中華民族的凝聚力

2009年10月，第二屆「固始與閩台淵源關係學術研討會」在河南固始舉行

2009年10月26-27日，由國台辦《兩岸關係》雜誌社、河南省社會科學院歷史與考古研究所、信陽師範學院歷史文化學院、信陽市根親文化研究會主辦，固始縣根親文化工作辦公室具體承辦的「固始與閩台淵源關係研討會——唐代固始移民與移民文化研究」在河南固始隆重舉行。作為「2009中國固始根親文化節」系列學術活動之一，共收到海內外參會論文40餘篇，臺灣中央研究院臺灣史研究所所長許雪姬教授、九州出版社總編輯王傑教授、華中師範大學羅福惠教授，以及美國加州大學戴福士教授近百位專家與會。中共固始縣委常委、統戰部長崔振儉主持開幕式，中共信陽市委常委、統戰部長宋效忠、信陽師範學院副院長李義凡、河南省社會科學院黨委書記林憲齋在開幕式上先後講話。

參會論文目錄：

固始與固始移民研究

宋效忠	根在信陽
陳隆文	蔣國歷史地理考辨

金榮權	周代蓼國地理與歷史綜考
劉博	先秦時期固始的古國與移民活動
羅福惠	古代河南四次政治性外遷移民及其影響
尹全海	關於唐代固始移民史的研究取向
陳學文	中原河洛人南遷之動因及條件：以固始為例
李志堅	唐末固始移民福建的路線選擇
袁延勝	唐代固始移民簡論
孫煒	從陳元光「開漳」看唐代移民特點
崔振檢 戴吉強	客家形成過程中的「固始符號」
毛陽光	豫閩方志所見之陳元光籍貫及相關問題再探討
劉國旭	大槐樹移民與光州固始移民之比較研究

固始移民與閩台文化研究

湯漳平	關於陳元光與閩南開發研究的幾個問題
何池	論固始移民對閩南文化形成及傳播的影響
鄭鏞	論開漳聖王信仰體系的特點
湯毓賢	開漳聖王文化與聖王巡安民俗研究
李喬	開漳聖王信仰形成的原因分析
馮大北 張秀春	陳元光與開漳聖王信仰
唐金培	閩台民間信仰的光州固始情結
孫煒	陳元光形象變遷的文化解讀
何綿山	閩國文學評述
張嘉星	閩南歌謠起源年代及其流變

許晶	論陳元光對潮泉地區開發的貢獻
許進良	唐朝開漳別駕許天正對開發漳州的貢獻
羅秋昭	臺灣抗日英雄羅福星烈士
呂芳雄	臺灣第一才子呂赫若的家史
蕭開平	不辱客家先祖的臺灣佳冬蕭家

閩台姓氏固始尋根研究

張新斌	論固始尋根
王永寬	中原姓氏尋根概述
劉翔南	從歷史移民看豫閩台姓氏淵源
張紹良	臺灣姓氏人口與河南固始的淵源關係
尹全海	移民與臺灣的內地化
許竟成 戴吉強	閩王故里與固始臨泉王氏
王珂 李龍	開漳聖王固始尋根
李立新	論河南的根文化與根文化研究
張紹良	臺灣姓氏、祖籍與中原親緣關係
安國樓	固始歷史文化資源的挖掘與利用
戴龐海 潘熊龍	固始移民文化資源開發利用初步設想
李志堅	近三十年來固始尋根研究綜述
劉喜元	「固始與閩台淵源關係研討會‧2009」側記

2010年10月，第三屆「固始與閩台淵源關係學術研討會」在河南固始舉行

參會論文目錄

歐潭生	閩台祖根在光州固始

中原與閩台淵源關係研究三十年（1981～2011）（修訂版）
附：中原與閩台淵源關係研究大事記

李喬　　唐代固始移民入閩對閩地宗教信仰的影響

袁延勝 賈秀梅　唐代固始移民與文化傳播

徐玉清　　固始移民遍天下

陳建奎　　光州固始移民集散地的形成

張玉霞　　唐代固始移民對閩台文化的影響

湯毓賢　　根親文化與威惠神緣

安國樓　　河洛文化與閩台文化

戴龐海　　中原古代移民的流向、原因及影響

李立新　　中原根親文化源論

陳文豪 李宗信　　20世紀初臺灣漳州移民的分佈與發展

張富春　　論中原閩營人及其馬祖信仰

李龍　　豫閩台蔡氏源流考

李小燕　　閩台潘姓源流考略

劉國旭　　豫閩台兩岸三地尋根文化品牌建設研究

潘朝陽　　開漳聖王與臺灣文化地理

吳進喜　　開漳聖王信仰在臺灣的傳播

邱榮裕　　開漳聖王民間信仰在臺灣的發展

徐春燕　　陳元光信仰的歷史演進

陳思　　開漳聖王：清政府對漳籍移民的控制途徑

鄧文金　　晚清民國時期漳台文化藝術交流

吳文文　　陳元光《龍湖集》用韻考

鐘建華　　唐代閩南文化的肇基與型塑

李敬民 陳新風　南音從方位性到樂種性的變遷意義

鄭玉玲　　論臺灣福老系民間藝陣的文化特徵

馮琳　　兩岸王審知研究綜述

李志堅　　從陳元光開漳看唐代對民族地區的開發

孫煒　　論陳元光的教育思想

金榮權　　番國青銅器及其歷史地理論考

唐金培　　河南涉台文化遺產保護與開發

趙向欣　　灶戲的文化模式

於立剛　　信陽民歌特徵與文化成因

郭德華　　中州戲曲與儒學情志

2010年10月21日，兩岸姓氏文化研討會暨中原文化與閩台尋根研究中心揭牌儀式在信陽師範學院舉行

一、會議議程：

中原文化與閩台尋根研究中心揭牌儀式

兩岸姓氏文化研討會

兩岸姓氏文化探源活動（潢川、淮陽、鹿邑、滎陽、衛輝）

二、研討內容：

中華姓氏文化

豫閩台姓氏淵源

陳、黃、林、鄭等臺灣大姓氏之族源

中國歷史上的人口大遷徙給臺灣姓氏文化帶來的影響

三、會議邀請專家：

林永安，台中市議員，《臺灣源流》雜誌主編

林瑤棋，《臺灣源流》雜誌發行人

陳永瑞，《臺灣源流》雜誌社常務理事，宜蘭陳氏宗親會理事長

廖慶六，《臺灣源流》，姓氏族譜專家

張慶宗，臺灣鄉土文化研究人員

吳犁華，臺灣鄉土文化研究人員

歐潭生，福建文史館館員

湯漳平，漳州師範學院閩台文化研究所所長、教授

劉翔南，河南姓氏文化研究會祕書長

張新斌，河南省社會科學院理事與考古研究所所長、研究員

楊海中，河南省社會科學院研究員

宋全忠，河南姓氏文化研究會理事

尹全海，信陽師範學院教授

金榮權，信陽師範學院教授

李敬民，信陽師範學院副教授

2010年4月15日至17日，第十屆河洛文化學術研討會在臺北興辦

　　來自海峽兩岸、港澳地區以及日本、韓國、馬來西亞、美國、法國、澳大利亞、紐西蘭、越南、菲律賓、阿根廷、巴拉圭等國的專家學者、僑團代表及有關方面人士400多人，首次聚首臺灣探討河洛文化與臺灣及海外華僑華人的關係。

　　本次研討會主題是「河洛文化與臺灣」。會議就「河洛文化與臺灣文化」、「河洛文化與客家文化」、「河洛文化與海外華人文化」、「河洛文化與宗教姓氏傳承」、「河洛文化的傳承與發揚」及「河洛文化與文化創意產業」6項子議題，進行了為期兩天的主題演講和分組討論。大會共收到論文近120篇，其中臺灣學者文章約佔1/3。

臺灣海峽兩岸基金會董事長江丙坤，中華僑聯總會理事長簡漢生，全國政協港澳臺僑委員會副主任林樹森，全國政協教科文衛體委員會副主任、中國河洛文化研究會顧問王全書，河南省政協副主席、中國河洛文化研究會常務副會長鄧永儉，中國河洛文化研究會常務副會長陳義初，江西省政協副主席鄭小燕，中國河洛文化研究會副會長李伯謙、劉慶柱等出席了研討會。

開幕式由中華僑聯總會理事長簡漢生先生主持，海基會董事長江丙坤先生，全國政協港澳臺僑委員會副主任林樹森團長，臺北文化交流基金會會長、原臺北市副市長李永萍女士分別在會上致詞。在隆重、熱烈、活躍的氣氛中，先後有70多位專家學者在大會和分組會上作了發言和交流，並在諸多方面取得了共識。在閉幕式上，中華僑聯總會理事長簡漢生先生致辭時表示，河洛文化研討會首次在臺灣舉辦，象徵著河洛文化的傳承與發揚邁向新里程，對加強兩岸文化交流，弘揚中華文化，促進中華民族偉大復興將起到積極作用。

會後出版論文集《河洛文化與臺灣文化》（河南人民出版社，2011年），其中關於「河洛文化與臺灣文化」、「河洛文化與客家文化」的論文如下：

葛建業　　河洛文化與臺灣文化

程有為　　河洛文化在臺灣的傳播與影響

張新斌　　以河洛文化為兩岸交流文化紐帶的思考

龔國光　　河洛文化作為華夏民族根性文化的再認識

李玉潔 盧清林　中原王朝對臺灣的開發與治理

齊衛國　　河洛文化在臺灣的傳承與發揚

何祥榮　　從衛風詩看《詩經》時代河洛地區的自然名物

何池　　中原河洛移民對閩南文化形成的影響

安國樓　　清代三種《臺灣府志》風俗記述之比較

任崇嶽　　臺北首任知府陳星聚與臺灣

中原與閩台淵源關係研究三十年（1981～2011）（修訂版）
附：中原與閩台淵源關係研究大事記

  楊海中 曹瑾由人到神的啟示

  吳信漢 從哈布瓦赫集體記憶理論深討大甲鎮瀾宮的形塑

  高雙印 臺灣宜蘭與河洛文化

  張富春 河南南陽天妃廟創建與施琅平台關係考

  周興華 魏淑霞 黃河流域岩畫與臺灣萬山岩畫初探

  謝魁源 論河洛漢語特色及長存閩台之印證

  盛勝芳 河洛音樂文化的傳承與發揚——臺灣民謠在教學上的應用與教育價值

  許竟成 河洛郎文化臺灣

  楊祥麟 河洛文化與臺灣

  彭聖師 河洛文化與臺灣文化

  黃勇 陳文華 臺灣文化對河洛文化的傳承與發展

  李力 李珞 河洛文化與中華民族精神

  肖洋 河洛文化是臺灣文化之源

  劉加洪 河洛文化在臺灣——以客家優良傳統為例

  唐金培 臺灣民間信仰的區域特色與河洛底色

  陳建傑 「臺灣文化」的構成要素

  陳學文 閩台文化與河洛基因

  饒懷民 陽信生 閩台文化與河洛文化的特徵比較

  楊泰鵬 臺灣話與河洛話

  盧博文 從世界看族群——河洛文化與客家文化在臺灣

  廖開順 石壁客家祖地與臺灣客家淵源

  劉煥雲 河洛文化與客家文化傳承關係之研究

呂清玉　　中原文化是閩台客家文化之搖籃

孫君恆 穆旭加　當代西方的客家研究

張留見　　河洛禮樂文化對客家文化的影響

孫瑩瑩　　客家詩人黃遵憲與丘逢甲之郊遊

陳中紅 陳紅心　從客家童謠看客家優良傳統

黃彥菁　　從童謠看客家與河洛文化

劉昭民　　從臺灣客家族堂和族譜追溯古代的河洛文化

司徒尚紀　河洛文化與客家文化的形成

徐桂靈 徐桂香　河洛文化與客家文化的風俗

黃瑩　　楚文化對客家民俗的影響

閆德亮　　媽祖傳說與遠古神話模式新探

王遠佳　　河洛文化與客家文化的差異——以節慶為例

溫湧泉　　石城縣的客家文化特質與河洛文化的淵源

邱榮舉 黃玫瑄　論河洛文化與客家文化

黃元薑　　臺灣閩客語四字成詞對應關係

2011年11月，第四屆「固始與閩台淵源關係學術研討會」在河南固始舉行

一、會議名稱

紀念中原與閩台淵源關係研究30年學術研討會

二、緣起與主題

1981年4月22日，廈門大學黃典誠教授在《河南日報》發表《尋根母語到中原》，揭開中原與閩台淵源關係研究序幕，至今30年。為紀念中原

附：中原與閩台淵源關係研究大事記

與閩台淵源關係研究，我們以「尋根‧記憶‧認同」為固始與閩台淵源關係研討會 2011 年年會之主題。

三、時間與地點

時間：2011 年 10 月 24-26 日

地點：河南省固始縣

四、主辦、承辦、協辦單位

主辦單位：國台辦《兩岸關係》雜誌社、中國社會科學院臺灣史研究中心、河南省台辦。

承辦單位：河南省社科院歷史與考古研究所、信陽市台辦、信陽師範學院歷史文化學院、固始縣人民政府。

協辦單位：中原文化與閩台關係研究中心、閩台緣博物館、漳州師範學院、臺灣師範大學、《臺灣源流》雜誌社。

五、邀請嘉賓

臺盟中央常務副主席汪毅夫一行 5 人

中國社會科學院臺灣史研究中心張海鵬、王健

臺灣嘉賓彭桂芳

福建嘉賓林寒生

福建嘉賓歐潭生

閩台緣博物館楊彥傑館長

湯漳平

譚元生

羅勇

河南嘉賓張新斌

河南嘉賓劉翔南、任崇嶽

張青（山西洪洞縣方志辦）

六、邀請與會人員（具體名單待定）

七、參會論文題目

林黎武　弘揚固始根親文化豐富龍文旅遊內涵

湯毓賢　臺灣開漳聖王信俗節慶拾掇

邱旺山 許明枝　河南固始與閩台淵源探討

王麗芳　閩南話源流

吳水林　地名裡的故鄉親情——漳臺地名與移民故鄉情結關係探討

嚴鍵波　開漳聖王與三平祖師文化

楊國良　初唐閩南少數民族族源鉤沉兼與越族說商榷

張煌輝　陳政陳元光父子平定「嘯亂」的實質與評價

莊小麗　從歷史的眼光看豫閩台兩岸三地的關係

陳支平　從歷史向文化的演進——閩台家族溯源與中原意識

歐潭生　台閩豫祖根淵源研究的緣起

高致華　從信仰文化論中原與閩台淵源——以詹敦仁信仰為例

薑明翰　淑世心，兩岸情——論台豫教育家王廣亞的弘道精神

金榮權　《楚相孫叔敖碑》文本真偽考辨

李技文　儀式慶典、歷史記憶與祖先認同——對「中原固始根親文化節」的人類學考察

林寒生　緬懷中原（固始）與閩台淵源關係研究的開拓者黃典誠教授——兼論尋根之旅的緣起

劉喜元　固始根親文化資源開發研究

湯漳平　從族譜資料看開漳

　　汪毅夫　關於「中原與閩台關係研究」的若干思考——與固始縣方志辦主任戴吉強書

　　王鶴亭　新形勢下豫台經貿文化交流與產業合作

　　徐曉望　范祖禹《王延嗣傳》及閩國史料的新發現

　　楊際平　應該重視宋人對閩人皆稱固始人的評析——兼論陳政、陳元光自粵入閩說

後記

　　本書作為「中原與閩台關係研究」叢書之一種，系為紀念中原與閩台淵源關係研究 30 年而編輯出版的論文集。論文搜集範圍，在時間上自 1981 年 4 月 22 日廈門大學黃典誠在《河南日報》發表《尋根母語到中原》，至 2011 年 11 月第四屆「固始與閩台淵源關係學術研討會」在河南固始舉行，30 年間海峽兩岸學者發表的研究成果，其中以學術研討會入選論文為主；論文搜集內容，則依據 30 年間學者們的學術取向與特點，大致依次形成三個主題：尋根母語到中原（1981-1993）、中原移民入閩遷台的歷史記憶（1993-2008）和中原移民與兩岸認同（2008-2011）。由於每一時期出現的研究成果多少不一，亦不便加以區隔，所以，我們在出版時並沒有做明顯標示，但基本思路是清楚的。為向讀者展示一個完整的歷史過程，1981 年之前的相關研究和其間臺灣民眾的尋根活動，在書後「大事記」中予以體現。

　　本書由尹全海、喬清忠負責設計、統稿、定稿工作，餘紀珍負責論文搜集、編輯、校對等工作。需要說明的是，雖然我們搜集論文以歷次學術研討會入會論文為主，但一方面部分入會論文在會前或會後相繼發表；另一方面多數學術研討會後出版有會議論文集，所以，收錄本書的論文中，可能以不同形式出版或發表過，對此，我們會一一註明，以表尊重。當然，其間若有遺漏或謬誤之處，當為我們的失誤，是為致歉，亦請作者諒之。

　　本書從準備到出版，得到河南省台辦信陽市台辦，及豫閩台兩岸三地專家學者的鼓勵和支持，信陽市人大常委會主任宋效忠先生為本書欣然作序，本書能夠順利出版還得到九州出版社的支持與幫助，在此一併致謝。

國家圖書館出版品預行編目（CIP）資料

中原與閩台淵源關係研究三十年(1981-2011) / 尹全海，余紀珍，喬清忠 編 . -- 修訂一版 . -- 臺北市：崧博出版：崧燁文化發行, 2019.06
　　面；　公分
POD 版

ISBN 978-957-735-895-0 (平裝)

1.臺灣史

733.2　　　　　　　　　　　　　　108009088

書　　名：中原與閩台淵源關係研究三十年(1981-2011)（修訂版）
作　　者：尹全海，余紀珍，喬清忠 編
發 行 人：黃振庭
出 版 者：崧博出版事業有限公司
發 行 者：崧燁文化事業有限公司
E-mail：sonbookservice@gmail.com
粉 絲 頁：　　　　　網　址：
地　　址：台北市中正區重慶南路一段六十一號八樓815室
8F.-815, No.61, Sec. 1, Chongqing S. Rd., Zhongzheng Dist., Taipei City 100, Taiwan (R.O.C.)
電　　話：(02)2370-3310　傳　真：(02) 2370-3210
總 經 銷：紅螞蟻圖書有限公司
地　　址：台北市內湖區舊宗路二段 121 巷 19 號
電　　話：02-2795-3656　傳真:02-2795-4100　　網址：
印　　刷：京峯彩色印刷有限公司（京峰數位）

　本書版權為九州出版社所有授權崧博出版事業股份有限公司獨家發行電子書及繁體書繁體字版。若有其他相關權利及授權需求請與本公司聯繫。

定　　價：650 元
發行日期：2019 年 06 月修訂第一版
◎ 本書以 POD 印製發行